기초영어 man to man

장재진 지음

www.mantoman.

MANTOMAN 기초영어를 펴내면서

영어를 기초부터 체계적으로 배우고자 하는 학생들에게 영어의 기본 틀을 세울 수 있는 참고서가 절실히 필요하다고 느껴오던 바, ≪맨투맨 기초영어≫를 출간하게 되었습니다. 영어 또한 다른 과목과 마찬가지로 일정한 규칙과 체계가 있으며, 그것을 익히는 것이 실력 향상의 중요한 디딤돌이 됩니다. 따라서 ≪맨투맨 기초영어≫는 영어의 기초를 닦는 데 필수적인 문법 사항을 학습할 수 있도록 많은 예문과 설명을 체계적으로 수록해 놓았습니다.

≪맨투맨 기초영어≫를 공부할 때 잘 모르는 부분이 있다고 해서 포기해서는 절대 안 됩니다. 처음에는 내용을 완전히 이해하지 못할지라도 인내심을 가지고 꾸준히 학습해 나가야 합니다. 마지막까지 모두 학습한 후, 다시 처음부터 공부하면 그동안 이해되지 않았던 부분들을 자연스럽게 익히게 될 것입니다. 이와 같은 방법으로 서너 번 통독하면, 영어의 기초를 확실하게 다질 수 있습니다. 영어 실력 향상에 비결은 없습니다. 반복 학습만이 영어를 정복하는 지름길임을 명심하기 바랍니다.

맨투맨 기초영어는
다음과 같은 점에 중점을 두었습니다.

- 기본 문법 사항을 많은 예문과 함께 체계적으로 설명했습니다.
- 왼쪽은 영문을, 오른쪽은 설명과 해석을 수록하여, 왼쪽의 내용을 스스로의 힘으로 익힌 다음에 오른쪽의 설명과 해석을 참고해 자신의 부족한 점을 파악하고 보완할 수 있도록 하였습니다.
- 어휘란에 어려운 단어 · 숙어를 수록하여 익히도록 했습니다.
- 앞에서 학습한 필수 문법 사항에 대한 이해를 확인할 수 있도록 확인테스트란을 두었습니다.
- 생활영어의 비중이 높아진 현실을 반영하여 생활영어란에 교육부에서 제시한 필수 표현들을 수록했습니다.
- 각 장의 마지막 부분에는 내신 및 수능에 대비하기 위하여 독해 문제가 첨가된 실전 응용 문제란을 두어서 자신의 실력을 점검해 볼 수 있도록 했습니다.

아무쪼록 ≪맨투맨 기초영어≫로 공부하여 영어의 기초 실력을 확실하게 쌓을 수 있기를 진심으로 바랍니다.

지은이

가장 효과적인
영어 공부 방법은 무엇입니까?

학생들로부터 위와 같은 질문을 자주 받곤 합니다. 영어를 잘 하는 학생들에게는 무슨 특별한 비결이라도 있지 않나 하고 궁금하게 생각하는 학생들이 많습니다. 위와 같은 질문에 대한 대답은 한 마디로 "There is no royal road to learning English." (영어 공부에는 왕도가 없다.)라고 말할 수 있습니다. 먼저 어린이가 자기 나라의 말을 배우는 과정을 살펴봅시다. 우리나라 어린이나, 미국 또는 영국의 어린이가 모두 다섯 살만 되면 자기 나라의 말을 곧잘 합니다. 여러분은 그들 다섯 살 난 어린이들이 효과적인 공부 방법이나 무슨 특별한 비결 같은 것을 알고 있어서 자기 나라의 말을 그렇게 잘 할 수 있다고 생각합니까? 그렇지 않다는 것을 잘 알 것입니다. 어린이가 자기 나라의 말을 쉽게 배울 수 있는 이유는 그저 많이 듣고, 많이 흉내 내서 말하는 데 있다는 것을 명심해야 합니다. 여러분들 중에 "난 머리가 나빠서 영어를 못해!" "난 영어에 적성이 맞지 않은가 봐." "난 소질이 없어서 영어와 담을 쌓아야겠어!" 등과 같은 말을 하는 학생들이 많습니다. 머리가 나쁘니까, 소질이 없고 적성이 안 맞아서 어린이가 자기 나라의 말을 배울 수 없었다는 이야기를 들어본 적이 있습니까? 영어를 잘 하는 데는 어떤 특별한 비결이 있는 것이 아니며, 머리나 소질, 적성 등이 크게 문제가 되는 것도 아닙니다. 어린이가 자기 나라의 말을 배우는 것처럼 많이 듣고, 많이 읽고, 많이 쓰고 암기하는 방법이 가장 효과적인 영어 공부 방법입니다. 노력도 하지 않고 어떻게든 편하게 공부하려는 게으른 학생은 영어를 절대 잘할 수 없습니다.

고등학교에 입학해서 갑자기 영어 실력이 떨어지는 학생들이 많이 있습니다. 이들 학생들은 대개 "난 중학교 땐 아주 영어를 잘했었는데." 라고 투덜대곤 합니다. 이런 불평을 하는 가장 큰 이유는 중학교 과정에서 배우는 필수적인 영어 단어·숙어는 800여 개인 데 비해 고등학교에서 배우는 영어 단어·숙어는 2000여 개에 달하기 때문입니다. 다시 말하면, 중학교에서 배우는 어휘 수와 고등학교에서 배우는 어휘 수의 현격한 차이로 어려움을 겪는 것입니다. 여러분이 고등학교에 입학해서 이 같은 어려움에 맞닥뜨리지 않으려면 단어·숙어를 확실히 익혀두어야 합니다. 단어·숙어는 이것만 따로 공부하는 것보다는 문장을 통해서, 즉 예문을 통해서 익히는 것이 효과적입니다. 그럼, 어떻게 공부해야 할까요? 먼저 중학교 영어 교과서와 영어 참고서를 공부한 후에, 영어로 된 동화책 등을 많이 읽으면서 단어·숙어를 익히도록 합니다. 단어·숙어가 자신의 수준에 맞지 않고 너무 어렵다고요? 천만의 말씀입니다. 단어·숙어 공부는 기초가 별로 필요 없는 것입니다. 예를 들어, "Put the butter in the refrigerator so it won't melt." (녹지 않도록 버터를 냉장고에 넣어라.)라는 예문에서 refrigerator가 여러분의 수준에 너무 어렵다고 생각할 수 있지만, 이 단어는 미국의 어린이들이 일상생활에서 흔히 사용하는 말입니다. 다섯 살 된 우리나라 어린이 중에서 '냉장고'라는 말을 모르는 어린이가 없는 것처럼, 다섯 살 된 미국 어린이 중에서 'refrigerator'라는 단어를 모르는 어린이는 없습니다. 다섯 살 된 미국 어린이가 refrigerator라는 단어를 일상생활에서 사용하고 있는데, 적어도 열세 살 이상인 여러분에게 이 단어가 너무 어렵게 느껴진다면 뭔가 잘못된 것이 아닐까요? 우리나라 중·고등학교 과정에서 공부하는 단어·숙어의 대부분을 미국에서는 초등학교 과정에서 배우고 있습니다. 자, 여러분! 이제는 단어·숙어가 수준이 높고 어렵기 때문에 공부할 수 없다는 말은 할 수 없겠지요? 지금부터라도 영어 교과서·참고서 그리고 영어 동화책 등을 읽으면서 단어·숙어를 익히도록 하세요. 미국에서는 초등학교 저학년 때 이 책들과 비슷한 수준의 내용들을 배우고 있으니까요.

또한, "나는 전에 공부한 단어를 잘 잊어버리니 머리가 나쁜가 봐!"라고 말하는 학생들이 많이 있습니다. 이건 잘못된 생각입니다. 여러분이 초등학교 때 우리나라 말을 배웠던 방법을 한번 생각해 봅시다. 1학년 때 가령 '칠판', '책상'이라는 낱말을 익히기 위해서 선생님을 따라 수십 번 읽은 다음, 공책에 열 번이고 스무 번이고 쓰면서 연습합니다. 그리고 3, 4학년이 되면 국어 책에 있는 어려운 낱말에 밑줄을 그은 뒤에, 선생님께서 '밑줄 친 낱말 열 번씩 써 오기'하고 숙제를 냅니다. 그렇게 여러 번 반복을 해도 막상 받아쓰기 시험에서 언제나 100점을 맞을 수 있었습니까? 우리나라 사람이 우리나라의 말을 배울 때도 이처럼 열 번이고 스무 번이고 반복해야 하는데, 하물며 우리말도 아닌 외국어를 한두 번 공부했다고 해서 전부 알기를 바란다는 것은 너무 지나친 욕심입니다. 어느 심리학자는 "인간이 어느 한 가지 사실을 완전히 자기 것으로 만들고자 한다면 적어도 25~50번을 반복해야 한다."라고 말한 적이 있습니다. 여러분이 단어나 숙어를 25~50번 정도 반복해 공부하고 나서 "내 머리는 나빠."라고 말할 수 있는지 생각해 보세요. 오늘 공부한 새로운 단어 열 개 중에서 일주일 후에는 3~4개 정도만 알고 있는 것이 정상입니다. 그때, 잊어버린 단어를 다시 암기해야 합니다. 이렇게 여러 번 반복하면 자신도 모르는 사이에 영어를 잘하게 되는 것입니다. 여러분의 선배님들도 모두 이와 같은 어려운 과정을 거쳐서 영어를 잘할 수 있었다는 점을 가슴 깊이 새기고 새로운 각오로 열심히 공부하기를 바랍니다.

Contents

제 1 장 문장의 구성
1. 주부와 술부 — 10
2. 문장의 구성 요소 — 12
3. 구 — 14
4. 절 — 16
- 생활영어 : 만나고 헤어질 때 인사하기 — 20
- 실전 응용 문제 — 22

제 2 장 문장의 종류
5. 평서문 — 26
6. 의문문 — 28
7. 명령문 — 36
8. 감탄문 · 기원문 — 38
9. 문장 구조에 따른 분류 — 40
- 생활영어 : 안부 묻고 답하기 — 42
- 실전 응용 문제 — 44

제 3 장 동사의 종류와 문장의 형태
10. 1형식 문형 — 48
11. 2형식 문형 — 48
12. 3형식 문형 — 52
13. 4형식 문형 — 54
14. 5형식 문형 — 56
- 생활영어 : 소개하기 / 소개에 답하기 — 60
- 실전 응용 문제 — 62

제 4 장 동사의 활용과 시제

15. 동사의 활용	66
16. 동사의 기본시제	70
17. 동사의 완료형 시제	76
18. 동사의 진행형 시제	82
■ 생활영어 : 건강 상태 묻고 말하기	86
■ 실전 응용 문제	88

제 5 장 조동사

19. 조동사	92
20. do의 용법	92
21. can·could의 용법	94
22. may·might의 용법	96
23. must의 용법	98
24. will·would·should의 특별 용법	100
25. ought to·used to·need·dare	104
■ 생활영어 : 감사하기 / 사과하기	106
■ 실전 응용 문제	108

제 6 장 수동태

26. 수동태의 형태	112
27. 문장의 형식에 따른 수동태	114
28. 문장의 종류에 따른 수동태	118
29. 주의해야 할 수동태	120
■ 생활영어 : 칭찬하기 / 축하하기	124
■ 실전 응용 문제	126

제 7 장 가정법

30. 가정법의 종류	130
31. 다양한 형태의 가정법	134
■ 생활영어 : 대화의 시작과 끝맺음	138
■ 실전 응용 문제	140

제 8 장 일치·화법

32. 주어와 동사의 일치	144
33. 시제 일치	146
34. 화법	148
■ 생활영어 : 약속하기 / 기원하기	154
■ 실전 응용 문제	156

제 9 장 부정사

35. 부정사의 용법	160
36. 원형부정사	164
37. 부정사의 의미상 주어	166
38. 부정사의 시제 및 부정형	170
■ 생활영어 : 음식 권하기 / 좋아하는 것 묻기	172
■ 실전 응용 문제	174

제 10 장 동명사

39. 동명사의 용법	178
40. 동명사의 의미상 주어와 시제	180
41. 동명사와 to부정사	182
■ 생활영어 : 음식 주문하고 받기	184
■ 실전 응용 문제	186

제 11 장 분사

42. 분사의 용법	190
43. 분사구문	194
44. 주의해야 할 분사구문	196
■ 생활영어 : 길 묻고 안내하기	198
■ 실전 응용 문제	200

제 12 장 관계사

45. 관계대명사의 종류와 용법	204
46. 한정적 용법과 계속적 용법	212
47. 관계대명사의 생략	212
48. 유사 관계대명사 as / but / than	214
49. 관계부사	216
50. 관계부사의 용법과 생략	220
51. 복합 관계사	222
■ 생활영어 : 전화하기	226
■ 실전 응용 문제	228

제 13 장 접속사

52. 접속사의 종류	232
53. 등위 접속사	232
54. 종속 접속사	234
■ 생활영어 : 물건사기	240
■ 실전 응용 문제	242

제 14 장 명사

55. 명사의 종류	246
56. 명사의 기능 전환	250
57. 명사의 수	252
58. 명사의 성	255
59. 명사의 소유격	256
■ 생활영어 : 제안하기 / 제안에 답하기	258
■ 실전 응용 문제	260

제 15 장 관사

60. 관사의 용법	264
61. 관사의 위치·생략·반복	266
■ 생활영어 : 초대하기 / 충고하기	274
■ 실전 응용 문제	276

제 16 장 대명사

62. 인칭대명사	280
63. it의 특별 용법	282
64. 지시대명사	286
65. 의문대명사	288
66. 부정대명사	290
■ 생활영어 : 의견 묻기 및 말하기	298
■ 실전 응용 문제	300

제 17 장 형용사·비교

67. 형용사의 용법·어순	304
68. 수량 형용사	306
69. 비교 변화	312
70. 원급 비교	313
71. 비교급 비교	314
72. 최상급 비교	318
■ 생활영어 : 확신 여부 묻기 및 답하기	320
■ 실전 응용 문제	322

제 18 장 부사

73. 부사의 종류와 형태	326
74. 부사의 역할	328
75. 부사의 위치와 어순	330
76. 주요 부사의 용법	332
■ 생활영어 : 동의·반대 말하기 / 소망 말하기	334
■ 실전 응용 문제	336

제 19 장 전치사

77. 전치사의 쓰임	340
78. 때를 나타내는 전치사	342
79. 장소·방향을 나타내는 전치사	344
80. 기타 중요 전치사	348
■ 생활영어 : 요청하기 / 놀람 표현하기	350
■ 실전 응용 문제	352

제 20 장 특수구문

81. 강조	356
82. 도치	358
83. 생략	360
■ 생활영어 : 가능·불가능 표현하기 / 화난 것 표현하기	362
■ 실전 응용 문제	364
■ 국어의 로마자 표기법	366

01 문장의 구성

01 주부와 술부

A 「주부+술부」의 형식을 갖춘 문장

주부		술부	
	주어	동사	
1.	**Fire**	*burns*.	
2. My	**father**	*writes*	novels.
3. The Korean	**people**	*are*	very diligent.
4.	**Cows**	*give*	us milk.

B 「주부+술부」의 형식을 갖추지 않은 문장

1. **Fire!**
2. *Watch out*! 〈명령문〉
3. *Is* **it** true? 〈의문문〉
4. How beautiful **this flower** *is*! 〈감탄문〉
5. There *are* **some bad men** in this town. 〈도치문 : 유도부사〉
6. Near the river *stands* **a big hotel**. 〈도치문〉
7. *Sorry*, I won't be there. 〈주어나 「주어 + 동사」의 생략〉
8. Would you like to smoke?
   — *Smoke*? I never do. 〈앞의 말에 대한 응답〉
9. Out of sight, out of mind. 〈격언〉

 ○ 다음 문장을 주부와 술부로 나누고, 우리말로 옮기시오.

1. All the students in our class work hard.
2. The buds on the trees will soon be open.
3. White clouds floated overhead.

주부와 술부

영어 문장은 대부분 '~가 …이다, ~은 …하다'의 형태로 이루어지는데, 문장의 맨 앞에 위치하여 '~은, ~는, ~이, ~가'로 해석되고 동작이나 상태의 주체가 되는 부분을 주부라고 하며, 주부 다음에 위치하여 '…이다, …하다'로 해석되고 주부의 동작이나 상태를 설명하는 부분을 술부라고 한다. 주부의 중심이 되는 말을 주어(Subject)라고 하고, 술부의 중심이 되는 말을 술어동사(Predicative Verb), 또는 동사(Verb)라고 한다.

A
1. 불이 탄다.
2. 나의 아버지는 소설을 쓰신다.
3. 한국 사람들은 매우 부지런하다.
4. 젖소는 우리에게 우유를 준다.

 동사가 문장의 끝에 나오는 우리말과는 달리 영어에서는 동사가 주어 다음에 나온다. 이와 같이 영어 문장은 어순이 우리말과 다르므로 영어 문장을 그대로 암기하는 것도 영어의 어순에 익숙해지는 좋은 방법이다.

B
1. 불이야!
2. 조심해!
3. 그것이 정말입니까?
4. 이 꽃은 얼마나 아름다운가!
5. 이 마을에는 몇 명의 나쁜 사람들이 있다.
6. 그 강 근처에는 큰 호텔이 있다.
7. 죄송하지만, 전 그곳에 안 가겠어요.
8. 담배 피우겠습니까?
   ― 담배 피우라고요? 저는 전혀 안 피웁니다.
9. 보지 않으면 마음도 멀어진다.

 영어 문장은 「주부 + 술부」의 형식이 가장 일반적인 어순이나, 한두 개의 낱말로만 구성된 문장(1, 2)도 있고, 「술부 + 주부」의 특수한 어순을 가지는 문장(3, 5, 6)도 있다.

1. 주부: ~ class, 술부: work ~. '우리 학급의 모든 학생들은 열심히 공부한다.'
2. 주부: ~ trees, 술부: will ~. '나무에 싹들이 곧 피어날 것이다.'
3. 주부: ~ clouds, 술부: floated ~. '하얀 구름이 머리 위에 떠 있었다.'

어휘

burn[bəːrn] 통 타다
diligent[dílidʒənt] 형 근면한
cow[kau] 명 젖소

near[niər] 전 가까이에
out of sight[sait] 보이지 않는 곳에
bud[bʌd] 명 싹; 눈

open[óupən] 형 (꽃 따위가) 피어 있는
float[flout] 통 떠다니다
overhead[òuvərhéd] 부 머리 위에

02 문장의 구성 요소

A 주어 (Subject)와 동사 (Verb)

1. **Flowers** *bloom*. 〈명사 / 일반동사〉
   주어   동사

2. **She** *loves* her dog very much. 〈대명사 / 일반동사〉
   주어 동사

3. **To love** *is* to forgive. 〈부정사 / be동사〉
   주어   동사 주격 보어

4. **Making money** *is* not the end and the aim of life. 〈동명사 / be동사〉
   주어   동사 부사   주격 보어

B 목적어 (Object)

1. I saw a tall **man** yesterday. 〈명 사〉
   주어 동사 목적어   부사

2. I asked **him a question**. 〈대명사 / 명사〉
   주어 동사 간접목적어 직접목적어

C 보어 (Complement)

1. Mina became **a florist**. 〈명 사〉
   주어 동사   주격 보어

2. He found his wallet **empty**. 〈형용사〉
   주어 동사 목적어   목적격 보어

D 수식어 (Modifiers : M)

1. **An idle** man **never** succeeds **in anything**. 〈형용사(구) / 부사(구)〉
    M   M   주어   M   동사   M

2. **Unhappily**, the little girl died **of cancer**. 〈부사(구)〉
      M   M   주어 동사   M

어휘

bloom [blu:m] 동 꽃이 피다
aim [eim] 명 목표, 겨냥
find [faind] –found [faund] –found

동 찾아내다, 발견하다
wallet [wάlit] 명 지갑
empty [émpti] 형 빈, 공허한

idle [áidl] 형 게으른
succeed in 성공하다
cancer [kǽnsər] 명 암

문장의 구성 요소

문장을 구성하는 요소에는 기본 요소로서 주어·동사·목적어·보어 등이 있고, 부속 요소로서 기본 요소를 꾸며 주는 수식어가 있다.

A

주어(主語)와 **동사**(動詞) — 주부의 중심이 되는 부분, 즉 상태나 동작의 주체가 되는 명사, 대명사 또는 명사 상당어구(명사 역할을 하는 구 또는 절)를 주어라고 하고, 술부의 중심이 되는 말로서 주어의 상태나 동작을 나타내는 be동사, 일반동사 등을 동사라고 한다.

1. 꽃이 핀다.
2. 그녀는 자기의 개를 매우 많이 사랑한다.
3. 사랑하는 것은 용서하는 것이다.
4. 돈을 버는 일은 인생의 목적도 목표도 아니다.

B

목적어(目的語) — 동사가 나타내는 동작의 대상, 즉 목적물이 되는 말로서, 동사의 뒤에 와서 '…을', '…에게' 로 해석된다. 동사에 따라서는 두 개의 목적어를 취하는 경우가 있는데, '…에게'에 해당하는 목적어를 간접목적어, '…을'에 해당하는 목적어를 직접목적어라고 한다. 목적어가 되는 것은 명사(구), 대명사, to부정사, 동명사 등이다.

1. 나는 어제 키가 큰 남자를 보았다.
2. 나는 그에게 질문을 했다.

C

보어(補語) — 동사로는 뜻이 불충분하기 때문에 그 뜻을 보충하여 주어 또는 목적어를 설명해 주는 말로서, 주격 보어와 목적격 보어가 있다. 주격 보어는 주어를 설명하는 보어이며, 목적격 보어는 목적어를 설명하는 보어이다. 보어가 되는 것은 명사(구), 형용사(구) 등이다.

1. 미나는 플로리스트가 되었다.
2. 그는 자기의 지갑이 텅 빈 것을 알았다.

D

수식어(修飾語) — 문장의 기본 요소(주어·동사·목적어·보어)를 설명하거나 한정하는 어구이다. 수식어에는 명사·대명사를 수식하는 **형용사적 수식어**와 동사·형용사·다른 부사·문장 전체를 수식하는 **부사적 수식어**가 있다.

1. 게으른 사람은 어떤 일에도 결코 성공하지 못한다.
  (An과 idle은 man을 수식하는 형용사적 수식어이며, never와 in anything은 succeeds를 수식하는 부사적 수식어이다.)
2. 불행히도 그 어린 소녀는 암으로 죽었다.
  (Unhappily는 the little girl 이하의 문장 전체를 수식하는 부사적 수식어이다.)

03 구

A 명사구

1. **To tell a lie** is wrong. → *It* is wrong **to tell a lie**. 〈주 어〉
   주어(명사구) 동사 보어 가주어 동사 보어 진주어(명사구)

2. **Taking a walk** is his only exercise. 〈주 어〉
   주어(명사구) 동사 보어

3. He likes **to read novels**. 〈목적어〉
   주어 타동사 목적어(명사구)

4. I don't know **what to do**. 〈목적어〉
   주어 조동사 본동사 목적어(명사구)

5. Would you mind **opening the window**? 〈목적어〉
   조동사 주어 본동사 목적어(명사구)

6. To see is **to believe**. (To see = to believe) 〈보 어〉
   주어(명사구) 동사 주격 보어(명사구)

7. My aim in life is **to become a teacher**. (My aim = to become ~)
   주어 형용사구 동사 주격 보어(명사구) 〈보 어〉

B 형용사구

1. *The girl* **with red hair** is very pretty. 〈주어 수식〉
   주어 형용사구 동사 보어

2. *The lady* **standing at the door** is my aunt. 〈주어 수식〉
   주어 형용사구(현재분사) 동사 보어

3. *That mountain* **covered with snow** is Mt. Kilimanjaro. 〈주어 수식〉
   주어 형용사구(과거분사) 동사 보어

4. He is *a man* **of ability**. = He is an **able** man. 〈보어 수식〉
   주어 동사 보어 형용사구

5. I have *something* **to give you**. 〈목적어 수식〉
   주어 타동사 목적어 형용사구

6. This is **of no use**. = This is **useless**. 〈보 어〉
   주어 동사 형용사구(주격 보어)

7. She seems **to be sad**. 〈보 어〉
   주어 동사 형용사구(주격 보어)

구

두 개 이상의 단어가 모여서 어떤 품사에 상당하는 역할을 하며 「주어 + 동사」를 갖춘 온전한 문장 형태를 갖지 않은 것을 구라고 한다. 구는 그것이 쓰인 용법, 즉 어떤 품사의 역할을 하느냐에 따라서 명사구·형용사구·부사구 등으로 나뉜다.

A
명사구 — 명사와 마찬가지로 문장 안에서 주어·목적어·보어의 역할을 한다. 명사구가 되는 것은 주로 부정사와 동명사, 「의문사 + to 부정사」이다.

1. 거짓말하는 것은 나쁘다. 〈부정사〉
2. 산책하는 것이 그의 유일한 운동이다. 〈동명사〉
3. 그는 소설 읽는 것을 좋아한다. 〈부정사〉
4. 나는 무엇을 해야 할지를 모른다. 〈의문사+to부정사〉
5. 창문을 좀 열어 주시겠습니까? 〈동명사〉
6. 보는 것이 믿는 것이다. 〈부정사〉
7. 내 인생의 목표는 선생님이 되는 것이다. 〈부정사〉

B
형용사구 — 형용사와 마찬가지로 문장 안에서 명사·대명사를 수식하거나 보어가 된다. 두 단어 이상으로 된 형용사구는 명사 뒤에서 그 명사를 수식한다. 형용사구가 되는 것은 주로 **부정사, 분사, 「전치사 + 명사」**이다.

1. 빨간 머리의 그 소녀는 매우 예쁘다. 〈전치사+명사〉
2. 문에 서 있는 부인은 나의 숙모이다. 〈현재분사〉
3. 눈에 덮여 있는 저 산이 킬리만자로 산이다. 〈과거분사〉
4. 그는 유능한 사람이다. 〈전치사+명사〉
5. 나는 네게 줄 것이 있다. 〈부정사〉
6. 이것은 쓸모가 없다. 〈전치사+명사〉
7. 그녀는 슬퍼 보인다. 〈부정사〉

어휘
- exercise[éksərsàiz] 명 운동
- novel[návəl] 명 (장편) 소설
- be fond of ~을 좋아하다
- believe[bilíːv] 동 믿다
- cover[kʌ́vər] 동 ~을 덮다
- ability[əbíləti] 명 능력
- able[éibl] 형 능력 있는, 할 수 있는
- something[sʌ́mθiŋ] 대 무언가
- seem[siːm] 동 ~인 것 같다

C 부사구

1. ⓐ *Put* the book **on the desk**. 〈전치사+명사 : 부사구〉
   타동사 — 목적어 — 부사구

   ⓑ *The book* **on the desk** is mine. 〈전치사+명사 : 형용사구〉
   주어 — 형용사구 — 동사 — 보어

2. The man *was standing* at the door. 〈동사 수식〉
   주어 — 동사 — 부사구

3. English is *difficult* to learn. 〈형용사 수식〉
   주어 — 동사 — 형용사 — 부사구

4. I'm *sorry* to trouble you. 〈형용사 수식〉
   형용사 — 부사구

5. He is rich *enough* to travel around the world. 〈부사 수식〉
   주어 동사 형용사 부사 — 부사구

6. **To tell the truth**, I don't like him. 〈문장 전체 수식〉
   부사구

7. **To be precise**, the accident occurred at 2:35 p.m. 〈문장 전체 수식〉
   부사구

04 절

A 명사절

1. **That you are wrong** is clear. 〈주어〉
   주어(명사절) 동사 보어

   → *It* is clear **that you are wrong**.
   가주어 동사 보어 진주어(명사절)

2. **Whether he will come or not** does not matter. 〈주어〉
   주어(명사절) 조동사 부사 본동사

3. I *know* **that he is a liar**. 〈목적어〉
   주어 동사 목적어(명사절)

4. That depends *upon* **how you do it**. 〈목적어〉
   주어 동사 전치사 upon의 목적어(명사절)

5. This is **what I wanted**. 〈보어〉
   주어 동사 보어(명사절)

Ⓒ **부사구** — 부사와 마찬가지로 문장 안에서 동사·형용사·다른 부사·문장 전체를 수식한다. 부사구가 되는 것은 주로 부정사, 분사, 「전치사 + 명사」이다.

1. ⓐ 그 책을 **책상 위에** 놓아라.
   ⓑ **책상 위에** 있는 책은 내 것이다.
2. 그 남자는 현관에 서 있었다. 〈전치사+명사〉
3. 영어는 배우기에 어렵다. 〈부정사〉
4. 폐를 끼쳐서 죄송합니다. 〈부정사〉
5. 그는 세계 여행을 하기에 충분하게 부유하다. 〈부정사〉
6. 사실을 말한다면, 나는 그를 좋아하지 않는다. 〈부정사〉
7. 정확히 말하면, 그 사고는 오후 2시 35분에 일어났다. 〈부정사〉

참고 명사구, 형용사구, 부사구 이외에 동사구, 전치사구, 접속사구가 있는데, 주로 숙어로 이해되고 있다.
① 동사구(동사 + 전치사 / 동사 + 부사 / 동사 + 부사+전치사 / 동사 + 명사 + 전치사)–동사의 역할을 한다.
② 전치사구(전치사 + 명사 + 전치사 / 형용사〔부사〕+ 전치사)–전치사의 역할을 한다.
③ 접속사구–접속사의 역할을 한다.

절

두 개 이상의 단어가 모여서 문장의 일부를 구성함과 동시에 그 자체에 「주어 + 동사」를 가지는 것을 절이라고 한다. 문법상 대등한 관계로 결합되어 있는 절을 등위절이라고 하고, 한쪽이 다른 절의 명사·형용사·부사에 상당하는 역할을 하여 종속되어 있는 절을 종속절, 이것을 거느리는 절을 주절이라고 한다. 종속절에는 명사절·형용사절·부사절이 있다.

 명사절 — 접속사(that, if, whether 등), 의문사(who, what 등), 관계사(what, whoever 등)가 이끄는 절로서, 문장에서 주어·목적어·보어·동격의 역할을 한다.

1. 네가 틀렸다는 것은 명백하다.
2. 그가 오고 안 오고는 문제가 되지 않는다.
3. 나는 그가 거짓말쟁이라는 것을 알고 있다.
4. 그것은 네가 그것을 어떻게 하느냐에 달려 있다.
5. 이것이 내가 원했던 것이다.

어휘

trouble[trʌ́bl] ⑧ 폐(수고)를 끼치다
enough[inʌ́f] ⑼ (~하기에) 족할 만큼
truth[truːθ] ⑼ 사실
precise[prisáis] ⑼ 정확한
accident[ǽksidənt] ⑼ 사고
occur[əkə́ːr] ⑧ (사건이) 일어나다
whether[hwéðər] ⑼ ~인지 어떤지
matter[mǽtər] ⑧ 문제가 되다
liar[láiər] ⑼ 거짓말쟁이

6. The question is **whether we should go or not**. ⟨보　어⟩
   주어　동사　　　　　보어(명사절)

7. *The news* **that he is alive** is true. ⟨동　격⟩
   주어　동격(명사절)　동사　보어

8. I want to ask *a question* **whether it is true**. ⟨동　격⟩
   주어　동사　　목적어　　동격(명사절)

B 형용사절

1. You are *the person* **that I've been looking for**. ⟨관계대명사⟩
   주어 동사 보어　　　형용사절

2. This is *the book* **which I bought yesterday**. ⟨관계대명사⟩
   주어 동사 보어　　　형용사절

3. This is *the house* **where I was born**. ⟨관계부사⟩
   주어 동사 보어　　형용사절

4. Can you tell me *the reason* **(why) he's so late**? ⟨관계부사⟩
   조동사 주어 본동사 간·목　직·목　　형용사절

C 부사절

1. **When I see him**, I will tell him so. ⟨시　간⟩
   시간 부사절

2. **Where there is a will**, there is a way. ⟨장　소⟩
   장소 부사절

3. **As he is ill**, he cannot go with you. ⟨이　유⟩
   이유 부사절

4. **Since it began to rain**, we didn't go there. ⟨이　유⟩
   이유 부사절

5. He works hard **so that he may succeed**. ⟨목　적⟩
   목적 부사절

6. It was so noisy **that I could not concentrate**. ⟨결　과⟩
   결과 부사절

7. **If you work hard**, you will succeed. ⟨조　건⟩
   조건 부사절

8. **Though he is young**, he is very careful. ⟨양　보⟩
   양보 부사절

6. 문제는 우리가 가야 하느냐 가지 말아야 하느냐이다.
7. 그가 살아 있다는 소식은 사실이다.
8. 나는 그것이 사실인가 아닌가 하는 질문을 하고 싶다.

> **참고** 동격 – 어떤 명사 뒤에 명사 또는 명사 상당어구를 대등한 자격으로 나열하여 설명이나 서술을 보충하는 형태

B

형용사절 — 관계사(who, which, that, when, where 등)가 이끄는 절로서, 문장에서 형용사 역할을 하여 명사·대명사를 수식한다.

1. 당신은 내가 찾고 있던 그 사람이다.
2. 이것이 내가 어제 산 책이다.
3. 여기가 내가 태어난 집이다.
4. 그가 그렇게 늦는 이유를 내게 말해 줄 수 있습니까?

C

부사절 — 문장 안에서 부사 역할을 하는 절로서, 시간·장소·이유·목적·결과·조건·양보 등의 뜻을 나타낸다.

1. 내가 그를 만날 때에 그에게 그렇게 말하겠다.
2. 뜻이 있는 곳에 길이 있다.
3. 그는 아프기 때문에, 너와 함께 갈 수 없다.
4. 비가 오기 시작해서, 우리는 거기에 가지 않았다.
5. 그는 성공하기 위해서 열심히 공부한다.
6. 너무 시끄러워서 나는 집중할 수 없었다.
7. 네가 만일 열심히 공부한다면, 성공할 것이다.
8. 그는 비록 어리지만, 매우 신중하다.

> **참고** 등위절 – 등위접속사(and, but, or, so 등)로 연결되는 독립절

어휘

alive[əláiv] 형 살아 있는
person[pə́ːrsən] 명 사람, 인간
look for ~을 찾다
be born[bɔːrn] 태어나다
reason[ríːzən] 명 이유
will[wil] 명 뜻, 의지
concentrate[kánsəntrèit] 동 집중하다
though[ðou] 접 ~이긴 하지만
careful[kɛ́ərfəl] 형 주의 깊은, 신중한

생활 영어

만나고 헤어질 때 인사하기

● ○ ○ 만날 때 인사하기

1. Hi. / Hello.
2. Good morning(afternoon / evening).
3. I'm very happy to meet you.
4. I'm glad to see you again.
5. Long time no see.
6. I've missed you.
7. I haven't seen you for ages(for a long time).

Mini Dialogue

1. A: **Hi**, Danbi.
   B: **Hi**, Alice.

2. A: **Good morning**, Mr. Johnson.
   B: **Good morning**, Mr. Park.

3. A: (**It's**) **Nice to see you again**, Tom.
   B: **Long time no see**.

● ● ○ 헤어질 때 인사하기

1. Good-bye. / Bye-bye. / Bye.
2. So long.
3. See you again(later / tomorrow).
4. Take care. / Take it easy.
5. Good-bye for now.
6. Have a nice day.
7. I must go now.
8. I hope we meet again.

Mini Dialogue

1. A: **Take care**.
   B: I will.

2. A: **I must be going now**, Susie.
   B: Can't you stay a little longer?
   A: I'm afraid not. Thanks for inviting me. **Good-bye**.
   B: **So long**.

 왼쪽에 있는 영문을 큰 소리로 여러 번 읽고 뜻을 파악한 다음, 우리말을 참고하기 바랍니다.
왼쪽에 있는 영문을 암기한 다음, 오른쪽의 우리말을 보고 영어로 써 보는 것이 좋습니다.

● ○ ○ 만날 때 인사하기

1. 안녕.
2. 안녕하세요〔오전/오후/저녁〕.
3. 당신을 뵙게 되어 정말 기쁩니다.
4. 당신을 다시 만나게 되어 반갑습니다.
5. 참 오랜만이다.
6. 뵙고 싶었어요.
7. 오래간만입니다.

---

1. 시간에 상관없이 사용하는 인사 표현으로, 모르는 사람일지라도 눈이 마주치면 Hi. 또는 Hello.로 인사한다. 이에 답하는 표현도 Hi. / Hello.이다.
2. 때에 따라 사용하는 인사말로 날씨와 상관없이 good(좋은)을 붙여 말한다. 밤에 헤어질 때 하는 인사말인 Good night. (안녕. 편히 주무세요.)와 혼동하지 않도록 한다.
4. 처음 만날 때는 meet를 쓰나, 그 다음부터 만날 때는 see를 쓴다.
5. 한동안 만나지 못했던 사람과 하는 인사말로 다정한 친구간에 쓰여 친밀감을 나타낸다.
7. for ages는 '오랫동안'의 뜻으로 for a long time으로도 말할 수 있다.

Mini Dialogue

1. A: 안녕, 단비.   B: 안녕, Alice.
2. A: Johnson 씨, 안녕하세요.   B: 박 선생님, 안녕하세요.
3. A: Tom, 다시 만나게 되어 반갑다.   B: 정말 오랜만이야.

● ● ○ 헤어질 때 인사하기

1. 안녕히 가〔계〕세요. / 안녕.
2. 잘 가〔있어〕.
3. 또〔나중에/내일〕 봐요.
4. 몸조심해. / 살펴 가세요.
5. 다음에 또 만나요.
6. 좋은 하루 되세요.
7. 지금 가야겠습니다.
8. 다시 만나기를 바랍니다.

---

3. 친한 사이에서는 See you next time.으로 인사하며, 아주 가까운 사이에서는 간단히 See you.라고도 한다.
5. for now는 '우선은, 당분간은'이라는 의미이다.

Mini Dialogue

1. A: 몸조심하세요.   B: 그럴게요.
2. A: 수지, 이제 가봐야겠어.   B: 좀 더 있다 가면 안 되니?
   A: 안 되겠어. 초대해 줘서 고마워. 안녕.   B: 잘 가.

실전 응용 문제

A 다음 문장을 주부와 술부로 나누고, 우리말로 옮기시오.

1. The house on the hill belongs to him.
2. Books and friends should be few and good.
3. Beautiful flowers come out in the spring.
4. The boys of my village swim in this pond.

> hill 명 언덕
> belong to ~에 속하다
> come out (꽃이) 피다
> pond 명 못, 늪

B 다음 밑줄 친 구나 절의 역할과 종류를 말하고, 우리말로 옮기시오.

1. Can you tell me <u>where he was born</u>?
2. <u>Though it was very cold</u>, I went out.
3. ⓐ <u>To study English</u> is very interesting.
   ⓑ He sees an American <u>to learn English</u>.
   ⓒ The best way <u>to study English</u> is repeated practice.
4. ⓐ Do you know the girl <u>turning to the left</u>?
   ⓑ <u>Turning to the left</u>, you will find the building.
5. ⓐ I don't know <u>when he came back</u>.
   ⓑ I was sleeping <u>when he came back</u>.
   ⓒ Tell me the time <u>when he came back</u>.
6. ⓐ Please tell me <u>if he is honest</u>.
   ⓑ I will give him the money <u>if he is honest</u>.

> be born 태어나다
> though 접 ~임에도 불구하고
> repeated 형 되풀이된

> come back 돌아오다

> honest 형 정직한

C 다음 중 의도하는 바가 나머지 넷과 <u>다른</u> 것을 고르시오.

1. ① I've missed you.　② See you later.
   ③ Long time no see.　④ I'm glad to see you again.
   ⑤ I haven't seen you for ages.

2. ① So long.　② See you again.
   ③ Good evening.　④ Have a nice day.
   ⑤ Good-bye for now.

> miss 동 ~이 없는 것을 섭섭하게 여기다, 그리워하다

D 다음 글을 읽고, 물음에 답하시오.

_____ have to work fast. **When the fire bell rings**, they have to jump up, get on their truck, and get to the fire as soon as they can. As soon as the truck stops, the fire fighters spring into action.
① Some connect the hose. ② Others put up the ladders. ③ Others take off their shoes and coats. ④ Others get ready to run up the ladders with hoses and axes. ⑤ Each one has a job to do, and each job has to be done fast.

- **jump up** 재빨리[급히] 일어서다
- **as soon as** ~하자마자
- **spring** 동 갑자기 ~하다
- **put up** 설치하다
- **ladder** 명 사다리
- **take off** 벗다
- **run up** 뛰어오르다
- **axe** 명 도끼

1. 위 글의 빈칸에 알맞은 말을 본문에서 찾아 쓰시오.
2. 위 글의 ①~⑤에서 전체 흐름과 관계없는 문장을 고르시오.

A young artist in London was very poor. His name was not well-known, and it was very difficult for him to make a living. Returning home one evening, he saw an old robber searching his cupboard. The robber was greatly surprised when he saw the artist. He was much more surprised since the artist did not shout.
The artist gave the robber a smile, sitting down quietly, and said, "Search, my dear old man, and I hope you will have good luck. **If you find anything in my cupboard**, you are much cleverer than I am."

- **artist** 명 화가
- **well-known** 형 잘 알려진
- **make a living** 생계를 유지하다
- **robber** 명 도둑
- **search** 동 뒤지다
- **cupboard** 명 찬장, 벽장(옷장)
- **shout** 동 소리치다
- **luck** 명 운

3. 도둑을 보고 화가가 한 생각으로 알맞은 것을 고르시오.
   ① 도둑의 머리가 좋은지 나쁜지 궁금했다.
   ② 도둑이 자신의 그림을 훔칠까봐 매우 불안했다.
   ③ 도둑이 자신의 생명을 노릴까봐 몹시 두려워했다.
   ④ 가진 것이 아무것도 없었으므로 걱정하지 않았다.
   ⑤ 경찰에 도움을 청해봤자 소용이 없을 거라고 생각했다.

Answer & Explanation

ANSWER

A
1. 주부: ~ hill, 술부: belongs ~. '언덕 위에 있는 그 집은 그의 소유이다.'
2. 주부: ~ friend, 술부: should ~. '책과 친구는 적으면서 질이 좋아야 한다.'
3. 주부: ~ flowers, 술부: come ~. '봄에는 아름다운 꽃들이 핀다.'
4. 주부: ~ village, 술부: swim ~. '우리 마을의 소년들은 이 연못에서 수영한다.'

B
1. tell의 직접목적어로서 명사절
   '당신은 그가 어디에서 태어났는지 나에게 말해 줄 수 있습니까?'
2. 양보 부사절, '날씨가 매우 추웠지만, 나는 외출했다.'
3. ⓐ 주어로서 명사구 '영어를 공부하는 것은 매우 재미있다.'
   ⓑ 목적을 나타내는 부사구, '그는 영어를 배우기 위해 미국인을 만난다.'
   ⓒ way를 수식하는 형용사구, '영어를 공부하는 가장 좋은 방법은 반복 연습이다.'
4. ⓐ the girl을 수식하는 형용사구, '왼쪽으로 돌아가고 있는 소녀를 아세요?'
   ⓑ 조건을 나타내는 부사구, '왼쪽으로 돌면, 너는 그 건물을 발견할 것이다.'
5. ⓐ know의 목적어로서 명사절, '나는 그가 언제 돌아왔는지 모른다.'
   ⓑ 시간 부사절, '그가 돌아왔을 때, 나는 잠을 자고 있었다.'
   ⓒ the time을 수식하는 형용사절, '그가 돌아온 시간을 나에게 말해 주시오.'
6. ⓐ 간접의문문으로서 명사절, '그가 정직한지 어떤지 나에게 말해 주시오.'
   ⓑ 조건 부사절, '만일 그가 정직하다면, 나는 그에게 그 돈을 주겠다.'

C 1. ② 2. ③

D 1. Fire fighters 2. ③ 3. ④

EXPLANATION

C
1. ②는 헤어질 때의 인사이고, 나머지 넷은 오랜만에 만났을 때 나누는 인사이다.
2. ③은 저녁에 만났을 때 나누는 인사이고, 나머지 넷은 헤어질 때의 인사이다.

D 소방관은 신속하게 일을 해야 한다. 화재 벨이 울리면, 그들은 가능한 한 재빨리 일어나서 소방차를 타고 불이 난 곳으로 가야 한다. 소방차가 멈추자마자, 소방관들은 행동으로 들어간다. 몇몇 사람은 호스를 연결하고, 다른 몇몇 사람은 사다리를 설치하며, (다른 몇몇은 신발과 웃옷을 벗는다.) 또 다른 몇몇 사람들은 호스와 도끼를 가지고 사다리를 올라갈 준비를 한다. (소방관들) 각자 해야 할 임무가 있으며, 각각의 임무는 신속하게 이루어져야 한다.

1. fire bell, get to the fire 등의 어구로 소방관에 관한 글임을 알 수 있다.
2. 불이 났을 때, 소방관이 하는 행동과 관련이 없는 것을 고른다.

〈구문해설〉
- **When the fire bell rings**, they have to jump up, get on their truck, **and** get to the fire **as soon as they can**.: When the fire bell rings는 종속절로서 때를 나타내는 부사절이고, they have to jump up, get on their truck과 (they) get to the fire as soon as they can은 주절로서 접속사 and로 연결된 등위절이다. 이 등위절에서 (they) get to the fire는 주절이고, as soon as they can은 종속절로서 때를 나타내는 부사절이다.
- **As soon as the truck stops**, the fire fighters spring into action.: As soon as the truck stops는 종속절로서 때를 나타내는 부사절이고, 뒤의 절은 주절이다.
- **Some** ... hose. **Others** ... ladders. **Others** ... axes.:「Some ~, others ...」형태의 구문으로서 셋 이상의 사람이나 사물을 나타낼 때에 쓰인다.

> 런던의 한 젊은 화가는 몹시 가난했다. 그의 이름이 잘 알려져 있지 않았으므로 그는 생계를 유지하기가 매우 어려웠다. 어느 날 저녁 집에 돌아왔을 때, 그는 벽장을 뒤지고 있는 한 늙은 도둑을 보았다. 도둑은 그 화가를 보자 몹시 놀랐다. 그는 화가가 소리치지 않는 데 더욱 놀랐다.
> 화가는 조용히 앉으며 도둑에게 미소를 짓고는 말했다. "노인장, 뒤지시죠. 저는 당신에게 행운이 있기를 바랍니다. 제 벽장에서 뭔가를 찾아낸다면 당신이 저보다 훨씬 더 머리가 좋은 겁니다."

3. 화가는 생계를 유지하기 매우 어려웠으므로 도둑이 훔칠 물건도 없었을 것으로 추론할 수 있다.

〈구문해설〉
- **it** was very difficult **for him** to make a living.: it은 가주어, to 이하가 진주어이다. for him은 부정사 to make ~의 의미상 주어이다.
- **Returning** home one evening: **When he returned** home one evening으로 바꾸어 쓸 수 있다.
- he saw an old robber searching his cupboard.:「지각동사+목적어+목적격 보
  주어 동사   목적어   목적격 보어
  어」의 5형식 구문으로 현재분사 searching은 목적어의 행동이 진행중임을 강조한다.
- **when** he saw the artist.: 종속절로서 때를 나타내는 부사절이다.
- He was **much** more surprised ...: much는 비교급을 강조하는 부사이다.
- **sitting down** quietly ...: 동시동작을 나타내는 분사구문으로 **as he sat down** quietly로 바꾸어 쓸 수 있다.
- **If you find** anything in my cupboard ...: 종속절로서 조건을 나타내는 부사절이다.

2 문장의 종류

05 평서문

A

	긍정문	부정문
be동사	주어 + be동사 ~	주어 + be동사 + not ~
일반동사	주어 + 일반동사 ~	주어 + don't(doesn't / didn't) + 동사원형 ~
조동사	주어 + 조동사 + 동사원형 ~	주어 + 조동사 + not + 동사원형 ~

〈긍정문〉 〈부정문〉

1. ① He **is** an office worker. ↔ He **is not**(**isn't**) an office worker.
   ② I **was** busy yesterday. ↔ I **was not**(**wasn't**) busy yesterday.

2. ① I **know** him. ↔ I **do not**(**don't**) *know* him.
   ② She **knows** him. ↔ She **does not**(**doesn't**) *know* him.
   ③ He **wanted** to see her. ↔ He **did not**(**didn't**) *want* to see her.

3. ① We **have** many friends. ↔ We **don't** have many friends.
   ② I **had** breakfast this morning. ↔ I **didn't** have breakfast this morning.

4. ① He **can** *speak* French. ↔ He **cannot**(**can't**) *speak* French.
   ② He **may** *be* rich. ↔ He **may not** *be* rich.
   ③ You **may** *leave* here now. ↔ You **must not** *leave* here now.
   ④ He **must** *be* right. ↔ He **cannot** *be* right.
   ⑤ You **must** *leave* here now. ↔ You **need not** *leave* here now.

 ◎ 다음 문장을 부정문으로 바꾸고, 우리말로 옮기시오.

1. School begins at eight.
2. He must get up early.
3. You must be hungry now.
4. I can see myself on a large screen.

어휘

office worker 회사원 **French**[frentʃ] 명 프랑스어 **myself**[maisélf] 대 나 자신
breakfast[brékfəst] 명 아침 식사 **leave**[li:v] 동 떠나다 **screen**[skri:n] 명 화면

문장의 종류

영어 문장은 문장의 내용(의미)에 따라 평서문 · 의문문 · 명령문 · 감탄문 · 기원문 등으로 나뉘며, 부정문과 의문문이 있다. 또한 구조에 따라 단문 · 중문 · 복문 · 혼합문으로 나뉜다.

평서문

말하는 이가 어떤 사실이나 생각 등을 그대로 서술하는 문장이다. 일반적인 어순은 「주어 + 동사」이며, 문장의 끝에는 마침표를 쓰고, 말할 때는 끝을 내린다.

1. ① 그는 회사원이다. ↔ 그는 회사원이 아니다.
   ② 나는 어제 바빴다. ↔ 나는 어제 바쁘지 않았다.

참고 be동사는 '~이다, ~에 있다'의 뜻으로 주어의 이름이나 신분, 상태 등을 나타낼 때에 쓰인다. 주어에 따라 **현재형**은 am(1인칭 I), are(2인칭 you, 복수), is(3인칭 단수)를 쓰고, **과거형**은 was(단수), were(복수)를 쓴다.

2. ① 나는 그를 안다. ↔ 나는 그를 알지 못한다.
   ② 그녀는 그를 안다. ↔ 그녀는 그를 알지 못한다.
   ③ 그는 그녀를 만나고 싶어했다. ↔ 그는 그녀를 만나고 싶어하지 않았다.
3. ① 우리는 친구들이 많이 있다. ↔ 우리는 친구들이 많이 있지 않다.
   ② 오늘 아침에 나는 아침을 먹었다. ↔ 오늘 아침에 나는 아침을 먹지 않았다.

참고 일반동사의 부정문은 「do not(don't)+동사원형」의 형태를 취하는데, 일반동사가 3인칭 단수형이고 현재시제이면 「does not(doesn't)+동사원형」으로 쓰고, 일반동사가 과거시제이면 「did not(didn't)+동사원형」을 쓴다.

4. ① 그는 프랑스어를 말할 수 있다. ↔ 그는 프랑스어를 말할 수 없다.
   ② 그는 부자일지도 모른다. ↔ 그는 부자가 아닐지도 모른다.
   ③ 너는 지금 여기를 떠나도 좋다. ↔ 너는 지금 여기를 떠나서는 안 된다.
   ④ 그가 옳은 것이 틀림없다. ↔ 그가 옳을 리가 없다.
   ⑤ 너는 지금 여기를 떠나야 한다. ↔ 너는 지금 여기를 떠날 필요가 없다.

1. School doesn't begin at eight. '학교는 8시에 시작하지 않는다.'
2. He need not get up early. / He doesn't have to get up early.
   '그는 일찍 일어날 필요가 없다.'
3. You cannot be hungry now. '당신은 지금 배고플 리가 없다.'
4. I can't see myself on a large screen.
   '나는 대형 화면에 나타난 내 자신을 볼 수 없다.'

06 의문문

A 일반의문문 (의문사가 없는 경우)

	의 문 문	대 답
be동사	Be동사 + 주어 ~?	Yes, 주어 + be동사. / No, 주어 + be동사 + not.
일반동사	Do(Does / Did) + 주어 + 동사원형 ~?	Yes, 주어 + do(does / did). No, 주어 + don't(doesn't / didn't).
조동사	조동사 + 주어 + 동사원형 ~?	Yes, 주어 + 조동사. / No, 주어 + 조동사 + not.

1. Are you busy now? 〈긍정의문문〉 — Yes, I am. / No, I'm not.
2. Isn't Mike a teenager? 〈부정의문문〉 — Yes, he is. / No, he isn't.
3. Do you have a computer? 〈긍정의문문〉 — Yes, I do. / No, I don't.
4. Didn't she go there? 〈부정의문문〉 — Yes, she did. / No, she didn't.
5. Can you play the piano? 〈긍정의문문〉 — Yes, I can. / No, I can't.
6. Can't he drive? 〈부정의문문〉 — Yes, he can. / No, he can't.

◎ 다음 문장을 의문문으로 바꾸고, 우리말로 옮기시오.

1. Her father took pictures of the lake.
2. They had lunch at noon.
3. He has done his homework.
4. John studies English in the room.

B Wh- 의문문 (의문사가 있는 경우)

1. **Who** answered this question? — **Tom** did.
2. **Who** is that boy? — He's **Lucy's friend**.
3. **Who(m)** is he talking to? — He is talking to **Mary**.
4. **Who(m)** did you see? — I saw **Bill**.

어 휘

busy[bízi] 형 바쁜
teenager[tí:nèidʒər]
명 십대 소년(소녀) (13세부터 19세까지)
picture[píktʃər] 명 사진
lake[leik] 명 호수
have lunch 점심을 먹다
at noon[nu:n] 정오에
answer[ǽnsər] 동 답하다
talk[tɔ:k] to ~에게 말하다

의문문

상대방에게 무엇을 묻는 형태의 문장을 말하며, 문장에 따라서 요구·권유·부탁 등을 나타낸다. 보통 「Be동사 + 주어 ~?」 또는 「조동사 + 주어 + 동사원형 ~?」 형태의 어순을 취하며, 문장 끝에 물음표(?)를 붙인다. 의문문에는 일반의문문·Wh- 의문문·선택의문문·부가의문문·간접의문문·수사의문문 등이 있다.

A. 일반의문문

일반의문문 — 의문사를 사용하지 않고, be동사나 조동사로 시작하는 의문문으로 Yes 또는 No로 답할 수 있다. 음조는 끝이 올라가는 상승조(↗)이다.

1. 당신은 지금 바쁩니까? — 예, 바쁩니다. / 아니요, 바쁘지 않습니다.
2. Mike는 십대가 아닙니까? — 아니요, 십대입니다. / 예, 십대가 아닙니다.
3. 당신은 컴퓨터를 가지고 있습니까? — 예, 가지고 있습니다. / 아니요, 없습니다.
4. 그녀는 거기에 가지 않았습니까? — 아니요, 갔습니다. / 예, 가지 않았습니다.
5. 당신은 피아노를 칠 수 있습니까? — 예, 칠 수 있습니다. / 아니요, 칠 수 없습니다.
6. 그는 운전할 수 없습니까? — 아니요, 할 수 있습니다. / 예, 할 수 없습니다.

주의 2, 4, 6과 같이 부정의문문은 부정어(not)가 들어간 의문문으로 '~이 아닙니까?, ~이지 않습니까?'의 뜻을 나타내는데, 대답은 우리말과 반대로 Yes는 '아니요'를, No는 '네'를 나타낸다. 영어에서는 긍정의문문이든 부정의문문이든 대답의 내용이 긍정이면 Yes, 부정이면 No로 하므로 부정어에 중점을 두지 않도록 한다.

1. Did her father take pictures of the lake?
   '그녀의 아버지는 호수의 사진을 찍었습니까?'
2. Did they have lunch at noon? '그들은 정오에 점심을 먹었습니까?'
3. Has he done his homework? '그는 숙제를 마쳤습니까?'
4. Does John study English in the room? 'John은 방에서 영어를 공부합니까?'

B. Wh- 의문문

Wh- 의문문 — 의문사(의문대명사 who, what, which 등, 의문부사 how, when, where, why 등)를 사용한 의문문을 말한다. Yes, No로 대답하지 않고, 문장 끝의 어조는 내려간다(↘).

1. 누가 이 질문에 대답했습니까? — Tom이 대답했습니다.
2. 저 소년은 누구입니까? — 그는 Lucy의 친구입니다.
3. 그는 누구에게 말을 하고 있습니까? — 그는 Mary에게 말을 하고 있습니다.
4. 당신은 누구를 만났습니까? — 나는 Bill을 만났습니다.

참고
- 의문사 who는 주격으로 '누가'의 뜻이며, whom은 목적격으로 '누구를'의 뜻이다. 구어에서는 3, 4와 같이 목적격 whom 대신에 주격 who를 많이 쓴다.
- 의문사가 주어인 의문문은 「의문사(주어) + 동사 ~?」의 어순을 취하고, 의문사가 주어가 아니면서 be동사가 있는 의문문은 「의문사 + be동사 + 주어 ~?」의 어순을 취한다.

5. **What** happened yesterday? — **A fire** broke out.
6. **What** does she do in the evening? — She **studies or reads books**.
7. **When** did he come? — He came **yesterday**.
8. **Where** do you live? — I live **in Seoul**.
9. **Why** did she go to the station? — **To meet** her friend.
10. **How** old are you? — I am **ten years** old.
11. **How** do I go there? — **By bus**.
12. **Which** one is larger? — **This one** is (larger).

C 선택의문문

1. Is your father a doctor(↗) **or** a lawyer(↘)?
   — He's a doctor.
2. Do you go to school by bus(↗) **or** on foot(↘)?
   — I go to school on foot.
3. Which do you like better, coffee(↗) **or** tea(↘)?
   — I like coffee better (than tea).

D 부가의문문

1. He *was* angry, **wasn't he**? — Yes, he was. / No, he wasn't.
2. This *isn't* very interesting, **is it**? — Yes, it is. / No, it isn't.
3. You *like* classical music, **don't you**?
4. Jack *made* a fine chair, **didn't he**?
5. You *didn't* have lunch, **did you**?
6. You *can* ride a bicycle, **can't you**?
7. Ann *will* be here soon, **won't she**?
8. He *has never* seen a tiger, **has he**?
9. Open the window, **will you**?
10. Let's go to the Folk Village, **shall we**?

어휘

happen[hǽpən] 동 (일이) 일어나다
break[breik] out 발생하다
lawyer[lɔ́ːjər] 명 변호사
on foot[fut] 걸어서
better[bétər] 부 더욱
than[ðən] 전 ~보다
angry[ǽŋgri] 형 (~에 대해서) 화난
ride[raid] – rode[roud] – ridden[rídən] 동 타다

5. 어제 무슨 일이 일어났습니까?	— 한 건의 화재가 발생했습니다.
6. 그녀는 저녁에 무엇을 합니까?	— 그녀는 공부하거나 책을 읽습니다.
7. 그는 언제 왔습니까?	— 그는 어제 왔습니다.
8. 당신은 어디에서 살고 있습니까?	— 저는 서울에 살고 있습니다.
9. 그녀는 왜 정거장에 갔습니까?	— 그녀의 친구를 만나기 위해서 (갔습니다).
10. 너는 몇 살이니?	— 저는 열 살입니다.
11. 제가 어떻게 거기에 갑니까?	— 버스를 타고 (갑니다).
12. 어느 것이 더 큽니까?	— 이것이 더 큽니다.

참고
- 의문사가 주어가 아니면서 일반동사가 있는 의문문은 「의문사 + do(does / did) + 주어 + 동사원형 ~?」의 어순을 취한다.
- 의문사 how는 10과 같이 '얼마나'의 뜻으로 정도를 나타내기도 하며, 11과 같이 '어떻게'의 뜻으로 수단·방법을 나타내기도 한다. which는 범위가 한정된 것 중에서 '어느 것'을 물을 때에 쓴다.

선택의문문 — 두 가지 이상 중에서 선택을 묻는 의문문이며, Yes나 No로 답할 수 없다. 보통 or 앞은 올려서(↗), 뒤는 내려서(↘) 읽는다.

1. 당신의 아버지는 의사입니까, 변호사입니까? — 그는 의사입니다.
2. 당신은 학교에 버스로 갑니까, 걸어서 갑니까? — 저는 학교에 걸어서 갑니다.
3. 당신은 커피와 차 중에서 어느 것을 더 좋아합니까? — (차보다는) 커피를 더 좋아합니다.

부가의문문 — 자신이 말한 내용에 대해서 상대방에게 확인이나 동의를 구하기 위해 평서문 뒤에 덧붙이는 의문문이다. 긍정문 뒤에는 부정의 부가의문문을, 부정문 뒤에는 긍정의 부가의문문을 쓰며, Yes나 No로 대답한다. 상대방에게 동의를 구할 경우에는 하강조(↘)로 읽고, 확인을 구하는 경우에는 상승조(↗)로 읽는다.

1. 그는 화가 났죠, 그렇지요? — 예, 화가 났습니다. / 아니요, 화가 나지 않았습니다.
2. 이것은 별로 재미가 없죠, 그렇지요? — 아니요, 재미있습니다. / 예, 재미없습니다.
3. 당신은 고전 음악을 좋아해요, 그렇지요?   4. Jack이 멋진 의자를 만들었어, 그렇지?
5. 당신은 점심을 먹지 않았어요, 그렇지요?   6. 당신은 자전거를 탈 수 있어요, 그렇지요?
7. Ann은 여기에 곧 올 거에요, 그렇지요?   8. 그는 호랑이를 본 적이 없어요, 그렇지요?
9. 창문 좀 열어 주시겠어요?   10. 민속촌에 갈까요?

참고
- 부가의문문의 주어는 항상 대명사 주격을 쓰며, 동사는 앞 문장이 일반동사이면 인칭과 시제에 따라 do, does, did를 쓰고, 조동사와 be동사이면 그대로 쓴다. 부정의 부가의문문은 축약형이 쓰인다.
- 어투를 부드럽게 하기 위해 명령문 뒤에 부가의문문이 붙는 경우가 있는데, 이 경우에 긍정·부정의 명령에 관계없이 will you?를 일반적으로 붙인다. 그러나 will you?보다 다짐이나 의뢰의 느낌을 강하게 나타내기 위해 won't you?를 붙이기도 한다. 청유문의 부가의문문은 shall we?를 붙인다.

 ◎ 다음 문장의 빈칸에 알맞은 말을 넣어 부가의문문을 만드시오.

1. Your sister studies after supper, _____ _____?
2. Tom isn't free on Sunday, _____ _____?
3. He is waiting for the bus, _____ _____?
4. Your uncle worked on the farm last year, _____ _____?
5. You have already had breakfast, _____ _____?
6. You won't be late tomorrow, _____ _____?
7. Close the door, _____ _____?
8. Bill has never been to Seoul, _____ _____?

E 간접의문문

1. 의문사가 있는 의문문

① ⓐ Do you know? + ⓑ What does he want? 〈일반의문문〉
　　　　　　　　　　　　　의문사 조동사 주어 본동사

　ⓒ → Do you know what he wants? 〈간접의문문〉
　　　　　　　　　　　의문사 주어 동사

② ⓐ Please tell me. + ⓑ Who bought the pen? 〈의문사가 주어〉
　ⓒ → Please tell me **who bought the pen**. 〈간접의문문〉

③ ⓐ Where is the post office? 〈일반의문문〉
　ⓑ Can you tell me **where the post office is**? 〈간접의문문〉

④ ⓐ When will she be back? 〈일반의문문〉
　ⓑ I want to know **when she will be back**. 〈간접의문문〉

⑤ ⓐ How many books does he have? 〈일반의문문〉
　ⓑ I don't know **how many books he has**. 〈간접의문문〉

2. 의문사가 없는 의문문

① ⓐ I don't know. + ⓑ Did he lock the door? 〈일반의문문〉
　ⓒ → I don't know **if〔whether〕 he locked the door**. 〈간접의문문〉

② ⓐ Can you tell me? + ⓑ Did he come to Korea? 〈일반의문문〉
　ⓒ → Can you tell me **if〔whether〕 he came to Korea**? 〈간접의문문〉

어휘

supper[sʌ́pər] 명 저녁 식사
farm[fɑːrm] 명 농장
already[ɔːlrédi] 부 이미, 벌써
post[poust] office[ɔ́(ː)fis] 우체국
lock[lɑk] 동 잠그다
whether[hwéðər] 접 ~인지 어떤지

확인테스트

1. doesn't, she '네 여동생은 저녁 식사 후에 공부를 하지, 그렇지?'
2. is, he 'Tom은 일요일에 한가하지 않아, 그렇지?'
3. isn't, he '그는 버스를 기다리고 있는 중이야, 그렇지?'
4. didn't, he '네 삼촌은 작년에 농장에서 일하셨어, 그렇지?'
5. haven't, you '너는 이미 아침을 먹었어, 그렇지?'
6. will, you '너는 내일 지각하지 않을 거야, 그렇지?'
7. will, you '문 좀 닫아주시겠어요?'
8. has, he 'Bill은 서울에 가본 적이 없어, 그렇지?'

E **간접의문문** ─ 의문문이 독립적으로 쓰이지 않고, 다른 문장의 일부로 쓰인 의문문이다. 즉, 의문문이 문장에서 종속절(명사절)이 되는 것을 말한다. 이때, 종속절(보어 또는 목적어 역할)은 의문사 또는 if(whether)로 시작하며 「주어 + 동사」의 어순으로 쓴다.

1. ① ⓐ 당신은 알고 있습니까?　　　　　ⓑ 그는 무엇을 원합니까?
　　ⓒ 당신은 그가 무엇을 원하는지 알고 있습니까?
② ⓐ 제게 말씀해 주십시오.　　　　　ⓑ 누가 그 펜을 샀습니까?
　　ⓒ 누가 그 펜을 샀는지 제게 말씀해 주십시오.

주의
- 의문사를 포함한 의문문 ①의 ⓑ를 ⓐ에 연결시키면 ⓒ와 같이 「**의문사 + 주어 + 동사**」의 어순을 취한다.
- ②의 ⓑ와 같이 의문사가 주어인 의문문은 ②의 ⓒ처럼 간접의문문에서도 의문사가 주어이므로 「**의문사 + 동사**」의 어순이 변하지 않음에 주의한다.

③ ⓐ 우체국이 어디에 있습니까?
　ⓑ 당신은 우체국이 어디에 있는지 나에게 말해 줄 수 있습니까?
④ ⓐ 그녀는 언제 돌아옵니까?
　ⓑ 나는 그녀가 언제 돌아올지 알고 싶습니다.
⑤ ⓐ 그는 책을 얼마나 많이 가지고 있습니까?
　ⓑ 그가 책을 얼마나 많이 가지고 있는지 나는 모릅니다.

2. ① ⓐ 나는 모릅니다.　　　　　　　　ⓑ 그가 문을 잠갔습니까?
　　ⓒ 나는 그가 문을 잠갔는지 어떤지 모릅니다.
② ⓐ 나에게 말해 주겠어요?　　　　　ⓑ 그가 한국에 왔습니까?
　　ⓒ 그가 한국에 왔는지 아닌지 나에게 말해 주겠어요?

주의 의문사가 없는 일반의문문 ①의 ⓑ를 ⓐ에 연결시키면 ⓒ와 같이 「**if(whether) + 주어 + 동사**」의 어순을 취한다.

3. 의문사가 문장 첫머리에 오는 간접의문문
① Do you know **who he is**? — Yes, I do. He's Mr. Smith.
② **Who** do you *think* **he is**? — I think he's Mr. Smith.
③ Do you think? + How old is she?
→ **How old** do you *think* **she is**?
④ Do you believe? + What did they do?
→ **What** do you *believe* **they did**?
⑤ Do you suppose? + Which way will they go?
→ **Which way** do you *suppose* **they will go**?
⑥ Do you think? + How many students are there in this school?
→ **How many students** do you *think* **there are in this school**?

 ○ 다음 두 문장을 〈보기〉와 같이 한 문장으로 만드시오.

― 보 기 ―
I know. What is it? → I know what it is.

1. Please tell me. Where can I park my car?
2. Do you know? How many cars does he have?
3. I doubt. Will it be fine tomorrow?
4. Do you think? Where did he meet Mr. Kim?
5. Do you suppose? How did they solve the problem?

F 수사의문문

1. **Who knows**? = Nobody knows.
2. **Who can do such a thing** = Nobody can do such a thing.
3. **How can I jump so high**? = I can't jump so high.
4. **What is the use of** reading such a book?
 = It is no use reading such a book.
5. **Isn't it strange**? = It is very strange.
6. **Who does not desire happiness**? = Everyone desires happiness.

어휘

suppose[səpóuz] 동 가정하다, 추측하다　**solve**[sɑlv] 동 풀다　**strange**[streindʒ] 형 이상한
park[pɑːrk] 동 주차하다　**nobody**[nóubàdi] 대 아무도 ~않다　**desire**[dizáiər] 동 바라다

3. ① 당신은 그가 누구인지 알고 있습니까? — 예, 알고 있습니다. 그는 Smith 선생님입니다.
② 당신은 그가 누구라고 생각합니까? — 나는 그가 Smith 선생님이라고 생각합니다.
③ 당신은 그녀가 몇 살이라고 생각합니까?
④ 당신은 그들이 무엇을 했다고 생각합니까?
⑤ 당신은 그들이 어느 길로 갈 것이라고 생각합니까?
⑥ 당신은 이 학교의 학생 수가 얼마나 된다고 생각합니까?

주의 의문사가 있는 의문문이 know, ask, tell, hear 등에 연결되어 간접의문문이 될 때에는 ①과 같이 이들 동사 다음에 의문사가 오며, Yes나 No로 답할 수 있다. 그러나 의문사가 있는 의문문이 think, believe, suppose, imagine, guess 등에 연결되어 간접의문문이 될 때에는 ②와 같이 의문사가 문장의 첫머리에 오며, Yes나 No로 답할 수 없다.

1. Please tell me where I can park my car.
'내가 자동차를 어디에 주차할 수 있는지 말해 주세요.'
2. Do you know how many cars he has?
'당신은 그가 자동차를 얼마나 많이 가지고 있는지 아세요?'
3. I doubt if〔whether〕it will be fine tomorrow.
'나는 내일 날씨가 좋을지 의심스럽다.'
4. Where do you think he met Mr. Kim?
'당신은 그가 어디에서 김 선생님을 만났다고 생각합니까?'
5. How do you suppose they solved the problem?
'당신은 어떻게 그들이 그 문제를 풀었다고 생각합니까?'

F **수사의문문** — 형태는 의문문이지만 물음을 나타내거나 상대방의 대답을 기대하는 것이 아니고 자신의 생각을 반어적으로 표현하는 의문문이다. 음조는 하강조(↘)이며, 긍정의 수사의문문은 부정의 뜻, 부정의 수사의문문은 긍정의 뜻을 나타낸다.

1. 누가 알겠는가? = 아무도 모른다.
2. 누가 그런 일을 할 수 있겠는가? = 아무도 그런 일을 할 수 없다.
3. 어떻게 내가 그렇게 높이 뛸 수 있겠는가? = 나는 그렇게 높이 뛸 수 없다.
4. 그런 책을 읽는 것이 무슨 소용이 있느냐? = 그런 책을 읽는 것은 아무 소용이 없다.
   (What is the use of ~ ? = ~하는 것이 무슨 소용이 있느냐?)
5. 그것은 이상하지 않은가? = 그것은 매우 이상하다.
6. 누가 행복을 바라지 않겠는가? = 모두가 행복을 바란다.

07 명령문

A 직접명령문

1. **Speak** more slowly. ⟨동사원형 ~⟩
   → You must speak more slowly.
2. **Be kind** to others. ⟨Be + 형용사 ~⟩
   → You must be kind to others.
3. **Don't make** a noise here. ⟨Don't + 동사원형 ~⟩
   → You must not make a noise here.
4. **Don't be late** for school. ⟨Don't be + 형용사 ~⟩
   → You must not be late for school.
5. **Never say** such a thing. ⟨Never + 동사원형 ~⟩
   → You must never say such a thing.

B 간접명령문

1. **Let** him *wait* for a minute.
2. **Let** her *do* it at once.
3. **Don't let** him *go* there.
4. **Let** me *know* as soon as you get there.
5. **Let** me *introduce* myself to you.
6. ⓐ **Let us**[létəs] *go* there. ⟨허가⟩
   ⓑ **Let's**[lets] *go* there. ⟨권유·제안⟩
7. ⓐ **Let's** *go* to the park after lunch.
   ⓑ = **Shall we** *go* to the park after lunch?
   ⓒ = **Why don't we** *go* to the park after lunch?

◎ 다음 우리말을 영어로 옮기시오.

1. 네 자리로 돌아가거라.
2. 병원에서는 제발 조용히 해라. (강조 용법으로)
3. 이 방에서 떠들지 마라.
4. 그에게 그 일을 하도록 시키시오.
5. 내 친구 Ann을 소개하겠습니다.
6. 12시에 점심을 먹읍시다.

어휘

make a noise 떠들다   be late[leit] for ~에 늦다   introduce[ìntrədjúːs] 동 소개하다

명령문

명령문은 명령·부탁·충고·금지 등을 나타내는 문장으로 보통 주어가 생략되고 동사원형으로 시작하며 마침표를 쓰나, 강조의 의미를 나타낼 때는 느낌표를 붙인다. 음조는 하강조(↘)이다.

 **직접명령문** — 상대방에게 직접 명령·충고·금지하는 명령문으로 일반적으로 주어 You를 생략하고 동사원형으로 시작한다. 부정명령문은 동사원형 앞에 Don't를 쓰며, Never를 써서 강한 금지를 나타내기도 한다.

1. 조금 더 천천히 말해라. → 너는 조금 더 천천히 말해야 한다.
2. 다른 사람들에게 친절해라. → 너는 다른 사람들에게 친절해야 한다.
3. 여기에서 떠들지 마라. → 너는 여기에서 떠들어서는 안 된다.
4. 학교에 늦지 마라. → 너는 학교에 늦어서는 안 된다.
5. 그런 말을 하지 마라. → 너는 그런 말을 해서는 안 된다.

참고) 주어 You를 그대로 쓰는 경우(You를 강하게 읽음)가 있으며, 명령의 뜻을 강조하거나 상대방의 주의를 끌기 위해 동사원형 앞에 조동사 Do를 쓰는 경우도 있다.
ex. Yóu be careful! 너는 주의해라!   Dó be careful! 제발 주의해라!

  간접명령문 — 상대방을 통하여 3인칭이나 1인칭에게 명령이나 권고를 재촉하는 명령문이다. 긍정명령문은 「Let + 목적어 + 동사원형」, 부정명령문은 「Don't let + 목적어 + 동사원형」이다.

1. 그에게 잠깐 기다리라고 하시오.   2. 그녀에게 그것을 즉시 하라고 하시오.
3. 그가 거기에 가지 않도록 하시오.   4. 당신이 거기에 도착하는 즉시 내게 알려 주세요.
5. 당신에게 저를 소개하도록 해 주세요(저를 소개하겠습니다).
6. ⓐ 우리가 거기에 가게 해 주시오.   ⓑ 거기에 갑시다.
7. ⓐ 점심 식사 후에 공원에 갑시다.   ⓑ 점심 식사 후에 공원에 갈까요?
   ⓒ 점심 식사 후에 공원에 가는 게 어때요?

참고) 6의 ⓐ 「Let us ~」는 '우리가 ~하도록 해 주시오'라는 뜻으로 상대방에게 허락을 요청할 경우에 쓰인다.
ⓑ 「Let's ~」는 Let us ~의 단축형으로서 '~합시다'라는 권유의 뜻을 나타내며, 「Shall we + 동사원형 ~?」, 「Why don't we + 동사원형 ~?」으로도 쓸 수 있다.

1. Go back to your seat.
2. Do be quiet in the hospital.
3. Don't make a noise in this room.
4. Let him do the work.
5. Let me introduce my friend, Ann.
6. Let's have lunch at twelve.

08 감탄문 · 기원문

A 감탄문

1. ⓐ **What a pretty doll this is!** → This is a very pretty doll.
   ⓑ **How pretty this doll is!** → This doll is very pretty.
2. ⓐ **What a wise boy he is!** → He is a very wise boy.
   ⓑ **How wise the boy is!** → The boy is very wise.
3. **What a good camera this is!** → This is a very good camera.
4. **What kind girls they are!** → They are very kind girls.
5. **How fast he swims!** → He swims very fast.
6. **How interesting this story is!** → This story is very interesting.
7. **How well she speaks English!** → She speaks English very well.
8. ⓐ **How** *tall* is Tom? 〈일반의문문〉
   ⓑ **How** *tall* Tom is! 〈감탄문〉
   ⓒ I don't know **how** *tall* Tom is. 〈간접의문문〉

B 기원문

1. Long live the King!
2. May you succeed!
3. God bless you!
4. May she return safe!

 ◎ 다음 세 문장의 의미상 차이를 말하고, 우리말로 옮기시오.

1. How far is it from here to the station?
2. How far it is from here to the station!
3. Do you know how far it is from here to the station?

◎ 다음 문장을 괄호 안의 지시대로 바꾸어 쓰시오.

4. That is a very beautiful flower. (감탄문으로)
5. You have very lovely dolls. (감탄문으로)
6. What a good professor you are! (평서문으로)

어휘

wise[waiz] 혱 현명한
bless[bles] 동 (~에게) 은총을 내리다
return[ritə́ːrn] 동 돌아오다
safe[seif] 혱 안전한
lovely[lʌ́vli] 혱 사랑스러운
professor[prəfésər] 명 교수

감탄문 · 기원문

감탄문 — 놀람·기쁨·슬픔·희망 등 강한 감정을 나타내는 문장으로서 What 또는 How로 시작되며, 문장 끝에 느낌표를 붙인다. 감탄문의 「주어 + 동사」는 대부분의 경우 생략할 수 있다.

- What + a(an) + 형용사 + 단수명사(+ 주어 + 동사)!
- What   + 형용사 + 복수명사(+ 주어 + 동사)!
- How   + 형용사 [또는 부사] (+ 주어 + 동사)!
- How   + 형용사 + 관사 + 명사(+ 주어 + 동사)!

1. ⓐ 이것은 얼마나 예쁜 인형인가! → 이것은 매우 예쁜 인형이다.
   ⓑ 이 인형은 얼마나 예쁜가!   → 이 인형은 매우 예쁘다.
2. ⓐ 그는 얼마나 현명한 소년인가! → 그는 매우 현명한 소년이다.
   ⓑ 그 소년은 얼마나 현명한가!   → 그 소년은 매우 현명하다.
3. 이것은 얼마나 좋은 카메라인가! → 이것은 매우 좋은 카메라이다.
4. 그들은 정말 친절한 소녀들이구나! → 그들은 매우 친절한 소녀들이다.
5. 그는 정말로 빨리 수영하는구나! → 그는 매우 빨리 수영한다.
6. 이 이야기는 매우 흥미롭구나!   → 이 이야기는 매우 흥미롭다.
7. 그녀는 영어를 참 잘 하는구나!   → 그녀는 영어를 매우 잘 한다.
8. ⓐ Tom은 키가 얼마나 큽니까?   ⓑ Tom은 정말로 키가 크구나!
   ⓒ 나는 Tom이 얼마나 키가 큰지 모른다.

주의 현대 영어에서는 How 감탄문보다는 What 감탄문을 주로 쓴다. How 감탄문도 격식을 차려서 쓰는 것보다는 「How + 형용사」의 형식으로 쓴다.

기원문 — 소망·기원을 나타내는 문장으로 관용적인 문구처럼 쓰인다. 「May + 주어 + 동사원형」 또는 「주어 + 동사원형」의 형태로 쓰고, 느낌표를 붙이는 경우가 많으며, 음조는 하강조(↘)이다.

1. 국왕 만세!   2. 부디 성공하시기를!
3. 신의 은총이 깃들기를!   4. 그녀가 무사히 돌아오기를!

1. 의문문 '여기에서 역까지는 얼마나 멉니까?'
2. 감탄문 '여기에서 역까지는 정말 멀기도 하구나!'
3. how 이하는 간접의문문 '당신은 여기에서 역까지 거리가 얼마나 되는지 알고 있습니까?'
4. What a beautiful flower that is! '저것은 얼마나 아름다운 꽃인가!'
5. What lovely dolls you have! '너는 정말 사랑스러운 인형을 가지고 있구나!'
6. You are a very good professor. '당신은 정말 좋은 교수입니다.'

09 문장 구조에 따른 분류

1. <u>In spring</u> **<u>the weather</u>** <u>is warm</u>. 〈단 문〉
   부사구   주부   술부
2. **<u>Tom and Mary</u>** <u>went to the park and played there</u>. 〈중 문〉
   주부   술부
3. <u>It was raining</u> **and** <u>the game was called off</u>. 〈중 문〉
   단문(등위절)   등위접속사   단문(등위절)
4. **<u>Everybody knows</u>** <u>that he is honest</u>. 〈복 문〉
   주절   종속절(명사절)
5. **<u>This is the girl</u>** <u>who wants to see you</u>. 〈복 문〉
   주절   종속절(형용사절)
6. **<u>We will go there</u>** <u>if it is fine tomorrow</u>. 〈복 문〉
   주절   종속절(부사절)
7. **<u>I think</u>** <u>that she is right</u>, **but <u>he says</u>** <u>that she is wrong</u>. 〈혼합문〉
   주절   종속절(명사절)   등위접속사   주절   종속절(명사절)

○ 다음 우리말을 영어로 옮기시오.

1. 당신은 어제 Brown씨를 만나지 않았어요, 그렇지요?
2. 그녀는 어제 결석했어요, 그렇지요?
3. 당신은 누가 그 일을 했는지 알고 있습니까?
4. 당신은 누가 그 일을 했다고 생각합니까?
5. 이 책은 정말로 재미있구나!
6. 너는 그녀가 누구를 기다리고 있는지 아니?
7. 당신은 그가 무엇에 대해서 썼다고 생각합니까?
8. 당신은 봄과 가을 중에서 어느 쪽을 더 좋아합니까?

○ 다음 두 문장을 한 문장으로 만드시오.

9. We didn't understand. How did they finish the work?
10. Do you know? How long will it take to get there by plane?
11. Do you think? What time will he arrive here?
12. Do you suppose? Why didn't Tom come?
13. Do you know? Where did he go?

문장 구조에 따른 분류

- 단문(Simple Sentence) — 절을 포함하지 않는 문장, 즉 한 개의 주부와 한 개의 술부로 이루어진 문장을 말한다.
- 중문(Compound Sentence) — 두 개 이상의 단문이 등위접속사 and, but, for, so, or 등으로 대등하게 연결된 문장이다. 이때의 단문을 등위절이라고 한다.
- 복문(Complex Sentence) — 주절과 종속절로 이루어진 문장, 즉 「주부 + 술부」의 관계가 두 개 이상 있고, 그것이 종속접속사, 관계사, 의문사 등으로 결합되어 있는 문장을 말한다.
- 혼합문(Mixed Sentence) — 등위절이 종속절을 포함하여 중문과 복문이 혼합된 문장이다.

1. 봄에는 날씨가 따뜻하다.
2. Tom과 Mary는 공원에 가서 놀았다.
3. 비가 와서 경기는 취소되었다.
4. 그가 정직하다는 것을 모두가 알고 있다.
5. 이 애가 너를 만나고 싶어하는 소녀이다.
6. 내일 날씨가 좋으면 우리는 거기에 갈 것이다.
7. 나는 그녀가 옳다고 생각하지만, 그는 그녀가 틀리다고 말한다.

1. You didn't meet Mr. Brown yesterday, did you?
2. She was absent yesterday, wasn't she?
3. Do you know who did the work?
4. Who do you think did the work?
5. How interesting this book is!
6. Do you know who(m) she is waiting for?
7. What do you think he wrote about?
8. Which do you like better, spring or fall?
9. We didn't understand how they finished the work.
   '우리는 어떻게 그들이 그 일을 끝냈는지 이해하지 못했다.'
10. Do you know how long it will take to get there by plane?
    '당신은 거기에 도착하는 데 비행기로 얼마나 걸리는지 아십니까?'
11. What time do you think he will arrive here?
    '당신은 몇 시에 그가 여기에 도착하리라고 생각합니까?'
12. Why do you suppose Tom didn't come?
    '너는 왜 Tom이 오지 않았다고 생각하니?'
13. Do you know where he went? '너는 그가 어디에 갔는지 아니?'

weather[wéðər] 명 날씨 be absent[ǽbsənt] 결석하다 understand[ʌ̀ndərstǽnd] 동 이해하다
call off 취소하다 wait for ~를 기다리다 finish[fíniʃ] 동 끝내다

생활 영어

안부 묻고 답하기

● ○ ○ 안부 묻고 답하기

— 안부 묻기

1. How are you? / How are you doing? / How's it going?
   How are things? / How's everything? / What's up?
2. How's your family?
3. How have you been?

— 안부에 답하기

4. Fine, thanks. / I'm okay, thanks.
5. Very well. / Pretty good. / Great.
6. Not (too/so) bad, thanks.
7. Not (too/so) good.

1. A: Good morning, Mary. **How are you** today?
   B: **I'm fine, thanks. And you**?
   A: Very well, thank you.

2. A: Hello, Janet. **How are you**?
   B: John, what a surprise! **I'm OK**. How about you?
   A: Oh, **not bad**.

● ● ○ 안부를 제3자에게 부탁하기

1. Will you say hello (hi) to your father (for me)?
2. Please give my regards to your parents.

A: Excuse me, but I have to go now.
B: I'll call you later then.
A: Oh, and **give my best regards to your husband**.
B: Sure, I will. Take care!

 왼쪽에 있는 영문을 큰 소리로 여러 번 읽고 뜻을 파악한 다음, 우리말을 참고하기 바랍니다.
왼쪽의 영문을 암기한 다음, 오른쪽의 우리말을 보고 영어로 써 보는 것이 좋습니다.

● ○ ○ 안부 묻고 답하기

— 안부 묻기
1. 어떻게 지내세요?
2. 가족들은 어떻게 지내요?
3. 어떻게 지내셨습니까?

— 안부에 답하기
4. 좋습니다.
5. 아주 좋습니다.
6. 그저 그렇습니다.
7. 그다지 좋지 않습니다.

1. What's up?은 가까운 친구 사이에서 하는 인사말이다.
4. 상대방이 안부를 물으면 자신의 안부를 먼저 말한 다음, And you? 또는 How about you?로 상대방의 안부를 묻는다.
5. 자신의 기분 상태나 컨디션이 매우 좋거나 잘 지낼 때에 사용한다.
6. 비슷한 표현으로 So so.가 있다.
7. 굉장히 좋지 않은 경우에는 Terrible.이라고 한다.

Mini Dialogue

1. A: 안녕, Mary. 오늘 어때?
   B: 좋아, 고마워. 너는?
   A: 아주 좋아, 고마워.
2. A: 안녕, Janet. 어떻게 지내요?
   B: John, 이런 곳에서 만나다니 놀랍군요! 전 좋은데. 어떠세요?
   A: 아, 저도 괜찮아요.

● ● ○ 안부를 제3자에게 부탁하기

1. 너의 아버지께 안부 좀 전해 주겠니?
2. 너의 부모님께 안부 좀 전해 줘.

1./2. "~에게 안부를 전해 주세요."라는 표현으로 Give my love to ~ / Remember me to ~ / Don't forget me to ~ 등이 있다. 이에 대해 Sure(Certainly), I will. 등으로 응답한다.

Mini Dialogue

A: 죄송합니다만, 지금 가야겠습니다.
B: 그럼 나중에 제가 전화하죠.
A: 아, 그리고 남편께 안부 전해 주세요.
B: 그렇게 하죠. 잘 지내세요!

실전 응용 문제

A 다음 문장의 빈칸에 알맞은 말을 넣어 부가의문문을 만드시오.

1. Ned and Sam won't go to church, _____ _____?
2. Washington is the capital of the United States of America, _____ _____?
3. She will come here this afternoon, _____ _____?
4. You have never been to Hawaii, _____ _____?
5. You like swimming, _____ _____?
6. There are some apples in the box, _____ _____?
7. Let's go on a picnic tomorrow, _____ _____?
8. Don't open the window, _____ _____?

○ capital 명 수도
the United States of America 미합중국
go on a picnic 소풍을 가다

B 다음 두 문장을 한 문장으로 만드시오.

1. I asked her. What did he do yesterday?
2. I want to know. What did she buy yesterday?
3. Do you think? Where did Susie find the book?
4. I don't know. Who wrote the story?

C 다음 문장을 괄호 안의 지시대로 바꾸시오.

1. That mountain is very high.
   (How로 시작되는 의문문과 감탄문으로)
2. What a long bridge that is! (How로 시작되는 감탄문으로)
3. These are very pretty flowers. (What으로 시작되는 감탄문으로)
4. That is a very exciting book. (What으로 시작되는 감탄문으로)
5. It sometimes rains in winter. (의문문으로)
6. You must sleep at nine. (명령문으로)
7. How small it is! (평서문으로)

○ bridge 명 다리
pretty 형 예쁜
exciting 형 흥미진진한

D 우리말과 뜻이 같도록 빈칸에 알맞은 말을 쓰시오.

1. 아버지께 안부를 전해 주십시오.
   = Say _____ _____ your father.
2. 어떻게 지내셨습니까? = _____ have you _____?

E 다음 중 의도하는 바가 나머지 넷과 다른 것을 고르시오.

① How's it going?
② How's everything?
③ How do you like it?
④ How are you doing?
⑤ How have you been?

F 다음 글을 읽고, 물음에 답하시오.

A young boy did not live too far from school, **so** he used to walk there and back everyday. On his way to school he passed a playground **which** used to get very wet when it rained. One day the boy came home very wet. His mother became angry and said, "_____"

The next day he came home very wet again, and his mother became even angrier. "I'll tell your father if you come home wet again," she said, "and then he'll punish you."

The next day the young boy was dry when he came home from school. "What a good boy today!" his mother said. "You didn't play in the water, **did you**?" "No," he answered sadly, "there were so many older boys in the water when I got there this afternoon that there wasn't any room for me at all."

○ far 🕮 멀리
everyday 🕮 매일
on one's way to
～로 가는 길에
pass 🕮 지나가다
playground
🕮 놀이터, 운동장
wet 🕮 젖은
angry 🕮 화난
punish 🕮 벌주다, 혼내다
room 🕮 공간, 자리

1. 위 글의 빈칸에 알맞은 말을 고르시오.
   ① Don't be late for school.
   ② Don't run across the street.
   ③ Don't walk to school so fast.
   ④ Don't play with friends on the way home.
   ⑤ Don't play in the water on your way home.

○ be late for ～에 늦다
across 🕮 건너서, 가로질러서

2. 밑줄 친 What a good boy today!의 이유로 알맞은 것을 고르시오.
   ① Because the boy didn't get wet.
   ② Because the boy didn't tell a lie.
   ③ Because the boy came home early.
   ④ Because the boy didn't go to school.
   ⑤ Because the boy didn't play with friends.

Answer & Explanation

Answer

A 1. will, they 2. isn't, it 3. won't, she 4. have, you 5. don't, you
6. aren't, there 7. shall, we 8. will, you

B 1. I asked her what he did yesterday.
2. I want to know what she bought yesterday.
3. Where do you think Susie found the book?
4. I don't know who wrote the story.

C 1. 의문문: How high is that mountain? / 감탄문: How high that mountain is!
2. How long that bridge is! = How long a bridge that is!
3. What pretty flowers these are!   4. What an exciting book that is!
5. Does it sometimes rain in winter? 6. Sleep at nine. 7. It is very small.

D 1. hello, to 2. How, been   **E** ③   **F** 1. ⑤ 2. ①

Explanation

A
1. 부가의문문의 주어는 대명사로 쓰므로 Ned and Sam은 they로 받는다.
   'Ned와 Sam은 교회에 가지 않을 거야, 그렇지?'
2. Washington은 대명사 it으로 받는다. '워싱턴은 미국의 수도지, 그렇지?'
3. will의 부정은 won't로 나타낸다. '그녀는 오늘 오후에 여기에 올 예정이지, 그렇지?'
4. 현재완료시제(have + 과거분사)에서는 have가 조동사이고, 앞 문장이 부정문(never)이므로 긍정의 부가의문문을 쓴다. '너는 하와이에 가본 적이 없지, 그렇지?'
5. 앞 문장이 긍정문이므로 부정의 부가의문문을 쓴다. '너는 수영을 좋아하지, 그렇지?'
6. 「There + be동사 ~」 구문에서는 There(유도부사)가 형식상 주어가 된다.
   '상자 안에 몇 개의 사과가 있어, 그렇지?'
7. 청유문의 부가의문문은 shall we를 쓴다. '내일 소풍 가자.'
8. 명령문의 부가의문문은 will you를 쓴다. '창문을 열지 말아 주시겠어요?'

B 1. '나는 그녀에게 그가 어제 무엇을 했는지 물었다.'
2. '나는 그녀가 어제 무엇을 샀는지 알고 싶다.'
3. '너는 Susie가 그 책을 어디에서 발견했다고 생각하니?'
4. '나는 누가 그 이야기를 썼는지 모른다.'

C 1. 의문문: How + 형용사 + 동사 + 주어? / 감탄문: How + 형용사 + 주어 + 동사!
2. What + a(an) + 형용사 + 명사 + 주어 + 동사! → How + 형용사 + 주어 + 동사!
3. What + 형용사 + 복수명사 + 주어 + 동사!
6. 명령문은 동사원형으로 시작한다.

E ③은 의견을 묻는 표현이고, 나머지 넷은 안부를 묻는 표현이다.

F   한 소년이 학교에서 그다지 멀지 않은 곳에서 살고 있었는데, 매일 걸어서 학교에 등하교하곤 했다. 학교로 가는 길에 소년은 비가 올 때엔 많이 질퍽해지곤 하는 놀이터를 지나갔다. 어느 날 소년이 옷이 많이 젖어서 집에 왔다. 소년의 어머니는 화가 나서 "집에 오는 길에 물에서 놀지 말아라."라고 말씀하셨다.
   다음 날 소년은 또 다시 많이 젖어서 집에 왔고, 소년의 어머니는 더욱 화가 났다. "다시 젖어서 집에 오면, 아빠에게 이를 테다." 소년의 어머니가 말씀하셨다. "그러면 아빠가 너를 혼내실 거야."
   다음 날 학교에서 집으로 돌아왔을 때 소년은 젖어 있지 않았다. "오늘은 너무 착하구나!" 소년의 어머니가 말씀하셨다. "물에서 놀지 않았지, 그렇지?" "네." 소년은 슬프게 대답했다. "오늘 오후에 내가 거기에 갔을 때, 물에는 나보다 나이 많은 아이들이 너무 많아서 내가 놀 공간이 전혀 없었거든요."

1. 소년의 어머니가 화가 났다고 언급되어 있으므로 그 이유가 와야 한다.
   ① 학교에 지각하지 말아라. ② 길을 뛰어서 건너지 말아라.
   ③ 학교에 너무 빨리 걸어가지 말아라. ④ 집에 오는 길에 친구들과 놀지 말아라.
2. 소년의 어머니가 칭찬을 한 이유를 고른다.
   ① 소년이 젖어 있지 않았기 때문에. ② 소년이 거짓말을 하지 않았기 때문에.
   ③ 소년이 집에 일찍 왔기 때문에. ④ 소년이 학교에 가지 않았기 때문에.
   ⑤ 소년이 친구들과 놀지 않았기 때문에.

〈구문해설〉
- A young boy did not live too far from school, **so** he used to walk …: 두 개의 단문이 결과를 나타내는 등위접속사 so로 대등하게 연결된 중문이다.
- On his way to school he passed a playground **which** used to get very wet when it rained.: 주절 he passed a playground와 관계대명사 which가 이끄는 종속절(형용사절)로 이루어진 복문이다. 종속절 which used to ~ when it rained.에서 which used to get very wet은 주절, when 이하는 접속사 when이 이끄는 종속절(부사절)이다.
- there were **so** many older boys in the water when I got there this afternoon **that** there wasn't any room for me at all.: 「so ~ that … 」(너무 ~ 해서 …하다) 구문으로 there ~ afternoon(주절)과 that 이하(종속절)로 나뉜다. 주절은 복문으로 접속사 when을 중심으로 다시 주절과 종속절로 이루어져 있다.

03. 동사의 종류와 문장의 형태

10 1형식 문형

A

1. *Birds* **sing**.
2. *He* **is** not here.
3. *The earth* **moves** round the sun.
4. *My uncle* in Seoul **works** at a bank.
   　주어　　형용사구　완전자동사　　부사구
5. There **is** *a bench* under the tree.
   유도부사　동사　주어　　　부사구
6. There **are** *flowers* in the garden.
   유도부사　동사　주어　　부사구
7. Many years ago *a large fox* **lived** in the woods.
   　　부사구　　　　주어　　동사　　부사구

11 2형식 문형

A

상태를 나타내는 동사: ～이다

1. He **is** *a musician*. (He = a musician)　　　　〈명　사〉
2. He **sits** *still* on the sofa.　　　　　　　　　〈형용사〉
3. The weather **keeps** *fine*.　　　　　　　　　〈형용사〉
4. He **remained** *silent*.　　　　　　　　　　　〈형용사〉
5. We **stayed** *roommates* for four years.　　　〈명　사〉

어휘

round[raund] 전 ～을 돌아서　　**keep**[ki:p] 동 (어떤 상태를) 유지하다　　**silent**[sáilənt] 형 침묵하는
in the woods[wudz] 숲 속에　　**remain**[riméin] 동 여전히 ～이다　　**roommate**[rú(:)mmèit] 명 한방 사람

동사의 종류

동사는 목적어를 필요로 하지 않는 자동사와 목적어를 필요로 하는 타동사로 나뉘며, 보어를 필요로 하지 않는 완전동사와 보어를 필요로 하는 불완전동사로 나뉜다. 이와 같은 동사의 종류에 따른 문형 구분을 문장의 5형식이라 한다.

동사의 종류		목적어	보어	문장의 형태	
자동사	완전자동사	×	×	주어+완전자동사	1형식
	불완전자동사	×	○	주어+불완전자동사+주격 보어	2형식
타동사	완전타동사	○	×	주어+완전타동사+목적어	3형식
	수여동사	○	×	주어+수여동사+간·목+직·목	4형식
	불완전타동사	○	○	주어+불완전타동사+목적어+목적격 보어	5형식

1형식 문형: 주어 + 완전자동사

1형식 문형은 보어와 목적어를 필요로 하지 않는 완전자동사가 만드는 문형이다. 수식어구인 형용사(구)나 부사(구) 등이 함께 쓰이기도 하지만, 문장의 형식에는 영향을 주지 않는다.

1. 새들이 노래한다.
2. 그는 여기에 있지 않다. (here는 부사)
3. 지구는 태양 주위를 돈다. (round the sun은 부사구)
4. 서울에 사는 나의 삼촌은 은행에서 일하신다.
5. 나무 아래에 벤치가 하나 있다.
6. 정원에는 꽃들이 있다.
7. 옛날에 숲 속에 큰 여우 한 마리가 살았다.

참고 「There is(are) ~」 구문과 be동사가 '있다, 존재하다'의 뜻을 나타내는 경우에는 1형식 문형이 된다.

2형식 문형: 주어 + 불완전자동사 + 주격 보어

2형식 문형은 동사만으로는 주어에 대한 설명이 부족하여 주어의 상태나 동작을 설명하는 주격 보어를 필요로 하는 불완전자동사가 만드는 문형이다.

1. 그는 음악가이다.
2. 그는 꼼짝 않고 소파에 앉아 있다.
3. 좋은 날씨가 계속된다.
4. 그는 잠자코 있었다.
5. 우리는 4년 동안 같은 방을 쓴 친구들이었다.

참고 상태를 나타내는 동사에는 be동사 유형(be, lie, sit, stand)과 keep 유형(continue, hold, keep, remain, stay)이 있다.

B ▪ 상태의 변화를 나타내는 동사: ~로 되다

1. He **became** *a movie director*.
2. He **got** *angry* with me.
3. He **turned** *pale* at the sight.
4. ⓐ I **went** *to the library*. 〈1형식〉
   ⓑ He **went** *mad*. 〈2형식: madly는 쓸 수 없음〉
5. ⓐ Rice **grows** *in warm climates*. 〈1형식〉
   ⓑ The sky **grew** *darker*. 〈2형식〉

C ▪ 외관과 감각을 나타내는 동사

1. He **looks** (to be) *sad*.
2. He **seemed** *surprised* by my ignorance.
3. The story **sounds** *false*.
4. This flower **smells** *sweet*.
5. This cake **tastes** *sweet*(*nice*).
6. The paper **feels** *rough*.

D ▪ 보어와 함께 쓰이는 완전자동사

1. He **died** *a beggar*. = He was a beggar when he died.
2. The children **came** *running* to her.
3. He **sat** *surrounded* by the children.

◎ 다음 문장이 어법에 맞도록 괄호 안에서 알맞은 말을 고르시오.

1. Her voice sounds (soft, softly).
2. This apple tastes (sour, sourly).
3. She looks (beautiful, beautifully) in her new dress.
4. She stood (watch, watching, watched) the game.
5. Your hands feel (warm, warmly).

◎ 다음 우리말을 영어로 옮기시오.

6. 식탁 위에 사과가 하나 있다.
7. 그는 소설가가 되었다.
8. 이 옷감은 감촉이 부드럽다.
9. 그녀는 행복해 보인다.
10. 날씨가 맑아졌다.
11. 그 책은 재미있다.

B
1. 그는 영화 감독이 되었다.
2. 그는 내게 화를 냈다.
3. 그는 그 광경을 보고 창백해졌다.
4. ⓐ 나는 도서관에 갔다.   ⓑ 그는 미쳤다.
5. ⓐ 벼는 온화한 지방에서 자란다.   ⓑ 하늘은 점점 어두워졌다.

주의) 4, 5의 go, grow와 같이 완전자동사로 쓰이느냐 불완전자동사로 쓰이느냐에 따라 그 의미가 달라지는 동사가 있다.

C
1. 그는 슬퍼 보인다.   2. 그는 나의 무지함에 놀라는 것 같았다.
3. 그 이야기는 거짓말처럼 들린다.   4. 이 꽃은 향기로운 냄새가 난다.
5. 이 케이크는 단(맛있는) 맛이 난다.   6. 그 종이는 감촉이 거칠게 느껴진다.

주의) feel(~하게 느끼다), look(~하게 보이다), smell(~의 냄새가 나다), taste(~의 맛이 나다), sound(~하게 들리다) 등의 동사 다음에 주격 보어로 형용사가 오지만 부사처럼 해석이 된다. (중요함)

D
1. 그는 거지로 죽었다.
2. 아이들은 그녀에게 달려 왔다.
3. 그는 아이들에게 둘러싸여 앉아 있었다.

주의) die, come, sit 등의 보어를 필요로 하지 않는 완전자동사 다음에 명사, 현재분사, 과거분사 등이 보어로 와서 주어의 상태나 동작을 설명하는데, 이때의 보어를 유사보어라고 한다.

1. soft (sound + 형용사 = ~하게 들리다) '그녀의 목소리는 차분하게 들린다.'
2. sour (taste + 형용사 = ~한 맛이 나다) '이 사과는 맛이 시다.'
3. beautiful (look + 형용사 = ~하게 보이다) '그녀는 새 옷을 입은 모습이 아름답게 보인다.'
4. watching (watching the game은 유사보어이다.) '그녀는 그 경기를 보면서 서 있었다.'
5. warm (feel + 형용사 = ~하게 느껴지다, 느낌이 ~하다) '네 손은 따뜻하게 느껴진다.'
6. There is an apple on the table.   7. He became a novelist.
8. This cloth feels smooth.   9. She looks happy.
10. The weather turned fine.   11. The book is interesting.

어휘

pale [peil] 형 창백한
at the sight [sait] 그 광경을 보고
ignorance [ígnərəns] 명 무식, 무지
beggar [bégər] 명 거지
surround [səráund] 동 에워싸다
sour [sauər] 형 시큼한
novelist [návəlist] 명 소설가
cloth [klɔːθ] 명 직물
smooth [smuːð] 형 부드러운

12 3형식 문형

A 일반적 형태

1. He **wants** *a bicycle*.　〈명　사〉
2. They **helped** *him*.　〈대명사〉
3. I **like** *to swim* in this river.　〈부정사〉
4. I have **finished** *writing* a letter.　〈동명사〉
5. I don't **know** *why he is angry*.　〈명사절〉
6. Do you **know** *how to drive a car*?　〈명사구〉

B 특수한 형태

1. ⓐ He **lived** happily.　〈주어 + 완전자동사 + 부사 : 1형식〉
   ⓑ He **lived** a happy *life*.　〈주어 + 완전타동사 + 동족목적어 : 3형식〉
2. ⓐ He **dreamed** strangely.　〈주어 + 완전자동사 + 부사 : 1형식〉
   ⓑ He **dreamed** a strange *dream*.　〈주어 + 완전타동사 + 동족목적어 : 3형식〉
3. ⓐ He **killed** him.　〈He ≠ him〉
   ⓑ He **killed** himself.　〈He = himself : 재귀목적어〉
4. ⓐ He **left** for Busan yesterday.　〈자동사 : 1형식〉
   ⓑ He **left** Seoul for Busan yesterday.　〈타동사 : 3형식〉
5. ⓐ The door **opened** and a sailor came in.　〈자동사 : 1형식〉
   ⓑ A sailor **opened** the door and came in.　〈타동사 : 3형식〉
6. He **laughed at** me.　〈자동사 + 전치사 = 타동사구〉
7. We **waited for** Mary.　〈자동사 + 전치사 = 타동사구〉
8. My teacher **looked at** my picture.　〈자동사 + 전치사 = 타동사구〉
9. I will **take care of** the children.　〈타동사 + 명사 + 전치사 = 타동사구〉
10. She **took part in** the contest.　〈타동사 + 명사 + 전치사 = 타동사구〉

어휘

drive[draiv]–drove[drouv]–driven[drívən] 통 운전하다
happily[hǽpəli] 부 행복하게
strangely[stréindʒli] 부 이상하게
kill oneself[wʌnsélf] 자살하다
sailor[séilər] 명 선원
laugh[læf] at ~을 비웃다
take care[kɛər] of ~을 돌보다
take part[pɑːrt] in ~에 참가하다

3형식 문형: 주어 + 완전타동사 + 목적어

3형식 문형은 목적어는 필요로 하지만 보어를 필요로 하지 않는 완전타동사가 만드는 문형을 말한다. 동사가 나타내는 행위의 대상인 목적어는 대체로 우리말의 '~을, ~를'에 해당된다. 목적어가 되는 것은 명사·대명사·명사 상당어구이다.

1. 그는 자전거를 원한다.
2. 그들은 그를 도왔다.
3. 나는 이 강에서 수영하고 싶다.
4. 나는 편지 쓰기를 끝마쳤다.
5. 나는 그가 왜 화났는지를 모른다.
6. 당신은 차를 운전하는 법을 알고 있습니까?

1. ⓐ 그는 행복하게 살았다.　　　　ⓑ 그는 행복한 생활을 했다.
2. ⓐ 그는 이상하게 꿈을 꾸었다.　　ⓑ 그는 이상한 꿈을 꾸었다.
3. ⓐ 그는 그(다른 사람)를 죽였다.　ⓑ 그는 자살했다.
4. ⓐ 그는 어제 부산으로 떠났다.　　ⓑ 그는 어제 부산을 향해 서울을 떠났다.
5. ⓐ 문이 열리고 한 선원이 들어왔다.　ⓑ 한 선원이 문을 열고 들어왔다.
6. 그는 나를 비웃었다.
7. 우리는 Mary를 기다렸다.
8. 나의 선생님께서 내 그림을 보셨다.
9. 내가 그 아이들을 돌보겠다.
10. 그녀는 그 대회에 참가했다.

주의

- 1과 2의 ⓑ처럼 완전자동사가 같은 어원이나 의미가 같은 명사를 목적어(동족목적어)로 취하면 완전타동사가 되어 3형식 문형을 이끄는 경우가 있다. 동사 live, dream, laugh 등이 명사 life, dream, laugh 등의 동족목적어를 취한다.
- 3의 ⓑ처럼 타동사의 동작이 주어 자신에게 행해질 때에 재귀대명사를 목적어로 취하는데, 이런 목적어를 재귀목적어라고 한다. 재귀대명사는 '~자신'이라는 뜻으로 myself, yourself, himself, herself, itself, ourselves, yourselves, themselves가 있다.
- 대부분의 동사는 자동사와 타동사로 모두 쓰인다. 4와 5에 나오는 left와 opened는 ⓐ에서는 자동사로, ⓑ에서는 타동사로 쓰이고 있다.
- 6, 7, 8에서는 「자동사 + 전치사」가 하나의 타동사구를 이루고, 9와 10에서는 「타동사 + 명사 + 전치사」가 하나의 타동사구를 이루어 3형식 문형을 만든다.

 **확인테스트** ◎ 다음 문장의 문형을 말한 다음, 우리말로 옮기시오.

1. ⓐ She became a nurse.
   ⓑ I know a nurse in that hospital.
2. ⓐ He grows a lot of flowers in his garden.
   ⓑ These trees will grow bigger in summer.
3. ⓐ The weather changes very often.
   ⓑ I have changed my dress.
4. People will laugh at you.
5. I dreamed a dreadful dream last night.

13 4형식 문형

A to + 간접목적어

1. ⓐ He **gave** me the book. 〈4형식〉　ⓑ He **gave** the book **to** me. 〈3형식〉
   　주어 수여동사 간·목 직·목　　　　　주어 타동사 목적어 부사구
2. She **told** me an interesting story. 〈4형식〉
   → She **told** an interesting story **to** me. 〈3형식〉
3. Miss Kim **teaches** us music. 〈4형식〉
   → Miss Kim **teaches** music **to** us. 〈3형식〉
4. Will you **lend** me your pen, please? 〈4형식〉
   → Will you **lend** your pen **to** me, please? 〈3형식〉
5. He **brought** me some milk. 〈4형식〉
   → He **brought** some milk **to** me. 〈3형식〉

B for + 간접목적어 / of + 간접목적어

1. ⓐ He **bought** me a car. 〈4형식〉　ⓑ He **bought** a car **for** me. 〈3형식〉
2. She **made** me some coffee. → She **made** some coffee **for** me.
3. Please **get** me some bread. → Please **get** some bread **for** me.
4. May I **ask** you a favor? → May I **ask** a favor **of** you?

 **확인테스트**

1. ⓐ 2형식 '그 여자는 간호사가 되었다.' (She = a nurse)
   ⓑ 3형식 '나는 저 병원에 있는 한 간호사를 알고 있다.' (I ≠ a nurse)
2. ⓐ 3형식 '그는 자기 정원에서 많은 꽃을 재배한다.' (grow는 완전타동사)
   ⓑ 2형식 '이들 나무는 여름에 더 크게 자랄 것이다.' (grow = become = ~이 되다)
3. ⓐ 1형식 '날씨가 매우 자주 변한다.' (change는 완전자동사)
   ⓑ 3형식 '나는 내 옷을 갈아입었다.' (change는 완전타동사)
4. 3형식 '사람들이 너를 비웃을 것이다.' (you가 목적어)
5. 3형식 '나는 어젯밤에 무서운 꿈을 꾸었다.' (a dreadful dream이 동족목적어)

4형식 문형: 주어 + 완전타동사 + 간접목적어 + 직접목적어

완전타동사 중에서 '~에게'의 의미를 나타내는 간접목적어(Indirect Object)와 '~을(를)'의 의미를 나타내는 직접목적어(Direct Object)를 둘 다 취하는 동사를 수여동사라고 하는데, 4형식 문형은 이 수여동사가 만드는 문형을 말한다. 주로 간접목적어에는 사람이, 직접목적어에는 사물이 온다.

1. 그는 나에게 그 책을 주었다.
2. 그녀는 나에게 재미있는 이야기 하나를 해 주었다.
3. 김 선생님은 우리에게 음악을 가르친다.
4. 저에게 당신 펜을 빌려 주시겠습니까?
5. 그는 내게 우유를 가져왔다.

참고 1의 ⓐ와 같은 4형식 문형의 간접목적어를 직접목적어 뒤로 보내면 「전치사 + 간접목적어」 형태의 부사구가 되어 ⓑ와 같은 3형식 문형이 된다. 이때 전치사 to가 쓰이는 동사는 bring(가져오다), give(주다), lend(빌려 주다), send(보내다), show(보여주다), teach(가르치다), tell(말하다), write(쓰다) 등이다.

1. 그는 나에게 자동차 한 대를 사 주었다.
2. 그녀는 나에게 커피를 타 주었다.
3. 나에게 빵을 좀 갖다 주시오.
4. 당신에게 부탁을 하나 드려도 됩니까?

참고 간접목적어 앞에 전치사 for가 쓰이는 동사는 buy(사다), find(찾아 주다), get(가져다주다), leave(남겨 놓다), make(만들어 주다) 등이며, 전치사 of가 오는 동사는 ask가 대표적이다.

어휘

grow[grou] 동 자라다, ~이 되다	often[ɔ́(ː)fən] 부 자주	bring[briŋ]–brought[brɔːt]–
a lot[lɑt] of 많은	dreadful[drédfəl] 형 무서운	brought 동 가져오다
weather[wéðər] 명 날씨	lend[lend] 동 빌려 주다	favor[féivər] 명 부탁

확인테스트

◎ 다음 문장을 3형식 문형으로 고치시오.
1. He sent the patient flowers.
2. He found her a seat.
3. He asked me a question.

◎ 다음 우리말을 영어로 옮기시오.
4. 나의 아버지는 가끔 내게 책을 사 주신다.
5. 내게 그 책을 가져다주시오.
6. 나는 그에게 충고를 했다.

14 5형식 문형

A ■ 명사 · 형용사 · 구를 목적격 보어로 취하는 동사

a. make 유형: ~을 …하게 하다
1. He **made** his son *a doctor*. ⟨his son = a doctor⟩
2. We **elected** Mr. Gray *chairman* of the meeting. ⟨Mr. Gray = chairman⟩
3. She **named** her cat *Sally*. ⟨her cat = Sally⟩

b. paint 유형: 주로 동작의 결과로 생긴 상태
1. I **painted** the fence *blue*.
2. He **cut** his hair *close*.
3. My father **washed** his car *clean*.

c. think 유형
1. I **think** Copperfield (to be) *a great magician*.
2. I **found** the book *easy*.
3. I **feel** this (to be) *necessary*.

B ■ 부정사 · 현재분사 · 과거분사를 목적격 보어로 취하는 동사

a. 사역동사 유형: ~에게 …를 시키다
1. The black suit **made** her *look* thin.
2. **Let** us *know* when you arrive in Incheon International Airport.
3. ⓐ I **had** him *mend* my watch.
    ⓑ I **got** him *to mend* my watch.

 **확인테스트**

1. He sent flowers to the patient. '그는 그 환자에게 꽃을 보냈다.'
2. He found a seat for her. '그는 그녀에게 좌석을 찾아 주었다.'
3. He asked a question of me. '그는 나에게 질문 하나를 했다.'
4. My father often buys me books. 〈4형식〉
   My father often buys books for me. 〈3형식〉
5. Bring me the book. 〈4형식〉 Bring the book to me. 〈3형식〉
6. I gave him some advice. 〈4형식〉 I gave some advice to him. 〈3형식〉

5형식 문형: 주어 + 불완전타동사 + 목적어 + 목적격 보어

5형식 문형은 타동사와 목적어만으로는 문장의 의미가 불완전하기 때문에 목적어의 상태·동작을 설명해 주는 목적격 보어를 필요로 하는 불완전타동사가 만드는 문형이다. 목적어와 목적격 보어 사이에는 「주부 + 술부」의 관계가 있다.

a. 1. 그는 자기 아들을 의사로 만들었다.　2. 우리는 Gray 씨를 그 회의의 의장으로 뽑았다.
　 3. 그녀는 자기 고양이에게 Sally라는 이름을 붙였다.
b. 1. 나는 그 담을 푸르게 칠했다.　2. 그는 머리를 짧게 깎았다.
　 3. 나의 아버지는 자신의 차를 깨끗이 세차하셨다.
c. 1. 나는 Copperfield를 위대한 마술사라고 생각한다.
　 2. 나는 그 책이 쉽다는 것을 알았다.　3. 이것은 필요한 것이라고 생각한다.

주의 a에서처럼 목적격 보어가 명사이면, 「목적어 = 목적격보어」의 동격 관계가 성립되며, b에서처럼 목적격 보어가 형용사이면, 목적격 보어는 목적어의 상태를 설명해 준다.

a. 1. 그 검은 옷이 그녀를 말라보이게 했다. 2. 인천국제공항에 도착하거든 알려주시오.
　 3. 나는 그에게 내 시계를 고치도록 했다.

주의 사역동사(have, make, let 등)의 목적격 보어는 to가 없는 원형부정사가 온다. 그러나 3의 ⓑ처럼 get은 사역의 의미를 지니고 있지만 목적격 보어로는 to부정사를 취한다.

어휘

patient[péiʃənt] 명 환자
seat[siːt] 명 자리, 좌석
find[faind]−found[faund]−found 동 찾아내다, ~임을 알다
elect[ilékt] 동 선출하다
fence[fens] 명 담
magician[mədʒíʃən] 명 마술사
suit[suːt] 명 (복장의) 한 벌
mend[mend] 동 수선하다, 고치다

b. 지각동사 유형

1. ⓐ I **saw** Mary *cross* the street. 〈행동의 완료〉
   ⓑ I **saw** Mary *crossing* the street. 〈행동의 진행 과정〉
2. ⓐ I **heard** him *come* downstairs. 〈행동의 완료〉
   ⓑ I **heard** him *coming* downstairs. 〈행동의 진행 과정〉
3. ⓐ I **heard** Tom *call* my name. 〈목적어 → 목적격 보어〉
   ⓑ I **heard** my name *called* by Tom. 〈목적어 ← 목적격 보어〉

c. want 유형: ~가 …하는 것을 바라다(명령하다, 허락하다)

1. I **want** you *to marry* me.
2. She **told** me *to come* here.
3. I **ordered** him *to start* early.

〖참고〗 4형식은 〈간접목적어 ≠ 직접목적어〉의 관계이지만, 5형식은 〈목적어 = 목적격 보어〉의 관계가 있다.
ⓐ Father made Tom a kite. 〈Tom≠a kite:4형식〉 아버지는 Tom에게 연을 만들어 주셨다.
ⓑ Father made Tom a teacher. 〈Tom=a teacher:5형식〉 아버지는 Tom을 선생님으로 만들었다.

 ◉ 다음 문장의 문형을 말한 다음, 우리말로 옮기시오.

1. ⓐ I found her happy.
   ⓑ I found her, happily.
2. ⓐ I heard her recite a poem every night.
   ⓑ I heard she recites a poem every night.
3. ⓐ He wants fried potatoes.
   ⓑ He wants his potatoes fried.

◉ 다음 우리말을 영어로 옮기시오.

4. 우리는 그를 대통령으로 선출했다.
5. 나는 Tom이 테니스를 치고 있는 것을 보았다. (행동의 진행 과정)
6. 그는 그 상자가 비어 있는 것을 발견했다(그 상자를 보니 비어 있었다).
7. 그 왕자는 그녀를 행복하게 해주었다.
8. 나는 Nancy에게 즉시 오라고 부탁했다.
9. Tom은 하인에게 그의 방을 청소하도록 시켰다. (**have**를 사용)

b. 1. ⓐ 나는 Mary가 길을 건너는 것을 보았다.
　　ⓑ 나는 Mary가 길을 건너가고 있는 것을 보았다.
　2. ⓐ 나는 그가 아래층으로 내려오는 소리를 들었다.
　　ⓑ 나는 그가 아래층으로 내려오고 있는 소리를 들었다.
　3. ⓐ 나는 Tom이 내 이름을 부르는 소리를 들었다.
　　ⓑ 나는 내 이름이 Tom에 의해서 불리는 소리를 들었다.
c. 1. 나는 당신이 나와 결혼해 주기를 바란다.
　2. 그녀가 나를 여기에 오라고 했다.
　3. 나는 그에게 일찍 출발하도록 명령했다.

주의
- 목적격 보어가 부정사·현재분사이면, 목적격 보어는 목적어의 능동적 동작을 나타내며, 목적격 보어가 과거분사이면, 목적격 보어는 목적어의 수동적 동작을 나타낸다.
- 지각동사(see, hear, feel 등)의 목적격 보어로는 to가 없는 원형부정사가 오고, ask, want, order, tell 등의 불완전타동사의 목적격 보어로는 to부정사가 온다.

1. ⓐ 5형식 '나는 그녀가 행복하다는 것을 알았다.' (happy는 형용사로서 목적격 보어)
　ⓑ 3형식 '다행히도, 나는 그녀를 찾았다.' (happily는 부사로서 앞 문장 전체를 수식)
2. ⓐ 5형식 '나는 매일 밤 그녀가 시를 낭송하는 것을 들었다.' (동사 heard가 지각동사이므로 목적격 보어 recite가 왔다.)
　ⓑ 3형식 '나는 매일 밤 그녀가 시를 낭송한다는 말을 들었다.' (she 이하는 동사 heard의 목적어인 명사절이며, heard 다음에 접속사 that이 생략되었다.)
3. ⓐ 3형식 '그는 튀긴 감자를 원한다.' (fried는 목적어 potatoes를 수식)
　ⓑ 5형식 '그는 감자를 튀겨주기를 원한다.' (fried는 목적어 potatoes에 대한 목적격 보어)

4. We elected him President.
5. I saw Tom playing tennis.
6. He found the box empty.
7. The prince made her happy.
8. I asked Nancy to come at once.
9. Tom had the servant clean his room.

어휘

cross[krɔ(ː)s] 동 건너다
downstairs[dáunstɛ́ərz] 부 아래층으로
order[ɔ́ːrdər] 동 ~에게 명령하다
kite[kait] 명 연
recite[risáit] 동 암송하다
poem[póuəm] 명 시
fry[frai] –fried[fraid] –fried 동 튀기다
at once 즉시
servant[sə́ːrvənt] 명 하인

생활 영어

소개하기 / 소개에 답하기

● ○ ○ **소개하기**

— 자기 소개하기
1. I'm Kim Jiseon.
2. My name is Taeho.
3. Let me introduce myself (to you).

— 다른 사람 소개하기
4. This is my friend, Minho.
5. I'd like you to meet my father.
6. I'd like to introduce my friend to you.

Mini Dialogue

1. A: **Let me introduce myself (to you). My name is** Hideo Sato. I'm from Tokyo.
   B: I've been looking forward to meeting you.

2. A: John, **this is my friend, Bora**.
   B: I'm Bora Kim. It's a pleasure meeting you.
   C: I'm John Baker.
   B: How do you spell your last name?
   C: B - A - K - E - R. Baker.

● ● ○ **소개에 답하기**

1. Nice to meet you.
2. I'm glad (pleased / happy) to meet you, Mr. Kim.
3. It's a pleasure meeting you.
4. I've been looking forward to meeting you.

Mini Dialogue

A: Mike, I'd like you to meet my father.
B: How do you do? I'm Mike Brown.
C: **Glad to meet you**, Mike.
B: **Glad to meet you, too**.

 왼쪽에 있는 영문을 큰 소리로 여러 번 읽고 뜻을 파악한 다음, 우리말을 참고하기 바랍니다.
왼쪽에 있는 영문을 암기한 다음, 오른쪽의 우리말을 보고 영어로 써 보는 것이 좋습니다.

● ○ ○ 소개하기

― 자기 소개하기
1. 저는 김지선입니다.
2. 내 이름은 태호입니다.
3. 저를 소개하겠습니다.

― 다른 사람 소개하기
4. 이 애는 내 친구 민호입니다.
5. 제 아버지를 소개하겠습니다.
6. 제 친구를 여러분에게 소개하겠습니다.

참고
1. "I'm ~."은 자기를 소개할 때 사용하는 표현으로 "나는 ~입니다."라는 뜻이다. ~부분에 이름을 넣어 말한다.
3. May I introduce myself? (제 소개를 할까요?)로도 자기 소개를 할 수 있다.
사람을 소개할 때는 보통 손윗사람에게 손아랫사람을, 여성에게 남성을 먼저 소개한다.

Mini Dialogue
1. A: 저를 소개하겠습니다. 제 이름은 히데오 사토입니다. 저는 도쿄에서 왔습니다.
   B: 만나고 싶었습니다.
2. A: John, 내 친구 보라야.
   B: 나는 김보라야. 만나게 되어 기뻐.
   C: 나는 John Baker야.
   B: 성을 어떻게 쓰니?
   C: B - A - K - E - R. Baker야.

● ● ○ 소개에 답하기

1. 만나서 반가워.
2. 김 선생님, 뵙게 되어 기쁩니다.
3. 만나게 되어 기쁩니다.
4. 만나 뵙고 싶었습니다.

4. I wanted to see you.도 같은 의미의 표현이다.

Mini Dialogue
A: Mike, 우리 아빠께 인사 드려.
B: 처음 뵙겠습니다. Mike Brown입니다.
C: 만나게 되어 반갑네, Mike.
B: 저도 뵙게 되어 반갑습니다.

실전 응용 문제

A 다음 문장의 문형을 말한 다음, 우리말로 옮기시오.

1. ⓐ I found the book easy. ⓑ I found the book easily.
2. ⓐ I made him a box. ⓑ I made him a dentist.
3. ⓐ He left his son a large fortune.
   ⓑ He is leaving for Japan next year.
   ⓒ He leaves his house at seven every morning.

○ easily 분 쉽게
dentist 명 치과 의사
fortune 명 재산
leave for ~로 떠나다

B 다음 중 어법상 틀린 곳을 고르시오.

1. This flower smells very sweetly.
   ①   ②   ③   ④   ⑤
2. I couldn't account my mistake.
   ① ②   ③   ④   ⑤
3. We discussed about modern art yesterday.
   ①   ②   ③   ④   ⑤
4. I will explain the matter you.
   ① ②   ③   ④   ⑤
5. I got him prepare for our journey.
   ① ②   ③   ④   ⑤

○ account 동 설명하다
discuss 동 토론하다
modern 형 현대의
art 명 예술
explain 동 설명하다
matter 명 문제
prepare 동 준비하다
journey 명 여행

C 다음 중 의도하는 바가 나머지 넷과 다른 것을 고르시오.

1. ① Nice to meet you.
   ② I'm glad to meet you.
   ③ It's a pleasure meeting you.
   ④ I'd like you to meet my friend.
   ⑤ I've been looking forward to meeting you.
2. ① May I introduce myself?
   ② This is my friend, Min-ho.
   ③ I'd like to introduce my friend.
   ④ I'd like you to meet my friend.
   ⑤ I want you to meet my friend.

○ pleasure 명 기쁨
look forward to
~하기를 고대하다

○ introduce 동 소개하다
I'd like to ~하고 싶다

D 다음 글을 읽고, 물음에 답하시오.

Mars is much like Earth at one look. Mars has polar ice caps, clouds in its air, volcanoes, and canyons. _____ those features on Mars vary wildly from what we know on our own planet. Since the mid nineteen-sixties, Mars spacecrafts have **shown** us that the surface of Mars is rocky, cold, and barren. The most important discovery of all is the possible existence of liquid water on Mars. Water is key because almost everywhere we find water on Earth, we find life. If Mars once had liquid water, or still does today, it is worth exploring the possibilities for life on Mars.

Mars 명 화성
look 명 얼핏 봄
polar 형 극지의
cap 명 정상
volcano 명 화산
canyon 명 협곡
feature 명 지형
barren 형 불모의, 메마른
liquid 형 액체의

1. 위 글의 빈칸에 들어갈 말로 가장 알맞은 것을 고르시오.
   ① So
   ② When
   ③ Besides
   ④ However
   ⑤ Moreover

2. 위 글의 화성에 관한 설명으로 알맞지 <u>않은</u> 것을 고르시오.
   ① 생명체가 있었다.
   ② 화산과 협곡이 있다.
   ③ 극점에 얼음이 쌓여 있다.
   ④ 표면이 바위투성이며 황량하다.
   ⑤ 액체 상태의 물이 존재할 수도 있다.

E 다음 우리말을 영어로 옮기시오.

1. 그의 꿈이 실현되었다.
2. 설탕은 맛이 달다.
3. 그녀는 자기 딸에게 새 옷을 만들어 주었다. (3형식과 4형식으로)
4. 우리는 그가 정직하다고 믿는다.
5. Tom은 거실에 있다.
6. 책상 위에 책이 한 권 있다.

come true 실현되다

Answer & Explanation

ANSWER

A
1. ⓐ 5형식 '나는 그 책이 쉽다는 것을 알았다.'
   ⓑ 3형식 '나는 그 책을 쉽게 찾아냈다.'
2. ⓐ 4형식 '나는 그에게 상자 하나를 만들어 주었다.' (him ≠ a box)
   ⓑ 5형식 '나는 그를 치과 의사로 만들었다.' (him = a dentist)
3. ⓐ 4형식 '그는 자기 아들에게 많은 재산을 (유산으로) 남겼다.'
   ⓑ 1형식 '그는 내년에 일본으로 떠날 예정이다.'
   ⓒ 3형식 '그는 매일 아침 7시에 집을 나선다.'

B 1. ⑤ 2. ③ 3. ② 4. ⑤ 5. ③

C 1. ④ 2. ①

D 1. ④ 2. ①

E
1. His dream came true.
2. Sugar tastes sweet.
3. She made a new dress for her daughter. 〈3형식〉
   She made her daughter a new dress. 〈4형식〉
4. We believe him (to be) honest.
5. Tom is in the living room.
6. There is a book on the desk.

EXPLANATION

B
1. smell은 불완전자동사로서 주격 보어를 취하여 2형식 문형을 만들므로 부사(sweetly)가 아니라 형용사(sweet)가 와야 한다. '이 꽃은 매우 향기롭게 냄새가 난다.'
2. account는 자동사로서 전치사 for와 함께 쓰여 '설명을 하다'의 뜻을 나타낸다. '나는 나의 실수를 설명할 수 없었다.'
3. discuss는 자동사가 아닌 타동사이므로 about을 삭제해야 한다. '우리는 어제 현대 예술에 대하여 토론했다.'
4. explain은 수여동사가 아니고 타동사로서 「explain A to B(사람)」의 형태를 취한다. 따라서 you를 to you로 고쳐야 한다. '네게 그 문제를 설명하겠다.'
5. get은 사역의 의미를 나타내지만, 목적격 보어로 동사가 올 경우에 to부정사가 쓰인다. '나는 그에게 우리의 여행 준비를 시켰다.'

3 동사의 종류와 문장의 형태

C 1. ④는 다른 사람을 소개하는 표현이고, ①, ②, ③, ⑤는 소개에 답하는 표현이다.
   2. ①은 자신을 소개하는 표현이고, ②, ③, ④, ⑤는 다른 사람을 소개하는 표현이다.

D 화성은 한 눈에 봐서는 지구와 매우 닮았다. 화성에는 극점에 얼음, 대기에는 구름, 화산들, 협곡들이 있다. 그러나 화성에 있는 그런 지형들은 우리가 우리 자신의 행성에 있어 알고 있는 바와 엄청나게 다르다. 1960년대 중반부터, 화성 탐사선들이 화성의 표면이 바위투성이고 춥고 황량하다는 사실을 우리에게 보여 주고 있다. 무엇보다 가장 중요한 발견은 화성에 액체 상태의 물이 존재할 가능성이다. 물이 관건이다. 왜냐하면, 지구상에서 물을 발견한 곳에서는 생명체를 발견하기 때문이다. 만일 화성이 한때 액체 상태의 물을 가지고 있었다면, 또는 오늘날에도 가지고 있다면, 화성에서 생명체를 발견할 가능성을 탐사할 가치가 있다.

1. '빈칸 내용 추론 문제'는 빈칸 앞뒤의 문장, 구, 단어와의 관계를 파악하여 그 답을 유추토록 한다. 화성에 지구와 비슷한 여러 지형이 있다는 내용과 그것들이 우리가 알고 있는 것과 다르다는 내용이 이어지므로 역접의 의미를 나타내는 However가 와야 한다.
2. 화성에 생명체가 있었다는 명확한 설명은 언급되어 있지 않다. 다만, 마지막 문장을 통해 화성에 물이 있었다면, 생명체를 발견할 가능성이 있다는 것만을 알 수 있다.

〈구문해설〉
- Mars is much **like** Earth at one look.: 이 문장에서 like는 전치사로서 '~와 같은'의 뜻으로 쓰이고 있다.
- those features on Mars vary wildly from **what** we know on our own planet.: what은 보어 역할을 하는 명사절을 이끄는 관계대명사이다.
- <u>Mars spacecrafts</u> <u>have shown</u> <u>us</u> <u>that the surface of Mars is rocky, cold,</u>
  주어   동사   간·목   직·목
  <u>and barren.</u>: 4형식 문형으로 have shown은 현재완료 계속을 나타낸다.
- <u>The most important discovery of all</u> <u>is</u> <u>the possible existence</u> ...
  주어   동사   보어

E 1. come은 완전자동사이지만 유사보어 true가 와서 2형식 문형을 만든다.
   2. 「taste + 형용사」는 '~한 맛이 나다'의 뜻을 나타낸다.
   3. 3형식 「make + 직·목 + for + 간·목」 = 4형식 「make + 간·목 + 직·목」

4 동사의 활용과 시제

15 동사의 활용

동사가 시제에 따라 원형·과거형·과거분사형의 세 가지 형태로 변하는 것을 동사의 활용이라고 한다. 동사에는 「원형+-(e)d」의 형태로 과거형·과거분사형을 만드는 규칙동사와 그 이외의 방법으로 과거형·과거분사형을 만드는 불규칙동사가 있다. 동사의 어미에 -ing가 붙어 현재분사형과 동명사형을 만드는 어형 변화도 있다.

A 규칙동사

a. 규칙동사의 어형 변화

동사의 종류	과거형·과거분사형 만드는 법	예		
1. 일반적인 동사	원형의 어미에 -ed를 붙인다.	talk open want	talked opened wanted	talked opened wanted
2. -e로 끝나는 동사	원형의 어미에 -d만 붙인다.	hate hope change	hated hoped changed	hated hoped changed
3. 「자음자+y」로 끝나는 동사	y를 i로 바꾸고 -ed를 붙인다.	carry study marry	carried studied married	carried studied married
4. 「단모음자+단자음자」로 끝나는 1음절 동사	마지막 자음자를 하나 더 쓰고 -ed를 붙인다.	stop drop	stopped dropped	stopped dropped
5. 「강세 있는 모음자+단자음자」로 끝나는 2음절 동사	마지막 자음자를 하나 더 쓰고 -ed를 붙인다.	occur admit	occurred admitted	occurred admitted
6. -c로 끝나는 동사	k를 덧붙이고, -ed를 붙인다.	picnic mimic	picnicked mimicked	picnicked mimicked

주의
3. 「모음자+y」로 끝나는 동사는 그대로 -ed를 붙인다.
   ex. play-played-played   stay-stayed-stayed
4. 모음자가 2개인 동사, 자음자가 2개인 동사, -x로 끝나는 동사는 그대로 -ed를 붙인다.
   ex. look-looked-looked   jump-jumped-jumped
5. 강세가 끝 음절에 없으면 그대로 -ed를 붙인다.
   ex. limit-limited-limited   offer-offered-offered

b. 어미 -(e)d의 발음
　1. [d]로 발음하는 경우: 원형이 유성음 [b], [g], [i], [m], [l], [v] 등으로 끝나는 것
　　　called[kɔːld]　　climbed[klaimd]　judged[dʒʌdʒd]　lived[livd]
　2. [t]로 발음하는 경우: 원형이 무성음 [p], [k], [s], [ʃ], [tʃ] 등으로 끝나는 것
　　　guessed[gest]　　laughed[læft]　　stopped[stɑpt]　　walked[wɔːkt]
　3. [id]로 발음하는 경우: 원형이 [d] 또는 [t]로 끝나는 것
　　　minded[maindid]　　wanted[wɔ(ː)ntid]　　decided[disáidid]

B 불규칙동사

1. 원형·과거형·과거분사형이 모두 같은 동사(A-A-A형)

cut[kʌt]	cut[kʌt]	cut[kʌt]	hit[hit]	hit[hit]	hit[hit]
hurt[həːrt]	hurt[həːrt]	hurt[həːrt]	let[let]	let[let]	let[let]
put[put]	put[put]	put[put]	shut[ʃʌt]	shut[ʃʌt]	shut[ʃʌt]

2. 과거형·과거분사형이 같은 동사(A-B-B형)

buy[bai]	bought[bɔːt]	bought	think[θiŋk]	thought[θɔːt]	thought
catch[kætʃ]	caught[kɔːt]	caught	bring[briŋ]	brought[brɔːt]	brought
feel[fiːl]	felt[felt]	felt	keep[kiːp]	kept[kept]	kept
leave[liːv]	left[left]	left	mean[miːn]	meant[ment]	meant
meet[miːt]	met[met]	met	sleep[sliːp]	slept[slept]	slept
feed[fiːd]	fed[fed]	fed	lead[liːd]	led[led]	led
bend[bend]	bent[bent]	bent	build[bild]	built[bilt]	built
lend[lend]	lent[lent]	lent	send[send]	sent[sent]	sent
spend[spend]	spent[spent]	spent	find[faind]	found[faund]	found
win[win]	won[wʌn]	won	dig[dig]	dug[dʌg]	dug
swing[swiŋ]	swung[swʌŋ]	swung	sting[stiŋ]	stung[stʌŋ]	stung
hear[hiər]	heard[həːrd]	heard	lose[luːz]	lost[lɔ(ː)st]	lost
say[sei]	said[sed]	said	pay[pei]	paid[peid]	paid
sell[sel]	sold[sould]	sold	tell[tel]	told[tould]	told
hold[hould]	held[held]	held	stand[stænd]	stood[stud]	stood

3. 원형·과거분사형이 같은 동사(A-B-A형)

come[kʌm]	came[keim]	come[kʌm]	run[rʌn]	ran[ræn]	run[rʌn]
become[bikʌ́m]		became[bikéim]			become[bikʌ́m]

4. 원형·과거형·과거분사형이 모두 다른 동사 (A − B − C형)

begin[bigín]	began[bigǽn]	begun[bigʌ́n]
sing[siŋ]	sang[sæŋ]	sung[sʌŋ]
eat[iːt]	ate[eit]	eaten[íːtən]
speak[spiːk]	spoke[spouk]	spoken[spóukən]
take[teik]	took[tuk]	taken[téikən]
rise[raiz]	rose[rouz]	risen[rízən]
choose[tʃuːz]	chose[tʃouz]	chosen[tʃóuzən]
drive[draiv]	drove[drouv]	driven[drívən]

C 활용을 혼동하기 쉬운 동사

1. { fall[fɔːl] 떨어지다 / fell[fel] 넘어뜨리다 } — fell[fel] / felled[feld] — fallen[fɔ́ːlən] / felled

2. { find[faind] 발견하다 / found[faund] 설립하다 } — found[faund] / founded[faundid] — found / founded

3. { lie[lai] 눕다 / lay[lei] 눕히다 / lie[lai] 거짓말하다 } — lay[lei] / laid[leid] / lied[laid] — lain[lein] / laid / lied

D 현재분사형을 만드는 방법

원칙적으로 동사원형에 -ing를 붙이지만, 다음과 같은 동사는 주의한다.

동사의 종류	현재분사형 만드는 법	예
1. -e로 끝나는 동사	e를 빼고 -ing를 붙인다.	make − making hope − hoping
2. -ie로 끝나는 동사	ie를 y로 바꾸고 -ing를 붙인다.	die − dying lie − lying
3. 「단모음자+단자음자」로 끝나는 1음절 동사	마지막 자음자를 하나 더 쓰고 -ing를 붙인다.	run − running stop − stopping
4. 「강세 있는 모음자+단자음자」로 끝나는 2음절 동사	마지막 자음자를 하나 더 쓰고 -ing를 붙인다.	occur − occurring prefer − preferring
5. -c로 끝나는 동사	k를 덧붙이고, -ing를 붙인다.	picnic − picnicking mimic − mimicking

주의
1. be − being   see − seeing   dye − dyeing
4. 강세가 끝 음절에 없으면 그대로 -ing를 붙인다.
   ex. limit − limiting   offer − offering   visit − visiting

E 동사의 3인칭 단수 현재형을 만드는 방법

원칙적으로 동사원형에 **-s**를 붙이지만, 다음과 같은 동사는 **-es**를 붙이므로 주의한다.

동사의 종류	3인칭 단수 현재형 만드는 법	예
1. 어미가 [s], [z], [ʃ], [tʃ], [dʒ] 로 끝나는 동사	-es를 붙인다.	press – presses wash – washes
2. 「자음자+y」로 끝나는 동사	y를 i로 바꾸고 -es를 붙인다.	study – studies try – tries
3. -o로 끝나는 동사	-es를 붙인다.	do – does go – goes

주의 1. 어미의 발음이 1과 같이 끝났지만, 철자가 -e로 끝나는 동사는 -s만 붙인다. ex. rise[raiz]–rises[raiziz]
2. 「모음자+y」로 끝나는 동사는 그대로 -s를 붙인다. ex. buy[bai]–buys[baiz]   play[plei]–plays[pleiz]

참고 3인칭 단수 현재형 동사의 발음
① 어미에 -s를 붙이는 동사는 무성음 뒤에서 [s], 유성음 뒤에서 [z]로 발음한다.
   ex. wants[wɔ(ː)nts]   breaks[breiks]   plays[pleiz]   builds[bilz]
② 어미에 -es를 붙이는 동사는 [iz]로 발음한다. ex. teaches[tiːtʃiz]   relaxes[rilǽksiz]
③ y를 i로 바꾸고 -es를 붙이는 동사는 [z]로 발음한다. ex. cries[kraiz]   carries[kǽriz]

○ 괄호 안에 있는 단어의 알맞은 형태를 빈칸에 쓰시오.
1. My sister _____ her hair every day. (wash)
2. The baby _____ when it is hungry. (cry)
3. I have _____ to him about your violin lessons. (speak)
4. This story was _____ by her. (write)
5. It is _____ to rain. (begin)
6. A good idea _____ to me then. (occur)
7. Smoke is _____ from the chimneys all day. (rise)

1. **washes** '내 누이는 매일 머리를 감는다.'
2. **cries** '아이는 배가 고프면 운다.'
3. **spoken** (have+과거분사 →현재완료) '나는 네 바이올린 수업에 관해 그에게 이야기했다.'
4. **written** (be동사+과거분사 → 수동태) '이 이야기는 그녀에 의해 쓰여졌다.'
5. **beginning** (be동사+-ing → 현재진행형) '비가 오기 시작한다.'
6. **occurred** '그때 좋은 생각이 내게 떠올랐다.'
7. **rising** '연기가 하루 종일 굴뚝에서 솟아오르고 있다.'

16 동사의 기본시제

A ■ 동사의 12시제

1. **기본시제**
   - 현재시제 : It **works**. 〈동사의 현재형〉
   - 과거시제 : It **worked**. 〈동사의 과거형〉
   - 미래시제 : It **will work**. 〈will+동사원형〉

2. **완료형**
   - 현재완료 : It **has worked**. 〈have(has)+과거분사〉
   - 과거완료 : It **had worked**. 〈had+과거분사〉
   - 미래완료 : It **will have worked**. 〈will have+과거분사〉

3. **진행형**
   - 현재진행형 : It **is working**. 〈am(are, is)+-ing〉
   - 과거진행형 : It **was working**. 〈was(were)+-ing〉
   - 미래진행형 : It **will be working**. 〈will be+-ing〉

4. **완료진행형**
   - 현재완료진행형 : It **has been working**. 〈have(has) been+-ing〉
   - 과거완료진행형 : It **had been working**. 〈had been+-ing〉
   - 미래완료진행형 : It **will have been working**. 〈will have been+-ing〉

B ■ 현재시제 (Present Tense)

1. 현재의 상태·성질
   ① My family **lives** in Seoul. 〈현재의 상태〉
   ② He **loves** a lonely life in the country. 〈현재의 성질〉

2. 현재의 습관적 동작·반복적 행위
   ① She **takes** a bath every three days. 〈습관적 동작〉
   ② He **goes** to London once a month. 〈반복적 행위〉

3. 불변의 진리·격언
   ① The sun **rises** in the east and **sets** in the west. 〈불변의 진리〉
   ② Honesty **is** the best policy. 〈격언〉

4. 미래시제의 대용
   ① He **comes**(will come) back home *next week*. 〈왕래발착 동사〉
   ② He **starts**(will start) *tomorrow*. 〈왕래발착 동사〉
   ③ They will leave *as soon as* he **arrives**. 〈시간 부사절〉
   ④ I will start *if* it **is** fine tomorrow. 〈조건 부사절〉

동사의 기본시제

동사의 어형을 변화시켜서 동사가 나타내는 동작이나 상태의 시간적 관계를 표시하는 것을 동사의 시제라고 한다. 시제에는 현재·과거·미래의 기본시제 외에 각각 완료형과 진행형, 그리고 완료진행형이 있다.

A

1. **기본시제**
   - 현재시제 : 그것은 작동한다.
   - 과거시제 : 그것은 작동했다.
   - 미래시제 : 그것은 작동할 것이다.

2. **완료형**
   - 현재완료 : 그것은 막 작동을 마쳤다.
   - 과거완료 : 그것은 막 작동을 마쳤었다.
   - 미래완료 : 그것은 작동을 마쳤을 것이다.

3. **진행형**
   - 현재진행형 : 그것은 작동하고 있다.
   - 과거진행형 : 그것은 작동하고 있었다.
   - 미래진행형 : 그것은 작동하고 있을 것이다.

4. **완료진행형**
   - 현재완료진행형 : 그것은 계속 작동하고 있다.
   - 과거완료진행형 : 그것은 계속 작동하고 있었다.
   - 미래완료진행형 : 그것은 계속 작동하고 있을 것이다.

B

현재시제 — 현재를 중심으로 지속적 상태·성질, 현재의 습관적 동작·반복적 행위, 불변의 진리·격언 등을 나타낸다. 현재시제는 기본적으로 동사원형을 쓰고, 주어가 3인칭 단수인 경우에 have동사는 **has**, be동사는 **is**, 그 외의 동사는 「동사원형 + (e)s」의 형태로 쓴다.

1. ① 내 가족은 서울에 살고 있다. ② 그는 시골에서의 호젓한 생활을 좋아한다.
2. ① 그녀는 3일마다 목욕을 한다. ② 그는 한 달에 한 번 런던에 간다.
3. ① 해는 동쪽에서 떠서 서쪽으로 진다. ② 정직이 최상의 정책이다.
4. ① 그는 다음 주에 집에 돌아온다. ② 그는 내일 출발한다.
   ③ 그가 도착하자마자 그들은 떠날 것이다. ④ 만일 내일 날씨가 좋다면 나는 출발하겠다.

주의
- 4의 ①, ②와 같이 왕래(come, go)·발착(leave, start, arrive 등) 동사가 **미래를 나타내는 부사(구)** tomorrow, next week, next month 등과 함께 쓰이면 현재시제로 미래의 뜻을 나타낸다.
- 4의 ③과 같이 when, till, as soon as 등이 이끄는 **시간 부사절**과 ④와 같이 if, unless 등이 이끄는 **조건 부사절**에서는 현재시제가 미래시제를 대신한다. 그러나 when이나 if 등이 명사절을 이끄는 경우에는 미래시제를 그대로 쓴다.
  cf. I don't know if(whether) it will rain tomorrow. 〈명사절〉 내일 비가 올지 안 올지 나는 모른다.

어휘

lonely[lóunli] 형 외로운, 호젓한   **rise**[raiz] 동 떠오르다   **policy**[páləsi] 명 정책
take a bath[bæθ] 목욕하다   **set**[set] 동 (해 따위가) 지다   **as soon as** ~하자마자

C. 과거시제 (Past Tense)

1. **과거 한때의 동작 · 사건 · 상태**
   ① He **broke** the camera *a few days ago*. 〈동작〉
   ② Ann **bought** a digital camera *yesterday*.
   ③ He **was** very sleepy then. 〈상태〉
   ④ His father **was** a poor farmer.

2. **과거의 습관적 · 반복적 동작**
   ① He *usually* **got up** at six in those days. 〈습관적 동작〉
   ② He *often* **came** to see me when he was in Seoul. 〈반복적 동작〉

3. **역사적 사실**
   ① World War Ⅱ **came** to an end in 1945.
   ② The Iraq War **broke** out in 2003.

4. **현재완료의 대용** (과거의 경험)
   ① **Did** [**Have**] you *ever* **see** [**seen**] a tiger?
   ② I *never* **saw** [**have** *never* **seen**] such a big elephant.

○ 다음 중 어법상 맞는 것을 고르시오.

1. ① Please call me up as soon as you will get there.
   ② I will wash my hands before I will go to bed.
   ③ I don't know if he will come tomorrow.
   ④ You had better stay home till the rain will stop.
2. ① I will tell him the story when he will come.
   ② I will go there if it will be fine tomorrow.
   ③ I will give you this book when you will come next week.
   ④ Please tell me the time when he will come back.

○ 다음 문장의 괄호 안에서 알맞은 말을 고르시오.

3. I'll phone you when I (get, will get) home from work.
4. Do you know when he (send, sends, will send) the money?
5. I'll start tomorrow if the weather (is, will be) fine.
6. He (has visited, visited, visits) Busan when he was young.
7. Tom (reads, read, has read) this book ten days ago.

■ **과거시제** — 과거에 시작하여 과거에 끝난 동작이나 상태를 나타내는 데 쓰이며, 주로 과거를 나타내는 어구(ago, yesterday, last night, 「in+년도」 등)와 함께 쓴다.

1. ① 그는 며칠 전에 그 카메라를 깨뜨렸다. ② Ann은 어제 디지털 카메라를 샀다.
   ③ 그는 그때 매우 졸렸다. ④ 그의 아버지는 가난한 농부였다.
2. ① 그 당시 그는 보통 6시에 일어났다. ② 그는 서울에 있을 때 종종 나를 만나러 왔다.
3. ① 제2차 세계대전은 1945년에 끝났다. ② 이라크 전쟁은 2003년에 일어났다.
4. ① 호랑이를 본 적이 있습니까? ② 나는 그렇게 큰 코끼리를 본 적이 없다.

- 과거의 습관적·반복적 동작을 나타낼 때에는 흔히 every ~, often, usually 등과 같은 부사와 함께 쓰인다.
- 과거시제가 ever, never 등과 함께 쓰여 경험을 나타내는 현재완료를 나타낸다.

1. ③ if 이하는 know의 목적어가 되는 명사절이므로 will을 쓰는 것이 맞다.
   (①, ②, ④ 시간 부사절에서는 현재시제가 미래를 나타낸다.)
   ① will get → get, '당신이 거기에 도착하자마자 저에게 전화해 주세요.'
   ② will go → go, '잠자러 가기 전에 나는 손을 씻을 것이다.'
   ③ '내일 그가 올지 안 올지 나는 모른다.'
   ④ will stop → stops, '비가 멈출 때까지 집에 있는 게 좋다.'
2. ④ when 이하는 the time을 꾸며주는 형용사절이므로 미래시제를 쓰는 것이 맞다.
   (② 조건 부사절에서는 미래시제 대신 현재시제를 쓴다.)
   ① will come → comes, '그가 오면 나는 그 이야기를 그에게 할 것이다.'
   ② will be → is, '내일 날씨가 좋으면 나는 거기에 갈 것이다.'
   ③ will come → come, '네가 다음 주에 오면 나는 이 책을 너에게 줄 것이다.'
   ④ '그가 언제 돌아올지 나에게 말해주세요.'
3. get (when 이하는 시간 부사절로 현재시제가 미래를 대신한다.) '내가 퇴근하면 네게 전화하겠다.'
4. will send (when 이하는 간접의문문으로 타동사 know의 목적어(명사절)이므로 미래의 일은 미래시제로 나타내야 한다.) '그가 언제 돈을 보낼지 너는 아니?'
5. is (if 이하는 조건 부사절로 현재시제가 미래를 대신한다.) '날씨가 좋으면 내일 출발하겠다.'
6. visited (when 이하가 과거를 나타내므로 과거시제가 와야 한다.) '그는 어렸을 때 부산을 방문했다.'
7. read[red] (ten days ago가 과거를 나타내므로 과거시제가 와야 한다.) 'Tom은 10일 전에 이 책을 읽었다.'

어휘

sleepy[slíːpi] 형 졸린	come to an end 끝나다	call up 전화를 걸다
usually[júːʒuəli] 부 보통	break out (전쟁 등이) 일어나다	had better+동사원형 ~하는 편이 낫다

D. 미래시제 (Future Tense)

1. 미래의 예정 · 추측
   ① I **will** *be* seventeen next birthday. 〈예정〉
   ② You **will** *be* a third grade next year. 〈예정〉
   ③ It **will** *rain* tomorrow. 〈추측〉
   ④ **Will** you *be* free tomorrow? 〈추측〉
      — Yes, I **will**. / No, I **won't**(will not).

2. 주어 또는 상대방의 의지 · 의도 · 결의
   ① I **will** *fight* to the last. 〈주어의 의지〉
   ② If you **will** *do* so, do it for yourself. 〈주어의 의지〉
   ③ Mary **won't** *listen* to my advice. 〈주어의 의지〉
   ④ I **will** *let* them go at once. 〈말하는 사람의 의지〉
   ⑤ **Shall** I *open* the window? 〈상대방의 의지〉
      — Yes, please (do). / No, please don't.

3. 미래를 나타내는 기타 표현
   ① He **is going to** *visit* Europe.
   ② It's **going to** rain soon.
   ③ He **is about to** *start* for America.
   ④ We **are to** *meet* him tomorrow.
   ⑤ She **is to** *be* married next year.

○ 다음 문장에서 <u>틀린</u> 곳을 찾아 바르게 고치시오.

1. I can't tell when he returns.
2. The sun rises at six tomorrow.
3. Don't get off a bus till it will stop.
4. We will stay at home, if it will rain tomorrow.
5. The Korean War had broken out in 1950.

어휘

grader[gréidər] 명 ~(학)년생
free[fri:] 형 한가한
to the last 끝까지
for oneself[wʌnsélf] 혼자 힘으로
listen[lísn] **to** ~을 경청하다
advice[ədváis] 명 충고
at once[wʌns] 즉시
get off (탈것에서) 내리다
break out (전쟁 · 화재 따위가) 일어나다

D **미래시제** ―「will〔shall〕+ 동사원형」의 형태로 미래에 대한 예정·추측, 계획, 의지 등을 나타낸다. 조동사 shall을 이용한 미래시제는 제안을 나타낼 때 외에는 잘 쓰이지 않고 있다.

1. ① 나는 이번 생일에 열일곱 살이 된다.
   ② 너는 내년에 3학년이 된다.
   ③ 내일은 비가 올 것이다.
   ④ 내일 한가할 것 같은가요? — 예, 한가할 것입니다. / 아니요, 한가하지 않을 것입니다.

2. ① 나는 끝까지 싸우겠다. ② 네가 그렇게 하겠다면, 네 힘으로 해라.
   ③ Mary는 내 충고를 들으려고 하지 않는다. ④ 나는 그들이 즉시 가도록 하겠다.
   ⑤ 창문을 열어도 될까요? — 예, 그렇게 하세요. / 아니요, 열지 마세요.

주의 ②의 If you will do so가 단순한 조건 부사절이라면 현재시제가 미래를 나타내므로(참조 | 70쪽) If you do so가 되어야겠지만, 조건 부사절이 주어의 의지나 부탁을 나타내면 will을 쓰고, will에는 강세가 온다.

3.
> • **be going to** + 동사원형(~하려고 한다, ~할 듯하다): 주어의 예정되어 있는 계획을 나타내거나 미래의 일을 추측할 때에 쓰인다.
> • **be about to** + 동사원형(막 ~하려고 한다): 아주 가까운 미래를 나타내며, 보통 미래를 나타내는 부사구와 함께 쓰이지 않는다.
> • **be동사 + to** + 동사원형(~할 예정이다): 부정사의 서술 용법으로 격식을 차려서 미래를 나타낼 때에 쓰인다.

① 그는 유럽을 방문하려고 한다. ② 비가 곧 올 것 같다.
③ 그는 미국으로 막 떠나려 하고 있다. ④ 우리는 내일 그를 만날 예정이다.
⑤ 그녀는 내년에 결혼할 예정이다.

1. returns → will return (when 이하는 명사절로서 동사 tell의 목적어이므로 미래시제가 와야 한다.) '나는 그가 언제 돌아올지를 말할 수 없다.'
2. rises → will rise (tomorrow가 미래를 나타내므로 미래시제가 와야 한다.) '태양은 내일 6시에 뜰 것이다.'
3. will stop → stops (till 이하가 시간 부사절이므로 현재시제가 와야 한다.) '버스가 멈출 때까지 내리지 마시오.'
4. will rain → rains (if 이하가 조건 부사절이므로 현재시제가 와야 한다.) '내일 비가 오면 우리는 집에 있을 것이다.'
5. had broken → broke (역사적 사실은 과거시제로 나타낸다.) '한국 전쟁은 1950년에 일어났다.'

17 동사의 완료형 시제

완료시제는 현재, 과거, 미래의 한 시점을 기준으로 어느 시점부터 그 이후의 다른 시점까지 연관된 동작·상태를 나타낸다.

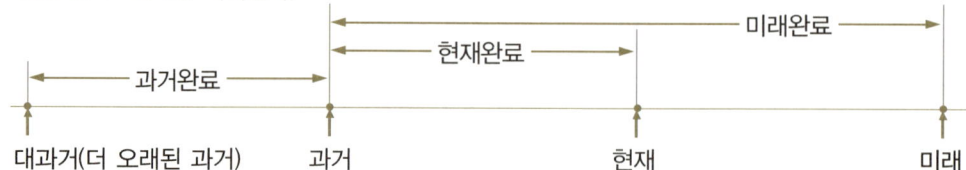

A ■ 현재완료 : have(has) + 과거분사

1. **완료**: 지금 막 ~ 끝내다(하다)
   ① I **have** *just* **finished** my homework.
   ② He **has** *already* **met** your sister.
   ③ **Have** you **met** my sister *yet*?

2. **경험**: ~해 본 적이 있다
   ① **Have** you *ever* **seen** the sunrise?
   ② I **have** not **visited** England *before*.
   ③ I **have** *once* **eaten** this fruit.

3. **계속**: 지금까지 계속 ~해 오고 있다
   ① He **has been sick** *since* last week.
      = He was sick last week, and he is still sick.
   ② He **has lived** in Seoul *for* ten years.
      = He came to Seoul ten years ago. He still lives in Seoul.

4. **결과**: ~한 결과 지금 …하다
   ① I **have bought** the book.
      cf. I **bought** the book yesterday.
   ② He **has lost** his bag.
      = He lost his bag, and he hasn't found it yet.
   ③ He **has gone** to America.
      = He went to America, and he stays there now. He isn't here.

5. have been to와 have gone to
   ① I **have been to** the station to see my grandma off. 〈완료〉
   ② She **has been to** New York twice. 〈경험〉
   ③ Mr. Hiddink **has gone to** the Netherlands. 〈결과〉

현재완료 — 현재의 한 시점을 기준으로 과거의 어느 때부터 현재까지의 동작·상태를 나타낸다.

1. **완료** — 과거에 시작한 일이 현재에 끝난 것을 나타내며, just, already, yet, now 등의 부사와 쓰이는 경우가 많다.
   ① 나는 방금 숙제를 끝마쳤다.
   ② 그는 이미 네 누이를 만났다.
   ③ 내 누이를 벌써 만났느냐?

2. **경험** — 과거부터 현재까지의 경험을 나타내며, ever, never, before, once, twice, three times 등의 부사(구)와 함께 쓰이는 경우가 많다.
   ① 해돋이를 본 적이 있습니까?
   ② 나는 전에 영국을 방문해 본 적이 없다.
   ③ 나는 이 과일을 한 번 먹어 본 적이 있다.

3. **계속** — 과거부터 현재까지의 어떠한 동작이나 상태의 계속을 나타내며, since, for 등의 부사(구)와 함께 쓰이는 경우가 많다.
   ① 그는 지난 주 이래 (지금까지) 줄곧 아프다.
      = 그는 지난 주에 아팠으며, 아직도 아프다.
   ② 그는 10년 동안 서울에 계속해서 살고 있다.
      = 그는 10년 전에 서울에 왔다. 그는 여전히 서울에 살고 있다.

4. **결과** — 과거의 동작이나 상태의 결과가 현재까지 영향을 미치는 것을 나타낸다.
   ① 나는 그 책을 샀다. (과거에 그 책을 사서 지금도 가지고 있음)
      cf. 나는 어제 그 책을 샀다. (현재 소유 여부는 모름)
   ② 그는 가방을 잃어 버렸다. (그래서 가지고 있지 않음)
      = 그는 가방을 잃어 버렸다. 그리고 아직도 그것을 찾지 못했다.
   ③ 그는 미국에 가버렸다. (그래서 여기에 없음)
      = 그는 미국에 가서 지금 거기에 있다. 그는 여기에 없다.

5. have been to와 have gone to의 형태는 비슷하지만 그 뜻이 전혀 다르다. 특히 have been to는 문맥에 따라 뜻이 다르므로 주의한다.
   • have been to ~ : ~에 갔다 왔다 〈완료〉, ~에 가본 적이 있다 〈경험〉
   • have gone to ~ : ~에 가버렸다 (여기에 지금 없음) 〈결과〉
   ① 나는 할머니를 배웅하러 정거장에 다녀왔다.
   ② 그녀는 뉴욕에 두 번 가본 적이 있다.
   ③ 히딩크는 네덜란드로 가버렸다. (그래서 여기에 없음)

주의) have gone to ~는 I와 you를 주어로 쓸 수 없다. I와 you를 주어로 하면 가버리고 없는 사람이 여기에서 이야기하고 있는 것을 나타내어 모순이 되기 때문이다.

어휘

sunrise[sʌ́nràiz] 명 해돋이   lose[luːz]–lost[lɔ(ː)st]–lost 동 잃다   see off ~를 전송하다

6. 미래완료의 대용
   ① Please wait *until* it **has stopped** raining. 〈시간 부사절〉
   ② *If* you **have finished** your work, you may go home. 〈조건 부사절〉

7. 현재완료와 함께 쓰일 수 없는 어구
   ① { He **has gone** to the movies *yesterday*. (×)
        He **went** to the movies *yesterday*. (○) }
   ② { I **have visited** Japan three years *ago*. (×)
        I **visited** Japan three years *ago*. (○) }
   ③ { *When* **have** you **bought** the book? (×)
        When **did** you **buy** the book? (○) }
   ④ He **has** *just* **come** home.
      cf. He **came** home *just now*.

B 과거완료: had + 과거분사

1. 완료: 과거 어느 때까지의 완료
   ① ⓐ I **have read** the book. 〈현재완료〉
      ⓑ I **had read** the book when you *came*. 〈과거완료〉
   ② When I *reached* the station, the train **had** already **started**.

2. 경험: 과거 어느 때까지의 경험
   ① I *knew* him at once, for I **had seen** him before.
   ② He **had read** the Bible twice before he *was* ten.

3. 계속: 과거 어느 때까지의 계속
   He **had been** ill for two weeks when he *died*.

4. 결과: 과거 어느 때까지의 결과
   ① I *found* that I **had lost** my watch.
   ② My brother **had gone** to America when I *was* born.

참고) ⓐ I *lost* the watch that I **had bought** the day before.
      ⓑ = I **bought** a watch, and *lost* it the next day.

 어휘

reach [riːtʃ] 동 ~에 도착하다   the Bible [báibl] 성서   the day before 전날

6. 현재완료는 시간·조건을 나타내는 부사절에서 미래완료를 대신해서 쓰인다.
   ① 비가 그칠 때까지 기다려 주십시오.　　② 일을 마치면, 집에 가도 좋다.
7. 현재완료는 현재에 중점을 두는 시제이므로 명확하게 과거를 나타내는 yesterday, ago, last ~ 등의 부사(구)와 의문사 when과는 함께 쓰이지 않는다.
   ① 그는 어제 영화 보러 갔다.
   ② 나는 3년 전에 일본을 방문했다.
   ③ 너는 언제 그 책을 샀느냐?
   ④ 그는 지금 막 집에 왔다.
      cf. 그는 바로 조금 전에 집에 왔다.

주의) just now(이제 막)는 현재완료와 쓰이지 않으나 just, now는 현재완료와 함께 쓰인다.

B. **과거완료** — 과거의 어느 때를 기준하여 그때까지의 동작·상태의 완료·경험·계속·결과 따위를 나타낸다. 과거의 어떤 동작이 과거의 다른 동작보다 먼저 일어났음을 나타낼 때에 사용하며, 과거의 어느 때보다 더 오래된 과거는 대과거라고 한다.

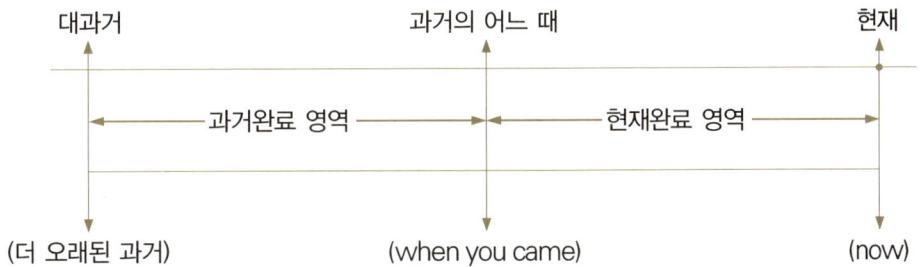

1. ① ⓐ 나는 그 책을 (방금) 다 읽었다.
      ⓑ 네가 왔을 때, 나는 그 책을 다 읽었었다.
   ② 내가 역에 도착했을 때, 기차는 이미 떠나버렸다.
2. ① 전에 그를 본 적이 있었기 때문에, 나는 그를 즉시 알아보았다.
   ② 그는 10살이 되기 전에 성경을 두 번 읽은 적이 있다.
3. 그가 죽었을 때, 그는 2주 동안 아팠었다. (그는 2주 동안 앓다가 죽었다.)
4. ① 나는 시계를 잃어버린 것을 알았다.
   ② 내가 태어났을 때, 내 형은 미국으로 가버렸다.

참고) 과거 행위의 전후 관계를 나타낼 때, 과거의 어느 때보다 먼저 일어난 동작이나 상태는 과거완료로 나타내는데 이것을 대과거라고 한다. 그러나 사건이 발생한 차례대로 서술할 때는 과거시제로 나타낸다.
   ⓐ 나는 그 전날 산 시계를 잃어버렸다.　　ⓑ 나는 시계를 하나 샀는데, 그 다음 날 잃어버렸다.

C. 미래완료: will have + 과거분사

1. 완료: I **will have read** this book *by tomorrow*.
2. 경험: *If I climb Mt. Jiri once more*, I **will have climbed** it ten times.
3. 계속: You **will have lived** here for five years *by next July*.
4. 결과: He **will have bought** a house *by that time*.

확인테스트

◎ 두 문장의 뜻이 같도록 빈칸에 알맞은 말을 쓰시오.

1. He died five years ago.
    = He has _____ _____ for five years.
2. Spring came and it is spring now.
    = Spring _____ come.
3. I lost my watch and I don't have it now.
    = I _____ _____ my watch.
4. He went to London, so he is not here now.
    = He _____ _____ to London.
5. It was cold yesterday, and it is still cold now.
    = It _____ been cold _____ yesterday.
6. He came here five years ago. He still lives here now.
    = He _____ _____ here _____ five years.

◎ 다음 문장에서 틀린 곳을 찾아 바르게 고치시오.

7. He has gone out just now.
8. When have you watch the film?
9. I have read this book when I was child.
10. He has bought a digital camera, but sold it the next day.
11. He said that he has lost his umbrella.
12. If he fails next time, he has failed three times.
13. He has finished his work by tomorrow evening.

미래완료 — 미래의 어느 때를 기준으로 그때까지의 완료·경험·계속·결과를 나타낸다.
1. 나는 내일까지 이 책을 다 읽을 것이다.
2. 만일 내가 한 번 더 지리산을 등반하면, 나는 열 번 오르는 셈이다.
3. 당신은 오는 7월로 이곳에 5년간 사는 셈이 된다.
4. 그는 그때까지는 집을 하나 사게 될 것이다.

1. **been, dead** (현재완료 계속) '그는 죽은 지 5년이 된다.'
2. **has 또는 is** (현재완료 결과, go, come, grow 등의 동사는 상태에 중점을 둘 때에 「be동사 + 과거분사」로 현재완료를 나타내기도 한다.) '봄이 왔다. (그래서 지금도 봄이다.)'
3. **have, lost** (현재완료 결과) '나는 내 시계를 잃어버렸다. (그래서 지금 가지고 있지 않다.)'
4. **has, gone** (현재완료 결과) '그는 런던에 가 버리고 (여기에) 없다.'
5. **has, since** (현재완료 계속, 「since + 시점」) '어제부터 줄곧 춥다.'
6. **has, lived, for** (현재완료 계속, 「for + 기간」) '그는 5년 동안 이곳에 살아 왔다.'
7. **has gone → went** (just now는 '방금'이라는 특정한 과거를 나타내므로 현재완료시제와 함께 쓸 수 없다.) '그는 방금 외출했다.'
8. **have → did** (의문사 when은 특정한 과거의 때를 물을 때에 쓰인다.) '그 영화를 언제 봤니?'
9. **have read → read** (when I was child가 특정한 과거를 나타내는 종속절이므로 주절에 과거시제가 와야 한다.) '어렸을 때, 나는 이 책을 읽었다.'
10. **has bought → bought** (일이 일어난 차례대로 서술하는 경우에 과거시제로 나타낸다.) '그는 디지털 카메라를 샀는데, 그 다음 날 팔아 버렸다.'
11. **has → had** (잃어버린 시점이 말한 시점보다 앞서기 때문에 과거완료로 써야 한다.) '그는 자기 우산을 잃어버렸다고 말했다.'
12. **has → will have** (If ~ time은 현재시제가 미래를 나타내는 조건 부사절이고, he 이하는 앞으로 실패하게 될 경우를 말하는 것이므로 미래완료로 쓴다.) '만일 그가 다음에도 실패한다면, 세 번 실패하는 셈이다.'
13. **has → will have** (기준 시점이 미래인 tomorrow evening이므로 미래완료로 쓴다.) '그는 내일 저녁까지 그의 일을 끝마칠 것이다.'

어휘

by that time 그때까지	**go out** 외출하다	**fail**[feil] 동 실패하다
lose[luːz] – **lost**[lɔ(ː)st] – **lost** 동 잃다	**sell**[sel] – **sold**[sould] – **sold** 동 팔다	**next time** 다음에

18 동사의 진행형 시제

A ▪ 현재진행형 : am〔are, is〕+ -ing

1. 현재 진행중인 동작
   ① ⓐ He **is playing** tennis.
   　 ⓑ **Is** he **playing** tennis? — Yes, he is. / No, he isn't.
   ② The bird **is singing** merrily.
   ③ Mr. Brown **is** not **listening** to the radio.
   ④ He **is trying** to stop smoking these days.

2. 현재의 반복적·습관적 동작
   ① You **are** *always* **complaining** about these things.
   ② John **is** *always* **losing** his key.

3. 미래시제의 대용
   ① My uncle **is coming** *tomorrow*.
   ② He **is leaving** Korea *next week*.
   ③ She **is arriving** *this afternoon*.

B ▪ 진행형으로 쓰이지 않는 동사

1. I **know** him very well.	: I am knowing him very well.	(×)
2. She **looks** beautiful.	: She is looking beautiful.	(×)
3. I **like** this wine.	: I am liking this wine.	(×)
4. Parents **love** their children.	: Parents are loving their children.	(×)
5. I **see** a map on the wall.	: I am seeing a map on the wall.	(×)
6. I **belong** to the club.	: I am belonging to the club.	(×)
7. This flower **smells** sweet.	: This flower is smelling sweet.	(×)
8. ⓐ They **have** a large garden.		(○)
ⓑ They **are having** a large garden.		(×)
ⓒ He **is having** breakfast.		(○)

어 휘

merrily [mérəli] ⓤ 즐겁게
listen [lísn] to 경청하다
these days 요즘, 최근에
complain [kəmpléin] ⓥ 불평하다
parent [pɛ́(:)ərənt] ⓝ 부모
map [mæp] ⓝ 지도
belong [bilɔ́(:)ŋ] to ~에 속해 있다
club [klʌb] ⓝ 클럽, 동호회
constantly [kánstəntli] ⓤ 끊임없이

동사의 진행형 시제

어떤 동작·상태가 진행 또는 계속 중임을 나타낸다. 기본시제(현재·과거·미래)의 진행형과 완료시제(현재완료·과거완료·미래완료)의 진행형이 있다.

A **현재진행형** — 현재 진행중·반복적·습관적 동작을 나타내며, '~하고 있다, ~하는 중이다'로 해석한다. 현재진행형에서의 be동사는 조동사이며, -ing(현재분사)가 본동사에 해당된다.

1. ① ⓐ 그는 테니스를 치고 있다.
    ⓑ 그는 테니스를 치고 있니? — 그래, 치고 있어. / 아니, 치고 있지 않아.
   ② 그 새는 즐겁게 지저귀고 있다.
   ③ Brown 씨는 라디오를 듣고 있지 않다.
   ④ 그는 요즘 금연하려고 노력중이다.

참고 ④와 같이 현재진행형이 these days, this week, this year 등과 함께 쓰여 최근이나 긴 시간 동안 **진행중인 동작**을 나타낼 수 있다.

2. 진행형에 always, usually, constantly, all the time 등의 부사(구)가 함께 쓰여서 현재의 반복적·습관적 동작을 나타낸다. 사람의 버릇 따위에 대한 비난을 나타내는 일이 많다.
   ① 너는 이런 일들에 대해서 언제나 투덜댄다.   ② John은 열쇠를 늘 잃어버린다.

3. 왕래·발착을 나타내는 동사 go, come, start, leave, arrive 등이 쓰인 현재진행형은 **미래를 나타내는 부사(구)**와 함께 쓰여 가까운 미래를 나타내며, 쓰이는 동사의 범위가 넓어지고 있다.
   ① 나의 삼촌은 내일 오신다.   ② 그는 다음 주에 한국을 떠난다.
   ③ 그녀는 오늘 오후에 도착한다.

B **진행형으로 쓰이지 않는 동사** — 같은 상태가 지속되는 것을 나타내는 **상태동사**(know, look, want, like, love, see, hear, smell, have, belong 등)는 진행형으로 쓰일 수 없다.

1. 나는 그를 매우 잘 알고 있다.
2. 그녀는 아름답게 보인다.
3. 나는 이 포도주를 좋아한다.
4. 부모들은 자기 아이들을 사랑한다.
5. 나는 벽에 있는 지도를 본다. (벽에 있는 지도가 보인다.)
6. 나는 그 클럽에 속해 있다.
7. 이 꽃은 향기로운 냄새가 난다.
8. ⓐ 그들은 커다란 정원을 가지고 있다.   ⓒ 그는 아침밥을 먹는 중이다.

주의 have동사가 '소유(가지고 있다)'의 의미로 쓰이는 경우(8. ⓑ)에는 진행형으로 쓰일 수 없지만, 소유 이외의 의미로 쓰이는 경우(8. ⓒ)에는 진행형이 가능하다. 이와 같이 같은 동사라도 **상태나 무의지적 동작**을 나타내는 의미로는 **진행형으로 쓰일 수 없지만**, 의지적 동작을 나타내는 의미일 때는 **진행형으로 쓰일 수 있다**.

C 과거진행형: was(were) + -ing

1. Jack **was writing** a letter when I entered the room. 〈진행중인 동작〉
2. She **was** always **smiling**. 〈과거의 습관〉

○ 다음 문장을 현재시제는 현재진행형으로, 과거시제는 과거진행형으로 각각 고치시오.

1. My sister swims in the river.
2. Tom and Nancy watch television.
3. Tom ate some apple pie.
4. A pretty bird flew in the sky.
5. The children cried in the dark room.

D 미래진행형: will be + -ing

1. I **will be traveling** on the train at this time tomorrow. 〈미래 동작의 진행〉
2. We **will be leaving** on Sunday. 〈미래의 예정〉

E 현재완료진행형: have(has) been + -ing

1. ⓐ I **have read** the book since last week. 〈현재완료 계속〉
   ⓑ I **have been reading** the book since last week. 〈현재완료 진행형〉
2. Father **has been working** since ten o'clock.
   = Father began to work at ten o'clock, and he is still working now.

F 과거완료진행형: had been + -ing

1. I **had been waiting** for an hour when she *arrived*.
2. He **had been studying** English for two years before he *went to* England.

G 미래완료진행형: will have been + -ing

1. It **will have been raining** for three days *tomorrow*.
2. I **will have been learning** English for five years *next March*.

어휘

enter[éntər] 통 (~에) 들어가다 fly[flai]–flew[fluː]–flown[floun] 통 날다 travel[trǽvəl] 통 여행하다
eat[iːt]–ate[eit]–eaten[íːtən] 통 먹다 dark[dɑːrk] 형 어두운 learn[ləːrn] 통 배우다

C **과거진행형** — 과거의 어느 시점에서 진행되었거나 반복되었던 동작·상태를 나타낸다.
1. 내가 방에 들어갔을 때, Jack은 편지를 쓰고 있었다.
2. 그녀는 언제나 웃고 있었다.

1. My sister is swimming in the river. 〈현재진행형〉
   '내 여동생은 강에서 수영중이다.'
2. Tom and Nancy are watching television. 〈현재진행형〉
   'Tom과 Nancy는 텔레비전을 보고 있다.'
3. Tom was eating some apple pie. 〈과거진행형〉
   'Tom은 사과 파이를 먹고 있었다.'
4. A pretty bird was flying in the sky. 〈과거진행형〉
   '예쁜 새 한 마리가 하늘을 날고 있었다.'
5. The children were crying in the dark room. 〈과거진행형〉
   '그 아이들은 어두운 방에서 울고 있었다.'

D **미래진행형** — 미래 어느 때의 진행중일 동작·상태를 나타낸다.
1. 내일 이맘때쯤 나는 기차로 여행하고 있을 것이다.
2. 우리는 일요일에 떠날 예정이다.

E **현재완료진행형** — 과거의 어느 시점에서 현재까지 동작이 계속되고 있는 상황과 그 동작이 미래까지 진행되는 것을 나타낸다.
1. ⓐ 나는 지난주 이후로 그 책을 읽고 있다.
   ⓑ 나는 지난주 이후로 그 책을 계속 읽고 있다.

〈참고〉 계속을 나타내는 현재완료와 현재완료진행형은 둘 다 과거부터 현재까지 어떤 동작이 계속되는 것을 나타내지만, 현재완료진행형은 동작이 계속 진행되고 있음을 강조한다.

2. 아버지는 10시 이후로 계속 일을 하고 계신다.
   = 아버지는 10시에 일을 시작해서 지금도 여전히 일을 하고 계신다.

F **과거완료진행형** — 과거 어느 때까지의 동작의 계속을 나타낸다.
1. 그녀가 도착했을 때, 나는 한 시간 동안 계속 기다리고 있었다.
2. 그는 영국에 가기 전까지 영어를 2년간 공부해 왔었다.

G **미래완료진행형** — 미래 어느 때까지의 동작의 계속을 나타낸다.
1. 내일이면 3일 동안 비가 계속해서 오는 셈이다.
2. 나는 다음 3월이면 5년간 영어를 계속 배우는 셈이 된다.

생활 영어 — 건강 상태 묻고 말하기

● ○ ○ **건강 상태 묻기**

1. Is there anything wrong with you? / Where does it hurt?
2. What's wrong with you? / What's the problem?
3. You look a little pale. Are you OK?
4. You don't look well. What's the matter?

A: **You don't look well. What's the matter with you**?
B: I have a cold.
A: That's too bad. Do you have a cough?
B: No, I don't, but I *have a headache.

● ● ○ **건강 상태 말하기**

1. I'm in good health. / I'm in the pink of the health.
   I'm in a fairly good shape. / My health is quite good.
2. I'm in the best condition.
3. I've never had any trouble with my health.
4. I'm in bad health. / My health is not so good.
5. I don't feel very well. / I'm not feeling well.
6. Something must be wrong with me.
7. I'm tired out. / I'm worn out.

A: Sally, you look very good. What do you do to stay healthy?
B: **I'm in good health**. I eat good food and go jogging everyday. Do you do exercise?
A: No, I don't.
B: You shouldn't do that. Let's ride bicycles together.
A: That's a good idea.

 왼쪽에 있는 영문을 큰 소리로 여러 번 읽고 뜻을 파악한 다음, 우리말을 참고하기 바랍니다.
왼쪽에 있는 영문을 암기한 다음, 오른쪽의 우리말을 보고 영어로 써 보는 것이 좋습니다.

● ○ ○ 건강 상태 묻기

1. 뭐 불편한 일이 있나요? / 어디가 아프세요?
2. 무슨 일 있나요?
3. 창백해 보이네요. 괜찮으세요?
4. 안색이 안 좋아 보이네요. 무슨 일이에요?

1. 건강 상태를 물을 때에 Is anything wrong? / I'm worried about your health. 등으로도 말할 수 있다.

Mini Dialogue

A : 안색이 안 좋아 보여. 무슨 일이니?
B : 감기에 걸렸어.
A : 안됐구나. 기침하니?
B : 아니, 그런데 머리가 아파.   *have a headache 머리가 아프다

● ● ○ 건강 상태 말하기

1. 건강 상태가 좋아요.
2. 컨디션이 최상이에요.
3. 저는 아파 본 적이 없어요.
4. 건강이 나빠요.
5. 건강이 그렇게 좋지 않아요.
6. 몸에 이상이 있는 것 같아요.
7. 녹초가 됐어요.

1. in the pink of the health는 '건강이 좋은, 아주 건강하여'의 뜻이다.

Mini Dialogue

A : Sally야, 건강해 보이는구나. 건강을 유지하기 위해 뭘 하니?
B : 난 건강해. 건강에 좋은 음식을 먹고 매일 조깅을 하지. 넌 운동을 하니?
A : 아니.
B : 그럼 안 돼. 함께 자전거를 타도록 하자.
A : 좋은 생각이야.

실전 응용 문제

A 다음 중 밑줄 친 부분의 발음이 나머지 넷과 다른 것을 고르시오.

1. ① change**d** ② like**d** ③ die**d**
   ④ move**d** ⑤ prepare**d**
2. ① ask**ed** ② dropp**ed** ③ finish**ed**
   ④ judg**ed** ⑤ laugh**ed**
3. ① stay**ed** ② start**ed** ③ count**ed**
   ④ visit**ed** ⑤ want**ed**

○ prepare 통 준비하다
judge 통 판단하다
count 통 세다

B 다음 중 빈칸에 가장 알맞은 것을 고르시오.

1. The snow _____ to melt when the sun came out.
   ① begin ② began ③ begun
   ④ have begun ⑤ had begun
2. As soon as you _____ ready, we'll start.
   ① are ② were ③ to be
   ④ has been ⑤ had been
3. When he arrived, his sister _____ an hour before.
   ① left ② has left ③ had left
   ④ has been left ⑤ had been left
4. I _____ waiting for an hour before he came.
   ① am ② was ③ have been
   ④ had been ⑤ will have been
5. I _____ writing a letter since this morning.
   ① am ② was ③ have been
   ④ had been ⑤ will have been

○ melt 통 녹다
come out 나오다
as soon as ~하자마자
ready 형 준비된

C 글의 흐름으로 보아 어법상 어색한 문장을 고르시오.

① She was not usually late. ② I was surprised that she was late. ③ I began to worry about her. ④ I was watching TV when she came in. ⑤ I had asked her, "Why are you late?"

○ usually 부 보통
worry 통 걱정하다
come in 들어오다

D 다음 중 의도하는 바가 나머지 넷과 다른 것을 고르시오.

① What about you?
② What's wrong with you?
③ What's the problem?
④ You look pale. Are you OK?
⑤ Is there anything wrong with you?

○ problem 명 문제
pale 형 창백한

E 우리말과 뜻이 같도록 빈칸에 알맞은 말을 쓰시오.

1. 전 건강이 좋아요. = I'm _____ _____ health.
2. 기운이 없어요. = I don't _____ very _____.

F 다음 글을 읽고, 물음에 답하시오.

Johnny was nine years old, and he was a very bad boy, but his mother always hoped that _____ⓐ_____. Then one day, after he **had come** home from school, Johnny's teacher called his mother on the phone and said, "Did you know, Mrs. Perkins, that Johnny saved another boy when he fell into the river while we were out for a walk this morning?"

She was very _____ⓑ_____ when she heard <u>this</u>. Then she turned to him and said, "That was your teacher. Why didn't you tell me you **had been** such a brave boy this morning?"

But Johnny's face became very red, and he said, "Well, I really had to pull him out, because I pushed him in."

○ save 동 구하다
fall into ~에 빠지다
brave 형 용감한
pull out 끌어내다
push 동 밀다

1. 위 글의 빈칸 ⓐ에 알맞은 말을 고르시오.
① he will be a good boy
② he is a good boy
③ he would save his friend
④ he would behave better
⑤ he can behave as a good boy

○ behave 동 행동하다

2. 위 글의 빈칸 ⓑ에 알맞은 말을 고르시오.
① sad   ② tired   ③ happy
④ angry   ⑤ scared

○ scared
형 ~을 두려워하는

3. 위 글의 밑줄 친 <u>this</u>를 다음과 같이 바꿀 때 빈칸에 알맞은 말을 쓰시오.
he _____ _____ his friend at school this morning

Answer & Explanation

ANSWER

A 1. ② 2. ④ 3. ①   **B** 1. ② 2. ① 3. ③ 4. ④ 5. ③

C ⑤   **D** ①

E 1. in, good   2. feel, well

F 1. ④   2. ③   3. had, saved

EXPLANATION

A
1. liked[laikt]를 제외하고는 [d] 발음이 난다.
2. judged[dʒʌdʒd]를 제외하고는 [t] 발음이 난다.
3. stayed[steid]를 제외하고는 [id] 발음이 난다.

B
1. 주절과 when의 시점(came out)이 같아야 하므로 과거시제가 와야 한다.
   '해가 비치자 눈이 녹기 시작했다.'
2. 접속사 as soon as가 이끄는 시간 부사절에서는 현재시제가 미래시제를 대신한다.
   '네가 준비되자마자, 우리는 떠날 것이다.'
3. 기준 시점인 과거(arrived)보다 한 시간 전에 일어난 일이므로 과거완료가 와야 한다.
   '그가 도착했을 때 그의 누이는 (이미) 한 시간 전에 떠나버렸다.'
4. 기준 시점인 과거(came) 이전부터 진행되고 있었던 일이므로 과거완료진행형으로 쓴다.
   '그가 오기 전에, 나는 한 시간 동안 계속 기다리고 있었다.'
5. 오늘 아침 이후부터 지금까지 계속 진행되고 있는 일이므로 현재완료진행형으로 쓴다.
   '나는 오늘 아침부터 편지를 쓰고 있다.'

C
그녀는 보통 잘 늦지 않았다. 나는 그녀가 늦어서 놀랐다. 나는 그녀를 걱정하기 시작했다. 그녀가 들어왔을 때 나는 TV를 보고 있었다. 나는 그녀에게 "왜 늦었니?"라고 물었다.

• 그녀가 들어왔을 때(과거)에 물었으므로 had asked를 asked로 고쳐야 한다.

D ①은 의견을 묻는 표현이고, ②, ③, ④, ⑤는 건강 상태를 묻는 표현이다.

4 동사의 활용과 시제

F Johnny는 아홉 살 난 아주 나쁜 아이였으나, 그의 엄마는 항상 <u>그가 보다 예절 바르게 행동하기</u>를 바랐다. 그러던 어느 날, 그가 학교에서 집으로 돌아왔을 때, Johnny의 선생님이 그의 어머니에게 전화를 걸어 말했다. "Perkins 부인, 오늘 아침에 우리가 산책하러 밖에 나갔을 때에 Johnny가 강에 빠진 다른 아이를 구한 것을 알고 계신가요?"
그녀는 <u>이것을</u> 듣고 매우 <u>기뻤다</u>. 그래서 그녀는 Johnny에게 몸을 돌려 말했다. "선생님이셨어. 왜 오늘 아침에 네가 그렇게 용감한 아이였다는 것을 얘기하지 않았니?"
하지만 Johnny는 얼굴이 매우 빨갛게 되면서 말했다. "저, 제가 실은 그 애를 끌어내야만 했어요. 왜냐하면 내가 밀었거든요."

1. 접속사 but은 앞뒤의 내용이 반대되는 경우에 쓰이므로 bad와 반대의 의미를 지니는 낱말이 와야 하며, 주절의 시제가 과거이므로 시제를 일치시킨다. 따라서 과거시제로서 착한 일을 하는 내용을 고른다.
   ① 그가 착한 소년이 될 것이다   ② 그는 착한 소년이다
   ③ 그가 그의 친구를 구할 것이다   ⑤ 그는 착한 소년처럼 행동할 수 있다
2. ① 슬픈   ② 피곤한   ④ 화난   ⑤ 무서운
3. this의 내용은 he saved his friend at school this morning이며, 과거(heard)인 주절의 시제보다 먼저 일어난 일이므로 대과거(과거완료)로 바꿔야 한다.
   '그는 오늘 아침에 학교에서 그의 친구를 구했다'

〈구문해설〉
- after he **had come** home from school, Johnny's teacher called his mother ... : Johnny가 학교에서 집으로 돌아온 것이 선생님과 어머니가 통화한 것보다 먼저 일어난 일이므로 과거완료시제를 쓴 것이다.
- Did you know, Mrs. Perkins, **that** Johnny saved another boy **when** he fell into the river **while** we were out for a walk this morning?: 이 문장은 목적어인 명사절에 2개의 절이 있는 혼합문이다. Mrs. Perkins는 you와 동격인 삽입어구이고, that 이하는 know의 목적어로서 명사절을 이끈다. 이 명사절 안에 때를 나타내는 접속사 when이 이끄는 부사절과 그 부사절 안에 다시 while이 이끄는 부사절이 있다.
- Why didn't you tell me you **had been** such a brave boy this morning?: Johnny가 물에 빠진 소년을 구한 것이 어머니가 Johnny에게 물어본 시점보다 먼저 일어난 일이므로 과거완료시제로 나타낸 것이다.

제 5 장 조동사

19 조동사

A 조동사의 특징

1. 인칭·수에 따라 어형이 변하지 않는다. (do동사, have동사는 예외)
   ① I **can** swim well. → *He* **can** swim well.
   ② I **can** swim well. → *We* **can** swim well.
2. 「조동사 + 동사원형」의 형태를 취한다. (be동사, have동사는 예외)
   ① He **must** *be* a teacher.
   ② He **can** *play* the violin well.
   ③ I **have** already *written* the letter.   〈have + 과거분사〉
3. 부정문·의문문에 do를 쓰지 않는다.
   ① **May** I go out? — No, you **must not**.
   ② **Can** I look at the photo? — No, you **can't**.

20 do의 용법

A 조동사 do의 용법

1. 부정문·의문문을 만든다.
   ① He **does** *not* study hard.
   ② **Do** you know his real name?
2. 대동사(代動詞)로 쓰인다.
   ① Who painted this picture? — Tom **did**.   〈did = painted it〉
   ② You know much more than I **do**.   〈do = know〉
3. 동사의 강조 용법으로 쓰인다.
   ① I **do** hope he will succeed.
   ② I **did** meet her yesterday. ← I met her yesterday.
4. 도치 구문에 쓰인다.
   I never told you.   〈일반 구문〉
   → *Never* **did** I tell you.   〈도치 구문〉

조동사

동사의 한 종류로 동사와 함께 쓰여 그 동사를 도와주는 역할을 한다. 조동사(助動詞)와 함께 쓰이는 동사를 본동사(本動詞)라고 하며, 조동사는 본동사와 결합하여 본동사만으로는 나타낼 수 없는 필요·의무·가능 등의 의미를 나타낸다.

1. 주어가 3인칭 단수이면서 현재시제에 쓰인 경우에 일반동사와 달리 조동사에는 -(e)s가 붙지 않는다.
   ① 나는 수영을 잘 할 수 있다. → 그는 수영을 잘 할 수 있다.
   ② 나는 수영을 잘 할 수 있다. → 우리는 수영을 잘 할 수 있다.

2. ① 그는 선생님임에 틀림없다.
   ② 그는 바이올린을 잘 켤 수 있다.
   ③ 나는 이미 그 편지를 다 썼다. (have가 조동사, written은 본동사)

참고 He **is** *swimming* in the river.에서 is는 조동사, swimming은 본동사이다.

3. ① 제가 외출해도 됩니까? — 아니요, 외출해서는 안 됩니다.
   ② 제가 그 사진을 볼 수 있습니까? — 아니요, 볼 수 없습니다.

do의 용법

1. 조동사가 없는 문장의 부정문·의문문에 쓰인다.
   ① 그는 열심히 공부하지 않는다.
   ② 너는 그의 본명(本名)을 아느냐?

2. 앞에 나온 동사의 반복을 피하기 위하여 쓰인다.
   ① 누가 이 그림을 그렸느냐? — Tom이 그렸다.
   ② 너는 내가 알고 있는 것보다 훨씬 더 많이 알고 있다.

3. 동사의 의미를 강조할 때 쓰이며, do에 강세를 둔다.
   ① 나는 그가 성공하기를 정말로 바란다.
   ② 나는 어제 그녀를 정말로 만났다. ← 나는 어제 그녀를 만났다.

참고 동사를 강조할 때에는 「do(does, did) + 동사원형」의 형태로 나타내며, '정말로, 분명히' 등으로 해석한다.

4. 나는 네게 말하지 않았다.
   → 나는 네게 결코 말하지 않았다. (Never+did+주어+동사 ~)

어휘

look[luk] at ~을 보다   real[ríːəl] 형 진실의, 진짜의   paint[peint] 동 (그림을) 그리다

21 can · could의 용법

A 능력 · 가능성(~을 할 수 있다, ~할 가능성이 있다)

1. ⓐ He **can** solve the problem.
   = He **is able to** solve the problem. 〈현재〉
   ⓑ He **could** solve the problem.
   = He **was able to** solve the problem. 〈과거〉
   ⓒ He **will be able to** solve the problem. 〈미래〉
2. My puppy **could** run faster than me. 〈능력〉
3. Children **can** be very cruel sometimes. 〈가능성〉

B 허가(~해도 좋다)

1. **Can**(May) I go into your room?
   — Yes, you **can**. / No, you **can't**.
2. You **can** go to the movies if you want to.

C 강한 의문(도대체(과연) ~일까?) · 부정적 추측(~일 리가 없다)

1. ⓐ Is the rumor true? 〈일반 의문문〉
   ⓑ **Can** the rumor be true? 〈강한 의문〉
   — No, it **cannot** be true. 〈부정적 추측〉
2. He **can't** *tell* a lie. 〈현재 일에 대한 부정적 추측〉
3. She **can't** *have said* so. 〈과거 일에 대한 부정적 추측〉

D can을 사용한 관용 표현

1. I **cannot help** *laughing*. = I **cannot but** laugh.
2. We **can but** wait and see.
3. You **cannot** praise his courage **too** much.
4. The weather is **as** fine **as can be**.

○ 다음 문장을 밑줄 친 부분에 유의하여 우리말로 옮기시오.

1. Computers <u>can</u> do a lot of things.
2. Where <u>can</u> he have gone?
3. The news <u>cannot</u> be true.
4. You <u>cannot</u> smoke here.

can · could의 용법

A   **능력·가능성** — can이 능력을 나타내는 경우에 다른 조동사에 이어 쓰일 때는 be able to로 나타낸다. can의 과거형은 could 또는 was(were) able to로, 미래형은 will be able to로 나타낸다.

1. ⓐ 그는 그 문제를 풀 수 있다.   ⓑ 그는 그 문제를 풀 수 있었다.
 ⓒ 그는 그 문제를 풀 수 있을 것이다.
2. 나의 강아지는 나보다 더 빨리 달릴 수 있었다.
3. 어린이들은 때때로 아주 잔인해질 수 있다.

B   **허가** — 회화에서 많이 쓰이며, could는 can보다 공손한 표현이다. may로도 쓸 수도 있다.
1. 네 방에 들어가도 좋아? — 그래, 좋아. / 아니, 안돼.
2. 원한다면 영화를 보러 가도 좋다.

〔참고〕 '허가'의 can이 could로 쓰이면 과거의 의미가 아니라 현재의 의미를 나타낸다.

C   **강한 의문·부정적 추측** — 의문문에서 강한 의문을, 부정문에서 부정적 추측을 나타낸다.
1. ⓐ 그 소문은 사실이냐?
 ⓑ 과연 소문이 사실일까? — 아니, 그것은 사실일 리가 없다.
2. 그는 거짓말할 리가 없다. (cannot + 동사원형: ~일 리가 없다)
3. 그녀가 그렇게 말했을 리가 없다. (cannot have + 과거분사: ~였을 리가 없다)

〔주의〕 can의 부정형은 cannot, can't 등으로 쓰인다.

D   1. 나는 웃지 않을 수 없다.
 (**cannot help** + **-ing** = **cannot but** + 동사원형: ~하지 않을 수 없다)
2. 우리는 관망할 뿐이다. (**can but** + 동사원형: 다만 ~할 뿐이다)
3. 그의 용기를 아무리 칭찬해도 지나치지 않다. (**cannot ~ too** … : 아무리 ~해도 지나치지 않다)
4. 날씨는 더할 나위 없이 좋다. (**as ~ as can be**: 더할 나위 없이 ~)

1. 컴퓨터는 많은 일을 할 수 있다. 〈능력〉
2. 도대체 그는 어디에 갔을까? 〈강한 의문〉
3. 그 소식은 사실일 리가 없다. 〈부정적 추측〉
4. 이곳에서는 담배를 피워서는 안 됩니다. 〈허가〉

어휘

able[éibl] ⑱ ~할 수 있는	sometimes[sʌ́mtàimz] ⑼ 때때로	praise[preiz] ⑧ 칭찬하다
cruel[krú(:)əl] ⑱ 잔인한, 무자비한	true[tru:] ⑱ 정말의	courage[kə́:ridʒ] ⑲ 용기

22 may · might의 용법

A 허가(~해도 좋다)

1. **May** I use your dictionary?
   — Yes, you **may**. / **Yes. Of course.** / **Certainly**. 〈허가〉
   — No, you **may not**. / **I'm sorry, but** I'm using it now. 〈불허〉
   — No, you **must not**. 〈금지〉
2. You **may** use my dictionary.

B 불확실한 추측(~일지도 모른다)

1. ⓐ The rumor **may** be false. 〈현재·미래의 추측〉
   ⓑ The rumor **may** have been false. 〈과거의 추측〉
2. Tom **may not** come home tonight.
3. He said that it **might** rain.

C 기원(~하소서) · 양보(비록 ~할지라도)

1. **May** he rest in peace! 〈기원〉
2. **May** you live long! 〈기원〉
3. Whatever you **may** say, I will not believe you. 〈양보〉

D may를 사용한 관용 표현

1. You must work hard $\begin{Bmatrix} \text{that} \\ \text{so that} \\ \text{in order that} \end{Bmatrix}$ you **may** succeed.
2. You **may well** be proud of your success.
3. You **may**(**might**) **as well** give up the plan.

확인테스트 ◎ 다음 우리말을 영어로 옮기시오.

1. 여권을 봐도 되겠습니까? (May를 사용하여)
2. 그는 돌아올지도 모른다.
3. 그는 시험에 합격하기 위해서 열심히 공부했다.
4. 너는 즉시 시작하는 것이 낫다.

may · might의 용법

A 　1. 당신의 사전을 사용해도 됩니까?
　　　　— 예, 사용해도 됩니다. / 네. 물론이지요. / 물론이오.
　　　　— 아니요, 안 됩니다. / 죄송합니다만, 제가 지금 쓰고 있는데요.
　　　　— 아니요, 사용해서는 안 됩니다.
　　　2. 나의 사전을 사용해도 좋습니다.

참고　May I ~?는 Can(Could) I ~?보다 격식을 차린 표현이다.

B 　1. ⓐ 그 소문은 거짓일지도 모른다. (**may** + 동사원형 : ~일지도 모른다)
　　　　ⓑ 그 소문은 거짓이었을지도 모른다. (**may have** + 과거분사 : ~이었을지도 모른다)
　　　2. Tom은 오늘 밤 집에 오지 않을지도 모른다.
　　　3. 비가 올지도 모른다고 그가 말했다.

참고　might는 시제의 일치에 따른 may의 과거형으로 may보다 약한 추측을 나타낸다.

C 　1. 그의 영혼이 편히 잠들게 하소서!
　　　2. 만수무강하소서!
　　　3. 네가 무슨 말을 하더라도, 나는 너를 믿지 않겠다.

주의　기원과 양보를 나타내는 may는 회화에서는 잘 사용하지 않는다.

D 　1. 너는 성공하기 위해서 열심히 공부해야 한다.
　　　　(**that**〔**so that, in order that**〕+ 주어 + **may** + 동사원형 : ~하기 위하여)
　　　2. 네가 성공을 자랑하는 것은 당연하다. (**may well** + 동사원형 : ~하는 것은 당연하다)
　　　3. 너는 그 계획을 포기하는 게 낫다.
　　　　(**may as well** + 동사원형 = **had better** + 동사원형 : ~하는 것이 낫다)

 1. May I see your passport?
2. He may come back. / He may be back.
3. He worked hard that he might pass the exam.
4. You may as well begin at once.

어휘

false[fɔːls] 형 거짓의
rest[rest] 동 쉬다, 자다
in peace[piːs] 편안히

whatever[hwʌtévər]
대 무엇을(무엇이) ~하든지
be proud[praud] of ~을 자랑하다

success[səksés] 명 성공
give up 포기하다, 단념하다
passport[pǽspɔ̀ːrt] 명 여권

93 must의 용법

A ■ 필요·의무 (~해야 한다, ~하지 않으면 안 된다)

1. I **must** go home before dark. = I **have to** go home before dark.
2. ⓐ You **must** go there. = You **have to** go there.
   ⓑ You **don't have to** go there. = You **need not** go there. 〈부정문〉
   ⓒ **Must** you go there? = **Do** you **have to** go there? 〈의문문〉
   ⓓ You **had to** go there. 〈과거형〉
   ⓔ You **will have to** go there. 〈미래형〉
3. **Must** I wait for him? = **Do** I **have to** wait for him?
   — Yes, you **must**.
   — No, you **don't have to**. = No, you **need not**.

B ■ 강한 추측 (~임에 틀림없다)

1. He **must** *be* honest. ↔ He **cannot** *be* honest. 〈현재의 강한 추측〉
2. He **must** *have said* so. ↔ He **cannot** *have said* so. 〈과거의 강한 추측〉
3. That **must** *be* Jane. (○) → That **has to** *be* Jane. (×)

C ■ 금지 (~해서는 안 된다)

1. You **must not** smoke here.
2. You **must not** drive if you were drunk.

D ■ 기타

1. You **must** come to my birthday party. 〈권유〉
2. We **must** all die sometime. 〈필연〉

○ 다음 문장을 괄호 안의 지시대로 바꾸어 쓰시오.

1. Nancy must write a letter in English. (과거시제로)
2. You must make up your mind someday. (미래시제로)
3. She must go to the store. (부정문으로)
4. He must be a great writer. (부정문으로)

must의 용법

 필요·의무 — 필요·의무를 나타내는 must는 **have to**로 바꾸어 쓸 수 있고, '~할 필요가 없다'는 뜻의 불필요는 **don't have to** 또는 **need not**으로 나타낸다. must는 과거형, 미래형이 없으므로 각각 had to, will have to로 나타낸다.

1. 나는 어두워지기 전에 집에 가야 한다.
2. ⓐ 너는 거기에 가야 한다. ⓑ 너는 거기에 갈 필요가 없다.
   ⓒ 너는 거기에 가야만 하느냐? ⓓ 너는 거기에 가야만 했다.
   ⓔ 너는 거기에 가야 할 것이다.
3. 제가 그를 기다려야만 할까요? — 예, 기다려야만 합니다. / 아니요, 그럴 필요 없습니다.

참고) 회화에서는 must보다는 have to, have got to를 더 많이 쓴다.

 강한 추측 — 「**must** + 동사원형」은 '~임에 틀림없다'의 뜻으로 현재의 강한 추측을 나타내며, 부정형 「**cannot** + 동사원형」은 '~일 리가 없다'의 뜻이다. 「**must have** + 과거분사」는 '~였음에 틀림없다'의 뜻으로 과거의 강한 추측을 나타내며, 부정형 「**cannot have** + 과거분사」는 '~였을 리가 없다'의 뜻이다.

1. 그는 정직함에 틀림없다. ↔ 그는 정직할 리가 없다.
2. 그가 그렇게 말했음에 틀림없다. ↔ 그가 그렇게 말했을 리가 없다.
3. 저 사람은 Jane임에 틀림없다.

주의) must가 강한 추측을 나타낼 때에는 have to로 바꾸어 쓸 수 없다.

 금지 — must(~해야 한다)의 부정형 **must not**(~해서는 안 된다)은 강한 금지를 나타낸다.

1. 여기에서 담배를 피워서는 안 된다. 2. 술에 취했다면 운전을 해서는 안 된다.

 1. 내 생일 파티에 꼭 와 주세요. 2. 우리 모두는 언젠가 반드시 죽는다.

1. Nancy had to write a letter in English.
   'Nancy는 영어로 편지를 써야 했다.'
2. You will have to make up your mind someday.
   '너는 언젠가는 결심하지 않으면 안 될 것이다.'
3. She doesn't have to go to the store. / She need not go to the store.
   '그녀는 그 가게에 갈 필요가 없다.'
4. He cannot be a great writer. '그는 위대한 작가일 리가 없다.'

before dark 어두워지기 전에	**wait** [weit] **for** ~을 기다리다	**make up one's mind** 결심하다

24 will · would · should의 특별 용법

A · will의 특별 용법

1. 고집 · 주장 (어떻게든 ~하려고 하다)
   ① He **will** have his own way in everything.
   ② The door **will** not open.

2. 현재의 습관 · 습성 · 경향 (~하곤 하다, ~하기 마련이다)
   ① My father **will** *often* take a nap on the sofa.   〈습관〉
   ② Oil **will** float on water.   〈경향〉
   ③ A bear **will** not touch a dead body.   〈경향〉

3. 현재의 추측 (~일 것이다)
   ① Mom **will** *be* downstairs now.
   ② You **will** *have heard* about the rumor.

B · would의 특별 용법

1. 과거의 습관적 행동 (~하곤 했다)
   ① He **would** *often* go fishing with me when he was a child.
   ② *Sometimes* my grandma **would** sit on the beach for hours.

2. 과거의 강한 의지 (~하려고 했다)
   ① When I was in trouble, he **would** not help me.
   ② She **would** not listen to my advice.

3. 현재의 희망 · 소망 (~을 바라다, ~을 하고 싶다)
   ① I **would** not miss this chance.
   ② I **would** like to buy a digital camera.
   ③ If you **would** be healthy, take proper exercise every day.

4. 정중한 부탁 (Would you ~? : ~을 해 주시겠습니까?)
   ① **Would you** open the door?   〈Will you ~?보다 더 정중한 표현〉
   ② **Would you** like a cup of coffee?

5. would를 사용한 관용 표현
   ① **Would you mind** *shutting* the door?
   ② **You'd rather** not say that.
   ③ I **would like to** talk about my plan.

will · would · should의 특별 용법

A

1. ① 그는 모든 일을 자기 마음대로 하려고 한다.
   ② 그 문은 열리려고 하지 않는다.

   참고
   • 주어의 인칭에 관계없이 쓰이며, 일반적으로 will에 강세가 있다.
   • 주어의 의지를 나타내는 will은 조건 부사절에서 사용될 수 있다.
   ex. If you will come, I'll be very glad. 네가(올 의지가 있어서) 온다면 나는 매우 기쁠 것이다.

2. ① 아버지는 자주 소파에서 낮잠을 자곤한다.
   ② 기름은 물에 뜨기 마련이다.
   ③ 곰은 사체(死體)에 손을 대지 않는 경향이 있다.

3. ① 엄마는 지금 아래층에 계실 것이다.
   ② 당신은 그 소문에 대해 들었을 것이다. (이야기하는 시점을 기준으로 그 이전에 들어서 알고 있을 것이라는 현재의 추측)

B

would의 특별 용법 — 과거의 습관적 행동, 의지, 현재의 희망 등을 나타낸다.

1. ① 그는 어렸을 때 나와 자주 낚시를 가곤 했다.
   ② 때때로 나의 할머니는 몇 시간씩 해변에 앉아 있곤 했다.

   주의
   would는 과거의 습관적 행동만을 나타내는 데 비해 used to는 과거의 습관적 행동과 과거의 상태를 나타낸다.
   ex. I used to (= would) watch quiz shows on TV on weekends.
   나는 주말에 텔레비전의 퀴즈 쇼를 보곤 했다.
   When I was a boy, I used to (≠would) like chocolate. 내가 소년이었을 때, 나는 초콜릿을 좋아했었다.

2. ① 내가 곤경에 처해 있었을 때, 그는 나를 도우려고 하지 않았다.
   ② 그녀는 내 충고를 들으려고 하지 않았다.

3. ① 나는 이 기회를 놓치고 싶지 않다.
   ② 나는 디지털 카메라를 사고 싶다.
   ③ 네가 건강하기를 바란다면, 매일 적당한 운동을 해라.

4. ① 문을 좀 열어 주시겠습니까?   ② 커피 한 잔 드시겠습니까?

5. ① 문 좀 닫아 주시겠습니까? (**Would you mind + -ing ?** : ~해 주시겠습니까?)
   ② 당신은 그것을 말하지 않는 편이 낫다.
        (**would rather ~ (than** …) : (…하느니) ~하는 편이 낫다)
   ③ 내 계획에 대해 말하고 싶다. (**would like to** + 동사원형 : ~하고 싶다)

어휘

have one's own way 마음대로 하다   float [flout] 동 뜨다   advice [ədváis] 명 충고
take a nap 낮잠을 자다   in trouble [trʌ́bl] 곤경에   proper [prápər] 형 적당한, 알맞은

C. should의 특별 용법

1. 의무·충고(~해야 한다)
   ① You **should** obey your parents.
   ② You **should** keep your promise.
   ③ You **should** see a doctor, as you have a bad cold.

2. 주관적 판단이나 감정 강조의 표현
   ① **It is natural** that Tom (**should**) *get* angry. 〈당연〉
      = It is natural that Tom *gets* angry.
   ② **It is a pity that** she (**should**) *have died* so young. 〈유감〉
      = It is a pity that she *has died* so young.

3. 충고·제안·소망·주장·명령
   ① The doctor **advised** that I (**should**) *take* a rest. 〈충고〉
   ② I **suggested** that Mary (**should**) *go* to Europe. 〈제안〉
   ③ She **desired** that Tom (**should**) *succeed*. 〈소망〉
   ④ I **insisted** that Nancy (**should**) *make* a speech. 〈주장〉
   ⑤ He **ordered** that I (**should**) *do* it at once. 〈명령〉

4. should를 사용한 관용 표현
   ① You **should have gone** there.
   ② He works hard **lest** he **should** fail.
   ③ I drank strong coffee **for fear** I **should** feel sleepy.

○ 다음 빈칸에 알맞은 조동사를 쓰시오.

1. I _____ often play the violin when I was young.
2. He suggests that I _____ take a walk every day.
3. Dogs _____ bark at strangers.
4. It is strange that you _____ fail.
5. I _____ rather stay at home than go out.

어휘

obey[oubéi] 동 ~에 복종하다
keep one's promise 약속을 지키다
natural[nǽtʃərəl] 형 당연한
pity[píti] 명 유감스러운 일
take a rest 휴식을 취하다
make a speech[spíːtʃ] 연설하다
order[ɔ́ːrdər] 동 명령하다
lest[lest] 접 ~하지 않도록
sleepy[slíːpi] 형 졸린

1. 사회적 관습, 양심에 따라서 행해야 하는 의무나 충고 등의 의미를 나타낼 때에 쓰인다. 필요와 의무를 나타내는 must와 have to보다 강제성의 의미가 약하다.
   ① 부모님의 말씀에 복종해야 한다.　　　② 약속을 지켜야 한다.
   ③ 심한 감기에 걸렸기 때문에, 의사에게 진찰을 받아야만 한다.

2. 주관적 판단을 서술하거나 놀람·유감 등의 감정을 강조하기 위하여 '…하다니 ~이다'의 뜻으로 「It is ~ that+주어+should+동사원형 ~」의 형식을 취한다. should를 생략하고 주어의 인칭과 수에 맞게 동사의 형태를 변형해서 쓰기도 한다.
   ① Tom이 화를 내는 것은 당연하다.　　② 그녀가 그렇게 젊은 나이에 죽다니 애석하다.

   참고
   - 주관적 판단을 나타내는 말: natural, necessary, impossible, right, important, wrong 등
   - 감정적 표현을 나타내는 말: a pity, strange, surprising 등

3. advise(충고하다), suggest(제안하다), desire(소망하다), insist(주장하다), order(명령하다) 등의 동사 다음에 오는 that절에는 「should+동사원형」을 쓴다. 미국 영어에서는 주로 should를 생략하고 동사원형만을 쓴다.
   ① 그 의사는 내가 휴식을 취해야 한다고 충고했다.
   ② 나는 Mary가 유럽에 갈 것을 제안했다.
   ③ 그녀는 Tom이 성공하기를 바랬다.
   ④ 나는 Nancy가 연설할 것을 주장했다.
   ⑤ 그는 내가 그것을 즉시 하도록 명령했다.

4. ① 너는 거기에 갔어야 했는데 (가지 않아서 유감이다).
   (「should have+과거분사」는 '~했어야 했는데 (안 했다)'의 뜻으로 과거의 일에 대한 비난, 유감의 뜻을 나타낸다.)
   ② 그는 실패하지 않기 위해서 열심히 일한다.
   (lest〔for fear〕~ should: ~하지 않기 위해서)
   ③ 나는 졸음이 오지 않도록 진한 커피를 마셨다.

   주의 미국 영어에서는 「lest ~ should」의 should를 종종 생략하고 동사원형만 쓴다.

1. would (과거의 습관) '나는 젊었을 때, 자주 바이올린을 켜곤 했다.'
2. should (suggest that+주어+should+동사원형) '그는 내가 매일 산책을 해야 한다고 제안한다.'
3. will (현재의 습성) '개들은 낯선 사람을 보면 짖게 마련이다.'
4. should (감정의 형용사+that+주어+should) '네가 실패하다니 이상한 일이다.'
5. would (would rather ~ than …) '나는 외출하기보다는 차라리 집에 있겠다.'

25 ought to · used to · need · dare

A ought to

1. We **ought to** help each other 〈의무〉
2. You **ought not to**(should not) say so. 〈의무〉
3. You **ought to** pass the exam, for you work hard. 〈예상·기대〉
4. She **ought to** have arrived there by now. 〈추측〉

B used to

1. 과거의 습관적 동작(~하곤 했다)
   ① He **used to** *go* to church on Sundays.
   ② He **used to** *take* a walk in the park.
2. 과거의 계속적 상태(전에는 ~이었다)
   ① He **used to** *live* here.
      = He lived here before. He doesn't live here any more.
   ② There **used to** *be* a big tree here.
3. ① Tom **used to** *get up* early in the morning.
   ② Tom **is used to** *getting up* early in the morning.

C need

1. I **need not**(don't have to) go alone. ↔ I **must** go alone.
2. **Need** he attend the meeting?
   — Yes, he **must**. / No, he **need not**.

D dare

1. He **dare not** speak to her. 〈조동사 현재〉
2. She **dared** not laugh. 〈조동사 과거〉
3. **How dare** you say so? 〈감히 어떻게 ~할 수 있느냐?〉

확인테스트 ○ 두 문장의 뜻이 같도록 빈칸에 알맞은 말을 쓰시오.

1. He was a baseball player, but he is not now.
   = He _____ to be a baseball player.
2. You should keep a diary.
   = You _____ _____ keep a diary.
3. We don't have to wear school uniforms any more.
   = We _____ not wear school uniforms any more.

ought to · used to · need · dare

A ■ **ought to** — 윤리적·비강제적 의무, 추측을 나타내며, 부정형은 **ought not to**이다. 현재형만 있으며 과거형은 없다.
1. 우리는 서로 도와야 한다.   2. 너는 그렇게 말해서는 안 된다.
3. 너는 (틀림없이) 시험에 합격할 것이다. 왜냐하면 너는 열심히 공부하기 때문이다.
4. 그녀는 지금쯤 (당연히) 그곳에 도착했을 것이다.

참고) should와 ought to는 강제적 의무의 성격이 강한 must, have to와는 달리 윤리적·비강제적 의무를 나타낼 때에 쓰이는데, 충고의 성격이 강하다. ought to가 should보다 의무의 성격이 강하다.

B ■ **used to** — 과거의 습관이나 상태가 현재에는 그러하지 않음을 나타낸다.
1. ① 그는 일요일이면 늘 교회에 가곤 했다.   ② 그는 공원에서 산책을 하곤 했다.
2. ① 그는 전에 이곳에서 살았다.   ② 전에는 이곳에 큰 나무 한 그루가 있었다.
3. ① Tom은 아침에 일찍 일어나곤 했다.   ② Tom은 아침에 일찍 일어나는 것에 익숙해 있다.

주의) used to + 동사원형: ~하곤 했다(과거의 습관)   be used to + 명사/동명사: ~에 익숙하다

C ■ **need** — '~할 필요가 있다'의 뜻으로 현재형만 있으며, 부정문과 의문문에서 쓰인다.
1. 나는 혼자 갈 필요가 없다. ↔ 나는 혼자 가야 한다.
2. 그가 그 모임에 참석할 필요가 있습니까? — 예, 참석해야 합니다. / 아니요, 그럴 필요는 없습니다.

참고) need는 긍정문에서 본동사로 쓰이는데, 본동사 need 다음에는 to부정사가 온다.
ex. He **needs** to work hard. 그는 열심히 공부해야 할 필요가 있다.

D ■ **dare** — '감히 ~하다'의 뜻으로 부정문과 의문문에서 쓰이며, 과거형은 **dared**이다.
1. 그는 감히 그녀에게 말을 걸지 못한다.   2. 그녀는 감히 웃지 못했다.
3. 감히 어떻게 너는 그렇게 말을 할 수 있느냐?

참고) dare는 긍정문에서 본동사로 쓰이는데, 본동사 dare 다음에는 to부정사가 온다.
ex. He **dares** to say so. 그는 감히 그렇게 말한다.

1. **used** (과거의 계속적 상태) '그는 야구 선수였다.'
2. **ought to** (의무의 should) '너는 일기를 써야 한다.'
3. **need** (don't have to ~=need not ~=~할 필요가 없다) '우리는 더 이상 교복을 입을 필요가 없다.'

어휘

each other 서로   **any more** 그 이상   **keep a diary** 일기를 쓰다
take a walk 산책하다   **attend**[əténd] 통 ~에 출석하다   **uniform**[júːnəfɔ̀ːrm] 명 제복

생활 영어

감사하기 / 사과하기

● ○ ○ 감사하기

— 감사하기
1. Thank you. / Thanks.
2. Thank you very(so) much. / Thanks a lot.
3. I'm very grateful.
4. Thank you for your help. / I appreciate your help.
   It was very nice of you to help me.

— 감사에 답하기
5. Don't mention it. / You're welcome. / Not at all. / That's all right.
6. It's my pleasure. / The pleasure is mine. / My pleasure.
7. I was delighted to be able to help you.

● ● ○ 사과하기

— 사과하기
1. I'm very(terribly) sorry.
2. Excuse me.
3. I beg your pardon.
4. It's all my fault.
5. I'm sorry for everything.
6. I feel sorry about it.
7. I can't tell you how sorry I am.
8. I owe you an apology.

— 사과에 답하기
9. That's OK. / That's all right. / Not at all. / No problem.
10. Don't worry (about it).
11. Don't mention it.
12. It (really) doesn't matter at all. / Never mind. / Forget it.
13. That's OK. It wasn't your fault.

A: I made a big mistake. **I'm terribly sorry about it**.
B: **That's OK**. It wasn't just your fault.
　　But next time, please be more careful, will you?
A: All right. I'll be more careful from now on.

 왼쪽에 있는 영문을 큰 소리로 여러 번 읽고 뜻을 파악한 다음, 우리말을 참고하기 바랍니다.
왼쪽에 있는 영문을 암기한 다음, 오른쪽의 우리말을 보고 영어로 써 보는 것이 좋습니다.

● ○ ○ 감사하기

— 감사하기
1. 고맙습니다.
2. 대단히 고맙습니다.
3. 정말 감사드립니다.
4. 도움에 감사드립니다.

— 감사에 답하기
5. 천만에요.
6. 제가 좋아서 한 것입니다.
7. 당신을 도울 수 있어서 제가 기뻤습니다.

> 4. 상대방의 구체적인 도움이나 행위에 대해 '~해 주셔서 감사합니다'라고 말할 때에는 Thank you for your ~. / I appreciate your ~.라고 표현한다. ~ 부분에는 명사 또는 동명사를 넣는다.

● ● ○ 사과하기

— 사과하기
1. 대단히 죄송합니다.
2. 죄송합니다.
3. 용서하십시오.
4. 모두 제 잘못입니다.
5. 여러 가지로 죄송합니다.
6. 그 일에 대해서 미안하게 생각하고 있습니다.
7. 어떻게 사과 말씀을 드려야할지 모르겠습니다.
8. (당신께) 사과드립니다.

— 사과에 답하기
9. 괜찮습니다.
10. 걱정하지 마십시오.
11. 천만의 말씀입니다.
12. 상관없습니다.
13. 괜찮습니다. 당신 잘못이 아니에요.

> 1. I'm sorry.는 자신의 언행에 대해서 사과하거나 상대방의 제의·부탁 등을 거절할 때에 사용한다.
> 2. Excuse me.는 가벼운 실례를 했을 때에 사용한다.
> 4. fault는 '탓'의 뜻이 담긴 잘못이고, mistake는 '과오, 과실'의 뜻이 담긴 잘못이다.

Mini Dialogue

A: 제가 큰 실수를 했습니다. 그 점 정말 죄송합니다.
B: 괜찮습니다. 그건 당신의 잘못만은 아니었습니다. 하지만 다음부터는 좀더 주의하십시오.
A: 알겠습니다. 이제부터는 더욱 주의하겠습니다.

실전 응용 문제

A 주어진 문장의 밑줄 친 낱말과 같은 용법으로 쓰인 것을 고르시오.

1. They thought that the world below the sea <u>must</u> be much like our own.
   ① <u>Must</u> I wait?
   ② <u>Must</u> she get up early?
   ③ I <u>must</u> stay in bed today.
   ④ You <u>must</u> not go swimming.
   ⑤ Your father <u>must</u> be more than fifty years old now.

2. When he was young, he <u>would</u> often go fishing.
   ① Sometimes the child <u>would</u> cry.
   ② <u>Would</u> you pass me the salt, please?
   ③ He said that Jane <u>would</u> arrive soon.
   ④ If you <u>would</u> succeed, you must work hard.
   ⑤ He knocked at the door, but Jane <u>would</u> not open it.

B 다음에서 틀린 곳을 찾아 바르게 고치시오.

1. He will can speak English very well.
2. You ought to not smoke so much.
3. He oughts to see a doctor at once.
4. She was used to sleep in a cold room.
5. The mayor ordered that she left the city at once.
6. I advised that he buys the car.
7. Tom suggested that Nancy went to Europe.
8. You had better not to laugh so loud.

C 다음 중 의도하는 바가 나머지 넷과 다른 것을 고르시오.

1. ① Forget it.   ② No problem.
   ③ Never mind.   ④ It's my pleasure.
   ⑤ It doesn't matter at all.
2. ① Sorry, I can't.   ② I'm very sorry.
   ③ I feel sorry about it. ④ It's all my fault.
   ⑤ I owe you an apology.

D 우리말과 뜻이 같도록 빈칸에 알맞은 말을 쓰시오.

1. 도와 주신 데 대해 감사드립니다.
   = It was very nice of you _____ _____ me.
2. 여러 가지로 죄송합니다. = I'm sorry _____ _____.

E 다음 글을 읽고, 물음에 답하시오.

> Overweight people always think that they **should** go on a diet, but it takes a lot of courage for them to eat less food than they usually **do**. However, to eat less food is not enough. In fact, thin people eat as much food as overweight people do, but they remain thin because their metabolism is very fast. Therefore, overweight people **must** exercise regularly to increase their metabolism. There is one more thing that overweight people should do. When they eat, they should take their time and eat slowly, because it takes 20 minutes for the brain to get the message that the person is full. <u>It</u> **will** help them eat less.

overweight 형 너무 무거운
go on ~을 계속하다
courage 명 용기
remain 동 ~한 대로 이다
metabolism 명 물질 대사
increase 동 늘리다

1. 위 글의 밑줄 친 <u>It</u>이 가리키는 것을 고르시오.
   ① 식사를 천천히 하는 것
   ② 결연한 용기를 갖는 것
   ③ 신진대사를 촉진하는 것
   ④ 마른 사람 따라하는 것
   ⑤ 비만인 사람이 다이어트를 하는 것

2. 위 글의 내용에 따라 체중을 줄이고 있지 <u>않는</u> 사람을 고르시오.
   ① *Sarah:* I am jogging in the morning.
   ② *Danny:* I'm trying to exercise every morning.
   ③ *Cindy:* I'm just eating less food to lose weight.
   ④ *Jacob:* It takes 25 minutes for me to eat lunch.
   ⑤ *Ashley:* I'm trying to take my time and eat slowly.

F 다음 우리말을 영어로 옮기시오.

1. 그는 이 일을 쉽게 할 수 있을 것이다.
2. 그것은 사실일 리가 없다.
3. 그가 그 시험에 합격하는 것은 당연하다.

Answer & Explanation

Answer

A 1. ⑤ 2. ①

B 1. can → be able to 2. to not → not to 3. oughts → ought 4. was 삭제 또는 sleep → sleeping 5. left → leave 6. buys → buy 7. went → go 8. to 삭제

C 1. ④ 2. ①   **D** 1. to, help 2. for, everything   **E** 1. ① 2. ③

F
1. He will be able to do this work easily
2. It cannot be true.
3. It is natural that he (should) pass the exam.

Explanation

A
1. 추측, '그들은 바다 밑 세계가 우리 자신의 세계와 매우 흡사함에 틀림없다고 생각했다.'
   ① 의무, '나는 기다려야 하나요?'   ② 의무, '그녀는 일찍 일어나야 하나요?'
   ③ 의무, '나는 오늘 침대에 누워있어야 한다.' ④ 금지, '너는 수영하러 가서는 안 된다.'
   ⑤ 추측, '네 아버지는 지금 연세가 쉰이 넘으셨음에 틀림없다.'
2. 과거의 습관, '그는 어렸을 때, 종종 낚시하러 가곤 했다.'
   ① 과거의 습관, '그 아이는 때때로 소리내어 울곤 했다.'
   ② 정중한 부탁, '소금 좀 건네 주시겠어요?'
   ③ 시제의 일치, '그는 Jane이 곧 도착할 것이라고 말했다.'
   ④ 현재의 소망, '성공하고 싶다면, 열심히 일해야 한다.'
   ⑤ 과거의 의지, '그가 문을 두드렸으나, Jane은 문을 열려고 하지 않았다.'

B
1. can의 미래형은 will be able to이다. '그는 영어를 매우 잘 말할 수 있을 것이다.'
2. ought to의 부정형은 ought not to이다. '담배를 그렇게 많이 피워서는 안 된다.'
3. 조동사는 주어가 3인칭 단수라도 -(e)s를 붙이지 않는다. '그는 즉시 진찰을 받아야 한다.'
4. 「used to + 동사원형」=과거의 습관, '그녀는 차가운 방에서 자곤 했다.'
   「be used to + -ing」=~에 익숙하다, '그녀는 차가운 방에서 자는 데 익숙했다.'
5.~7. 충고, 제안, 주장, 명령 등을 나타내는 동사 다음의 that절에는 「should + 동사원형」이 온다. 미국 영어에서는 대부분 should를 생략하고 동사원형만 쓴다.
   5. '시장은 그녀에게 당장 도시를 떠날 것을 명령했다.' 6. '나는 그가 그 자동차를 사야 한다고 조언했다.' 7. 'Tom은 Nancy가 유럽에 가야 한다고 제안했다.'
8. 「had better not + 동사원형」= ~하지 않는 편이 좋다
   '너는 그렇게 크게 웃지 않는 것이 좋다.'

C 1. ④는 감사에 답하는 표현이고, ①, ②, ③, ⑤는 사과에 답하는 표현이다.
   2. ①은 제의·초대에 거절하는 표현이고, ②, ③, ④, ⑤는 사과하는 표현이다.

E
> 비만인 사람들은 그들이 다이어트를 해야 한다고 늘 생각한다. 그러나 그들이 일상적으로 먹던 음식보다 더 적게 먹으려면 대단한 용기가 필요하다. 그러나 음식을 적게 먹는 것만으로는 충분하지 않다. 사실, 마른 사람들은 비만인 사람들이 먹는 만큼의 음식을 먹는다. 그러나 그들은 신진대사가 매우 빠르기 때문에 계속 마른 상태를 유지한다. 그러므로 비만인 사람들은 그들의 신진대사를 증진시키기 위하여 정기적으로 운동을 해야 한다. 비만인 사람들이 해야 할 일이 하나 더 있다. 음식을 먹을 때, 그들은 시간을 가지고 천천히 먹어야 한다. 왜냐하면, 사람이 배불리 먹었다는 메시지를 뇌가 받기까지는 20분이 걸리기 때문이다. <u>그것은</u> 그들이 적게 먹도록 도와줄 것이다.

1. 음식을 시간을 가지고 천천히 먹는 것을 말한다.
2. ① *Sarah:* 나는 아침에 조깅을 하고 있어.
   ② *Danny:* 나는 매일 아침에 운동을 하려고 해.
   ③ *Cindy:* 나는 살을 빼기 위해서 음식을 적게 먹고만 있어.
   ④ *Jacob:* 내가 점심을 먹는 데는 25분이 걸려.
   ⑤ *Ashley:* 나는 시간을 가지고 천천히 먹으려고 해.

〈구문해설〉

- it **takes** a lot of courage for them to eat less food than they usually **do**.:
  가주어   의미상 주어   진주어
  takes는 '(시간이) 걸리다'의 뜻으로 쓰였고, do는 대동사로서 앞에 나온 eat을 대신하여 쓰인 것이다.
  How long does it **take** to walk from here to the station?
  여기서 역까지는 걸어서 얼마나 걸립니까?

- In fact, thin people eat **as much** food **as** overweight people **do**, but they **remain thin** …: as ~ as는 동등비교를 나타내며 '…만큼 ~한'의 뜻이다. remain thin은 「remain+형용사」의 형태로서 '~한 상태를 유지하다, ~한 상태로 있다'의 뜻이다.
  Please **remain silent** here. 여기서는 정숙해 주십시오.

- It will **help** them eat less.: help가 동사, them이 목적어, eat이 목적격 보어인 5형식 문형으로 eat 앞에는 to가 생략되었다. help는 목적격 보어로 to부정사와 원형부정사 둘 다 취할 수 있다는 점에 유의한다.

6. 수동태

26 수동태의 형태

A ■ 수동태의 시제

1. ⓐ She **loves** him. 〈능동태〉
   ⓑ He **is loved** by her. 〈수동태〉

2. I **write** a letter.
   → A letter **is written** by me. 〈현　재〉

3. He **paints** such pictures.
   → Such pictures **are painted** by him. 〈현　재〉

4. They **opened** the gate.
   → The gate **was opened** by them. 〈과　거〉

5. Tom **broke** the dishes.
   → The dishes **were broken** by Tom. 〈과　거〉

6. We **will elect** a new mayor.
   → A new mayor **will be elected** by us. 〈미　래〉

7. She **will answer** your letter.
   → Your letter **will be answered** by her. 〈미　래〉

8. He **has invited** you to dinner.
   → You **have been invited** to dinner by him. 〈현재완료〉

9. She **had cleaned** my shoes.
   → My shoes **had been cleaned** by her. 〈과거완료〉

10. I **will have done** the task.
    → The task **will have been done** by me. 〈미래완료〉

11. They **are repairing** the bridge.
    → The bridge **is being repaired** (by them). 〈현재진행〉

태(Voice)

주어와 동사의 능동·수동 관계를 나타내는 문장의 형식을 태(Voice)라고 한다. '주어가 ~을 … 하다' 와 같이 주어가 동작을 행하는 형태를 능동태(Active Voice)라 하고, '주어가 ~에 의해 … 당하다' 와 같이 주어가 다른 것에 의하여 동작을 받는 형태를 수동태(Passive Voice)라고 한다.

참고 수동태가 주로 쓰이는 경우
- 행위자가 불분명할 경우: He was killed in the battle.
- 행위자가 일반인일 경우: English is spoken in Canada.
- 수동태의 주어를 강조할 경우: He was punched by his wife.
- 행위자를 나타낼 필요가 없을 경우: This house was built twenty years ago (by somebody).

수동태를 만드는 방법

- 능동태의 목적어를 주격으로 바꾸어 수동태의 주어로 한다. (him → He)
- 능동태의 동사를 「be동사 + 과거분사」의 형태로 바꾸어 수동태의 동사로 한다. be동사는 주어의 인칭·수에 일치시키고, 시제는 능동태의 시제와 같게 한다. (loves → is loved)
- 능동태의 주어를 목적격으로 바꾸어 「by + 목적격」으로 행위자를 나타낸다. (She → by her)

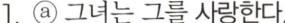

1. ⓐ 그녀는 그를 사랑한다.
   ⓑ 그는 그녀에 의해서 사랑을 받는다.
2. 나는 편지를 쓴다. → 편지가 나에 의해서 쓰인다.
3. 그는 그런 그림들을 그린다. → 그런 그림들은 그에 의해서 그려진다.
4. 그들은 그 문을 열었다. → 그 문은 그들에 의해서 열렸다.
5. Tom은 그 접시들을 깼다. → 그 접시들은 Tom에 의해서 깨졌다.
6. 우리는 새 시장을 선출할 것이다. → 새 시장은 우리에 의해서 선출될 것이다.
7. 그녀는 네 편지에 답장을 할 것이다. → 네 편지는 그녀에 의해서 답장이 될 것이다.
8. 그는 너를 정찬에 초대했다. → 너는 그에 의해서 정찬에 초대되었다.
9. 그녀는 내 신을 닦았었다. → 내 신은 그녀에 의해서 닦였었다.
10. 나는 그 일을 다 마칠 것이다. → 그 일은 나에 의해서 다 마쳐질 것이다.
11. 그들은 그 다리를 수리하고 있다. → 그 다리는 (그들에 의해서) 수리되고 있다.

어휘

elect[ilékt] 통 선거하다, 뽑다
mayor[méiər] 명 시장
invite[inváit] 통 초대하다
task[tæsk] 명 일, 임무
repair[ripɛ́ər] 통 수리하다
bridge[bridʒ] 명 다리

12. The doctor **was treating** the patient.
    → The patient **was being treated** by the doctor. 〈과거진행〉
13. We **can see** stars at night.
    → Stars **can be seen** at night (by us). 〈조동사〉

27 문장의 형식에 따른 수동태

A 3형식 문형의 수동태

1. Columbus **discovered** America.
   → America **was discovered** by Columbus.
2. He **laughed at** me. 〈자동사 + 전치사 = 타동사구〉
   → I **was laughed at** by him.
3. The car **ran over** his son.
   → His son **was run over** by the car.
4. We must **send for** a doctor at once.
   → A doctor must **be sent for** at once (by us).
5. Nancy **took care of** the children. 〈타동사 + 명사 + 전치사 = 타동사구〉
   → The children **were taken care of** by Nancy.

B 4형식 문형의 수동태

1. ⓐ I **gave** him the book.
   　　주어 수여동사 간·목 직·목
   ⓑ *The book* **was given (to)** him by me. 〈직접목적어가 주어〉
   ⓒ *He* **was given** the book by me. 〈간접목적어가 주어〉
2. ⓐ Mr. Lee **taught** us French.
   ⓑ *French* **was taught (to)** us by Mr. Lee.
   ⓒ *We* **were taught** French by Mr. Lee.
3. ⓐ She **bought** me the purse.
   ⓑ *The purse* **was bought (for)** me by her. (○)
   ⓒ I was bought the purse by her. (×)

| 참고 | 12. 그 의사는 그 환자를 치료하고 있었다. → 그 환자는 그 의사에 의해서 치료되고 있었다.
13. 우리는 밤에 별을 볼 수 있다. → 별은 밤에 (우리에 의해서) 보일 수 있다.

참고 미래진행, 현재(과거/미래) 완료 진행의 수동태는 실제로는 쓰이지 않는다.

문장의 형식에 따른 수동태

 3형식 문형의 수동태 ― 「주어 + 동사 + 목적어」의 3형식 문형은 수동태에서 「주어 + 동사」의 1형식 문형으로 바뀐다. 「by + 목적격」은 부사구이므로 문장의 주요소가 되지 않는다.

1. 콜럼버스는 아메리카 대륙을 발견했다. → 아메리카 대륙은 콜럼버스에 의해 발견되었다.
2. 그는 나를 비웃었다. → 나는 그에 의해서 비웃음을 받았다.
3. 그 차가 그의 아들을 치었다. → 그의 아들은 그 차에 치였다.
4. 우리는 즉시 의사를 부르러 보내야 한다.
    → 의사가 (우리들에 의해서) 즉시 불려 오도록 해야 한다.
5. Nancy는 그 아이들을 보살폈다. → 그 아이들은 Nancy에 의해서 보살펴졌다.

주의 2, 3, 4에서처럼 「자동사 + 전치사」가 타동사구의 역할을 하는 경우, 「자동사+전치사」를 하나의 타동사로 보고 수동태로 만든다. 5와 같은 「타동사 + 명사 + 전치사」도 하나의 타동사로 보고 수동태로 만든다.

 4형식 문형의 수동태 ― 수여동사는 직접목적어와 간접목적어, 2개의 목적어를 가지므로 수동태도 두 가지가 가능하다. 직접목적어가 주어인 수동태에서 간접목적어 앞에 to를 쓰는데, to는 생략할 수 있다. buy, make, find 등의 동사는 간접목적어 앞에 for를 쓴다.

1. ⓐ 나는 그에게 그 책을 주었다.
   ⓑ 그 책은 나에 의해서 그에게 주어졌다.
   ⓒ 그는 나에 의해서 그 책을 받았다.
2. ⓐ 이 선생님은 우리에게 프랑스어를 가르치셨다.
   ⓑ 프랑스어는 이 선생님에 의해서 우리에게 가르쳐졌다.
   ⓒ 우리는 이 선생님에 의해서 프랑스어를 배웠다.
3. ⓐ 그녀는 나에게 그 지갑을 사 주었다.
   ⓑ 그 지갑은 그녀에 의해서 나에게 사졌다.

주의 build(지어 주다), buy(사 주다), choose(골라 주다), make(만들어 주다), pass(넘겨 주다), read(읽어 주다), sing(노래를 들려주다), write(써서 보내다) 등은 간접목적어를 수동태의 주어로 하면 의미가 어색하기 때문에 직접목적어(사물·사건)를 주어로 하는 수동태를 쓴다.

어휘

treat [triːt] ⑧ 치료하다   run over (차에) 치이다   take care of ~을 보살피다
discover [diskʌ́vər] ⑧ 발견하다   send for ~을 부르러 보내다   purse [pəːrs] ⑲ 지갑

C 5형식 문형의 수동태

1. ⓐ <u>We</u> **chose** <u>Mr. Gray</u> *chairman* of the meeting. ⟨5형식⟩
   주어 불완전타동사 목적어 목적격 보어

   ⓑ <u>Mr. Gray</u> **was chosen** *chairman* of the meeting <u>(by us)</u>. ⟨2형식⟩
   주어 불완전자동사 주격 보어 부사구

2. ⓐ We **called** the baby *Betty*.
   ⓑ The baby **was called** *Betty* (by us).

3. ⓐ The song **made** me *happy*.
   ⓑ I **was made** *happy* by the song.

4. ⓐ The lady **asked** us *to push* her car.
   ⓑ We **were asked** *to push* her car by the lady.

5. ⓐ Mother **made** us *work* hard.
   ⓑ We **were made** *to work* hard by Mother.

6. ⓐ I **saw** him *enter* the room.
   ⓑ He **was seen** *to enter* the room by me.

○ 다음 문장의 태를 바꾸어 쓰시오.

1. He read many books last year.
2. Tom has written a letter.
3. My sister ate the cake.
4. She had bought a cellphone before.
5. This desk was made by the boys.
6. We can't finish the work by tomorrow.
7. This fact must not be forgotten.
8. You must look after this child.
9. She gave me a nice sweater.
10. Father painted the wall white.
11. She kept me waiting for half an hour.
12. Mother made me clean my teeth.
13. I was made to wash my hands by her.
14. Nancy was heard to come downstairs by me.
15. I saw them run out of the house.

C. **5형식 문형의 수동태** ─ 「주어 + 동사 + 목적어 + 목적격 보어」의 5형식 문형은 목적어를 주어로 하여 **수동태**를 만든다. 5형식의 목적격 보어는 수동태에서 주어가 될 수 없고 주격 보어가 된다. 즉, 5형식 문형을 수동태로 바꾸면 2형식 문형이 된다.

1. ⓐ 우리는 Gray 씨를 그 회의의 의장으로 선출했다.
   ⓑ Gray 씨는 (우리들에 의해서) 그 회의의 의장으로 선출되었다.
2. ⓐ 우리는 그 아기를 Betty라고 불렀다.
   ⓑ 그 아기는 (우리들에 의해서) Betty라 불렸다.
3. ⓐ 그 노래는 나를 행복하게 했다.
   ⓑ 나는 그 노래에 의해서 행복해졌다.
4. ⓐ 그 부인은 우리들에게 그녀의 차를 밀어달라고 부탁했다.
   ⓑ 우리는 그 부인에 의해서 그녀의 차를 밀어달라는 부탁을 받았다.
5. ⓐ 어머니는 우리들이 열심히 공부하도록 했다.
   ⓑ 우리는 어머니에 의해서 열심히 공부하도록 강요받았다.
6. ⓐ 나는 그가 그 방에 들어가는 것을 보았다.
   ⓑ 그는 나에 의해서 그 방에 들어가는 것이 보였다.

주의 5ⓐ, 6ⓐ처럼 능동태에서 사역동사(make, have, let 등)나 지각동사(see, hear, watch, feel 등) 다음에 목적격 보어로 쓰인 원형부정사는 수동태에서 5ⓑ, 6ⓑ와 같이 to부정사로 바뀐다.

1. Many books were read by him last year. 2. A letter has been written by Tom. 3. The cake was eaten by my sister. 4. A cellphone had been bought before by her. 5. The boys made this desk. 6. The work can't be finished by tomorrow (by us). 7. We must not forget this fact. 8. This child must be looked after by you. 9. I was given a nice sweater by her. / A nice sweater was given (to) me by her. 10. The wall was painted white by Father. 11. I was kept waiting for half an hour by her. 12. I was made to clean my teeth by Mother. 13. She made me wash my hands. 14. I heard Nancy come downstairs. 15. They were seen to run out of the house by me.

chairman [tʃɛ́ərmən] 명 의장
push [puʃ] 동 밀다, 제치다
cellphone [selfoun] 명 휴대 전화
look after ~을 보살피다
downstairs [dáunstɛ́ərz]
부 아래층으로(에)

28 문장의 종류에 따른 수동태

A 부정문의 수동태

1. ⓐ Bill did not write the letter.
   ⓑ The letter **was not written** by Bill.
2. ⓐ Mary will not play the piano.
   ⓑ The piano **will not be played** by Mary.

B 명령문의 수동태

1. ⓐ Learn this rule by heart.
   ⓑ **Let** this rule **be learned** by heart.
2. ⓐ Let scientists discuss this issue more thoroughly.
   ⓑ **Let** this issue **be discussed** more thoroughly by scientists.
3. ⓐ Don't forget this precious lesson.
   ⓑ **Let** this precious lesson **not be forgotten**.
   ⓒ **Don't let** this precious lesson **be forgotten**.

C 의문문의 수동태

1. ⓐ **Did** you **write** the book? 〈능동태〉
   ⓑ 평서문으로: You **wrote** the book.
   ⓒ ⓑ를 수동태로: The book **was written** by you.
   ⓓ ⓒ를 의문문으로: **Was** the book **written** by you? 〈수동태〉
2. ⓐ **Did** your father **make** this furniture?
   ⓑ **Was** this furniture **made** by your father?
3. ⓐ **Who broke** this window? 〈의문사가 주어〉
   ⓑ 평서문으로: **He broke** this window.
   ⓒ ⓑ를 수동태로: This window **was broken by him**.
   ⓓ ⓒ를 의문문으로: **By whom was** this window **broken**?
4. ⓐ **Who [Whom]** did you **invite** to the party?
   ⓑ 평서문으로: You **invited him** to the party.
   ⓒ ⓑ를 수동태로: **He was invited** to the party by you.
   ⓓ ⓒ를 의문문으로: **Who was invited** to the party by you?
5. ⓐ **When** did Mr. Green **find** the letter?
   ⓑ **When was** the letter **found** by Mr. Green?

문장의 종류에 따른 수동태

A **부정문의 수동태** — 수동태의 부정문은 be동사 다음에 not을 써서 「be동사 + not + 과거분사」가 된다. 조동사가 있는 수동태의 부정문은 조동사 다음에 not을 써서 「조동사 + not be + 과거분사」의 어순이 된다.

1. ⓐ Bill은 그 편지를 쓰지 않았다. ⓑ 그 편지는 Bill에 의해 쓰이지 않았다.
2. ⓐ Mary는 피아노를 치지 않을 것이다. ⓑ 피아노는 Mary에 의해 연주되지 않을 것이다.

B **명령문의 수동태** — 일반적인 명령문의 수동태는 「Let + 목적어 + be + 과거분사」의 형태가 된다. 부정 명령문의 수동태는 「Let + 목적어 + not be + 과거분사」 또는 「Don't let + 목적어 + be + 과거분사」의 형태가 된다.

1. ⓐ 이 규칙을 암기해라. ⓑ 이 규칙이 암기되도록 해라.
2. ⓐ 과학자들에게 이 논쟁을 더 철저히 논하게 하시오.
   ⓑ 이 논쟁이 과학자들에 의해 더 철저히 논의되도록 하시오.
3. ⓐ 이 소중한 교훈을 잊지 마라. ⓑ, ⓒ 이 소중한 교훈이 잊혀지지 않도록 해라.

주의 부정 명령문 3 ⓑ에서의 not이 be 앞에 위치하는 것에 주의한다.

C **의문문의 수동태** — 의문사가 없는 의문문의 수동태는 「Be동사 + 주어 + 과거분사 ~?」가 되며, 의문사가 있는 의문문의 수동태는 「의문사 + be동사 + 주어 + 과거분사 ~?」가 된다.

1. ⓐ 네가 그 책을 썼니? ⓓ 그 책은 너에 의해서 쓰였니?
2. ⓐ 네 아버지가 이 가구를 만드셨니? ⓑ 이 가구는 네 아버지에 의해서 만들어졌니?
3. ⓐ 누가 이 창문을 깼니? ⓓ 이 창문은 누구에 의해서 깨졌니?

참고 By whom으로 시작하는 수동태 의문문은 격식을 차린 영어 표현으로 구어에서는 Who로 시작하는 능동태 의문문을 주로 쓴다.

4. ⓐ 너는 누구를 그 파티에 초대했니? ⓓ 누가 너에 의해서 그 파티에 초대되었니?
5. ⓐ Green 씨는 언제 그 편지를 발견했니?
   ⓑ 그 편지는 Green 씨에 의해 언제 발견되었니?

주의 왼쪽에 있는 영문을 보고 능동태를 수동태로, 수동태를 능동태로 바꾸어 쓸 수 있도록 여러 번 연습하십시오. 그런 다음에 오른쪽에 있는 우리말을 영어로 옮길 수 있도록 연습하는 것이 좋습니다.

어휘

learn by heart 암기하다 **thoroughly** [θə́:rouli] 부 철저하게 **furniture** [fə́:rnitʃər] 명 가구
discuss [diskʌ́s] 동 토론하다 **precious** [préʃəs] 형 소중한, 귀한 **find** [faind] – **found** [faund] – **found**
issue [íʃu:] 명 논쟁, 논제 **lesson** [lésən] 명 교훈 동 발견하다

 다음 문장을 수동태로 바꾸어 쓰시오.

1. We couldn't understand his story.
2. Do it at once.
3. Don't do it.
4. What did he make?
5. She didn't paint the picture.
6. Who takes care of these children?
7. Did Mary take this picture?
8. What do they call this flower in English?

29 주의해야 할 수동태

A. 「by + 행위자」의 생략

1. They **sell** sugar at the shop.
   → Sugar **is sold** at the shop (by them).
2. They(People) **speak** English in America.
   → English **is spoken** in America (by them(people)).

B. by 이외의 전치사를 쓰는 수동태

1. His name **is known to** all the people in the world. 〈대상〉
2. She **is known as** a pop singer. 〈자격·호칭〉
3. He **is known for** his honesty. 〈원인〉
4. I **am interested in** this novel.
5. The mountain **was covered with** snow.
6. Mary **was pleased with** the Christmas gift.
7. The cup **is filled with**(= is full of) hot milk.
8. I **was satisfied with** her answer.
9. They **were surprised at** the news of his death.
10. The desk **is made of** wood.

1. His story couldn't be understood by us.
2. Let it be done at once.
3. Don't let it be done. / Let it not be done.
4. What was made by him?
5. The picture was not painted by her.
6. By whom are these children taken care of?
7. Was this picture taken by Mary?
8. What is this flower called in English (by them)?

주의해야 할 수동태

A. 「by + 행위자」의 생략 — 수동태의 행위자가 막연한 일반 사람을 나타내는 by us, by them, by people 등일 때는 일반적으로 생략된다. 그러나 수동태를 능동태로 바꿀 때에는 문맥에 알맞게 We, They, People 등을 주어로 써야 한다.

1. 그들은 그 상점에서 설탕을 판다. → 설탕은 그 상점에서 팔린다.
2. 미국에서는 사람들이 영어를 말한다. → 영어는 미국에서 말해진다.

B. by 이외의 전치사를 쓰는 수동태 — 일반적으로 수동태에서는 「by+목적격」으로 행위자를 나타내지만 by 이외의 전치사를 쓰는 수동태도 있으므로 잘 익혀 두어야 한다.

1. 그의 이름은 세상의 모든 사람들에게 알려져 있다.
2. 그녀는 대중 가수로 알려져 있다.
3. 그는 정직함으로 이름이 나 있다.
4. 나는 이 소설에 흥미가 있다.
5. 그 산은 눈으로 덮여 있었다.
6. Mary는 크리스마스 선물에 기뻐했다.
7. 그 컵은 뜨거운 우유로 가득 차 있다.
8. 나는 그녀의 대답에 만족했다.
9. 그들은 그의 사망 소식에 놀랐다.
10. 책상은 나무로 만들어진다.

어휘

be known for ~으로 유명하다
be interested[íntəristid] in ~에 흥미가 있다
be pleased with ~에 기쁘다
be satisfied[sǽtisfàid] with ~에 만족하다
be surprised[sərpráizd] at ~에 놀라다
be made of ~으로 만들어지다

C. 수동태가 주로 쓰이는 경우

1. English **is spoken** in Australia. 〈행위자가 일반인일 경우〉
2. He **was killed** in a railway accident. 〈수동태의 주어를 강조할 경우〉
3. *The cat* came into the house, but **was** soon **driven** out of it.
   〈주어를 바꾸지 않고 문장을 계속하고자 할 경우〉
4. That house **was built** twenty years ago.
   〈행위자를 나타낼 필요가 없을 경우〉

D. 영어 특유의 수동 표현

1. I **was** very **surprised** at the news. 〈감 정〉
2. Bill **was born** in 1992. 〈출 생〉
3. He **was drowned** to death. 〈사 고〉

E. 수동태로 바꿀 수 없는 타동사

1. Nancy **has** a pretty hat. (○)
   → A pretty hat is had by Nancy. (×)
2. You **resemble** your father. (○)
   → Your father is resembled by you. (×)
3. A white dress **becomes** you. (○)
   → You are become by a white dress. (×)

F. 능동태이지만 수동태로 해석하는 경우

1. This book **sells** well.
2. His article **reads** well.
3. This book **is printing**(= is being printed).
4. You are **to blame**(= to be blamed).

○ 다음에서 <u>틀린</u> 곳을 찾아 바르게 고치시오.

1. She is resembled by her daughter.
2. She was laughed by him.
3. He is well known by the people for his strange act.
4. The traveler's money was robbed.

C. 수동태가 주로 쓰이는 경우 — 행위자보다 동작이나 동작의 대상에 중점을 둘 경우에 수동태를 주로 쓴다.
1. 호주에서는 영어가 사용된다.
2. 그는 철도 사고로 사망했다.
3. 고양이는 집 안에 들어왔지만, 곧 내쫓겼다.
4. 그 집은 20년 전에 지어졌다.

D. 영어 특유의 수동 표현 — 감정·출생·사고·피해 등을 나타내는 표현은 우리말에서 능동태로 나타내지만, 영어에서는 수동태로 나타낸다.
1. 나는 그 소식에 매우 놀랐다.
2. Bill은 1992년에 태어났다.
3. 그는 익사했다.

E. 수동태로 바꿀 수 없는 타동사 — 타동사는 원칙적으로 수동태로 바꾸어 쓸 수 있지만, 상태나 소유, 상호 관계를 나타내는 become(어울리다), have(가지고 있다), marry(결혼하다), meet(만나다), resemble(닮다) 등의 타동사는 수동태로 바꾸어 쓸 수 없다.
1. Nancy는 예쁜 모자 하나를 가지고 있다.
2. 너는 너의 아버지를 닮았다.
3. 하얀 드레스가 너에게 어울린다.

F. 능동태이지만 수동태로 해석하는 경우 — sell(팔리다), read(읽히다), peel(벗겨지다) 등의 동사는 능동태의 형태로 수동의 의미를 나타낸다. 또한 진행형이나 능동형 부정사로 수동의 의미를 나타내는 경우도 있다.
1. 이 책은 잘 팔린다.
2. 그의 기사는 잘 읽힌다.
3. 이 책은 인쇄(되는) 중이다.
4. 너는 비난받아야 한다.

1. Her daughter resembles her. (resemble은 수동태로 쓸 수 없다.) '그녀의 딸은 그녀를 닮았다.'
2. laughed → laughed at (자동사 laugh는 전치사 at과 함께 타동사 역할을 한다.) '그녀는 그에게 비웃음을 당했다.'
3. by → to (이상한 행동으로 인해 사람들에게 유명하다는 뜻이 되어야 자연스럽다.) '그는 이상한 행동으로 사람들에게 유명하다.'
4. The traveler was robbed of his money. 또는 The traveler's money was stolen. (rob은 능동태에서 목적어로 사람 또는 장소를 취하기 때문에 수동태(was robbed)에서 주어로 사람 또는 장소가 와야 한다. 또는 수동태에서 주어로 사물이 오는 steal을 써서 고친다.) '여행객은 돈을 강탈당했다.'

railway[réilwèi] 명 철도
accident[ǽksidənt] 명 사고
be drowned[draund] 익사하다
resemble[rizémbl] 동 닮다
blame[bleim] 동 비난하다
rob[rɑb] 동 ~에게서 강탈하다

생활 영어 — 칭찬하기 / 축하하기

● ○ ○ 칭찬 · 축하하기

— 칭찬하기
1. (Very) Good for you!
2. (It's) Great! / Terrific! / Excellent! / Wonderful!
3. Well done! / (You did a) Good job(work). / That's neat.
4. You're the best! / You're out of this world.

— 축하하기
5. Happy birthday (to you)!
6. Congratulations!
7. Congratulations on your promotion!
   Congratulations on your wedding(victory/success)!

A: Mom, I've got an A in English.
B: **Well done**, Danbi!
A: Thank you.

● ● ○ 칭찬 · 축하에 답하기

1. How nice (of you)!
2. You're so kind.
3. (It's) Nice of you to say so. / Thank you for saying so.
4. I'm glad you like it.
5. You flatter me.

1. A: I like your work. **You did a good job**.
   B: Oh, **I'm glad you like it**.

2. A: Bill, **congratulations on your passing the exam**!
   B: Oh, thanks. I think I was lucky.
   A: You've studied very hard. **It's great**!
   B: **It's very kind of you to say that**.

 왼쪽에 있는 영문을 큰 소리로 여러 번 읽고 뜻을 파악한 다음, 우리말을 참고하기 바랍니다.
왼쪽에 있는 영문을 암기한 다음, 오른쪽의 우리말을 보고 영어로 써 보는 것이 좋습니다.

●○○ 칭찬·축하하기

— 칭찬하기
1. (매우) 잘 했군요.
2. 굉장하군요! / 멋지군요!
3. 잘 했어! / 훌륭해.
4. 네가 최고야! / 아주 훌륭해.

— 축하하기
5. 생일 축하해요!
6. 축하해!
7. 승진을 축하해요! / 결혼[승리/성공]을 축하해요!

> 3. neat는 형용사로서 '깨끗한, 말끔한'의 뜻이지만, That's neat.에서는 '멋진, 훌륭한'의 뜻이다. 비격식적인 표현이기 때문에 주로 친한 친구 사이에서 쓴다.
> 6. 구체적인 내용의 언급 없이 "축하합니다!"라고 말할 때는 Congratulations!라고 하고, 구체적인 내용에 대해 축하해 줄 때는 Congratulations on (your) ~.라고 표현한다.

Mini Dialogue
A: 엄마, 영어에서 A를 받았어요.
B: 잘 했구나! 단비야.
A: 고마워요.

●●○ 칭찬·축하에 답하기

1. 감사합니다.
2. 매우 친절하시군요.
3. 그렇게 말씀해 주시니 고맙습니다.
4. 당신이 마음에 들어하니 기쁩니다.
5. 과찬의 말씀입니다.

Mini Dialogue
1. A: 자네가 한 일이 맘에 들어. 잘 했더군.
   B: 오, 마음에 드신다니 기쁩니다.

2. A: Bill, 합격을 축하해!
   B: 고마워. 운이 좋았던 것 같아.
   A: 열심히 공부했잖아. 굉장해!
   B: 그렇게 말해 주니 정말 고맙다.

실전 응용 문제

A 다음 문장의 빈칸에 들어갈 말로 가장 알맞은 것을 고르시오.

1. We _____ a shower.
   ① were caught by
   ② were being caught by
   ③ were caught in
   ④ were being caught in
   ⑤ were caught at

2. I was made _____ the car by my father.
   ① wash
   ② washed
   ③ washing
   ④ to wash
   ⑤ was washing

3. He was heard _____.
   ① sing
   ② sang
   ③ sung
   ④ is singing
   ⑤ to sing

4. This house must _____ by Sunday.
   ① paint
   ② paints
   ③ painted
   ④ be painted
   ⑤ is painted

○ shower 명 소나기
be caught in
(소나기 등을) 만나다

B 다음 중 어법상 틀린 곳을 고르시오.

1. I was made go there by them.
   ① ②   ③ ④   ⑤

2. A doctor was sent at once by him.
   ①   ②   ③   ④   ⑤

3. The bus will driven by me.
   ①   ②   ③   ④

4. He was run by a car.
   ① ② ③   ④

○ send-sent-sent
동 보내다
at once 즉시, 당장
drive-drove-driven
동 운전하다

C 다음 중 의도하는 바가 나머지 넷과 다른 것을 고르시오.

① Excellent!
② Good luck!
③ Well done!
④ You're the best.
⑤ You did a good job.

○ excellent 형 훌륭한, 뛰어난

D 다음 글을 읽고, 물음에 답하시오.

　Early in the morning of December 26, 2004, an undersea earthquake occurred off the western coast of northern Sumatra, Indonesia. The earthquake recorded 9.0 on the Richter scale. This earthquake sent huge waves to the coasts of Sumatra, Thailand, South India and Sri Lanka. The waves wiped everything off the shore and into the ocean. It was a tsunami. So many people **were killed** by the tsunami. Some at first believed more than 400,000 people died, and others later said over 200,000 **were killed**. The victims of the tsunami were not only the natives of the region but also thousands of foreign tourists vacationing in the area. It was one of the greatest disasters in modern history. People all over the world **were shocked** to see the damage from the tragedy on television. <u>They</u> sent relief to help <u>those</u> who lost everything in the tsunami.

undersea 형 해저의
occur 동 (사건이) 일어나다
coast 명 연안, 해안
scale 명 눈금, 척도
wipe off 없애다
tsunami 명 지진해일
victim 명 희생자
native 명 원주민
region 명 지방, 지역
disaster 명 재난
all over the world 전 세계의
damage 명 손해
tragedy 명 비극
relief 명 원조 물자

1. 위 글의 성격으로 알맞은 것을 고르시오.
　① 충고　　　　② 추리　　　　③ 고발
　④ 설명　　　　⑤ 격려

2. 밑줄 친 They와 those가 가리키는 것으로 올바르게 짝지은 것을 고르시오.
　① people of the world — the victims of the tsunami
　② people of the world — foreign tourists in the area
　③ television watchers — the victims of the tsunami
　④ television watchers — foreign tourists in the area
　⑤ people of the world — people killed by the tsunami

E 우리말과 뜻이 같도록 빈칸에 알맞은 말을 쓰시오.

1. 그는 모든 사람으로부터 비웃음을 받았다.
　= He _____ _____ _____ by everybody.
2. 나는 그녀가 죽었다는 소식을 듣고 놀랐다.
　= I _____ _____ _____ the news of her death.

Answer & Explanation

Answer

A 1. ③ 2. ④ 3. ⑤ 4. ④

B 1. ④ 2. ③ 3. ③ 4. ③

C ②

D 1. ④ 2. ①

E 1. was, laughed, at   2. was, surprised, at

Explanation

A
1. '소나기를 만나다'는 전치사 by가 아니라 in을 써서 표현한다. '우리는 소나기를 만났다.'
2. 능동태에서 원형부정사로 쓰이는 사역동사의 목적격 보어는 수동태에서 to부정사로 바뀐다. '나는 아버지에 의해서 세차하도록 강요받았다.'
3. 지각동사의 목적격 보어로는 원형부정사가 쓰이는데(We heard him sing.), 수동태에서는 to부정사로 바꾼다. '그가 노래하는 소리가 들렸다.'
4. 조동사가 있는 수동태는 「조동사 + be + 과거분사」로 나타낸다. '이 집은 일요일까지 칠해져야 한다.'

B
1. go → to go, 「주어 + 사역·지각동사 + 목적어 + 원형부정사」 구문을 수동태로 바꿀 때에는 원형부정사를 to부정사로 써야 한다. '그들은 나를 그곳에 가게 했다.'
2. sent → sent for, '사람을 보내다'라는 뜻의 send는 자동사이지만 전치사와 결합하여 타동사구의 역할을 하므로 수동태로 만들 수 있다. 그러므로 '~을 부르러 보내다'라는 뜻으로 sent 다음에 for가 와야 한다. '의사는 즉시 그에 의해 불려왔다.'
3. driven → be driven, 조동사가 있는 수동태는 「조동사 + be + 과거분사」로 나타낸다. '그 버스는 나에 의해 운전될 것이다.'
4. run → run over, 「자동사 + 전치사」가 하나의 타동사구의 역할을 하는 군동사가 있는 능동태를 수동태로 바꾸는 경우에는 부사 또는 전치사를 빠뜨리지 않도록 주의한다. '그는 차에 치였다.'

C ②는 행운을 기원하는 표현이고, ①, ③, ④, ⑤는 "잘 했어!" 또는 "네가 최고야!"라는 뜻으로 칭찬하는 표현이다.

6 수동태

D 2004년 12월 26일 아침 일찍, 해저 지진이 인도네시아의 수마트라 북부의 서쪽 해안에서 일어났다. 그 지진은 리히터 지진계로 9.0을 기록했다. 이 지진은 거대한 파도를 수마트라, 태국, 인도의 남부, 그리고 스리랑카의 해안으로 보냈다. 그 파도는 해안에 있는 모든 것을 대양으로 쓸어가 버렸다. 그것은 쓰나미(지진해일)였다. 아주 많은 사람들이 그 쓰나미에 의해서 죽임을 당했다. 처음에 어떤 사람들은 40만명 이상이 죽었다고 생각했고, 나중에 다른 사람들은 20만 명 이상이 죽었다고 말했다. 그 쓰나미의 희생자들은 그 지역의 원주민뿐만 아니라 그 지역에서 휴가를 보내던 수천 명의 외국 관광객도 있었다. 그것은 현대사에 있어서 가장 큰 재난들 가운데 하나였다. 전 세계 사람들은 그 비극의 피해를 TV로 보고 충격을 받았다. 그들은 그 쓰나미로 모든 것을 잃은 사람들을 돕기 위해 구호품을 보냈다.

1. 2004년 12월 26일에 발생한 쓰나미에 대해서 객관적으로 서술하고 있는 글이다.
2. **They**는 재난의 피해를 TV로 본 전 세계 사람들이고, **those**는 관계대명사 who 이하에서 설명하고 있는 사람들, 즉 쓰나미로 모든 것을 잃은 희생자들이다.

〈구문해설〉
- Early in the morning of December 26, 2004, … : 시간을 강조하기 위해 문장 첫머리에 온 부사구이다.
- So many people **were killed** by the tsunami. : 수동태 문장이며, so는 many를 수식하여 '매우'의 뜻이다.
  (주어 / 동사 / 부사구)
- **Some** at first believed ∧ more than 400,000 people died, and **others** later said ∧ over 200,000 **were killed**. : 「Some ~, others …」는 '어떤 사람들은 ~하고, 다른 사람들은 …하다'의 뜻이다. believed와 said 다음에는 목적절을 이끄는 접속사 that이 생략되었다. 쓰나미로 인해 죽임을 당했기 때문에 kill이 수동태로 쓰였다.
- foreign tourists **vacationing** in the area. : 현재분사 vacationing은 foreign tourists를 수식하며, 앞에 who were가 생략되었다고 볼 수 있다.
- It was **one of the greatest disasters** in modern history. : 「one of the + 최상급 + 복수명사」 구문으로 '가장 ~한 것 중의 하나'의 의미이다.
- People all over the world **were shocked** to see the damage from the tragedy on television. : to see는 원인을 나타내는 부사적 용법의 to부정사이다.
  (주어 / 형용사구 / 동사 / 부사구)
- They sent relief to help **those who** lost everything in the tsunami. : those who ~는 '~하는 사람들'의 뜻이다.

7 가정법

30 가정법의 종류

A 가정법 현재

1. If he **be**(**is**) a gentleman, he **will keep** the secret. 〈현재의 가정〉
2. If it **rains** tomorrow, I **will** not **go**. 〈미래의 불확실한 가정〉
3. If she **gets** the money, she **will**(**can**) **buy** a new car.

B 가정법 과거

1. ⓐ If I **were** rich, I **could go** abroad. 〈가정법 과거〉
   ⓑ As I am not rich, I can't go abroad. 〈직설법 현재〉
2. ⓐ If I **were** a bird, I **could fly** to you. 〈가정법 과거〉
   ⓑ As I am not a bird, I can't fly to you. 〈직설법 현재〉
3. ⓐ If I **knew** her address, I **would write** to her. 〈가정법 과거〉
   ⓑ As I don't know her address, I don't write to her. 〈직설법 현재〉

C 가정법 과거완료

1. ⓐ If he **had worked** harder, he **would have succeeded**. 〈가정법 과거완료〉
   ⓑ As he did not work harder, he did not succeed. 〈직설법 과거〉
2. ⓐ If you **had** not **helped** me, I **could** never **have finished** it.
   ⓑ You helped me, so I finished it.

어휘

secret[síːkrit] 명 비밀
keep a secret 비밀을 지키다
get the money 돈이 생기다
abroad[əbrɔ́ːd] 부 외국으로, 해외로
go abroad 외국에 나가다
succeed[səksíːd] 동 성공하다

가정법

어떤 사실을 있는 그대로 기술하는 것이 아니라, '만일 ~라면(였다면) ~할(했을) 텐데(것이다)'와 같이 어떤 일을 가정해서 말하기 위해 동사의 형태를 변화시켜 표현하는 것을 말한다. 가정법에는 현재, 과거, 과거완료 등의 시제가 있다. 일반적으로 '~라면'이라는 의미를 나타내는 If절의 문장을 조건절(종속절)이라고 하며 '~일 텐데, ~였을 텐데'라는 뜻의 결론을 나타내는 문장을 귀결절(주절)이라고 한다.

가정법의 종류

A 　**가정법 현재** ― 「If + 주어 + 현재형 동사, 주어 + will / can + 동사원형」으로 나타낸다. 현재 또는 미래의 불확실한 가정을 표현하며, 주절에 will 대신 can을 쓸 수 있다.

1. 그가 신사라면, 그 비밀을 지킬 것이다.　　　2. 내일 비가 오면, 나는 가지 않겠다.
3. 그녀는 돈이 생기면, 새 차를 살 것이다.

주의
- 가정법 현재는 1에서와 같이 「If+주어+동사원형, 주어+will+동사원형」의 형태로 나타냈으나, 오늘날에는 관용적·고어적 표현을 비롯한 격식적인 문장을 제외하고는 직설법 현재(조건절에서 현재형 동사)의 형태로 나타낸다.
- 어떤 일을 사실로서 진술하는 것을 직설법이라고 한다. 영어에서 보통의 평서문·의문문·감탄문은 모두 직설법이다. 직설법 동사는 주어의 인칭·수, 시제에 따라 형태가 정해져 있는 경우가 많다.

B 　**가정법 과거** ― 「If + 주어 + were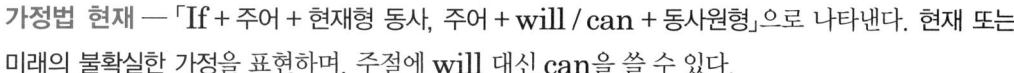(과거형 동사), 주어 + would / could / might + 동사원형」으로 나타낸다. 현재 사실과 반대되는 가정 또는 실현 불가능한 일을 가정하는 데 쓴다. 동사는 과거형을 쓰지만, 해석은 현재로 한다.

1. ⓐ 만일 내가 부자라면, 외국에 갈 수 있을 텐데.
　　ⓑ 나는 부자가 아니기 때문에, 외국에 갈 수 없다.
2. ⓐ 만일 내가 새라면, 그대에게 날아갈 수 있을 텐데.
　　ⓑ 나는 새가 아니므로 그대에게 날아갈 수 없다.
3. ⓐ 만일 내가 그녀의 주소를 알고 있다면, 그녀에게 편지를 쓸 텐데.
　　ⓑ 나는 그녀의 주소를 모르기 때문에, 그녀에게 편지를 쓰지 못한다.

주의　가정법 과거의 조건절에 be동사가 오는 경우에 인칭과 수에 관계없이 were를 쓰는 것이 원칙이지만, 오늘날에는 was를 쓰는 경우도 많다. 그러나 주어가 I인 경우에는 예외없이 were를 쓴다.

C 　**가정법 과거완료** ― 「If + 주어 + had + 과거분사, 주어 + would / could / might + have + 과거분사」로 나타낸다. 과거 사실과 반대되는 일을 가정할 때에 쓰며, 동사는 과거완료형이지만, 해석은 과거로 한다.

1. ⓐ 만일 그가 더 열심히 공부했다면, 그는 **성공했을** 텐데(것이다).
　　ⓑ 그는 더 열심히 공부하지 않았기 때문에, 성공하지 못했다.
2. ⓐ 만일 네가 나를 돕지 않았다면, 나는 그것을 결코 **끝냈지** 못했을 텐데.
　　ⓑ 네가 나를 도와줘서, 나는 그것을 끝마쳤다.

D. should와 were to를 사용한 가정법

1. ⓐ If it **should rain** today, I **will put off** my departure. 〈should 가정법〉
   ⓑ If it **rains** today, I **will put off** my departure. 〈직설법 현재〉
2. ⓐ If he **should die**, what **would become** of his family? 〈should 가정법〉
   ⓑ If he **died**, what **would become** of his family? 〈가정법 과거〉
3. If I **were to be** young again, I **would work** harder.
4. If the sun **were to rise** in the west, I **would** not **change** my mind.

확인테스트

○ 두 문장의 의미가 같도록 빈칸에 알맞은 말을 써 넣으시오.

1. If I had the book, I could lend it to you.
   = As I _____ _____ the book, I _____ lend it to you.
2. As he is weak, he cannot work hard.
   = If he _____ _____ weak, he _____ work hard.
3. As he didn't visit me, I didn't tell him the truth.
   = If he _____ _____ me, I _____ _____ _____ him the truth.
4. As he was not careful, the accident happened.
   = If he _____ _____ careful, the accident _____ _____ _____ happened.
5. If I had had enough money, I could have bought a new computer.
   = As I _____ _____ enough money, I _____ _____ a new computer.

○ 다음 문장의 괄호 안에서 알맞은 말을 고르시오.

6. If it (is / will be) fine tomorrow, we will go camping.
7. If the sun (were to / should) rise in the west, I would not marry her.

어휘

put off 연기하다, 미루다
departure[dipá:rtʃər] 몡 출발
become of ~이 (어떻게) 되다
lend[lend] 동 빌려주다
truth[tru:θ] 몡 진리
careful[kέərfəl] 혱 주의깊은
accident[æksidənt] 몡 사고, 사건
camp[kæmp] 동 야영하다
marry[mǽri] 동 ~와 결혼하다

D. **should와 were to를 사용한 가정법** — 「If+주어+should+동사원형, 주어+will〔would〕/can〔could〕/may〔might〕+동사원형」은 현재나 미래에 대한 강한 의심·불신을 나타낸다. 「If+주어+were to+동사원형, 주어+would/could/might+동사원형」은 실현 불가능한 미래의 가정을 나타낸다. 그러나 현대 영어에서는 구별 없이 쓰인다.

1. ⓐ 만일 오늘 비가 온다면(가능성이 거의 없음), 나는 출발을 연기하겠다.
   ⓑ 만일 오늘 비가 온다면(비가 올 지도 모름), 나는 출발을 연기하겠다.
2. ⓐ 만일 그가 죽는다면(가능성이 거의 없음), 그의 가족은 어떻게 될 것인가?
   ⓑ 만일 그가 죽는다면(죽을지도 모름), 그의 가족은 어떻게 될 것인가?
3. 만일 내가 다시 젊어진다면(전혀 불가능하지만), 나는 더 열심히 일할 것이다.
4. 설령 해가 서쪽에서 뜬다 할지라도, 나는 내 마음을 바꾸지 않을 것이다.
   (If는 Even if처럼 양보를 나타내며, '설령 ~한다 할지라도'의 뜻이다.)

주의) 조건절에 were to가 쓰인 가정법 미래의 주절에는 조동사의 과거형(would/could/might)만 쓸 수 있다.

1. **don't, have, can't** (가정법 과거 = 직설법 현재) '만일 내가 그 책을 가지고 있다면, 그것을 네게 빌려 줄 수 있을 텐데.' = '나에게 그 책이 없기 때문에 네게 빌려 줄 수 없다.'
2. **were, not, could** (직설법 현재 = 가정법 과거) '그는 몸이 약해서 일을 열심히 할 수 없다.' = '만일 그가 몸이 약하지 않다면, 열심히 일할 수 있을 텐데.'
3. **had, visited, would, have, told** (직설법 과거 = 가정법 과거완료) '그가 나를 찾아오지 않았기 때문에 나는 그에게 진실을 말하지 않았다.' = '만일 그가 나를 찾아왔더라면, 그에게 진실을 말해 주었을 텐데.'
4. **had, been, would, not, have** (직설법 과거 = 가정법 과거완료) '그가 조심하지 않았기 때문에 사고가 일어났다.' = '만일 그가 조심했었더라면, 사고는 일어나지 않았을 텐데.'
5. **didn't, have, couldn't, buy** (가정법 과거완료 = 직설법 과거) '충분한 돈을 가지고 있었다면, 나는 새 컴퓨터를 살 수 있었을 텐데.' = '충분한 돈을 가지고 있지 않았으므로, 나는 새 컴퓨터를 살 수 없었다.'
6. **is** (미래의 가정은 직설법 현재로 나타내며, 가정법 현재와 의미는 같다.) '만일 내일 날씨가 좋다면 우리는 야영을 갈 것이다.'
7. **were to** (가정법 미래로 전혀 실현 불가능한 미래에 대한 가정을 나타내기 때문에 should보다는 were to를 쓰는 것이 옳다.) '설령 해가 서쪽에서 뜬다 할지라도 나는 그녀와 결혼하지 않을 것이다.'

31 다양한 형태의 가정법

A ■ I wish + 가정법

1. **I wish** he *were* a scholar. = **I'm sorry** he *is* not a scholar.
2. **I wish** I *could drive* a car. = **I'm sorry** I *can't drive* a car.
3. **I wish** I *had* not *gone* there. = **I'm sorry** I *went* there.

B ■ as if(as though) + 가정법

1. He talks **as if** he *knew* it. = **In fact**, he *doesn't know* it.
2. He speaks **as if** he *had seen* her. = **In fact**, he *did not see* her.

C ■ It is time + 가정법 과거

1. **It is time** you **went** to bed. = **It is time** for you to go to bed.
   = **It is (high) time** (that) you should go to bed.
2. I think **it's about time** I **was** leaving.

D ■ if의 생략

1. **Were** I(=If I were) **rich**, I would buy the house. ⟨가정법 과거⟩
2. **Had I known**(=If I had known) your address, I would have written to you. ⟨가정법 과거완료⟩
3. **Should** anything(=If anything should) **happen** to her, call me at once. ⟨가정법 미래⟩

E ■ if절 이외의 조건을 나타내는 표현

1. **But for** the sun, nothing *could live* on the earth. ⟨가정법 과거⟩
   = **If it were not for** the sun, nothing *could live* on the earth.
2. **Without** your advice, I *would have failed*. ⟨가정법 과거완료⟩
   = **If it had not been for** your advice, I *would have failed*.
3. I *would be* glad **to hear** from you. ⟨가정법 과거⟩
   = I *would be* glad **if I heard** from you.
4. **An honest man** *would* not *have done* so. ⟨가정법 과거완료⟩
   = **If he had been an honest man**, he *would* not *have done* so.

다양한 형태의 가정법

A I wish + { 가정법 과거 — 현재 또는 미래에 이룰 수 없는 소망(~라면 좋을 텐데)
        가정법 과거완료 — 과거에 이루지 못한 소망(~였다면 좋았을 텐데) }

1. 그가 학자라면 좋을 텐데. = 그가 (현재) 학자가 아니어서 유감이다.
2. 내가 차를 운전할 수 있으면 좋을 텐데. = 내가 차를 운전할 수 없어서 유감이다.
3. 내가 거기에 가지 않았더라면 좋았을 텐데. = 내가 (과거에) 거기에 가서 유감이다.

B { as if / as though } + { 가정법 과거 — 주절과 같은 시제에 반대되는 가정(마치 ~처럼)
                가정법 과거완료 — 주절보다 앞선 시제에 반대되는 가정(마치 ~였던 것처럼) }

1. 그는 마치 그것을 아는 것처럼 말한다. = 사실, 그는 그것을 모른다.
2. 그는 마치 그녀를 만났던 것처럼 말한다. = 사실, 그는 그녀를 만나지 않았다.

C It is time + 가정법 과거 — '(이제) ~해야 할 시간이다'의 뜻으로 아직 실행되고 있지 않지만, 당연히 실행해도 좋을 시간이 되었다는 것을 나타낸다. time 앞에 about, high 등이 붙기도 한다.

1. 이제 네가 자야 할 시간이다.
2. 슬슬 떠나야 할 때가 된 것 같다.

D if의 생략 — 조건절에서 접속사 if가 생략되는 경우, 「Were / Had / Should + 주어 ~」의 어순이 된다.

1. 만일 내가 부자라면 나는 그 집을 살 텐데.
2. 만일 내가 네 주소를 알았더라면 너에게 편지를 썼을 것이다.
3. 만일 그녀에게 무슨 일이라도 생긴다면 내게 즉시 전화하세요.

E { But for ~ / Without ~ } + { 가정법 과거 — If it were not for ~ (~이 없다면)
              가정법 과거완료 — If it had not been for ~ (~이 없었다면) }

1. 만일 해가 없다면 지구상에 아무것도 살지 못할 것이다.
2. 만일 네 충고가 없었더라면 나는 실패했을 것이다.
3. 너에게서 연락을 받는다면, 나는 기쁠 것이다.
   (부정사구 to hear from you가 가정법의 조건절을 대신하고 있다.)
4. 정직한 사람이었다면, (그는) 그렇게는 하지 않았을 것이다.
   (주어 An honest man(명사)이 가정법의 조건절을 대신하고 있다.)

어 휘

scholar[skálər] 명 학자
in fact 실은, 실제로
happen[hǽpən] 동 일어나다, 생기다
earth[əːrθ] 명 지구
without[wiðáut] 전 ~ 없이는
advice[ədváis] 명 충고

◎ 두 문장의 의미가 같도록 빈칸에 알맞은 말을 써 넣으시오.

1. If he had an MP3 player, he would be happy.
   = As he _____ _____ an MP3 player, he _____ happy.

2. As I did not have enough money, I did not buy the car.
   = If I _____ _____ enough money, I would have bought the car.

3. If it should rain tomorrow, we would stay at home.
   = _____ _____ rain tomorrow, we would stay at home.

4. If you are quiet, I will tell you an interesting story.
   = _____ _____, and I will tell you an interesting story.

5. I'm sorry I didn't play the guitar for her.
   = I wish I _____ _____ the guitar for her.

6. I'm sorry he is not here with us.
   = I _____ he _____ here with us.

7. Without your advice, they would fail.
   = If _____ _____ _____ _____ your advice, they would fail.

8. But for your help, I would have been drowned.
   = If _____ _____ _____ _____ _____ your help, I would have been drowned.

9. If you had had a little more care, you would not have made such a foolish mistake.
   = _____ _____ had a little more care, you would not have made such a foolish mistake.

◎ 다음 문장을 직설법은 가정법으로, 가정법은 직설법으로 고치시오.

10. I did not hear the alarm ring, so I couldn't wake you up.

11. I wish I had worked harder when young.

12. As I didn't have a sunblock, I was burnt like this.

1. **doesn't, have, isn't** (가정법 과거는 현재 사실의 반대를 가정하는 것이다.)
   '만일 그가 MP3 플레이어를 가지고 있다면, 그는 행복할 텐데.'
   = '그는 MP3 플레이어를 가지고 있지 않기 때문에 행복하지 않다.'

2. **had, had** (직설법 과거는 과거 사실의 반대를 가정하는 가정법 과거완료로 나타낼 수 있다. 조건절의 had had에서 앞의 had는 시제를 나타내는 조동사이고, 뒤의 had는 본동사 have의 과거분사형이다.)
   '나는 돈이 충분하지 않아서 그 차를 사지 않았다.'
   = '내가 돈이 충분히 있었다면, 그 차를 샀을 텐데.'

3. **Should, it** (조건절에서 If가 생략되면,「조동사〔동사〕+주어」의 어순이 된다.)
   '내일 비가 온다면 우리는 집에 있겠다.'

4. **Be, quiet** (If ~ = 명령문, and ~ : …해라, 그러면 ~할 것이다)
   '너희들이 조용히 하면 재미있는 이야기를 해 주겠다.' = '조용히 해라, 그러면 재미있는 이야기를 해 주겠다.'

5. **had, played** (I'm sorry + 직설법 과거 = I wish + 가정법 과거완료)
   '나는 그녀에게 기타를 쳐주지 않았던 것이 유감이다.'
   = '내가 그녀에게 기타를 쳐주었다면 좋았을 텐데.'

6. **wish, were** (I'm sorry + 직설법 현재 = I wish + 가정법 과거)
   '그가 우리와 함께 여기에 없어서 유감이다.' = '그가 우리와 함께 여기 있다면 좋을 텐데.'

7. **it, were, not, for** (주절이 가정법 과거「would + 동사원형」이므로 조건절을 대신하는 Without ~는 If it were not for ~(~이 없다면)로 나타낼 수 있다.)
   '너의 충고가 없다면, 그들은 실패할 텐데.'

8. **it, had, not, been, for** (주절이 가정법 과거완료인 would have been이므로 But for ~는 If it had not been for ~(~이 없었다면)로 나타낼 수 있다.)
   '네 도움이 없었더라면, 나는 물에 빠져 죽었을 것이다.'

9. **Had, you** (조건절에서 If가 생략되면,「조동사〔동사〕+주어」의 어순이 된다.)
   '네가 좀 더 주의했더라면, 너는 그런 어리석은 실수는 하지 않았을 텐데.'

10. **If I had heard the alarm ring, I could have waked you up.** (직설법 과거 = 가정법 과거완료)
    '내가 자명종이 울리는 것을 들었다면 너를 깨웠을 텐데.'

11. **I am sorry I did not work harder when young.** (I wish + 가정법 과거완료 = I am sorry + 직설법 과거)
    '내가 젊었을 때 좀 더 열심히 일하지 않았던 것이 유감이다.'

12. **If I had had a sunblock, I wouldn't have been burnt like this.** (직설법 과거 = 가정법 과거완료)
    '자외선 차단 크림이 있었다면, 나는 이처럼 타지 않았을 텐데.'

생활 영어

대화의 시작과 끝맺음

● ○ ○ 대화의 시작

1. Excuse me. Are you Mr. Johnson?
2. Excuse me. Haven't we met before?
3. It's not cold today, is it?
4. Great party, isn't it?

1. A: **Excuse me. Are you** Robert Johnson?
   B: Yes, I am. You look very familiar.
   A: I'm David Miller. **Haven't we met before**?
   B: Oh, I remember you. Nice to see you again.
2. A: **Nice picnic, isn't it**?   B: Yeah, really.
   A: My name's Jim Harris.   B: Hi. I'm Susan Miller.

● ● ○ 대화의 끝맺음

1. Guess I'll leave. / I guess I'd better go.
2. I think I must be going now.
3. Sorry, but I have to go(leave) now.
   I'm afraid I have to go(must be going) now.
4. I'll say good-bye here, then. / We'd better say good-bye.
5. Nice talking to you, but I'm afraid I must be going.
6. I hate to say good-bye, but it's time to go(leave).

1. A: Oh, **I must be going now**. I'm late for English class.
   B: OK. See you later.
2. A: **I guess I'll leave**. Thank you for inviting me.
      I really had a wonderful time.
   B: Oh, not at all.
   A: I hope to see you again.
   B: All right. Take care.

 왼쪽에 있는 영문을 큰 소리로 여러 번 읽고 뜻을 파악한 다음, 우리말을 참고하기 바랍니다.
왼쪽에 있는 영문을 암기한 다음, 오른쪽의 우리말을 보고 영어로 써 보는 것이 좋습니다.

● ○ ○ 대화의 시작

1. 실례합니다만, Johnson 씨인가요?
2. 실례합니다만, 우리 전에 만난 적이 있지요?
3. 오늘은 춥지 않군요, 그렇죠?
4. 멋진 파티죠, 안 그래요?

> 1./2. 낯선 사람에게 말을 걸 때는 Sorry, but ~? 또는 Excuse me, but ~? 등의 표현으로 자연스럽게 대화를 시작한다.

Mini Dialogue

1. A: 실례합니다만, Robert Johnson 씨인가요?
   B: 예, 그렇습니다. 낯이 많이 익군요.
   A: 저는 David Miller입니다. 전에 만난 적이 있지요?
   B: 오, 기억나요. 다시 만나게 되어 반가워요.
2. A: 멋진 피크닉이죠, 안 그래요?
   B: 예, 그래요.
   A: 제 이름은 Jim Harris입니다.
   B: 안녕하세요. 저는 Susan Miller에요.

● ● ○ 대화의 끝맺음

1. 가야겠어요.
2. 지금 가야 할 것 같아요.
3. 죄송합니다만, 지금 가야겠습니다.
4. 여기서 작별 인사를 해야겠네요. / 이만 작별 인사를 해야겠어요.
5. 당신과의 대화가 즐겁지만, 가야겠습니다.
6. 헤어지고 싶지 않지만, 가야 할 시간이에요.

Mini Dialogue

1. A: 앗, 지금 가야만 해. 영어 수업에 늦었어.
   B: 그렇게 해. 나중에 보자.
2. A: 가봐야겠어요. 초대해 주셔서 고맙습니다. 정말 즐거운 시간이었습니다.
   B: 천만에요.
   A: 다시 만나기를 바래요.
   B: 그래요. 몸조심하세요.

실전 응용 문제

A 다음 중 빈칸에 가장 알맞은 것을 고르시오.

1. If it had not been for your warning, I would _____ into a serious trouble.
   ① have gotten
   ② had gotten
   ③ have been gotten
   ④ could have gotten
   ⑤ would have gotten

2. If he _____ taller, he would become a champion.
   ① was
   ② were
   ③ would have
   ④ could have
   ⑤ would have been

serious ⑱ 심각한
trouble ⑲ 곤란, 곤경

B 다음 중 어법상 틀린 곳을 고르시오.

1. I wish I know the secret.
   ① ②   ③   ④   ⑤

2. If you drank this, you died.
   ①   ②   ③   ④   ⑤

3. The boy speaks as though he is a man.
             ①   ②   ③ ④ ⑤

4. If it were fine yesterday, I would have gone on a picnic.
   ①   ②   ③   ④   ⑤

secret ⑲ 비밀
drink – drank – drunk
⑳ 마시다

C 글의 흐름으로 보아 어법상 어색한 문장을 고르시오.

① If we had television about thirty years ago, ② we wouldn't have spent so much time talking with our family. ③ Also we wouldn't have enjoyed running and ④ playing outdoors together and ⑤ fishing in the river together with our friends.

spend -ing ~하며 보내다
outdoors ㉯ 야외에서

D 다음 중 의도하는 바가 나머지 넷과 다른 것을 고르시오.

① I guess I'd better go.
② I think I must be going now.
③ I haven't seen you for ages.
④ Sorry, but I have to go now.
⑤ I'll say good-bye here, then.

E 다음 글을 읽고, 물음에 답하시오.

　The world's major car makers, including Hyundai Motors, have recently involved themselves in producing the *hydrogen fuel cars. Politicians and the public think that hydrogen as a transportation fuel has three advantages over fossil fuels such as oil, coal, and gas. It can reduce air pollution, slow global climate change, and reduce dependence on oil imports.
　_____, some scientists claim that it **would** not **be** much help in reducing air pollution, greenhouse gases, and oil imports. To maximize the effect of hydrogen fuel, it must be developed for use by ships, trains, and large trucks, not just for small cars. These scholars recommend ethanol instead because it can be used in existing cars without installing expensive new engines. Other scientists warn that possible hydrogen leaks from tanks and pipelines **could bring** about some unexpected effects on the environment. For example, hydrogen leaks may alter weather patterns, worsen ozone reduction, and increase levels of greenhouse gas methane.
*hydrogen fuel 수소 연료

including 전 ~을 포함하여
recently 부 최근
involve 동 몰두하다
politician 명 정치가
transportation 명 운송, 수송
fossil 명 화석
import 명 수입
maximize 동 극대화하다
recommend 동 추천하다, ~을 권하다
existing 형 현재의
leak 명 누출, 샘
alter 동 바꾸다
worsen 동 악화시키다

1. 위 글의 빈칸에 들어갈 말로 가장 알맞은 것을 고르시오.
① So　　　　　② Because
③ However　　④ Therefore
⑤ In addition

2. 위 글의 내용과 일치하는 것을 고르시오.
① 과학자들은 수소 연료에 대하여 회의적이다.
② 수소 연료는 기존의 차에 당장 사용할 수 있다.
③ 수소 연료를 쓰면 지구의 온실 효과를 줄일 수 있다.
④ 자동차 회사들은 수소 연료의 이점을 잘 알고 있다.
⑤ 과학자들은 수소 연료의 사용을 적극 권장하고 있다.

Answer & Explanation

ANSWER

A 1. ①   2. ②

B 1. ③   2. ⑤   3. ④   4. ①

C ①   **D** ③

E 1. ③   2. ①

EXPLANATION

A
1. 조건절이 과거완료이므로 주절의 동사는 「과거형 조동사+have+과거분사」이다. '만일 너의 경고가 없었다면, 나는 심각한 곤경에 빠졌을 텐데.'
2. be동사가 가정법 과거의 조건절에 쓰일 때는 항상 were를 쓴다. 구어에서는 was를 쓰기도 한다. '만일 그가 키가 더 크다면, 챔피언이 될 텐데.'

B
1. know → knew(had known), 「I wish+가정법 과거(과거완료)」는 직설법 현재(과거)로 나타낼 수 있다.
   = I am sorry (that) I don't(didn't) know the secret.
   '내가 그 비밀을 알고 있다면(있었더라면) 좋을 텐데.'
2. 조건절이 과거시제(drank)이므로, 주절의 동사는 「과거형 조동사+동사원형」(would die)이 되어야 한다. '네가 이것을 마신다면, 너는 죽을 것이다.'
3. is → were, as though+가정법 과거 = ~인 것처럼, '그 소년은 마치 어른처럼 말을 한다.'
4. were → had been, 조건절에 yesterday가 있으므로 조건절의 동사는 「had+과거분사」가 되어야 한다. '만일 어제 날씨가 좋았더라면 나는 소풍을 갔을 것이다.'

C
> 만약 약 30년 전에 텔레비전이 있었다면, 우리는 가족들과 이야기를 나누면서 그처럼 많은 시간을 보낼 수 없었을 것이다. 또한 우리는 친구들과 더불어 야외에서 뛰노는 것과 강에서 낚시하는 것을 즐기지 못했을 것이다.

- about thirty years ago를 통해 과거 사실에 대한 가정을 하는 가정법 과거완료임을 알 수 있다. 따라서 had를 had had로 고친다.

D ③은 오랜만에 만났을 때의 인사 표현이고, ①, ②, ④, ⑤는 헤어질 때의 인사 표현이다.

7 가정법

현대 자동차를 포함하여 세계의 주요 자동차 제조회사들은 최근에 수소 연료 자동차를 만드는 데 몰두하고 있다. 정치가들과 대중들은 운송 연료로서 수소가 석유, 석탄 그리고 가스와 같은 화석 연료보다 나은 세 가지 장점이 있다고 생각한다. 그것은 공기 오염을 줄이고, 지구의 기후 변화를 느리게 하고, 석유 수입에 대한 의존을 줄일 수 있다.

그러나 일부 과학자들은 공기 오염, 온실 기체, 석유 수입을 줄이는 데 큰 도움이 되지 않을 것이라고 주장한다. 수소 연료의 효과를 극대화하기 위해서는, 그것이 소형차뿐만 아니라 선박, 기차, 대형 트럭도 사용할 수 있도록 개발되어야 한다. 이들 학자는 대신에 에탄올을 권장한다. 왜냐하면, 그것은 비싼 새 엔진을 장착하지 않고도 기존의 차에 사용할 수 있기 때문이다. 다른 과학자들은 탱크와 파이프에서 있을 수도 있는 수소의 누출이 환경에 예기치 못한 영향을 가져올 수 있다고 경고한다. 예를 들면, 수소의 누출이 날씨의 패턴을 바꾸어 놓을 수도 있고, 오존을 줄어들게 할 수도 있으며, 온실 가스 메탄의 수준을 높일 수도 있는 것이다.

1. 빈칸 앞은 정치가와 대중이 생각하는 수소 연료의 장점에 대해서 언급하고 있고, 빈칸 뒤는 수소 연료의 단점에 대한 과학자들의 의견에 대해서 언급하고 있다.
2. ② 에탄올을 기존의 차에 사용할 수 있다.
   ③ 온실 효과를 줄이는 데 큰 도움을 주지 않는다.
   ④ 자동차 회사들의 의견은 글에 나와 있지 않다.
   ⑤ 과학자들은 수소 연료 대신에 에탄올을 권장한다.

〈구문해설〉
- some scientists claim that it **would** not **be** much help in reducing ... : 주절의 동사 형태가 「과거형 조동사+동사원형」인 것으로 가정법 과거 문장임을 알 수 있는데 조건절이 생략되어 있다. would는 말하는 이의 추측을 나타내며, '(어쩌면, 혹시) ~할 것이다' 의 뜻이다.
- it **must be developed** for use by ships, ... : 「조동사+be+과거분사」의 수동태 구문으로 by people이 생략된 것이다. must는 '~해야 한다' 의 의무를 나타내므로 '개발되어야 한다' 로 해석한다. by ships의 by는 운송 수단에 쓰이는 전치사이다.
- Other scientists warn that possible hydrogen leaks from tanks and pipelines could bring about some unexpected effects on the environment. : (주어: Other scientists, 동사: warn, 주어: possible hydrogen leaks from tanks and pipelines, 동사: could bring, 목적어: some unexpected effects on the environment)
  that ~는 명사절로서 warn의 목적어이다. could bring은 「과거형 조동사+동사원형」으로 이 문장은 주어 possible hydrogen leaks from tanks and pipelines가 조건절을 대신하고 있는 가정법 과거 문장이다.

8 일치·화법

32 주어와 동사의 일치

A A and B

1. Tom **and** Dick **are** playing tennis now. 〈두 사람〉
2. **Both** she **and** her sister **play** the piano. 〈두 사람〉
3. ⓐ **The** poet **and the** statesman **are** dead. 〈두 사람〉
   ⓑ **The** poet **and** statesman **is** dead. 〈한 사람〉
4. ⓐ **Bread and butter is** his favorite breakfast.
   ⓑ **A needle and thread was** found on the floor.

B either(neither) A or(nor) B / not (only) A but (also) B

1. **Either** he **or** I **am** wrong.
2. **Neither** Mary **nor** we **are** ready for that.
3. **Not** the driver **but** the passengers **were** killed.
4. **Not only** he **but also** I **am** going to the party.
   = I **as well as** he **am** going to the party.

C 주어와 동사의 일치 예외

1. **Mathematics is** a very interesting subject. 〈학문명〉
2. **The United States is** a big country. 〈복수형 국가명〉
3. **Twenty years is** a very long time. 〈시 간〉
4. **Ten miles is** not a long way to drive. 〈거 리〉
5. ⓐ **Half of** the apple **is** rotten. 〈부 분〉
   ⓑ **Half of** the eggs **are** bad.
6. **Three fifths of** the pupils **go** on to universities.
7. ⓐ **The number of** smokers **has** increased. 〈수 량〉
   ⓑ **A number of** friends **have** come to see him.

주어와 동사의 일치

주어의 인칭과 수에 따라 동사가 일정한 형태를 취하는 것을 주어와 동사의 일치라고 한다. 주어가 단수이면 동사의 단수형을 쓰고, 복수이면 동사의 복수형을 쓰는 것이 원칙이다. 그러나 원칙에 따르지 않고 주어의 의미에 따라서 단수형 동사, 복수형 동사를 쓰는 경우도 있다.

A

1. Tom과 Dick은 지금 테니스를 치고 있다.
2. 그녀와 그녀의 여동생 둘 다 피아노를 친다.
3. ⓐ 그 시인과 그 정치가는 죽었다. 〈관사+명사+and+관사+명사 → 복수 취급〉
   ⓑ 시인이자 정치가인 사람이 죽었다. 〈관사+명사+and+명사 → 단수 취급〉
4. ⓐ 버터를 바른 빵은 그가 좋아하는 아침 식사이다.
   ⓑ 실을 꿴 바늘이 마루에서 발견되었다.

주의 주어가 and로 결합되어 있어도 3ⓑ와 같이 동일 인물이거나 4와 같이 하나로 합쳐진 사물(내용, 사건)을 나타내는 경우에는 단수로 취급된다.

B

{
either A or B: A든 B든 둘 중 하나(양자 택일)
neither A nor B: A도 B도 ~아니다(양자 부정)
not A but B: A가 아니라 B가
not only A but also B = B as well as A: A뿐만 아니라 B도
} 동사는 B에 일치

1. 그와 나 어느 한 쪽이 틀렸다.
2. Mary도 우리도 둘 다 그것에 대해 준비가 되어 있지 않다.
3. 운전사가 아니라 승객들이 사망했다.
4. 그뿐만 아니라 나도 파티에 갈 것이다.

C

주어와 동사의 일치 예외 — 학문명·복수형 국가명과 시간·거리·수량·금액 등이 단일 개념을 나타낼 때는 단수형 동사로 받는다.

1. 수학은 매우 재미있는 과목이다.
2. 미국은 큰 나라이다.
3. 20년은 매우 긴 시간이다.
4. 10마일은 자동차로 가면 먼 길이 아니다.
5. ⓐ 그 사과의 절반이 썩었다.   ⓑ 달걀의 절반이 상했다.
6. 학생들의 5분의 3이 대학에 진학한다.
7. ⓐ 흡연자의 수는 증가하고 있다.   ⓑ 많은 친구들이 그를 만나러 왔다.

참고
- 「half(all, most, some, part) of+명사」, 「복수를 나타내는 어구+of+명사」는 of 다음에 단수명사가 오면 단수형 동사로, 복수명사가 오면 복수형 동사로 받는다.
- the number of ~(~의 수)는 number에 수를 일치시켜 단수형 동사로 받으며, a number of ~(많은 ~)는 복수형 동사로 받는다.

어휘

statesman[stéitsmən] 명 정치가
needle[níːdl] 명 바늘
thread[θred] 명 실
passenger[pǽsəndʒər] 명 승객
rotten[rátən] 형 썩은
increase[inkríːs] 동 (수, 양이) 늘다

 ○ 다음 문장의 괄호 안에서 알맞은 말을 고르시오.

1. He as well as I (am, is) invited.
2. Slow and steady (wins, win) the race.
3. A black and white dog (is, are) coming here.
4. Half of my salary (is, are) spent for rent.
5. The number of people (was, were) 60.
6. Either you or Tom (has, have) to wash the car.

33 시제 일치

A 주절의 시제가 현재·현재완료·미래인 경우

Tom { **says** 〈현재〉 / **has said** 〈현재완료〉 / **will say** 〈미래〉 } (that) { she **is** happy. 〈현재〉 / she **was** happy. 〈과거〉 / she **will be** happy. 〈미래〉 }
　　　　　주절　　　　　　　　　　　　　　　　　종속절(명사절)

B 주절의 시제가 과거·과거완료인 경우

1. I *think* that he *is* a novelist. → I **thought** that he **was** a novelist.

2. ① I *think* { ⓐ you *were* sick. 〈과거〉 / ⓑ you *have been* sick. 〈현재완료〉 / ⓒ you *had been* sick. 〈과거완료〉 }
   → I **thought** you **had been** sick.

   ② He *has said* that { ⓐ he *was* busy. 〈과거〉 / ⓑ he *has been* busy. 〈현재완료〉 / ⓒ he *had been* busy. 〈과거완료〉 }
   → He **had said** that he **had been** busy.

3. They *believe* he *will* come back soon.
   → They **believed** he **would** come back soon. 〈과거형 조동사〉

어휘

steady[stédi] 형 한결같은　　**spend – spent – spent** 동 (돈을) 쓰다　　**novelist**[návəlist] 명 소설가
salary[sǽləri] 명 봉급　　　　**rent**[rent] 명 집세　　　　　　　　　　**come back** 돌아오다

1. **is** (「A as well as B」는 A에 동사를 일치시킨다.) '그뿐만 아니라 나도 초대되었다.'
2. **wins** (slow and steady는 단일 개념이므로 단수 취급한다.) '느리지만 꾸준히 걷는 것이 경주에 이긴다.'
3. **is** (and로 연결되었지만 관사가 하나뿐인 하나의 사물이므로 단수 취급한다.) '바둑이(흑백 얼룩의 개) 한 마리가 이쪽으로 오고 있다.'
4. **is** (「half of+단수명사」는 단수 취급한다.) '내 봉급의 절반이 집세로 소비된다.'
5. **was** (people은 복수명사이지만, the number of ~는 단수 취급한다.) '사람들의 수는 60명이다.'
6. **has** (「either A or B」는 B에 동사의 수를 일치시킨다.) '너 아니면 Tom이 세차를 해야 한다.'

시제 일치

간접화법이나 주절과 종속절로 이루어진 복문에서 종속절 동사의 시제를 주절 동사의 시제에 일치**시키**는 것을 시제 일치라고 한다.

A **주절의 시제가 현재·현재완료·미래인 경우** — 종속절은 내용에 따라 현재·현재완료·과거·과거완료·미래의 모든 시제를 쓸 수 있다.

Tom은 { 말한다 / 말했다 / 말할 것이다 } { 그녀가 행복하다. / 그녀가 행복했다. / 그녀가 행복할 것이다. }

B **주절의 시제가 과거·과거완료인 경우** — 종속절은 과거 또는 과거완료를 쓴다.

1. 주절의 시제가 과거·과거완료인 경우, 종속절의 동사는 원칙적으로 내용이 현재의 일이라도 과거시제를 쓴다.
   나는 그가 소설가라고 생각한다. → 나는 그가 소설가라고 **생각했다**.

2. 주절의 시제가 현재·현재완료에서 과거·과거완료로 바뀌면, 종속절의 시제는 과거·현재완료에서 과거완료로 바뀐다. 종속절의 시제가 애초부터 과거완료인 경우에는 그 이상 변할 수 없으므로 그대로 과거완료를 쓴다.

   ① 나는 { ⓐ 당신이 아팠다고 / ⓑ 당신이 아팠었다고 / ⓒ 당신이 아팠었다고 } 생각한다. → 나는 당신이 아팠었다고 **생각했다**.

   ② 그는 { ⓐ 자기가 바빴다고 / ⓑ 자기가 바빴었다고 / ⓒ 자기가 바빴었다고 } 말했다. → 그는 자기가 바빴었다고 **말했다**.

3. 주절의 시제가 과거·과거완료로 바뀌면, 종속절의 조동사도 과거시제로 바뀐다.
   그들은 그가 곧 돌아올 것이라고 확신한다. → 그들은 그가 곧 돌아올 것이라고 **확신했다**.

C. 시제 일치의 예외

1. He *told* me that the earth **goes** round the sun. 〈진리〉
2. He *said* that he **gets** up at six every morning. 〈습관〉
3. I *wrote* to my uncle who **lives** in America. 〈현재 사실〉
4. He *said* that the French Revolution **broke out** in 1789. 〈역사적 사실〉
5. ⓐ He *says* that if he **were** rich he **would buy** it. 〈현재＋가정법 과거〉
   ⓑ He *said* that if he **were** rich he **would buy** it. 〈과거＋가정법 과거〉

◎ 다음 문장의 괄호 안에서 알맞은 말을 고르시오.

1. Tom said that two and three (makes, made) five.
2. I thought that Jim (is, was, will be) interested in English.
3. She said that Columbus (discovered, had discovered) America.

34 화법

A. 직접화법과 간접화법

1. Ann said to me, "It's a good idea." 〈직접화법〉
2. Ann told me (that) it was a good idea. 〈간접화법〉

B. 평서문의 화법 전환

1. He *said to* me, "I met Nancy yesterday."
   (전달동사)　　　　(피전달문)
   → He *told* me (that) **he had met** Nancy **the day before**.
2. He *said*, "I saw this boy four years ago."
   → He *said* (that) **he had seen that** boy four years **before**.

어휘

revolution[rèvəljúːʃən] 혭 혁명　　**be interested in** ~에 흥미가 있다　　**following**[fálouiŋ] 혭 다음의
break out 발발하다, 일어나다　　**discover**[diskʌ́vər] 툉 발견하다　　**previous**[príːviəs] 혭 앞의, 이전의

C ▌ 시제 일치의 예외

> • 불변의 진리는 항상 현재시제로 나타낸다.
> • 현재까지도 사실이거나 행해지고 있는 현재의 습관·특성·사실은 현재시제로 나타낸다.
> • 역사적 사실은 과거시제로 나타낸다.
> • 가정법의 시제는 주절의 시제에 영향을 받지 않는다.

1. 그는 내게 지구는 태양의 둘레를 돈다고 말했다.
2. 그는 매일 아침 6시에 일어난다고 했다.
3. 나는 미국에 (현재) 사시는 삼촌께 편지를 썼다.
4. 그는 프랑스혁명이 1789년에 일어났다고 말했다.
5. ⓐ 그는 자신이 부자라면 그것을 사겠다고 말한다.
   ⓑ 그는 자신이 부자라면 그것을 사겠다고 말했다.

1. **makes** (진리) 'Tom은 2+3은 5라고 말했다.'
2. **was** (과거 → 과거 또는 과거완료) '나는 Jim이 영어에 흥미가 있다고 생각했다.'
3. **discovered** (역사적 사실) '그녀는 콜럼버스가 아메리카 대륙을 발견했다고 말했다.'

화법

다른 사람의 말이나 생각을 전달하는 표현 방법을 화법이라고 한다. 화법에는 다른 사람이 말한 내용을 인용부호(" ")를 써서 그대로 전달하는 직접화법(~가 "……"라고 말했다)과 전달하는 사람의 입장에서 전달하는 간접화법(~가 ……라고 말했다)이 있다.

A ▌
1. Ann은 내게 "그거 좋은 생각이구나."라고 말했다.
2. Ann은 내게 그거 좋은 생각이다라고 말했다.

B ▌ 평서문의 화법 전환

> • 전달동사 say는 say로, say to는 tell로 바꾼다.
> • 쉼표를 없애고 that을 쓴 다음, 인용부호를 없앤다. (that은 생략 가능)
> • 피전달문의 인칭을 알맞게 바꾼 다음, 시제를 일치시킨다.
> • 전달동사가 과거인 경우 시간부사·장소부사·지시대명사를 전달하는 입장에 맞추어 바꾼다.

1. → 그는 자기가 그 전날 Nancy를 만났다고 나에게 말했다.
2. → 그는 자기가 그 소년을 4년 전에 보았다고 말했다.

 직접화법을 간접화법으로 바꿀 때 주의해야 할 어구들
• now → then(그때)   • this → that   • these → those
• ago → before   • here → there   • today → that day(그 날)
• tomorrow → the next day 또는 the following day(그 다음 날)
• yesterday → the day before 또는 the previous day(그 전날)

C. 의문문의 화법 전환

a. 의문사가 있는 의문문

1. She *said to* me, "What are you reading now?"
   → She *asked* me **what I was** reading **then**.
2. He *said to* Nancy, "Why were you absent yesterday?"
   → He *asked* Nancy **why she had been** absent **the day before**.
3. I *said*, "Where does Tom live?"
   → I *asked* **where** Tom **lived**.
4. He *said to* me, "Who taught you English?"
   → He *asked* me **who had taught me** English.

b. 의문사가 없는 의문문

1. He *said to* me, "Are you fond of the music?"
   → He *asked* me **if**(**whether**) **I was** fond of the music.
2. He *said to* her, "Do you really love me?"
   → He *asked* her **if**(**whether**) she really **loved him**.
3. He *said to* me, "Can you hear what I am saying?"
   → He *asked* me **if**(**whether**) **I could hear** what **he was** saying.

D. 명령문의 화법 전환

1. Mother *said to* me, "Help me in the kitchen." 〈일반 명령〉
   → Mother **told** me **to help her** in the kitchen.
2. He *said to* the soldiers, "Don't move!" 〈강한 부정 명령〉
   → He **ordered**(**commanded**) the soldiers **not to move**.
3. He *said to* the children, "Please be quiet." 〈부탁〉
   → He **asked**(**begged**) the children **to be** quiet.
4. He said to me, "Let's start at once." 〈제안〉
   → He **suggested**(*proposed*) (to me) **that** we (*should*) start at once.

어휘

be absent[ǽbsənt] 결석하다
be fond[fand] of ~을 좋아하다
whether[hwéðər] 접 ~인지 어떤지
order[ɔ́ːrdər] 동 명령하다
command[kəmǽnd] 동 명령하다
beg[beg] 동 부탁하다
suggest[səgdʒést] 동 제안하다
propose[prəpóuz] 동 제의하다
advise[ədváiz] 동 충고하다

C **의문문의 화법 전환**

> - 전달동사 say, say to는 ask로 바꾼다.
> - 의문사가 있는 의문문은 that 대신 의문사를 그대로 쓰고, 「의문사 + 주어 + 동사」의 어순으로 바꾼다.
> - 의문사가 없는 의문문은 that 대신 if 또는 whether를 쓰고, 「if(whether) + 주어 + 동사」의 어순으로 바꾼다.
> - 시제와 인칭을 일치시키고, 물음표를 마침표로 바꾼다.

a. 1. → 그녀는 나에게 그때 무엇을 읽고 있었는지 물었다.
2. → 그는 Nancy에게 그 전날 왜 결석했는지 물었다.
3. → 나는 Tom이 어디에 사는지 물었다.
4. → 그는 나에게 누가 내게 영어를 가르쳤는지 물었다.

주의 의문사가 주어일 때에는 「의문사 + 동사」의 어순이 된다.

b. 1. → 그는 나에게 내가 그 음악을 좋아하는지 물었다.
2. → 그는 그녀에게 그녀가 자기를 진정으로 사랑하는지 물었다.
3. → 그는 나에게 그가 말하는 것을 내가 들을 수 있는지 물었다.

D **명령문의 화법 전환** — 「전달동사 + 목적어 + to부정사」로 나타내며, 간접화법의 전달동사는 내용에 따라서 다음과 같이 사용한다.

> - 일반 명령   → tell   · 강한 명령   → order, command
> - 충고   → advise   · 부탁(please가 있을 때) → ask, beg
> - 부정 명령   → 전달동사 + 목적어 + not + to 부정사
> - 제안(Let's ~) → suggest(propose) that + 주어 + should + 동사원형

1. → 어머니는 나에게 부엌에서 도와 달라고 말씀하셨다.
2. → 그는 병사들에게 움직이지 말라고 명령했다.
3. → 그는 아이들에게 조용히 하라고 부탁했다.
4. → 그는 내게 즉시 출발하자고 제안했다.

E. 감탄문 · 기원문의 화법 전환

1. He *said*, "**How** pretty the flower is!" 〈감탄문〉
   → He *cried* (*out*) **that** the flower **was very** pretty.
   → He *cried* (*out*) **how** pretty the flower **was**.
2. He *said*, "**What** a beautiful sight it is!" 〈감탄문〉
   → He *exclaimed* **that** it **was** a **very** beautiful sight.
   → He *exclaimed* **what** a beautiful sight it **was**.
3. They all *said*, "May god forgive him!" 〈기원문〉
   → They all *prayed* **that** God **might** forgive him.

◎ 다음 문장을 직접화법은 간접화법으로, 간접화법은 직접화법으로 고치시오.

1. He said to me, "It may be true."
2. She said to me, "He must be a liar."
3. He said to me, "I have received this letter."
4. Tom said that if he were rich he would buy a new car.
5. She said, "My mother died two years ago."
6. He said, "It is raining today."
7. He said to me, "Who is she?"
8. I said to him, "Do you like it?"
9. He said to me, "Come at once."
10. I said to her, "Please read this book."
11. He said to me, "Who broke the window?"

어휘

cry out 소리치다　　forgive[fərgív] 동 용서하다　　receive[risíːv] 동 받다
sight[sait] 명 광경　　pray[prei] 동 빌다, 기원하다　　at once 즉시
exclaim[ikskléim] 동 탄성을 지르다　　liar[láiər] 명 거짓말쟁이　　express[iksprés] 동 표현하다

감탄문 · 기원문의 화법 전환

- 전달동사 say를 감탄문은 cry (out), exclaim으로, 기원문은 pray, express로 바꾼다.
- 감탄문인 피전달문은 강조부사 very를 덧붙여,「that+주어+동사+very ~」어순으로 쓰거나, 감탄사 how나 what을 접속사로 사용하여 그대로 연결한다. 기원문인 피전달문은 God가 있으면,「that God may+동사원형 ~」으로 쓴다.
- 시제를 일치시키고, 느낌표는 마침표로 바꾼다.

1. → 그는 그 꽃이 매우 예쁘다고 소리쳤다.
2. → 그는 그것이 매우 아름다운 광경이라고 소리쳤다.
3. → 그들은 모두 신이 그를 용서해 주기를 빌었다.

1. He told me that it might be true. (주절이 과거시제이면 종속절의 may는 might로 바꾼다.) '그는 내게 그것이 사실일지도 모른다고 말했다.'
2. She told me that he must be a liar. (must가 '~임에 틀림없다'라는 추측의 의미일 때 과거형은 그대로 must로 쓴다.) '그녀는 내게 그가 거짓말쟁이임에 틀림없다고 말했다.'
3. He told me that he had received that letter. (this → that) '그는 내게 그가 그 편지를 받았다고 말했다.'
4. Tom said, "If I were rich, I would buy a new car." (가정법의 시제는 화법 전환 시 변하지 않는다.) 'Tom은 "내가 부자라면 새 차를 살 텐데."라고 말했다.'
5. She said (that) her mother had died two years before. (ago → before) '그녀는 자기의 어머니가 2년 전에 돌아가셨다고 말했다.'
6. He said (that) it was raining that day. (today → that day) '그는 그 날 비가 내리고 있었다고 말했다.'
7. He asked me who she was. (의문사가 있는 의문문) '그는 내게 그녀가 누구인지 물었다.'
8. I asked him if〔whether〕 he liked it. (의문사가 없는 의문문) '나는 그에게 그가 그것을 좋아하는지 물었다.'
9. He told me to come at once. (명령문) '그는 내게 즉시 오라고 말했다.'
10. I asked〔begged〕 her to read that book. (please가 있는 명령문) '나는 그녀에게 그 책 좀 읽으라고 부탁했다.'
11. He asked me who had broken the window. (의문사가 주어인 의문문) '그는 내게 누가 창문을 깨뜨렸는지 물었다.'

생활 영어

약속하기 / 기원하기

● ○ ○ 약속 제안하고 답하기

— 약속 제안하기
1. How about tomorrow?
2. Where shall we meet tomorrow?
3. Shall we meet at the library at ten?
4. What time shall we make it(meet)? / Can you make it at ten?
5. What place is convenient for you? / Where would be good for you?

— 약속 제안에 답하기
6. Okay. / Sure.
7. No problem.
8. Sorry, I can't. / I'm afraid not. / I'd love to, but I can't.
9. Sorry, I have an appointment.

Mini Dialogue
1. A: Let's meet at the gym this weekend.
   B: **What time shall we make it**?
   A: **How about** at two?
   B: **Sure.** See you then.
2. A: **Where shall we meet tomorrow**?
   B: Well, **what place is convenient for you**?
   A: Why don't we meet at your house at 7 p.m?
   B: Sounds good. See you tomorrow.
   A: Yeah, good-bye. Yahoo!

● ● ○ 기원하기

1. Good luck (to you)! / All the best! / I wish you well!
   I'll keep my fingers crossed!
2. God bless you!
3. I hope everything goes well.

A: You look nervous. What's up?
B: I have a job interview this afternoon.
A: Really? **I hope everything goes well**.

 왼쪽에 있는 영문을 큰 소리로 여러 번 읽고 뜻을 파악한 다음, 우리말을 참고하기 바랍니다.
왼쪽에 있는 영문을 암기한 다음, 오른쪽의 우리말을 보고 영어로 써 보는 것이 좋습니다.

● ○ ○ 약속 제안하고 답하기

— 약속 제안하기
1. 내일 어때?
2. 내일 어디에서 만날까?
3. 10시에 도서관에서 만날까?
4. 몇 시에 만날까? / 10시에 만날 수 있을까?
5. 어디가 편해?

— 약속 제안에 답하기
6. 좋아.
7. 문제없어요. / 좋아요.
8. 미안하지만, 안 되겠어. / 그렇게 하고 싶지만, 안 되겠습니다.
9. 미안하지만, 약속이 있어요.

3. 시간이나 장소 등의 약속을 제안하는 경우에, '우리 ~할까?' 라는 표현으로 Let's ~. 또는 Shall we ~?를 사용한다.
6. ~9. 약속 제안을 받아들이는 경우에는 Yes, let's. / OK. / Sure. 등으로 표현하고, 거절하는 경우에는 No, let's not. / I'm sorry, I can't. 등으로 표현한다.

Mini Dialogue

1. A: 이번 주말에 체육관에서 만나자.   B: 몇 시에 만날까?
   A: 2시가 어때?   B: 좋아. 그때 보자.
2. A: 내일 어디에서 만날까?   B: 글쎄, 어디가 편하니?
   A: 저녁 7시에 너희 집에서 만나는 게 어때?   B: 좋아. 내일 보자.
   A: 잘 가. 야호!

● ● ○ 기원하기

1. 행운을 빌어요!
2. 신의 축복이 있기를!
3. 모든 일이 잘 되기를.

Mini Dialogue

A: 불안해 보여. 무슨 일 있니?
B: 오늘 오후에 취업 면접을 보거든.
C: 정말? 모든 일이 잘되기를 바라.

실전 응용 문제

A 다음 중 어법상 옳은 문장을 고르시오.

1. ① Water and oil do not agree.
   ② Every student know the fact.
   ③ Jane or I are to lead the discussion.
   ④ Most of the money are spent on books.
   ⑤ There is a lot of interesting word games.

2. ① She said that she hasn't gone there.
   ② She asked me where I lived before.
   ③ My father said that time was money.
   ④ We were taught that water boils at 100°C.
   ⑤ The teacher said World War Ⅱ had broken out in 1939.

B 다음 중 어법상 틀린 곳을 고르시오.

1. A black and a white dog is coming here.
   ①   ②   ③   ④   ⑤

2. Not only you but also she were absent from school.
   ①   ②   ③   ④   ⑤

3. I went to his house so that I may see him.
   ① ②   ③   ④   ⑤

4. I knew that you would do it as soon as you can.
   ① ②   ③   ④   ⑤

5. Neither I nor my sister like sports.
   ①   ②   ③   ④   ⑤

C 글의 흐름으로 보아 어법상 어색한 문장을 고르시오.

①There are many jobs that people can get. ②There were also many ways in which people find jobs. ③The experience people gain at some jobs leads to better ones. ④Good jobs give people self-satisfaction and ⑤encourage them to do their best.

— agree 통 동의하다; 합치하다
lead 통 이끌다
discussion 명 토론

— boil 통 끓다

— absent 형 부재의; 결석의
so that+주어+may ~하기 위하여
as ~ as one can = as ~ as possible

— experience 명 경험
self-satisfaction 명 자기만족
encourage … to ~ …가 ~하도록 장려하다

D 다음 글을 읽고, 물음에 답하시오.

A math teacher had been teaching his class about fractions for the past week, and now he wanted to test them. So he **asked** one of the boys in the class, "If I **cut** a piece of meat into two pieces, what **would** I **get**?"

"Halves," answered the student at once.

"And if I cut each piece in half again?"

"_____," **answered the next student**.

"And if I cut it again, Robert?" the teacher went on.

The teacher asked the same question five more times.

The last student answered, "Hamburger meat."

fraction 명 분수, 파편
past 형 지나간, 과거의
at once 즉시
go on 계속하다

1. 위 글의 빈칸에 들어갈 알맞은 말을 쓰시오.

2. 위 글의 느낌을 나타낸 말로 알맞은 것을 고르시오.
   ① 슬프다   ② 부산하다   ③ 긴장된다
   ④ 초조하다   ⑤ 유머러스하다

E 다음 우리말을 영어로 옮기시오.

1. 그녀뿐만 아니라 그녀의 여동생도 현명하다.
2. 학생의 3분의 2 가량은 전철이나 버스 둘 중의 하나를 타고 학교에 간다.
3. 나는 그에게 "나는 당신을 만나서 기쁘다."라고 말했다.
4. 그는 나에게 그녀가 누구냐고 물었다.
5. 나는 그에게 창문을 닫아 달라고 간청했다.

Answer & Explanation

ANSWER

A 1. ① 2. ④

B 1. ④ 2. ③ 3. ④ 4. ⑤ 5. ④

C ②

D 1. Quarters 2. ⑤

E
1. Not only she but (also) her sister is wise.
2. About two-thirds of the students go to school either by subway or by bus.
3. I said to him, "I am glad to see you."
4. He asked me who she was.
5. I asked(begged) him to close the window.

EXPLANATION

A
1. ① A and B가 동일물이 아니므로 복수 취급한다. '물과 기름은 상극이다.'
   ② know → knows, every는 단수 취급한다. '모든 학생들이 그 사실을 알고 있다.'
   ③ are → am, 주어가 A or B이면 동사는 B에 일치시킨다. 'Jane이나 내가 그 토론을 이끌어야 한다.'
   ④ are → is, 「most of + 단수명사」는 단수 취급한다. '돈의 대부분이 책에 쓰였다.'
   ⑤ is → are, a lot of ~ games가 주어이므로 복수형 동사가 와야 한다. '흥미로운 단어 놀이가 많이 있다.'
2. ① hasn't gone → didn't go, 주절이 과거이므로 시제 일치에 따라서 종속절에는 현재완료가 올 수 없다. '그녀는 자기가 거기에 가지 않았다고 말했다.'
   ② lived → had lived, 내게 물어본 시점인 과거(asked)보다 더 이전의 일이므로 과거완료로 나타내야 한다. '그녀는 내게 전에 어디에서 살았었느냐고 물었다.'
   ③ was → is, 금언·격언은 현재시제로 나타낸다. '나의 아버지는 시간은 돈이라고 말씀하셨다.'
   ④ 일반적인 진리는 현재시제로 나타낸다. '우리는 물이 100℃에서 끓는다고 배웠다.'
   ⑤ had broken → broke, 역사적 사실은 과거로 나타낸다. '선생님은 제2차 세계대전이 1939년에 일어났다고 말씀하셨다.'

B
1. is → are, 주어 A black and a white dog는 and 앞, 뒤에 관사가 각각 있으므로 복수 취급한다. '검은 개 한 마리와 흰 개 한 마리가 이쪽으로 오고 있다.'
2. were → was, 「not only A but also B」에서 동사의 수는 B에 일치시킨다. '너뿐만 아니라 그녀도 학교에 결석했다.'
3. may → might, 시제 일치에 따라서 주절이 과거이므로 종속절의 시제도 과거가 되어야 한다. '나는 그를 만나러 그의 집으로 갔다.'

4. can → could, 주절의 시제가 과거이므로 종속절의 시제도 과거가 되어야 한다. '나는 네가 가능한 한 빨리 그것을 하리라는 것을 알고 있었다.'
5. like → likes, 「neither A nor B」에서 동사의 수는 B에 일치시킨다. '나와 여동생 모두 스포츠를 좋아하지 않는다.'

C
> 사람들이 구할 수 있는 직업은 많다. 사람들이 직업을 구하는 방법도 많다. 사람들이 어떤 직업에서 얻는 경험은 더 나은 직업으로 이끈다. 좋은 직업들은 사람들에게 자기 만족을 주고, 그들이 최선을 다하도록 장려한다.

- 현재시제로 직업에 대한 사실을 서술하고 있는 글이기 때문에 ②도 현재시제로 나타내야 한다. 따라서 were를 are로 고친다.

D
> 어떤 수학 선생님이 지난 한 주 동안 분수에 관해 학생들을 가르쳐 오고 있는데, 이제 그들을 테스트해 보고 싶었다. 그래서 그는 학급의 한 학생에게 물었다. "만일 내가 고기 한 조각을 두 조각으로 자른다면, 내가 무엇을 가지게 될까?"
> "반쪽들이요."라고 즉시 학생이 대답했다.
> "그리고 만일 각각을 또 반으로 자르면?"
> "1/4이요." 다음 학생이 대답했다.
> "Robert, 그리고 내가 그것을 다시 자른다면?" 하고 선생님은 계속 질문했다.
> 선생님은 같은 질문을 다섯 번 더 물었다. 마지막 학생이 답했다. "햄버거 고기요."

1. 1/2의 1/2이므로 1/4이다.
2. 마지막 학생의 대답으로 글의 분위기를 알 수 있다.

〈구문해설〉
- A math teacher **had been teaching** his class about …: 과거완료진행형 구문으로 지난 한 주 동안 분수에 관한 수업이 진행중이었음을 나타내고 있다.
- If I **cut** a piece of meat into two pieces, what **would I get**?: 주절의 동사가 「would+동사원형」이므로 가정법 과거임을 알 수 있다. 그러므로 조건절의 동사 cut은 과거시제(cut-cut-cut)이다.

E
1. 'A뿐만 아니라 B도 또한'은 「not only A but (also) B」로 나타내며, 동사의 수는 B에 일치시킨다.
2. 「분수 + of ~」는 of 다음에 오는 명사의 수에 따라 동사의 수를 일치시킨다.
3. 직접화법, I said to him, " ~ ."
4. 의문사가 있는 의문문의 간접화법, 「ask + 목적어 + 의문사 + 주어 + 동사」
5. 부탁하는 명령문의 간접화법, 「ask + 목적어 + to부정사」

9 부정사

35 부정사의 용법

A 명사적 용법

1. 주어 역할

   ① **To tell a lie** is wrong. → *It* is wrong **to tell a lie**.
      주어   동사 보어   가주어 동사 보어   진주어

   ② **To play tennis** is pleasant. → *It* is pleasant **to play tennis**.
      주어   동사   보어   가주어 동사 보어   진주어

2. 목적어 역할

   ① She wanted **to be** a nurse.
   ② Nancy decided **to work** in a hospital.
   ③ I found *it* difficult **to solve the problem**.
      주어 불·타 가목적어 목적격 보어   진목적어
   ④ I think *it* easy **to read this book**.
   ⑤ I don't know **what to do**(=what I should do).
   ⑥ Tell us **when to start**(=when we should start).
   ⑦ He knows **how to swim**(=how he should swim).

3. 보어 역할
   ① My hobby is **to collect** stamps. 〈주격 보어〉
   ② His wish is **to be** a singer in the future. 〈주격 보어〉

B 형용사적 용법

1. 명사·대명사를 뒤에서 수식하는 경우
   ① I have no *friends* **to help** me.
   ② Give him *something* **to eat**.
   ③ Please give me *a pen* **to write with**.

부정사의 용법

부정사(不定詞)는 주어의 인칭이나 수에 제한을 받지 않는 말이라는 뜻으로 to의 유무에 따라 to부정사와 원형부정사로 구별된다. 부정사는 동사 본래의 성질을 가지고 있으므로 목적어·보어 등을 취할 수 있으며, 문장에서는 명사·형용사·부사 역할을 한다.

A **명사적 용법** — 부정사가 문장에서 명사처럼 주어·목적어·보어 역할을 하는 것을 말하며, '~하는 것, ~하기'의 의미로 쓰인다.

1. ① 거짓말하는 것은 나쁘다.
   ② 테니스를 치는 것은 즐겁다.

주의 오늘날에는 주어 자리에 부정사를 쓰는 것을 어색하게 느껴, 동명사로 표현하거나, 가주어 it을 쓰고 진주어인 부정사를 뒤로 보내는 형태를 선호한다.

2. ① 그녀는 간호사가 되기를 원했다. (to be는 wanted의 목적어)
   ② Nancy는 병원에서 일하기로 결심했다. (to work는 decided의 목적어)
   ③ 나는 그 문제를 푸는 것이 어렵다는 것을 알았다. (to solve는 found의 목적어)
   ④ 나는 이 책을 읽는 것이 쉽다고 생각한다. (to read는 think의 목적어)
   ⑤ 나는 무엇을 해야 할지를 모르겠다. (what to do는 know의 목적어)
   ⑥ 우리가 언제 떠나야 하는지를 말해 주세요. (when to start는 Tell의 직접목적어)
   ⑦ 그는 수영하는 방법을 알고 있다. (how to swim은 knows의 목적어)

참고 「의문사 + to부정사」 구문은 「의문사 + 주어 + should + 동사원형」의 형태로도 표현할 수 있다. (why는 제외)

3. ① 내 취미는 우표 수집이다. (My hobby = to collect stamps)
   ② 그의 소망은 장차 가수가 되는 것이다. (His wish = to be a singer ~)

B **형용사적 용법** — 부정사가 명사·대명사 뒤에서 그 명사·대명사를 수식하는 것을 말하며, '~할, ~하는'의 의미로 쓰인다. 부정사에 의해 수식되는 명사는 부정사의 의미상 주어가 되거나 목적어가 된다.

1. ① 나에게는 나를 도와 줄 친구가 없다. (수식을 받는 friends는 to help의 의미상 주어)
   ② 그에게 먹을 것을 주시오. (수식을 받는 something은 to eat의 의미상 목적어)
   ③ 저에게 쓸 펜을 주십시오. (수식을 받는 a pen은 전치사 with의 목적어)

주의 ③과 같이 형용사적 용법인 부정사의 형태가 「to부정사 + 전치사」일 때는 수식받는 명사가 전치사의 목적어이기 때문에 전치사를 빠뜨리지 않도록 주의한다.

어휘

lie [lai] 몡 거짓말
pleasant [plézənt] 혱 즐거운
decide [disáid] 통 결심하다
collect [kəlékt] 통 모으다
in the future 미래에
something [sʌ́mθiŋ] 땡 무언가, 어떤 것

2. be동사 + to부정사(서술용법)
   ① ⓐ His job **is to sell** cars. 〈명사적 용법〉
      ⓑ He **is to sell** his car. 〈예정〉
   ② You **are to obey** your parents. 〈의무〉
   ③ Nothing **was to be seen**. 〈가능〉
   ④ They **were** never **to meet** again. 〈운명〉
   ⑤ If you **are to succeed**, you must work hard. 〈의도〉

C 부사적 용법 I

1. 목적: ~하기 위하여, ~하려고
   ① I went to the park **to meet** my friend.
   ② He got up early **to catch** the first train.
   ③ He saved his money **in order to**(= so as to) **buy** a new camera.

2. 결과: ~하여 …하다
   ① He *lived* **to be** eighty.
   ② He *grew up* **to be** a great scientist.

3. 감정의 원인: ~해서, ~하니, ~하고
   ① I am *glad* **to meet** you.
   ② She was *sorry* **to hear** the bad news.

4. 이유·판단의 근거: ~하다니, ~하는 것을 보니
   ① He *must be* honest **to say** so.
   ② He *cannot be* a fool **to solve** the problem.

5. 조건: (만일) ~라면
   You *will be* punished **to do** it again.

D 부사적 용법 II

1. 형용사를 수식
   ① This water is not *good* **to drink**. 〈형용사 수식〉
   ② Foreign languages are *hard* **to learn**. 〈형용사 수식〉

2. 「enough to부정사」: ~할 정도로 충분히 …
   He is *rich* **enough to buy** a car.
   = He is **so** *rich* **that** he **can buy** a car.

2. be동사 다음에서 형용사적으로 쓰이는 to부정사는 예정, 의무, 가능, 운명, 의도 등을 나타낸다.
   ① ⓐ 그의 직업은 차를 파는 것이다.   ⓑ 그는 자기 차를 팔 예정이다.
   (ⓐ와 같이 His job = to sell cars로 부정사가 주격 보어이면 명사적 용법이지만, ⓑ와 같이 He ≠ to sell his car이면 형용사적 용법이다.)
   ② 너는 부모님께 순종해야 한다.   ③ 아무것도 볼 수 없었다.
   ④ 그들은 다시는 만나지 못할 운명이었다.
   ⑤ 만일 네가 성공하고자 한다면, 열심히 공부해야 한다.

C **부사적 용법** — 부정사가 부사와 같이 동사·형용사·다른 부사·문장 전체 등을 수식하는 것을 말하며, 목적, 결과, 원인, 이유·판단의 근거, 조건 등의 뜻을 나타낸다.
1. ① 나는 친구를 만나기 위해 공원으로 갔다.   ② 그는 첫 기차를 타려고 일찍 일어났다.
   ③ 그는 새 카메라를 사기 위해서 돈을 저축했다.

참고 ③과 같이 목적의 의미를 강조하기 위해 to 앞에 in order, so as 등을 쓸 수 있다.

2. ① 그는 80세까지 살았다.   ② 그는 자라서 위대한 과학자가 되었다.
3. 감정을 나타내는 형용사(sorry, glad, happy 등)나 동사(laugh, cry 등) 다음에 오는 부정사는 감정의 원인을 나타낸다.
   ① 너를 만나서 기쁘다.   ② 그녀는 나쁜 소식을 듣게 되어 유감이었다.
4. **must be**(~임에 틀림없다), **cannot be**(~일 리가 없다) 등의 다음에 오는 부정사는 이유·판단의 근거를 나타낸다.
   ① 그렇게 말하는 것을 보니, 그는 정직함에 틀림없다.
   ② 그 문제를 푸는 것을 보니, 그는 바보일 리가 없다.
5. 다시 그것을 한다면, 너는 처벌을 받을 것이다.

참고 to부정사가 조건을 나타내는 부사적 용법일 경우에 문장의 동사는 미래형이나 가정법이 된다.

D 1. ① 이 물은 마시기에 좋지 않다.   ② 외국어는 배우기가 어렵다.
2. 그는 차를 살 정도로 충분히 부자다. = 그는 매우 부자여서 차를 살 수 있다.

주의 enough가 형용사나 다른 부사를 수식하는 부사인 경우에는 반드시 형용사·부사 뒤에 오지만, 명사를 수식하는 형용사인 경우에는 대개 명사 앞에서 쓰인다.
ex. I have **enough** money to buy a house. 〈형용사〉

어휘

sell[sel] 동 팔다
obey[oubéi] 동 ~에 순종하다
catch[kætʃ] 동 ~에 타다

save[seiv] 동 저축하다
in order to ~을 하기 위하여
solve[sɑlv] 동 풀다

punish[pʌ́niʃ] 동 벌하다
foreign[fɔ́ːrin] 형 외국의
language[lǽŋgwidʒ] 명 언어

3. 「too ~ to부정사」: 너무 ~해서 …할 수 없다
   This problem is **too** *difficult* for me **to solve**.
   = This problem is **so** *difficult* **that** I **can't solve** it.
4. 「so … as to부정사」: ~할 만큼 …하다, 매우 …해서 ~하다
   He was **so** *kind* **as to show** me the way.
   = He was **so** *kind* **that** he **showed** me the way.
5. 독립부정사
   ① **To tell the truth**, I don't know the answer.
   ② **To be frank with you**, she is an excellent cook.
   ③ He is, **so to speak**〔**say**〕, a living dictionary.
   ④ **Strange to say**, she killed herself.

○ 다음 우리말을 to부정사를 사용하여 영어로 옮기시오.
1. 영어로 편지를 쓰는 것은 쉽지 않다.
2. 나는 이 사전을 사용하는 법을 모른다.

○ 밑줄 친 부정사의 용법을 밝히고, 우리말로 옮기시오.
3. I want to buy a computer.
4. She is the first woman to win three gold medals.
5. I went to buy some bread.
6. I needed something cold to drink.

○ 다음 문장을 괄호 안의 지시대로 바꾸어 쓰시오.
7. He is too young to do the work. (so ~ that 구문으로)
8. He is so smart that he can solve this. (enough to부정사 구문으로)

36 원형부정사

A 조동사 다음에서 술어동사로 사용되는 경우

1. The question *may* **be** difficult.
2. She *can* **swim** very well.

B 지각동사・사역동사의 목적격 보어로 사용되는 경우

1. ⓐ She *heard* the telephone **ring**. 〈지각동사〉
   ⓑ She *heard* the telephone **ringing**.

3. 이 문제는 너무 어려워서 나는 풀 수 없다.
4. 그는 매우 친절하게도 내게 길을 가르쳐 주었다.
5. ① 사실을 말한다면, 나는 해답을 모른다.　② 솔직히 말한다면, 그녀는 훌륭한 요리사다.
　③ 말하자면, 그는 살아 있는 사전이다.　④ 이상한 이야기이지만, 그녀는 자살했다.

참고) 독립부정사는 관용적 표현으로 문장 전체를 수식한다.

확인테스트

1. To write a letter in English is not easy.
   It is not easy to write a letter in English.
2. I don't know how to use this dictionary.
   (how to use this dictionary가 명사구로서 know의 목적어이다.)
3. 명사적 용법 (want의 목적어) '나는 컴퓨터를 사기를 원한다.'
4. 형용사적 용법 (woman 수식) '그녀는 3개의 금메달을 딴 최초의 여성이다.'
5. 부사적 용법 (목적) '나는 약간의 빵을 사러 나갔다.'
6. 형용사적 용법 (something 수식) '나는 무언가 차가운 마실 것이 필요했다.'
7. He is so young that he can't do the work. '그는 너무 어려서 그 일을 할 수 없다.'
8. He is smart enough to slove this. '그는 이것을 풀 정도로 매우 영리하다.'

원형부정사

to가 없이 쓰이는 원형부정사는 조동사 뒤에서 술어동사로 사용되며, 지각동사와 사역동사의 목적격 보어로 쓰인다.

1. 그 문제는 어려울지도 모른다.
2. 그녀는 수영을 매우 잘 할 수 있다.

지각동사(see, watch, look at, hear, listen to, feel 등)와 사역동사(make, have, let 등)는 목적격 보어로 원형부정사를 쓴다.
1. ⓐ 그녀는 전화기가 울리는 소리를 들었다.
   ⓑ 그녀는 전화기가 울리고 있는 소리를 들었다.

참고) 동작이 진행중임을 강조할 때에는 ⓑ와 같이 지각동사의 목적격 보어로 현재분사를 쓸 수 있다.

어휘

frank[fræŋk] 형 솔직한
excellent[éksələnt] 형 훌륭한
living[líviŋ] 형 살아 있는
strange[streindʒ] 형 이상한
kill oneself 자살하다
win[win] 동 쟁취[획득]하다

2. ⓐ I *saw* him **enter** the building. 〈지각동사〉
   ⓑ He *was seen* **to enter** the building by me. 〈수동태〉
3. ⓐ He *made* his brother **shut** the door. 〈사역동사〉
   ⓑ His brother *was made* **to shut** the door by him. 〈수동태〉
4. ⓐ I *had* Tom **clean** my room. 〈사역의 의미〉
   ⓑ I *had* my room **cleaned** by Tom. 〈수동의 의미〉

C 원형부정사를 사용한 관용 표현

1. 「had better + 원형부정사」: ~하는 것이 낫다
   You *had better* (not) **go** home at once.
2. 「cannot but + 원형부정사」: ~하지 않을 수 없다
   I *cannot but* **tell** the truth. = I *cannot help* **telling** the truth.
3. 「would rather + 원형부정사 (than + 원형부정사)」: (…하느니) 차라리 ~하고 싶다
   ① I'd *rather* **wait** and **see**.
   ② I'd *rather* **quit** *than* **change** my school.

37 부정사의 의미상 주어

A 부정사의 의미상 주어를 특별히 나타내지 않는 경우

1. 의미상 주어가 문장의 주어와 같은 경우
   ① *He* wanted **to buy** the book.
   ② *I* expect **to succeed**. = I expect that *I* **will succeed**.
2. 의미상 주어가 문장의 목적어와 같은 경우
   ① I told *her* **to clean** the kitchen.
   ② They wanted *us* **to meet** Mr. Brown.
   ③ I expect *him* **to succeed**. = I expect that *he* **will succeed**.
   ④ I thought *him* **to be** young. = I thought that *he* **was** young.
3. 막연한 일반 사람들이나 문맥상 뚜렷한 사람을 가리키는 경우
   ① It is not easy **to master** French. 〈일반 사람들〉
   ② My dream is **to travel** around the world. 〈문맥상 뚜렷함〉

2. ⓐ 나는 그가 그 건물에 들어가는 것을 보았다.
   ⓑ 그는 나에 의해 그 건물에 들어가는 것이 보였다.
3. ⓐ 그는 자기 동생에게 문을 닫게 했다.
   ⓑ 그의 동생은 그에 의해서 문을 닫도록 강요받았다.
4. ⓐ 나는 Tom에게 내 방을 청소하도록 시켰다.
   ⓑ 나는 내 방이 Tom에 의해서 청소되도록 시켰다.

참고 지각동사 · 사역동사의 목적격 보어로 쓰인 원형부정사는 수동태에서 to부정사로 되어 주격 보어가 된다. 사역동사 have, let은 수동태로 쓸 수 없다. 「have(get)+목적어(사물)+과거분사」는 '~되도록 시키다'의 뜻으로 수동의 의미를 나타낸다.

1. 너는 즉시 집에 가는(가지 않는) 것이 좋다.
2. 나는 그 사실을 말하지 않을 수 없다.
3. ① 나는 차라리 관망하고 싶다.   ② 나는 학교를 바꿀 바에는 차라리 그만두고 싶다.

참고
- had better의 부정형은 had better not이다.
- would rather ~ = had rather ~ = had sooner ~

부정사의 의미상 주어

부정사가 나타내는 동작 · 상태의 주체를 의미상 주어라고 한다. 의미상 주어는 문장에 나타나 있지 않은 경우도 있다.

1. ① 그는 그 책을 사고 싶어했다. (He는 wanted의 주어이자, to buy의 의미상 주어)
   ② 나는 (내가) 성공할 것이라고 기대한다.
2. ① 나는 그녀에게 부엌을 청소하라고 말했다. (의미상 주어는 문장의 목적어 her)
   ② 그들은 우리가 Brown 씨를 만나기를 원했다. (의미상 주어는 문장의 목적어 us)
   ③ 나는 그가 성공하리라고 기대한다. (의미상 주어는 문장의 목적어 him)
   ④ 나는 그가 젊다고 생각했다. (의미상 주어는 문장의 목적어 him)
3. ① 프랑스어에 능통하기는 쉽지 않다. (일반 사람들을 나타내는 for us가 의미상 주어)
   ② 내 꿈은 세계 일주를 하는 것이다. (문맥상 I가 의미상 주어)

어휘

shut[ʃʌt]-shut-shut 동 닫다
clean[kliːn] 동 청소하다
at once 즉시, 곧바로

wait and see 관망하다
quit[kwit] 동 그치다, 그만두다
expect[ikspékt] 동 기대하다

master[mǽstər] 동 ~에 정통하다
travel around the world 세계 일주를 하다

B 부정사의 의미상 주어를 나타내는 경우

1. 의미상 주어를 「for + 목적격」으로 나타내는 경우
   ① *It* is difficult **for me** to solve the problem. 〈명사적 용법〉
      가주어 동사 주격 보어   진주어
   ② *It* will be dangerous **for us** to climb the mountain.
   ③ I thought *it* difficult **for her** to solve the problem.
      주어 불완전타동사 가목적어 목적격 보어   진목적어
   ④ This is *the book* **for you** to read. 〈형용사적 용법〉
   ⑤ He stood aside **for her** to enter the room. 〈부사적 용법〉
   ⑥ ⓐ This box is **too** heavy **for you** **to** lift. 〈부사적 용법〉
      ⓑ This box is **so** heavy **that you cannot** lift it.

2. 의미상 주어를 「of + 목적격」으로 나타내는 경우
   ① It is very *kind* **of you** to help me.
      = **You** are very *kind* to help me.
   ② It was *foolish* **of her** to make such a mistake.
      = **She** was *foolish* to make such a mistake.

○ 두 문장의 뜻이 같도록 빈칸에 알맞은 말을 쓰시오.

1. I don't know how I should drive a car.
   = I don't know how _____ _____ a car.
2. He hurried to the station so that he could catch the bus.
   = He hurried to the station so _____ _____ catch the bus.
3. The suitcase was so heavy that she could not carry it.
   = The suitcase was _____ _____ _____ _____ to carry.
4. It's very warm. I can go swimming.
   = It is warm _____ _____ me to go swimming.
5. He is so tall that he is easily distinguished in the crowds.
   = He is _____ _____ to be easily distinguished in the crowds.
6. It is natural that he should say so.
   = It is natural _____ _____ _____ _____ so.
7. We could not see anybody in the room.
   = Nobody was _____ _____ _____ in the room.

B

1. to부정사의 주체가 문장의 주어와 달라서 의미상 주어를 나타낼 경우에는 일반적으로 「for + 목적격」으로 쓴다. 특히 easy, difficult, dangerous, necessary 등은 「It is + 형용사 + for + 목적격 + to부정사」 형식으로 나타낸다.
   ① 내가 그 문제를 푸는 것은 어렵다.   ② 우리가 그 산을 오르는 것은 위험할 것이다.
   ③ 나는 그녀가 그 문제를 푸는 것이 어렵다고 생각했다.
   ④ 이것이 네가 읽어야 할 책이다.   ⑤ 그는 그녀가 그 방에 들어갈 수 있도록 비켜섰다.
   ⑥ 이 상자는 너무 무거워서 네가 들 수 없다.

2. 사람의 성격을 나타내는 형용사 kind, nice, foolish, wise, clever, careful, good 등의 다음에 오는 부정사의 의미상 주어는 「of+목적격」으로 나타내며, 「It is+형용사+of+목적격+to부정사」의 구문을 취한다.
   ① 나를 도와 주시니 당신은 매우 친절하십니다.   ② 그런 실수를 하다니 그녀가 어리석었다.

주의 「It is + 형용사 + of + 목적격 + to부정사」는 의미상 주어를 문장의 주어로 고쳐 쓸 수 있지만, 「It is+ 형용사+ for + 목적격 + to부정사」는 의미상 주어를 문장의 주어로 고쳐 쓸 수 없다.
ex. It was easy for him to do so. (○) → He was easy to do so. (×)

1. **to, drive** (「의문사＋to부정사」는 명사구로서 주어, 목적어, 보어로 쓰인다.)
   '나는 자동차를 운전하는 법을 모른다.'

2. **as, to** (「so that+주어+can〔may, will〕~」 = 「so as to ~」 = ~하기 위해)
   '그는 버스를 타기 위해 서둘러 정류장으로 갔다.'

3. **too, heavy, for, her** (「so ~ that+주어+can't …」 = 「too ~ to …」)
   '그 여행 가방은 너무 무거워서 그녀가 운반할 수 없었다.'

4. **enough, for** (「enough+to부정사」에서 부정사의 의미상 주어는 「for+목적격」으로 나타낸다.) '날씨는 내가 수영하러 갈 수 있을 정도로 충분히 따뜻하다.'

5. **tall, enough** (「so+형용사+that+주어+can ~」 = 「enough+to부정사」)
   '그는 군중 속에서 쉽게 눈에 띨 만큼 키가 크다.'

6. **for, him, to, say** (natural 다음에 오는 부정사의 의미상 주어는 「for+목적격」으로 나타낸다.) '그가 그렇게 말하는 것은 당연하다.'

7. **to, be, seen** ('~을 할 수 있다'의 뜻으로 가능을 나타내는 can은 주어를 서술하는 「be동사+to부정사」로 나타낼 수 있다.) '우리는 방에서 아무도 볼 수 없었다.' = '방에서 어느 누구도 보이지 않았다.'

어휘

stand aside 비켜서다	**make a mistake**[mistéik] 실수하다	**wise**[waiz] 형 현명한
lift[lift] 동 들어올리다	**carry**[kǽri] 동 나르다	**clever**[klévər] 형 영리한
foolish[fú:liʃ] 형 어리석은	**natural**[nǽtʃərəl] 형 자연스러운	**careful**[kɛ́ərfəl] 형 주의깊은

38 부정사의 시제 및 부정형

A 부정사의 시제

1. He *seems* **to be** happy. 〈현재 + 단순부정사〉
   → It *seems* that he **is** happy.
2. He *seemed* **to be** poor. 〈과거 + 단순부정사〉
   → It *seemed* that he **was** poor.
3. He *seems* **to have been** a great scholar. 〈현재 + 완료부정사〉
   → It *seems* that he **was(has been)** a great scholar.
4. He *seemed* **to have been** ill. 〈과거 + 완료부정사〉
   → It *seemed* that he **had been** ill.
5. I *expect* him **to be** a lawyer. 〈현재 + 단순부정사〉
   → I *expect* that he **will be** a lawyer.
6. I *expected* him **to be** a lawyer. 〈과거 + 단순부정사〉
   → I *expect*ed that he **would be** a lawyer.

B 부정사의 부정

1. ⓐ He told me **not to go** there.
   ⓑ He **did not tell** me to go there.
2. He walked quietly **not to wake** her up.
3. He asked them **not to make** a noise.
4. She wanted him **not to be** an artist.
5. Tom decided **not to write** a letter to her.
6. I want **never to be** late for school.
7. He studied hard **in order not to fail** again.

C 대부정사

1. You may go if you want **to**.
2. Do you like to swim? — Yes, I like **to**.
3. She went out, though I had told her not **to**.
4. He opened the box, though I told him not **to**.
5. John didn't pass the test, but he still hopes **to**.

부정사의 시제 및 부정형

A **부정사의 시제** — 부정사 그 자체로는 동작이나 상태의 시제를 나타낼 수 없으나 문맥이나 의미상으로 시제가 정해지는 경우에 단순형과 완료형으로 시제를 나타낼 수 있다. 단순부정사(to + 동사원형)는 술어동사와 같은 시제 또는 그 이후의 시제를 나타내며, 완료부정사(to have + 과거분사)는 술어동사보다 이전의 시제를 나타낸다.

1. 그는 행복한 것처럼 보인다.
2. 그는 가난한 것처럼 보였다.
3. 그는 위대한 학자였던 것 같다.
4. 그는 아팠던 것 같았다.
5. 나는 그가 변호사가 될 거라고 기대한다.
6. 나는 그가 변호사가 될 거라고 기대했다.

참고 희망·기대·예정 등을 나타내는 hope, expect, wish, want 등의 동사 다음에 오는 단순부정사는 미래의 일을 나타낸다.

B **부정사의 부정** — 부정사의 앞에 not, never 등의 부정어를 쓴다.

1. ⓐ 그는 내게 거기에 가지 말라고 말했다. (not은 to go 수식)
   ⓑ 그는 내게 거기에 가라고 말하지 않았다. (not은 문장 전체 부정)

주의 부정사 앞의 not, never는 술어동사가 아니라 부정사를 부정한다.

2. 그는 그녀를 깨우지 않도록 조용히 걸었다.
3. 그는 그들에게 떠들지 말라고 요청했다.
4. 그녀는 그가 예술가가 되지 않기를 바랐다.
5. Tom은 그녀에게 편지를 쓰지 않기로 결심했다.
6. 나는 학교에 결코 늦지 않기를 원한다. (to be의 강한 부정)
7. 그는 다시 실패하지 않도록 열심히 공부했다.

참고 in order to의 부정은 in order not to이다.

C **대부정사** — 앞에 나온 동사의 반복을 피하기 위해 to만 남고 동사가 생략되는 것을 말한다.

1. 가고 싶으면 가도 좋다. (to 뒤에 go 생략)
2. 수영하고 싶니? — 그래, (수영을) 하고 싶어. (to 뒤에 swim 생략)
3. 그녀에게 외출하지 말라고 말했는데도, 그녀는 외출했다. (to 뒤에 go out 생략)
4. 열지 말라고 말했는데도, 그는 그 상자를 열었다. (to 뒤에 open the box 생략)
5. John은 그 시험에 합격하지 못했지만 아직도 합격하기를 바라고 있다. (to 뒤에 pass the test 생략)

어휘

seem [siːm] 동 ~으로 보이다
scholar [skɑ́lər] 명 학자
lawyer [lɔ́ːjər] 명 변호사
quietly [kwáiətli] 부 조용히
wake [weik] up ~를 깨우다
make a noise [nɔiz] 떠들다
artist [ɑ́ːrtist] 명 예술가
be late for ~에 지각하다
still [stil] 부 여전히, 아직도

생활 영어

음식 권하기 / 좋아하는 것 묻기

● ○ ○ 음식 권하기 및 응답하기

― 음식 권하기
1. Go ahead. Help yourself.
2. Do you want some more cake? / Will you have some more cake?
3. What will you have? / What would you like to drink?
4. Would you like something to drink? / Can I get you something to drink?

― 음식 권유에 응답하기
5. Yes, thank you. / Yes, please. / Thank you, I will. / It's very delicious.
6. No, thanks. (I've had enough. / I'm full. / I can't eat another bite.)
   No, thank you. (I'd rather have some apples.)

A: This cake is delicious, Jane.
B: Thank you. **Do you want some more**?
A: **No, thanks. I'm full**.
B: Then, try this orange juice.

● ● ○ 좋아하는 것 묻고 대답하기

― 좋아하는 것 묻기
1. Do you like Italian food?
2. Which do you like better, spaghetti or pizza?
3. Which music do you like best? / What's your favorite music?

― 좋아하는 것 대답하기
4. I like sushi. / I like spaghetti better.
5. I like Chinese food most. / There's nothing I like more than bulgogi.

A: **Which season do you like best**?
B: **I like summer best**.
A: Why?
B: Because I like swimming.

 왼쪽에 있는 영문을 큰 소리로 여러 번 읽고 뜻을 파악한 다음, 우리말을 참고하기 바랍니다.
왼쪽에 있는 영문을 암기한 다음, 오른쪽의 우리말을 보고 영어로 써 보는 것이 좋습니다.

●○○ 음식 권하기 및 응답하기

— 음식 권하기
1. 어서 드세요. 많이 드세요.
2. 케이크 좀 더 드릴까요? / 케이크 좀 더 드시겠어요?
3. 무엇을 드시겠어요? / 무엇을 마시겠어요?
4. 마실 것 좀 드릴까요?

— 음식 권유에 응답하기
5. 네, 고맙습니다. / 네, 부탁드립니다. / 고마워요, 그럴께요. / 참 맛있어요.
6. 고맙습니다만, 사양하겠습니다. (충분히 먹었습니다. / 배가 불러서요. / 더 이상 못 먹겠어요.)
   고맙습니다만, 사양하겠습니다. (그보다는 사과를 좀 먹겠습니다.)

> 6. 권유하는 음식을 사양할 때는 정중하게 No, thank you. I've had enough. 또는 I'm full. 등으로 말한다.

Mini Dialogue
A: Jane, 이 케이크 맛있네요.
A: 고맙습니다만, 배가 불러요.
B: 고마워요, 더 드실래요?
B: 그러면, 이 오렌지 주스 좀 마시세요.

●●○ 좋아하는 것 묻고 대답하기

— 좋아하는 것 묻기
1. 이탈리아 음식을 좋아하니?
2. 스파게티와 피자 중에서 어느 것을 더 좋아하니?
3. 어떤 음악을 가장 좋아하니? / 가장 좋아하는 음악은 무엇이니?

— 좋아하는 것 대답하기
4. 초밥을 좋아해. / 스파게티를 더 좋아해.
5. 나는 중국 음식을 가장 좋아해. / 불고기보다 더 좋아하는 것은 없어.

> 2. Which do you like better, A or B?는 둘 중에서 어느 것을 더 좋아하는지를 물을 때 사용하는 표현으로, 대답은 I like ~ better.로 한다.
> 3. Which ~ do you like best? 또는 What's your favorite ~?은 가장 좋아하는 것을 물을 때 사용하는 표현으로, 대답은 I like ~ most(best).로 한다.

Mini Dialogue
A: 어떤 계절을 가장 좋아하니?
A: 왜?
B: 여름을 가장 좋아해.
B: 수영을 좋아하거든.

실전 응용 문제

A 다음에서 틀린 곳을 찾아 바르게 고치시오.

1. He was enough foolish to believe it.
2. I saw some boys ran away.
3. I made him to paint my house.
4. You had better to tell the whole story.
5. I could not but to laugh at the sight.
6. There is no house for she to live in.
7. The poem was too difficult for us to understand it.
8. Be careful to not make a mistake.
9. I have no friends to play.
10. He had no knife to cut the paper.
11. It is foolish for you to say such a thing.
12. He was necessary to get there by five.

○ foolish 형 미련한
believe 동 믿다
run away 달아나다
whole 형 전부의
laugh at ~을 보고 웃다
sight 명 광경
poem 명 시(詩)
careful 형 주의깊은
make a mistake 실수하다
necessary 형 필요한

B 다음 짝지어진 두 문장을 비교하여 우리말로 옮기시오.

1. ⓐ I want to play the violin.
   ⓑ I want you to play the violin.
2. ⓐ I'd like to meet my parents.
   ⓑ I'd like you to meet my parents.
3. ⓐ He didn't promise to meet her.
   ⓑ He promised not to meet her.

C 다음 중 의도하는 바가 나머지 넷과 다른 것을 고르시오.

① Help yourself.
② Are you ready to order?
③ Do you want some more cake?
④ Can I get you something to eat?
⑤ Would you like something to drink?

D **다음 글을 읽고, 물음에 답하시오.**

Backpacking trip is now a worldwide trend. Young people love **to take** a backpacking trip abroad because they are adventurous and challenging. (①) A backpacking trip has many advantages: you can easily interact with locals and absorb more culture. (②) First of all, you should consider your time and money. Pick only a few countries or places **to see**. You can't visit all the places you want to see at one time. (③) Make a rough estimate of the total expenses. Also be ready for hidden costs such as exchange rates, unforeseen medical expenses, supplements. (④) The next step is <u>to make</u> reservations and try to be on time. Lastly, double-check the safety of the area you are going to visit. (⑤) These will ensure that your trip is one of the most memorable moments of your life.

adventurous ⑱ 모험을 즐기는
interact ⑧ 상호 작용하다
absorb ⑧ 흡수하다
make an estimate of ~의 견적을 내다
rough ⑱ 대략적인
exchange rate 환율
supplement ⑱ 추가
ensure ⑧ ~을 책임지다, 보장(보증)하다
memorable ⑱ 기억할 만한

1. 글의 흐름으로 보아, 주어진 문장이 들어가기에 알맞은 곳을 고르시오.

   | To begin a backpacking trip abroad, you need a good preparation. |

preparation ⑱ 준비, 각오

2. 위 글의 밑줄 친 <u>to make</u>와 쓰임이 같은 것을 고르시오.
   ① His desire is <u>to go</u> abroad.
   ② This river is dangerous <u>to swim</u> in.
   ③ He went to London <u>to see</u> the sights.
   ④ He turned pale <u>to hear</u> the bad news.
   ⑤ There is nothing <u>to drink</u> in the refrigerator.

E **다음 우리말을 영어로 옮기시오.**

1. 나는 Tom이 그 일을 하기를 원했다.
2. 나는 Nancy가 거기에 가는 것을 좋아하지 않는다.
3. 우리는 살기 위해서 먹는다.
4. 이 문제를 이해하는 것은 어렵다.

Answer & Explanation

ANSWER

A 1. enough foolish → foolish enough 2. ran → run 또는 running 3. to paint → paint 4. to tell → tell 5. to laugh → laugh 6. she → her 7. it을 삭제 8. to not → not to 9. play → play with 10. paper → paper with 11. for → of 12. He was necessary → It was necessary for him

B 1. ⓐ 나는 바이올린을 켜고 싶다. ⓑ 나는 네가 바이올린을 켜기를 바란다. 2. ⓐ 나는 내 부모님을 만나고 싶다. ⓑ 나는 네가 나의 부모님을 만났으면 한다. 3. ⓐ 그는 그녀를 만나기로 약속하지 않았다. ⓑ 그는 그녀를 만나지 않기로 약속했다.

C ②   **D** 1. ② 2. ①

E 1. I wanted Tom to do the work. 2. I don't like Nancy to go there. 3. We eat to live. 4. It is difficult to understand this problem.

EXPLANATION

A
1. enough가 형용사를 수식할 때는 「형용사+enough to부정사」의 어순을 취한다. '그는 그것을 믿을 정도로 어리석었다.'
2. saw가 지각동사이므로 목적격 보어로 원형부정사 또는 현재분사가 와야 한다. '나는 몇몇 소년들이 도망가는(도망가고 있는) 것을 보았다.'
3. make가 사역동사이므로 목적격 보어로 원형부정사가 와야 한다. '나는 그에게 집을 칠하도록 시켰다.'
4. had better 다음에는 원형부정사가 와서 '~하는 게 낫다'의 뜻을 나타낸다. '너는 모든 이야기를 하는 게 낫다.'
5. cannot but 다음에는 원형부정사가 와서 '~하지 않을 수 없다'의 뜻을 나타낸다. '나는 그 광경을 보고 웃지 않을 수 없었다.'
6. 부정사의 의미상 주어는 「for(of)+목적격」으로 한다. '그녀가 살 집이 없다.'
7. 「too ~ to부정사」의 구문에서 문장의 주어가 부정사의 목적어가 되는 경우, 부정사의 목적어는 표시하지 않는다. '그 시는 너무 어려워서 우리들은 이해할 수 없었다.'
8. 부정사의 부정어는 부정사 앞에 쓴다. '실수를 하지 않도록 주의해라.'
9. 부정사의 형용사적 용법에서 수식받는 명사(friends)는 부정사구(to부정사 ~)의 의미상 목적어이므로 전치사 with가 play 다음에 들어가야 한다. '나는 같이 놀 친구가 없다.'
10. knife는 부정사구 to cut the paper의 의미상 목적어이므로 전치사 with가 paper 다음에 와야 한다. '그는 그 종이를 자를 칼이 없다.'
11. foolish와 같이 사람의 성질을 나타내는 형용사 다음에 오는 부정사의 의미상 주어는 「of+목적격」으로 나타낸다. '그런 말을 하다니 너는 바보구나.'

12. 「It is+형용사+for+목적격+to 부정사」 형식의 구문은 의미상 주어를 문장의 주어로 바꾸어 쓸 수 없다. '그가 5시까지 거기에 도착할 필요가 있었다.'

C ②는 "주문하시겠습니까?"라는 뜻으로 식당에서 종업원들이 음식을 주문받을 때 쓰는 표현이고, ①, ③, ④, ⑤는 상대방에게 음식을 권하는 표현이다.

D 배낭여행은 이제 세계적 추세이다. 젊은이들은 해외 배낭여행을 좋아한다. 왜냐하면, 그들은 모험심이 있고 도전적이기 때문이다. 배낭여행은 많은 장점이 있다. 즉, 현지인과 쉽게 상호작용을 하고 더 많은 문화를 흡수할 수 있다. (해외 배낭여행을 시작하기 위해서는, 충분한 준비가 필요하다.) 무엇보다 먼저, 자신의 시간과 돈을 고려해야 한다. 관광할 나라나 장소를 몇 개만 선택해야 한다. 한꺼번에 보고 싶은 곳을 다 방문할 수는 없다. 전체 경비의 대략적인 견적을 내 보아라. 그리고 환율, 예측하지 않았던 의료비, 추가 장비와 같은 보이지 않는 경비에 대비하라. 다음 단계는 예약을 하고 시간을 지키도록 노력하는 것이다. 끝으로, 방문하려는 곳의 안전을 재확인하라. 이런 것들이 당신의 여행이 인생에 있어서 가장 기억에 남을 순간들 가운데 하나가 되는 것을 보장할 것이다.

1. 열거 형식의 전개 방식을 취하고 있는 글임에 착안하여 문장의 전후 관계를 파악한다.
2. to make는 주격 보어로서 명사적 용법으로 쓰이고 있다.
   ① 명사적 용법(to go는 주격 보어), '그의 꿈은 해외 여행을 하는 것이다.'
   ② 부사적 용법(형용사 dangerous를 수식), '이 강은 수영하기에는 위험하다.'
   ③ 부사적 용법(목적), '그는 관광을 하기 위해 런던으로 갔다.'
   ④ 부사적 용법(원인), '그는 나쁜 소식을 듣고서 창백해졌다.'
   ⑤ 형용사적 용법(명사 nothing을 수식), '냉장고에는 마실 것이 아무것도 없다.'

〈구문해설〉
· Young people love **to take** ...: to take는 명사적 용법으로 love의 목적어이다.
· Pick only a few countries or places **to see**.: to see는 countries와 places를 수식하는 형용사적 용법의 부정사이다.
· You can't visit all the places ∧ you want to see at one time.: places 다음에 목적격 관계대명사 which(that)가 생략되어 있다.
· Lastly, double-check the safety of the area ∧ you are going to visit.: area 다음에 목적격 관계대명사 which(that)가 생략되어 있다.

E 1. to do는 목적격 보어 역할을 하는 명사적 용법 2. to go는 목적격 보어 역할을 하는 명사적 용법 3. to live는 목적을 나타내는 부사적 용법 4. to understand는 진주어로서 명사적 용법

10 동명사

39 동명사의 용법

A 주어 역할

1. **Traveling** by car is very interesting. 〈동명사 주어〉
   → It is very interesting **traveling** by car. 〈동명사 진주어〉
   → **To travel** by car is very interesting. 〈부정사 주어〉
2. **Getting up** early in the morning is good for your health.

B 보어 역할

1. ⓐ He is **collecting** stamps. 〈현재분사 : 진행형〉
   ⓑ His hobby is **collecting** stamps. 〈동명사 : 보어〉
   → His hobby is **to collect** stamps. 〈부정사 : 보어〉
2. Commerce is **buying** and **selling** goods.

C 타동사·전치사의 목적어 역할

1. He *enjoyed* **swimming** in the lake. 〈타동사의 목적어〉
2. She *finished* **painting** the picture. 〈타동사의 목적어〉
3. She is fond *of* **playing** the piano. 〈전치사의 목적어〉
4. Nancy went away *without* **saying** good-bye. 〈전치사의 목적어〉
5. I am looking forward *to* **seeing** you〔**your letter**〕. 〈전치사의 목적어〉

D 동명사 + 명사 / 현재분사 + 명사

1. ⓐ a **sléeping** car = a car for sleeping 〈동명사〉
   ⓑ a **sleeping** báby = a baby who is sleeping 〈현재분사〉
2. ⓐ a **swímming** pool = a pool for swimming 〈동명사〉
   ⓑ the **swimming** bóy = the boy who is swimming 〈현재분사〉

어휘

be good for ~에 좋다
commerce [kámə(:)rs] 명 상업
goods [gudz] 명 물건
be fond of ~을 좋아하다
look forward [fɔ́:rwərd] to ~을 고대하다

동명사(Gerund)

동명사는 동사의 성질을 가지면서 명사의 역할을 하는 것으로 「동사원형+-ing」가 기본 형태이다. 동명사에는 단순형 능동태(동사원형+-ing)·수동태(being+과거분사)와 완료형 능동태(having+과거분사)·수동태(having been+과거분사)가 있다.

동명사의 용법

동명사는 동사의 성질을 가지고 있으므로 목적어나 보어를 취하며 부사(구)의 수식을 받을 수 있다. 또한 문장에서 명사 역할을 하므로 주어·목적어·보어로 쓰인다.

A
1. 자동차로 여행하는 것은 매우 재미있다.
2. 아침에 일찍 일어나는 것은 건강에 좋다.

참고
- 주어인 동명사 대신 가주어 it을 쓰고 동명사를 뒤에 둘 수 있으며, 부정사를 사용하여 바꾸어 쓸 수도 있다.
- 1의 Traveling과 2의 Getting up은 각각 수식어구 by car와 early in the morning을 취하므로 동사적 성질을 지니고 있는데 동시에 문장에서 주어 역할을 하므로 명사적 성질도 지니고 있는 것이다.

B
1. ⓐ 그는 우표를 수집하고 있다.
   ⓑ 그의 취미는 우표를 수집하는 것이다. (His hobby = collecting stamps)
2. 상업은 물품을 사고 파는 것이다.

C
1. 그는 호수에서 수영하는 것을 즐겼다. (swimming은 타동사 enjoyed의 목적어)
2. 그녀는 그림 그리는 것을 끝마쳤다. (painting은 타동사 finished의 목적어)
3. 그녀는 피아노 치는 것을 좋아한다. (playing은 전치사 of의 목적어)
4. Nancy는 작별 인사도 하지 않고〔하는 것도 없이〕 가버렸다. (saying은 전치사 without의 목적어)
5. 나는 당신을 만나기〔네 편지〕를 고대하고 있다. (seeing은 전치사 to의 목적어)

주의 5에서 look forward to ~ (~을 고대하다, 즐겁게 기다리다)의 to는 전치사이므로 그 다음에는 명사 또는 동명사가 오는 것에 유의한다.

D
동명사 + 명사 / 현재분사 + 명사 — 동명사와 현재분사는 명사 앞에 놓여 그 명사를 수식할 수 있는데, 형태가 같으므로 그것이 동명사인지 현재분사인지 구별할 수 있어야 한다. 동명사는 대개 명사의 목적·용도(~하기 위한)를 나타내고, 현재분사는 명사의 동작(~하고 있는)·상태·성질 등을 나타낸다.

1. ⓐ 침대차   ⓑ 잠자고 있는 아이
2. ⓐ 수영장   ⓑ 수영하는 그 소년

40 동명사의 의미상 주어와 시제

A 동명사의 의미상 주어

1. 의미상 주어를 나타내는 경우
   ① I don't like *his(him)* **coming** here.
   ② She is proud of *her son's(her son)* **being** clever.
   ③ He is proud of *his school* **having** a beautiful garden. 〈무생물〉

2. 의미상 주어를 나타내지 않는 경우
   ① He is proud of **being** a scholar. 〈의미상 주어가 문장의 주어와 일치할 때〉
      = He is proud that he is a scholar.
   ② I scolded her for **being** late. 〈의미상 주어가 문장의 목적어와 일치할 때〉
      = I scolded her because she was late.
   ③ **Taking** regular exercise is good for health. 〈의미상 주어가 일반인일 때〉

B 동명사의 시제

1. 단순동명사(동사원형 + -ing)
   ① He *is(was)* ashamed of **being** idle. 〈술어동사와 같은 때〉
      = He *is(was)* ashamed that he *is(was)* idle.
   ② ⓐ I *remember* **meeting** her the other day. 〈술어동사 이전의 때〉
      ⓑ I *remember* **to meet** her tomorrow. 〈술어동사 이후의 때〉
   ③ I *am* sure of John(John's) **coming** in time. 〈술어동사 이후의 때〉
      = I *am* sure that John **will come** in time.

2. 완료동명사(having + 과거분사)
   ① I *am* sure of his **having been** honest.
      = I *am* sure that he **was(has been)** honest.
   ② He *regretted* **having been** idle in his youth.
      = He *regretted* that he **had been** idle in his youth.

어휘

be proud of ~을 자랑스러워하다	**scold**[skould] 동 꾸짖다	**be sure**[ʃuər] **of** ~을 확신하다
clever[klévər] 형 영리한	**be good for** ~에 좋다	**in time** 때를 맞춰
scholar[skálər] 명 학자	**be ashamed of** ~을 부끄럽게 여기다	**regret**[rigrét] 동 ~을 후회하다

동명사의 의미상 주어와 시제

 **동명사의 의미상 주어** — 동명사는 동사의 성질을 가지고 있으므로 동작이나 상태의 주체가 되는 의미상 주어를 가지는데, 이 의미상 주어를 나타내는 경우와 나타내지 않는 경우가 있다. 의미상 주어가 문장의 주어와 일치하지 않으면, 일반적으로 **소유격**을 동명사 앞에 써서 나타내지만, 구어에서는 **목적격**으로 나타내는 경우가 많다.

1. ① 나는 그가 여기에 오는 것을 좋아하지 않는다. (문장 주어 I, 의미상 주어 his〔him〕)
   ② 그녀는 자기 아들이 영리한 것을 자랑스러워한다. (문장 주어 She, 의미상 주어 her son's〔her son〕)
   ③ 그는 그의 학교가 아름다운 정원을 가지고 있다는 것을 자랑스러워한다.

주의 의미상 주어가 무생물인 경우에는 목적격으로 나타낸다.

2. ① 그는 (자기가) 학자임을 자랑스러워 한다.
   (동명사 being 앞에 의미상 주어 his가 문장의 주어와 같으므로 생략된 것이다.)
   ② (그녀가) 늦은 것에 대해서 나는 그녀를 꾸짖었다.
   (동명사 being 앞에 의미상 주어 her가 문장의 목적어와 같으므로 생략된 것이다.)
   ③ 규칙적인 운동을 하는 것은 건강에 좋다.
   (동명사의 의미상 주어가 our, your, their처럼 일반인을 가리킬 때는 이를 생략한다.)

 동명사의 시제 — 동명사에는 시제가 없으므로 문장의 술어동사의 시제나 의미 또는 전후 관계를 통하여 동명사가 나타내는 때가 결정된다.

1. **단순동명사**는 원칙적으로 술어동사의 시제와 같은 때를 나타낸다. 그러나, 술어동사에 따라서 이전과 이후의 때를 나타내기도 한다.
   ① 그는 자신이 게으른〔게을렀던〕 것을 부끄럽게 여긴다〔여겼다〕.
   ② ⓐ 나는 일전에 그녀를 만난 것을 기억한다.
   　 ⓑ 나는 내일 그녀를 만날 것을 기억한다.
   ③ 나는 John이 제시간에 오리라는 것을 확신한다. (coming은 술어동사 am보다 이후 시제인 미래시제)

참고 be sure of, intend, hope of 등의 다음에 오는 단순동명사는 술어동사보다 이후의 때를 나타낸다.

2. **완료동명사**는 술어동사의 시제보다 이전의 때를 나타낸다.
   ① 나는 그가 (과거에) 정직했다는 것을 (현재) 확신한다.
   ② 그는 젊었을 때 게을렀던 것을 후회했다.

41 동명사와 to부정사

A 동명사와 to부정사를 둘 다 목적어로 취할 수 있는 동사

1. 뜻이 같은 동사
   ① He **began** *eating*. = He **began** *to eat*.
   ② When did you **start** *skating*? = When did you **start** *to skate*?
   ③ He **continued** *talking*. = He **continued** *to talk*.
2. 뜻이 달라지는 동사
   ① ⓐ She **remembers**〔**forgot**〕 *meeting* him in the park. 〈과거의 일〉
      ⓑ She **remembers**〔**forgot**〕 *to meet* him in the park. 〈미래의 일〉
   ② ⓐ **Try** *doing* yoga if you want to be more flexible. 〈한번 ~해보다〉
      ⓑ I **tried** *to do* yoga every morning. 〈~하려고 노력하다〉

B 동명사만을 목적어로 취하는 동사

1. We **enjoyed** *watching* the baseball game yesterday.
2. Did you **finish** *writing* your report?
3. ⓐ They **stopped** *fighting*. 〈3형식〉
   ⓑ They **stopped** *to fight*. 〈1형식〉

C to부정사만을 목적어로 취하는 동사

1. He **wished** *to be* a teacher.   2. I **hope** *to go* to America.
3. He **decided** *to meet* her.   4. I **promised** not *to tell* a lie.

D 동명사의 관용적 표현

1. **There is no going** out on such a cold day.
2. **It is no use crying** over spilt milk.
3. **On seeing** the policeman, he ran away.
4. I **feel like going** on a trip.
5. He **is busy preparing** for examination.
6. I **can't help falling** in love with you.

어휘

flexible [fléksəbl] 형 유연성이 있는   동 엎지르다, 흘리다   fall in love with ~와 사랑에 빠지다
decide [disáid] 동 결정하다   run away 도망치다   avoid [əvɔ́id] 동 ~을 피하다
spill [spil]–spilt [spilt]–spilt   prepare [pripɛ́ər] 동 준비하다   give up 포기하다, 단념하다

동명사와 to부정사

동명사와 to부정사는 동사와 명사의 성질을 함께 지니고 있어 이 둘을 혼동하기 쉽다. 특히 동명사와 부정사가 타동사의 목적어가 되는 경우에는 주의해야 한다.

A

1. begin, love, hate, like, start, continue 등은 목적어로 동명사와 to부정사를 모두 취할 수 있고, 어느 것을 사용해도 같은 뜻을 나타낸다.
   ① 그는 먹기 시작했다.　　　　　　　　② 언제 스케이트를 타는 것을 시작했니?
   ③ 그는 이야기하는 것을 계속했다.
2. remember, forget, try 등은 목적어로 to부정사와 동명사를 취하지만, 뜻이 달라진다.
   ① ⓐ 그녀는 그 공원에서 그를 만난 것을 기억한다[잊었다].
   　 ⓑ 그녀는 그 공원에서 그를 만날 것을 기억한다[잊었다].
   ② ⓐ 더 유연해지고 싶다면 요가를 해 보세요.　 ⓑ 나는 매일 아침 요가를 하려고 노력했다.

B

enjoy, finish, mind, avoid, stop, give up 등은 동명사만을 목적어로 취한다.
1. 우리는 어제 야구 경기 관람을 즐겼다.　　2. 너는 보고서 쓰는 것을 마쳤니?
3. ⓐ 그들은 싸움을 그만두었다. (fighting은 동명사로서 stopped의 목적어)
   ⓑ 그들은 싸우기 위해 (가던 길을) 멈추었다. (to fight는 to부정사의 부사적 용법 중 목적)

C

wish, want, expect, hope, decide, promise 등은 to부정사만을 목적어로 취한다.
1. 그는 선생님이 되기를 원했다.　　　　2. 나는 미국에 가기를 희망한다.
3. 그는 그녀를 만나기로 결심했다.　　　4. 나는 거짓말을 하지 않기로 약속했다.

D

- There is no + -ing = It is impossible to + 동사원형 = We are unable to + 동사원형 = We cannot + 동사원형: ~할 수 없다
- It is (of) no use + -ing = It is of no use to + 동사원형: ~해도 소용없다
- on + -ing = as soon as + 주어 + 동사: ~하자마자
- feel like + -ing = feel inclined to + 동사원형 = would like to + 동사원형: ~하고 싶은 기분이다
- be busy + -ing = be busy as + 주어 + 동사: ~하느라 바쁘다
- cannot help + -ing = cannot but + 동사원형 = have no choice but to + 동사원형 = cannot avoid + -ing: ~하지 않을 수 없다

1. 이렇게 추운 날씨에 외출하는 것은 불가능하다(외출할 수 없다).
2. 엎질러진 우유를 놓고 울어도 소용없다.　3. 경찰관을 보자마자 그는 도망쳤다.
4. 나는 여행하고 싶다.　　　　　　　　5. 그는 시험을 준비하느라고 바쁘다.
6. 나는 당신과 사랑에 빠지지 않을 수 없다.

생활 영어 — 음식 주문하고 받기

● ○ ○ 음식 주문

— 음식 주문받기

1. May(Can) I take your order? / Are you ready to order?
2. Would you like(care) to order now?
3. (Is there) Anything else? / Will that be all?
4. (For) Here or to go(take out)?

— 음식 주문하기

5. I'll have this, please.
6. I'd like a hamburger and Coke.
7. I'll have the same. / Same here. / The same for me.
8. May I change my order?

Mini Dialogue

1. A: **Are you ready to order?** B: **Yes, I'd like Supreme Pizza.**
   A: Would you like something to drink?
   B: Yes, I'd like orange juice.
   A: What kind of salad would you like?
   B: I'll have green salad.
   A: **Anything else?** B: No, thank you.

2. A: **May I take your order?**
   B: Yes, please. **I'd like some ice cream.**
   A: What flavor would you like? B: **I'd like strawberry.**
   A: **For here or to go?** B: For here, please.

● ● ○ 주문한 음식이 아닐 때

1. I didn't order this.
2. This is not my order. / This isn't what I asked for.

Mini Dialogue

A: Excuse me. B: Yes, sir?
A: **This is not what I ordered.** B: Oh, sorry. What did you order?
A: I ordered a cheeseburger. B: All right. I'll be back with it.

 왼쪽에 있는 영문을 큰 소리로 여러 번 읽고 뜻을 파악한 다음, 우리말을 참고하기 바랍니다.
왼쪽에 있는 영문을 암기한 다음, 오른쪽의 우리말을 보고 영어로 써 보는 것이 좋습니다.

● ○ ○ 음식 주문

— 음식 주문받기
1. 주문하시겠습니까?
2. 이제 주문하시겠습니까?
3. 그 밖의 다른 것은 없으신가요? / 다 되셨나요?
4. 여기서 드실 건가요, 가지고 가실 건가요?

— 음식 주문하기
5. 이것으로 주세요.
6. 햄버거와 콜라를 주세요.
7. 저도 같은 것으로 하겠습니다.
8. 주문을 바꿔도 되겠습니까?

5. / 6. "~으로 먹겠어요."라고 먹고자 하는 음식 이름을 말할 때는 I'll have ~. / I'd like[want] ~ / I'll try ~. 등의 표현을 쓰거나, 간단히 "~, please."라고 한다.

Mini Dialogue

1. A: 주문하시겠습니까? B: 네, 슈프림 피자 주세요.
   A: 마실 것 좀 드릴까요? B: 오렌지 주스 주세요.
   A: 어떤 샐러드를 드릴까요? B: 그린 샐러드를 주세요.
   A: 그 밖의 다른 것은요? B: 아니, 됐습니다.

2. A: 주문하시겠습니까? B: 네, 아이스크림을 주세요.
   A: 어떤 맛으로 드릴까요? B: 딸기로 주세요.
   A: 여기서 드시겠습니까, 가지고 가시겠습니까? B: 여기서 먹을 겁니다.

● ● ○ 주문한 음식이 아닐 때

1. 이것을 주문하지 않았습니다.
2. 이건 제가 주문한 게 아닙니다.

Mini Dialogue

A: 실례합니다. B: 네, 손님.
A: 이건 제가 주문한 게 아닌데요. B: 아, 죄송합니다. 뭘 주문하셨죠?
A: 치즈버거를 주문했습니다. B: 알겠습니다. 곧 갖다 드리겠습니다.

실전 응용 문제

A 다음에서 틀린 곳을 찾아 바르게 고치시오.

1. He enjoys to play the guitar very much.
2. Mary has just finished to write a letter.
3. Don't forget writing to me soon.
4. How about go on a picnic next Sunday?
5. I don't really want going there.
6. I would like reading Shakespeare's "Romeo and Juliet."
7. The cat is fond of to lie on my knees.
8. Nancy is interested in to play the piano.

○ lie 동 눕다
knee 명 무릎

B 두 문장의 의미가 같도록 빈칸에 알맞은 말을 쓰시오.

1. I would like to eat out for lunch.
   = I feel _____ _____ out for lunch.
2. As soon as he heard the news, he turned pale.
   = _____ _____ the news, he turned pale.
3. She could not but laugh at the sight.
   = She could _____ _____ _____ at the sight.

○ eat out 외식하다
turn pale 창백해지다
sight 명 광경

C 다음 각 문장을 복문으로 고쳐 쓰시오.

1. He denied having told the accident.
2. I'm glad to hear of your having succeeded.
3. I am sure of his coming back home till the next week.

D 다음 중 의도하는 바가 나머지 넷과 다른 것을 고르시오.

① How can I get there?
② Is there anything else?
③ May I take your order?
④ Would you like to order now?
⑤ How would you like your steak?

E 다음 글을 읽고, 물음에 답하시오.

　Every now and then, we hear reports of teenage suicide. There are thousands of reasons for the rise in teenage suicide. Major reasons might be, among others, social changes, childhood depression, decreased family stability, and easy access to deadly medicine.
　Suicidal behaviors ___ⓐ___ by recent stressful events, specially in impulsive teenagers. As a matter of fact, there are many <u>warning signs</u> such as **talking** about **killing** oneself; **talking** about hopelessness, helplessness, or worthlessness; obsession with death; **setting** one's affairs in order; and ___ⓑ___ things away. Very often suicidal teenagers need emotional support more than *psychiatric treatment.　　*psychiatric 정신과의

every now and then 때때로
suicide 명 자살
depression 명 우울증
decreased 형 줄어드는
stability 명 안정(성)
access 명 접근
behavior 명 행동
impulsive 형 충동적인
obsession 명 강박관념
affair 명 일
in order 차례대로
give away 남에게 주다
emotional 형 정서적인
treatment 명 치료

1. 빈칸 ⓐ와 ⓑ에 들어갈 말이 알맞은 것끼리 짝지어진 것을 고르시오.
　① cause – give　　　　② cause – gives
　③ is caused – giving　　④ are caused – give
　⑤ are caused – giving

2. 밑줄 친 <u>warning signs</u>가 뜻하는 것으로 가장 알맞은 것을 고르시오.
　① 죽음에 집착하는 십대　② 십대의 자살의 원인
　③ 유년기의 우울증　　　④ 십대의 자살의 징후
　⑤ 십대의 자살에 관한 리포트

F 다음 우리말을 영어로 옮기시오.

1. 많은 책을 읽는 것은 매우 중요하다.
2. 우리는 이야기를 중단했다.
3. 우리는 이야기를 하기 위해 걸음을 멈추었다.
4. 우리는 7시 30분에 축구 경기를 마쳤다.
5. 어머니는 부엌에서 요리하시느라 바쁘다.
6. 그를 만나는 것을 잊지 마라.
7. 그의 습관은 매일 공원을 걷는 것이다.
8. 그녀는 그 산에 올라가 보려고 했다.

Answer & Explanation

Answer

A 1. to play → playing 2. to write → writing 3. writing → to write 4. go → going 5. going → to go 6. reading → to read 7. to lie → lying 8. to play → playing

B 1. like, eating 2. On(Upon), hearing 3. not, help, laughing

C
1. He denied that he had told the accident.
2. I'm glad to hear that you have succeeded.
3. I am sure that he will come back home till the next week.

D ①   **E** 1. ⑤ 2. ④

F 1. Reading many books is very important. 2. We stopped talking. 3. We stopped to talk. 4. We finished playing a soccer game at 7:30. 5. Mother is busy cooking in the kitchen. 6. Don't forget to see him. 7. His habit is walking in the park every day. 8. She tried to climb the mountain.

Explanation

A
1. enjoy는 목적어로 동명사만을 취한다. '그는 기타를 치는 것을 매우 즐긴다.'
2. finish는 목적어로 동명사만을 취한다. 'Mary는 편지 쓰는 것을 방금 끝마쳤다.'
3. forget + -ing = ~한 것을 잊다 (과거)
   forget + to 부정사 = ~할 것을 잊다 (미래) '나에게 곧 편지 쓰는 것을 잊지 마시오.'
4. How(What) about + -ing? = ~하는 것이 어때? '다음 일요일에 소풍가는 것이 어때?'
5. want는 목적어로 부정사만을 취한다. '나는 정말로 거기에 가고 싶지 않다.'
6. would like는 목적어로 부정사를 취한다. '나는 셰익스피어의 "로미오와 줄리엣"을 읽고 싶다.'
7. be fond of + -ing = ~을 좋아하다, '그 고양이는 내 무릎에 눕기를 좋아한다.'
8. be interested in + -ing = ~에 흥미가 있다, 'Nancy는 피아노 치는 것에 흥미가 있다.'

B
1. would like to + 동사원형 = feel like + -ing = ~하고 싶다, '나는 점심을 나가서 먹고 싶다.'
2. as soon as + 주어 + 동사 = on + -ing = ~하자마자, '그 소식을 듣자마자, 그는 창백해졌다.'
3. cannot but + 동사원형 = cannot help + -ing = have no choice but to + 동사원형 = ~하지 않을 수 없다, '그녀는 그 광경에 웃지 않을 수 없었다.'

C
1. 「과거시제의 술어동사 + 완료동명사」인 경우에 완료동명사는 과거완료로 나타낸다. '그는 그 사고에 대해 말한 것을 부인했다.'

2. 「현재시제의 술어동사 + 완료동명사」인 경우에 완료동명사는 문맥에 따라서 과거 또는 현재완료가 된다. '네가 성공했다는 소식을 들으니 기쁘다.'
3. be sure of, intend, hope of 등의 다음에 오는 단순동명사는 술어동사보다 미래의 시제를 나타낸다. '나는 그가 다음 주까지 집에 돌아오리라고 확신한다.'

D ①은 길을 묻는 표현이고, ②, ③, ④, ⑤는 식당에서 주문을 받는 표현이다.
How would you like your steak?는 '스테이크를 어떻게 구워 드릴까요?' 의 뜻으로, 대답은 고기를 익히는 정도에 따라서 'Rare(덜 익힌) / Medium(중간 정도로 익힌) / Well-done(완전히 익힌), please.' 등으로 한다.

E
> 때때로, 십대의 자살 소식을 듣는다. 십대의 자살이 느는 데 대하여 수천 가지 이유들이 있다. 주요 이유들은 여러 가지 중에서도 사회적 변화, 유년기의 우울증, 줄어든 가정의 안정, 치명적 약품에 쉬운 접근일 것이다.
> 자살 성향의 행동은 특히 충동적인 십대에게서 최근의 스트레스 받는 일들에 의하여 일어난다. 사실, 자살에 관해 말한다든지, 희망 없음, 무력함, 또는 무가치함에 관해 말하든지, 죽음에 집착한다든지, 자신의 물건들을 정돈한다든지, 물건들을 나누어준다든지 하는 경고 표식이 많이 있다. 자살하려는 십대들은 흔히 정신과 치료보다는 정서적 지원이 더 필요하다.

1. ⓐ 최근의 스트레스 받는 일들에 의해서 자살 성향의 행동이 나타나므로 cause의 형태는 수동태가 되어야 하고, 주어(Suicidal behaviors)가 복수이므로 be동사 are를 써서 are caused로 쓴다. ⓑ such as의 목적어로서 give는 동명사로 나타내며, talking, obsession, setting과 공통 관계에 있다.
2. ①은 십대의 자살의 징후 중의 하나이며, ③은 십대의 자살의 원인 중의 하나이다.

〈구문해설〉
• There are **thousands of** reasons ...: thousands of는 '수천' 의 뜻으로 막연하게 많은 숫자를 나타낸다.
• Major reasons **might** be, ...: might는 '~일지도 모른다' 의 뜻으로 약한 가능성을 나타낸다.

F 1. 주어 역할을 하는 동명사, reading many books = 많은 책을 읽는 것
2. stop은 동명사를 목적어로 취한다.
3. ~하기 위해 멈추다 =「stop + to부정사」 (목적을 나타내는 to부정사의 부사적 용법)
4. finish는 동명사만을 목적어로 취한다.
5. ~하느라 바쁘다 = be busy + -ing
8. ~하려고 하다 = try + to부정사

11 분사

42 분사의 용법

A 분사의 동사적 용법

1. **진행형**: 「be동사 + 현재분사」
   ① He **is writing** a letter. 〈현재진행〉
   ② He **was swimming** in the river then. 〈과거진행〉

2. **완료형**: 「have + 과거분사」
   ① I **have been** sick since last Sunday. 〈현재완료〉
   ② He **had lived** there for ten years. 〈과거완료〉

3. **수동태**: 「be동사 + 타동사의 과거분사」
   ① The window **was broken** by them. 〈수동태〉
   ② The work must **be done** by him. 〈수동태〉

B 분사의 한정용법

1. 명사 앞에서 수식하는 경우
   ① It was a **disappointing** *result* for us. 〈능동〉
   ② He ran into the **burning** *house*. 〈진행〉
   ③ Look at that **broken** *window*. 〈수동〉
   ④ The police are now after the **escaped** *prisoner*. 〈완료〉

2. 명사 뒤에서 수식하는 경우
   ① Who is the *lady* **sitting** in front of the piano? 〈능동〉
   ② The *girl* **playing**(who is playing) the piano is my sister. 〈진행〉
   ③ He has a lovely *sister* **called** Mary. 〈수동〉
   ④ The *leaves* **fallen**(which had fallen) on the ground were dirty. 〈완료〉

분사(Participle)

분사(分詞)는 동사와 형용사의 성질을 나누어 가지고 있다고 해서 붙여진 이름이며, 형용사의 역할을 한다. 분사에는 동사원형에 -ing를 붙인 현재분사와 동사원형에 -ed를 붙인 과거분사가 있다. 현재분사는 능동·진행의 의미를 나타내고, 과거분사는 수동·완료의 의미를 나타낸다. 또한 분사를 이용하여 특별한 형태의 구문(분사구문)을 만들기도 한다.

분사의 용법

분사는 동사의 성질을 가지고서 형용사 역할을 하므로 형용사와 마찬가지로 한정용법과 서술용법이 있다. 분사가 명사의 앞·뒤에서 그 명사를 수식하는 것을 한정용법이라고 하며, 주격 보어·목적격 보어로 쓰이는 것을 서술용법이라고 한다.

 분사의 동사적 용법 — 분사는 원래 동사에서 만들어진 것이므로 태·시제에 따라 각기 다른 변화형을 가지며, be동사나 have동사와 결합하여 진행형, 완료형, 수동태를 만든다.

1. ① 그는 편지를 쓰고 있다.　　　② 그는 그때 강에서 수영을 하고 있었다.
2. ① 나는 지난 일요일 이래 죽 아팠다.　② 그는 10년 동안 거기에서 살고 있었다.
3. ① 그들에 의해서 창문이 깨졌다.　　② 그 일은 그에 의해서 되어야 한다.

 분사의 한정용법 — 분사가 단독으로 쓰일 때는 일반적으로 명사 앞에서 그 명사를 직접 수식하며, 분사가 목적어·보어·수식어구 등을 수반할 때는 명사 다음에서 그 명사를 수식한다. 이때 현재분사는 능동·진행의 의미를 나타내고, 과거분사는 수동·완료의 의미를 나타낸다.

1. ① 그것은 우리에게는 실망스러운 결과였다.　② 그는 불타고 있는 집으로 뛰어 들어갔다.
   ③ 저 깨진 유리창을 보아라.　　　　　　　　④ 경찰은 지금 달아난 죄수를 쫓고 있다.
2. ① 피아노 앞에 앉아 있는 그 부인은 누구입니까?
   ② 피아노를 치고 있는 그 소녀는 내 누이이다.
   ③ 그에게는 Mary라고 불리는 아름다운 누이가 있다.
   ④ 땅에 떨어진 잎은 더러웠다.

참고 2 ②, 2 ④와 같이 한정용법에서 「명사 + 분사 ~」는 「명사 + 관계대명사 + 동사 ~」의 형태로 나타낼 수 있다.

어휘

last[læst] 형 지난
do[du]–did[did]–done[dʌn] 동 하다
disappoint[dìsəpɔ́int] 동 실망시키다
result[rizʌ́lt] 명 결과
be after ~의 뒤를 쫓다
escape[iskéip] 동 달아나다
prisoner[prízənər] 명 죄수
fall[fɔːl]–fell[fel]–fallen[fɔ́ːlən]
동 떨어지다

C. 분사의 서술용법

1. **주격 보어 역할**: 「주어 + 동사 + 분사」
   ① The dog kept **barking** all night. 〈능동〉
   ② I went **shopping**(**fishing**, **hunting**). 〈능동〉
   ③ He sat **surrounded** by the children. 〈수동〉
   ④ I felt **relieved** as I finished my work. 〈수동〉

2. **목적격 보어 역할**: 「주어 + 동사 + 목적어 + 분사」
   ① ⓐ I saw *him* **cross** the bridge. 〈건너간 전체 동작〉
      ⓑ I saw *him* **crossing** the bridge. 〈목격 시점의 일시적 동작〉
   ② I found Tom. Tom was swimming in the pool.
      → I found *Tom* **swimming** in the pool. 〈목적어가 의미상 능동 주어〉
   ③ You must not leave the baby. The baby is **crying**.
      → You must not leave *the baby* **crying**. 〈목적어가 의미상 능동 주어〉
   ④ He heard his name. His name was called.
      → He heard *his name* **called**. 〈목적어가 의미상 수동 주어〉
   ⑤ I want it. It will be finished by next Monday.
      → I want *it* **finished** by next Monday. 〈목적어가 의미상 수동 주어〉
   ⑥ I had *Tom* **wash** the car. 〈목적어가 의미상 능동 주어〉
      → I had *the car* **washed** by Tom. 〈목적어가 의미상 수동 주어〉
   ⑦ Eddie had *me* **mend** his shoes
      → Eddie had *his shoes* **mended** by me.
   ⑧ I will have *my hair* **cut** this afternoon.
   ⑨ He had *his watch* **stolen** in the bus.

○ 다음 문장의 괄호 안에서 알맞은 것을 고르시오.

1. Look at the (sleep, sleeping, slept) baby.
2. Where are my (break, breaking, broken) glasses?
3. The boy (read, reading, to read) a book is my brother.
4. I saw the man (waiting, waited) for a subway.
5. You must keep the book (closing, closed).
6. This is the song (singing, sung) by a famous singer.
7. The language (speaking, spoken) in Canada is English or French.

1. 주격 보어 역할 — 분사가 불완전자동사(be, come, feel, go, keep, lie, sit, stand, remain 등)의 보어가 되어 2형식 문형을 만든다. 주어와의 관계에서 현재분사는 능동, 과거분사는 수동의 의미를 나타낸다.
   ① 그 개는 밤새도록 짖어댔다.
   ② 나는 쇼핑〔낚시, 사냥〕하러 갔다.
   ③ 그는 아이들에게 둘러싸여 앉아 있었다.
   ④ 나는 일을 마치자, 마음이 놓였다.

2. 목적격 보어 역할 — 분사가 목적어를 설명하는 목적격 보어로 쓰이는데, 목적어는 목적격 보어인 분사의 의미상 주어가 된다. 목적어와 목적격 보어와의 관계가 능동이면 현재분사가, 수동이면 과거분사가 쓰인다.
   ① ⓐ 나는 그가 다리를 건너는 것을 보았다. 〈과거 사실〉
     ⓑ 나는 그가 다리를 건너고 있는 것을 보았다. 〈진행의 의미〉

참고 지각동사가 쓰인 문장에서 목적격 보어로 현재분사가 쓰이면 진행의 의미가 강조된다.
   ② 나는 Tom이 수영장에서 수영하고 있는 것을 목격했다.
   ③ 아기가 우는 것을 방치해서는 안 된다.
   ④ 그는 자기 이름이 불리는 것을 들었다.
   ⑤ 나는 그것이 다음 월요일까지 끝마쳐지기를 바란다.
   ⑥ 나는 Tom에 의해 그 차가 청소되도록 했다.
   ⑦ Eddie는 나에 의해 그의 신발이 수선되도록 했다.
   ⑧ 나는 오늘 오후에 머리를 잘라야겠다(잘리도록 해야겠다). (cut은 과거분사)
   ⑨ 그는 버스에서 시계를 도둑맞았다.

주의 「have〔get〕+목적어+과거분사」의 목적어로는 일반적으로 사물이 온다.

1. sleeping (능동) '자고 있는 아기를 보아라.'
2. broken (수동) '깨진 내 안경이 어디에 있습니까?'
3. reading (능동) '책을 읽고 있는 그 소년은 나의 남동생이다.'
4. waiting (목적어와 능동 관계) '나는 그 남자가 지하철을 기다리고 있는 것을 보았다.'
5. closed (목적어와 수동 관계) '너는 그 책을 덮어두어야 한다.'
6. sung (수동) '이것은 유명 가수에 의해 불린 노래다.'
7. spoken (수동) '캐나다에서 사용되는 언어는 영어 또는 프랑스어이다.'

어휘

go -ing ~하러 가다
surround[səráund] ⑧ 에워싸다
relieve[rilí:v] ⑧ 안도케 하다
mend[mend] ⑧ 수선하다
steal[sti:l] –stole[stoul] – stolen[stóulən] ⑧ 훔치다

43 분사구문

A 분사구문의 형태

ⓐ **When he saw** me, he ran away. 〈복문〉
　　시간 부사절(종속절)　　　주절

ⓑ → **Seeing** me, he ran away. 〈단문 : 분사구문〉
　　부사구　　　주절

B 분사구문이 나타내는 의미

1. 때 : ~할 때(when, as), ~하는 동안(while), ~한 후에(after)
   After he finished his homework, he went to the movies. 〈복문〉
   → **Finishing** his homework, he went to the movies. 〈단문 : 분사구문〉

2. 원인·이유 : ~때문에(because, since, as)
   As(Because) he was tired, he could not go there. 〈복문〉
   → **Being** tired, he could not go there. 〈단문 : 분사구문〉

3. 조건 : ~하면(if)
   If you turn to the left, you will find the hospital.
   → **Turning** to the left, you will find the hospital.

4. 양보 : ~일지라도(though)
   Though I live near his house, I have seldom seen him.
   → **Living** near his house, I have seldom seen him.

5. 부대상황 : ~하면서(as), 그리고 나서(and)
   ① **As she smiled** brightly, she held out her hand.
   → **Smiling** brightly, she held out her hand. 〈동시 동작〉
   ② He left here at six **and arrived** there at nine.
   → He left here at six, **arriving** there at nine. 〈연속 동작〉

　○ 다음 문장을 복문은 분사구문으로, 분사구문은 복문으로 고치시오.
1. Being tired, he wanted to sleep.
2. While I was walking in the street, I met a friend of mine.
3. Living with such people, you will be able to learn more.
4. Being in poor health, he did not give up his studies.
5. After he had eaten breakfast, he hurried to school.

분사구문

「접속사 + 주어 + 동사」 형태의 부사절(종속절)에서 접속사를 없애고, 분사를 사용하여 같은 의미를 나타낸 구문으로 주절을 수식하는 부사구의 역할을 한다.

A. 분사구문을 만드는 방법

- 부사절(종속절)의 접속사를 없앤다. (When 삭제)
- 부사절의 주어가 주절의 주어와 같으면 주어를 없애고, 다르면 남긴다. (he 삭제)
- 부사절의 동사가 주절과 시제가 같은 경우에는 「동사원형+-ing」 형태의 단순 분사구문으로 나타내고, 주절보다 앞선 시제의 경우에는 「having+과거분사」 형태의 완료 분사구문으로 나타낸다.

ⓐ, ⓑ 나를 보자, 그는 도망갔다.

B. 분사구문이 나타내는 의미 — 분사구문은 때, 원인·이유, 조건, 양보, 부대상황의 뜻을 나타낸다.

1. 숙제를 끝마친 뒤에, 그는 영화를 보러 갔다.
2. 피곤했기 때문에, 그는 거기에 갈 수 없었다.
3. 왼쪽으로 돌면, 너는 그 병원을 발견할 것이다.
4. 그의 집 근처에 살고 있을지라도, 나는 그를 만난 적이 거의 없다.
5. ① 밝게 웃으면서 그녀는 손을 내밀었다.
   ② 그는 6시에 여기를 떠나서, 9시에 거기에 도착했다.

1. **As he was tired,** ~ (이유를 나타내는 복문)
   '그는 지쳤기 때문에, 자고 싶었다.'

2. **Walking in the street,** ~ (때를 나타내는 단순 분사구문)
   '나는 거리를 걷다가 친구 한 명을 만났다.'

3. **If you live with such people,** ~ (조건을 나타내는 복문)
   '그런 사람들과 산다면 너는 더 많이 배울 수 있을 것이다.'

4. **Though he was in poor health,** ~ (양보를 나타내는 복문)
   '건강이 좋지 않았지만, 그는 연구를 포기하지 않았다.'

5. **Having eaten breakfast,** ~ (때를 나타내는 완료 분사구문)
   '아침을 먹은 후, 그는 서둘러 학교로 갔다.'

어휘

run away 달아나다, 도망치다	though [ðou] 웹 비록 ~하더라도	hold out (손 따위를) 내밀다
go to the movies 영화를 보러 가다	near [niər] 웹 ~의 가까이에	poor health 좋지 않은 건강
tired [taiərd] 웹 피곤한	seldom [séldəm] 웹 좀처럼 ~않는	give up 포기하다

43. 분사구문

44 주의해야 할 분사구문

A 접속사 + 분사구문

1. **While I was staying** in London, I made friends with him.
   → **While staying** in London, I made friends with him.
2. **After we finished** the work, we went home.
   → **After finishing** the work, we went home.

B 분사구문의 부정

1. As I did not know what to say, I remained silent.
   → *Not* **knowing** what to say, I remained silent.
2. As I did not receive any answer, I wrote to him again.
   → *Not* **receiving** any answer, I wrote to him again.

C 수동형 분사구문

1. **As he was tired** from the work, he went to bed earlier.
   → **(Being) Tired** from the work, he went to bed earlier.
2. **If we are united**, we stand; **if we are divided**, we fall.
   → **(Being) United**, we stand; **(being) divided**, we fall.

D 독립분사구문

1. As **it** was fine, **we** went out for a walk.
   → **It being** fine, **we** went out for a walk.   ⟨It ≠ we⟩
2. When **night** came on, **we** started for the camp.
   → **Night coming** on, **we** started for the camp.   ⟨Night ≠ we⟩

E 비인칭 독립분사구문

1. **Generally speaking**, young men are more idealistic.
2. **Frankly speaking**, you are too young to go there.
3. **Judging from** his way of speaking, he is not a Korean.

주의해야 할 분사구문

A **접속사 + 분사구문** — 분사구문에서는 접속사가 생략되는 것이 일반적이지만, 분사만으로는 분사구문이 나타내는 의미를 구별하기 어려울 때가 있다. 이런 경우에 분사구문의 의미를 명확히 나타내기 위해서 분사 앞에 접속사를 두기도 한다.
1. 런던에 머무르고 있을 때, 나는 그와 친구가 되었다.
2. 그 일을 끝마친 후에, 우리는 집으로 갔다.

B **분사구문의 부정** — not, never 등의 부정어는 분사의 바로 앞에 위치한다.
1. 무슨 말을 해야 할지 몰랐기 때문에, 나는 잠자코 있었다.
2. 어떤 답장도 받지 못했으므로 나는 그에게 다시 편지를 썼다.

C **수동형 분사구문** — 수동적 동작·상태를 나타내는 분사구문은 「**Being** + 과거분사」 또는 「**Having been** + 과거분사」 형태의 수동형 분사구문을 쓴다. 수동형 분사구문의 Being 또는 Having been이 문장 첫머리에 올 때는 주로 생략한다.
1. 그 일에 **지쳤으므로**, 그는 더 일찍 잤다.
2. **뭉치면** 살고, **흩어지면** 죽는다.

D **독립분사구문** — 분사의 의미상 주어와 문장의 주어가 다른 경우에는 오해를 피하기 위해 분사 앞에 의미상 주어를 써서 나타내야 한다. 이와 같이 분사가 의미상 주어를 가져 하나의 절과 같은 역할을 하는 것을 독립분사구문이라고 한다.
1. 날씨가 좋았으므로, 우리는 산책을 나갔다.
2. 밤이 다가왔을 때, 우리는 야영지로 떠났다.

E **비인칭 독립분사구문** — 분사의 의미상 주어가 you, we, they와 같은 막연한 일반인인 경우, 주절의 주어와 다르더라도 분사의 의미상 주어를 쓰지 않는다. 이를 비인칭 독립분사구문이라고 하는데, 관용표현처럼 익혀 두는 것이 좋다.
1. **일반적으로 말해서**, 젊은이들이 보다 이상적이다.
2. **솔직히 말해서**, 너는 그곳에 가기에는 너무 어리다.
3. 그가 말하는 **투로 판단하건대**, 그는 한국 사람이 아니다.

어휘

make friends with ~와 친구가 되다
remain[riméin] 동 ~대로 있다
silent[sáilənt] 형 침묵하는
receive[risíːv] 동 받다
be tired from ~으로 지치다
unite[juːnáit] 동 결합하다
divide[diváid] 동 나누다
idealistic[aidì(ː)əlístik] 형 이상주의적인

생활 영어

길 묻고 안내하기

● ○ ○ 길 묻기

1. Is this Main Street? / Where's the bus stop?
2. Where am I now? / How far is it from here?
3. How do(can) I get there from here?
4. Excuse me. Could you show me the way to Seoul Station?
   Would you tell me the way to the post office?
5. Would you show me how to get there?
6. Can you give me some directions? / Can I get some directions?
7. I'm looking for a florist's.

● ● ○ 길 안내하기

1. Turn right. / Turn left. / It's just down the street.
2. Go straight (ahead two blocks). / Keep going straight.
3. It's over there. / It's five blocks from here. / You can't miss it.
4. May I show you? / I'll show you the way.
5. Let me walk with you. / Let me take you. / Please follow me.
6. I'm sorry, but I'm a stranger here myself.

Mini Dialogue

1. A: **Excuse me. Could you show me the way to Seoul Station**?
   B: Sure. **Go straight down the road** three blocks. **Turn right** at the corner. It's on your left. **You can't miss it**.
   A: Thank you very much.
2. A: **I'm looking for** a florist's.
   B: **Go straight** along this street.
3. A: Do you know where the library is?
   B: Yes. It's on 10th Avenue, **across from** the post office.
4. A: **How far is it from here**?
   B: It's just a little further down this street.
5. A: Excuse me. Is there any restaurant nearby?
   B: Sorry, **I'm a stranger here myself**.

 왼쪽에 있는 영문을 큰 소리로 여러 번 읽고 뜻을 파악한 다음, 우리말을 참고하기 바랍니다.
왼쪽에 있는 영문을 암기한 다음, 오른쪽의 우리말을 보고 영어로 써 보는 것이 좋습니다.

● ○ ○ 길 묻기

1. 여기가 Main Street(중심가)입니까? / 버스 정류장은 어디에 있습니까?
2. 지금 여기가 어디입니까? / 여기에서 거리가 얼마나 됩니까?
3. 여기에서 거기까지는 어떻게 갑니까[갈 수 있습니까]?
4. 실례합니다. 서울역으로 가는 길을 가르쳐 주시겠습니까? / 우체국으로 가는 길을 가르쳐 주시겠습니까?
5. 그곳으로 가는 방법을 가르쳐 주시겠습니까?
6. 길 좀 가르쳐 주시겠습니까?
7. 꽃가게를 찾고 있습니다.

● ● ○ 길 안내하기

1. 오른쪽으로 도세요. / 왼쪽으로 도세요. / 길을 따라 바로 내려가면 있어요.
2. (앞쪽으로) 곧장 (두 블럭) 가세요. / 계속 똑바로 가세요.
3. 저쪽입니다. / 여기서 5블럭 갑니다. / 찾을 수 있을 겁니다.
4. 가르쳐 드릴까요? / 안내해 드리겠습니다.
5. 같이 가 드리겠습니다. / 모셔다 드릴게요. / 따라오세요.
6. 죄송합니다만, 저도 여기는 처음입니다.

6. 초행길에서 잘 모를 때 하는 표현으로 It's my first time here.로도 말할 수 있다.

Mini Dialogue

1. A : 실례합니다. 서울역으로 가는 길을 좀 가르쳐 주시겠습니까?
   B : 물론이지요. 길을 따라 똑바로 3블럭 가세요. 모퉁이에서 오른쪽으로 도세요. 서울역은 왼쪽에 있어요. 찾을 수 있을 겁니다.
   A : 감사합니다.
2. A : 꽃가게를 찾고 있어요.
   B : 이 길을 따라 곧장 가세요.
3. A : 도서관이 어디 있는지 아세요?
   B : 네. 10번가에 우체국 건너편에 있습니다.
4. A : 여기서 거리가 얼마나 되나요?
   B : 이 길을 따라 조금만 더 내려가면 되요.
5. A : 실례합니다. 이 근처에 식당이 있습니까?
   B : 죄송합니다만, 저도 여기는 처음이에요.

실전 응용 문제

A 다음 중 빈칸에 들어갈 말로 가장 알맞은 것을 고르시오.

1. We can't eat the fish _____ in this river.
   ① catch   ② catching   ③ catches
   ④ caught   ⑤ having caught

2. I know all the boys _____ in the river.
   ① swim   ② swimming   ③ swum
   ④ having swim   ⑤ is swimming

3. I saw the fence _____ white by him.
   ① paint   ② paints   ③ painted
   ④ painting   ⑤ have painted

4. I had my camera _____.
   ① steal   ② stole   ③ to steal
   ④ stealing   ⑤ stolen

> catch ⑧ 잡다
> fence ⑲ 울타리
> steal – stole – stolen
> ⑧ 훔치다

B 다음에서 틀린 곳을 고르시오.

1. The robber run away is very fast.
   　　　①　　　②　③　④　⑤

2. The laughed boy is loved by everyone.
   　　①　　　②　③　④　⑤

3. I'm sorry to have kept you wait so long.
   　　　　①　②　　③　　④　⑤

4. Andy received a valentine card writing in English.
   　　①　　　　②　　　③　④　⑤

5. The watch make in Korea is very good.
   　　①　　②　　③　④　⑤

> robber ⑲ 도둑
> run away 달아나다
> so long
> 그렇게 오랫동안

C 다음을 자연스러운 대화가 되도록 순서를 나열하시오.

① Take subway line No.1
② You're welcome.
③ I'll take you there.
④ Thank you very much.
⑤ How do I get to Seoul Station?
⑥ Subway line No.1 … How do I get to the subway?

> I'll take you there.
> 제가 그곳으로 데려다 줄게요.
> get to ~에 도착하다

D 다음 글을 읽고, 물음에 답하시오.

When Sam was found to have *leukemia, a blood cancer, he was **shocked** and ⓐ_____. "Cancer" is a ⓑ_____ word. Moreover, two things about his sickness made him really angry. First, doctors didn't know what caused it and hadn't been very successful in treating it. Second, only two out of one hundred adult cancer victims suffered from leukemia. He could not accept the fact that he had to be among this unfortunate two percent.

*leukemia 백혈병

- treat 동 치료하다
- victim 명 희생자
- suffer 동 앓다, 병들다
- accept 동 받아들이다
- unfortunate 형 불운한, 불행한

1. 위 글의 빈칸 ⓐ와 ⓑ에 frighten의 알맞은 형태를 쓰시오.

2. 밑줄 친 this unfortunate two percent가 뜻하는 바로 알맞은 것을 고르시오.
   ① 암 환자의 2%   ② 백혈병 환자의 2%
   ③ 전체 인구의 2%   ④ 불행한 사람들의 2%
   ⑤ 성인 암 환자의 2%

- frighten 동 두려워하게 하다

E 다음 우리말을 영어로 옮기시오.

1. 나는 그녀가 책을 읽고 있는 것을 들었다.
2. 저 부서진 창문을 보아라.
3. 나는 Jim과 이야기를 나누고 있는 그 소녀를 알고 있다.
4. 우리는 그 방에서 TV를 보면서 앉아 있었다.
5. 나는 그 소년에게 내 가방을 옮기도록 시켰다.
6. 나는 휴대 전화를 고치게 했다.
7. 숙제를 끝냈기 때문에, 나는 잠자러 갔다. (분사구문으로)

Answer & Explanation

ANSWER

A 1. ④ 2. ② 3. ③ 4. ⑤

B 1. ② 2. ① 3. ④ 4. ③ 5. ②

C ⑤ — ① — ⑥ — ③ — ④ — ②

D 1. ⓐ frightened ⓑ frightening   2. ⑤

E
1. I heard her reading a book.
2. Look at that broken window.
3. I know the girl (who is) talking with Jim.
4. We sat watching TV in the room.
5. I had the boy carry my bag. / I had my bag carried by the boy.
6. I had my cellphone fixed.
7. Having finished my homework, I went to bed.

EXPLANATION

A
1. 수동의 의미인 '잡힌'의 뜻이 되어야 하므로 과거분사가 와야 한다.
   '우리는 이 강에서 잡힌 고기는 먹을 수 없다.'
2. 진행의 의미인 '수영하고 있는'의 뜻이 되어야 하므로 현재분사가 와야 한다.
   '나는 강에서 수영하고 있는 소년 모두를 안다.'
3. 목적어와 목적격 보어가 수동 관계이므로 과거분사가 와야 한다.
   '나는 울타리가 그에 의해서 흰색으로 칠해지는 것을 보았다.'
4. 「have + 목적어 + 과거분사」 구문으로 '~을 당하다'의 의미를 나타낸다.
   '나는 사진기를 도난당했다.'

B
1. run → running, '도망치고 있는 저 도둑은 매우 빠르다.'
2. laughed → laughing, '웃고 있는 그 소년은 모든 사람들에게 사랑을 받는다.'
3. wait → waiting, 목적어와 현재분사인 목적격 보어는 능동·진행의 관계이며, **to have kept**는 완료부정사로서 술어동사보다 앞선 시제를 나타낸다. '그렇게 오래 기다리게 해서 죄송합니다.'
4. writing → written, 'Andy는 영어로 쓰여진 발렌타인 카드를 받았다.'
5. make → made, '한국에서 만든[한국제인] 그 시계는 매우 좋다.'

C
① 지하철 1호선을 타세요.
② 천만에요.
③ 제가 거기에 데려다 줄게요.
④ 정말 고마워요.
⑤ 서울역에 어떻게 가죠?
⑥ 지하철 1호선이라고요 … 지하철까지 어떻게 가죠?

D
　　Sam이 혈액암인 백혈병에 걸렸다고 판명되었을 때, 그는 충격을 받았고 무서웠다. "암"이란 무서운 낱말이다. 더욱이 그의 병에 대하여 두 가지가 그를 정말 화나게 했다. 첫째, 의사들은 무엇이 암을 일으켰는지 알지 못했고 암을 치료하는 데도 별로 성공하지 못했다. 둘째, 백 명의 성인 암 환자 가운데 두 명만이 백혈병을 앓았다. 그는 자신이 이 불운한 2% 속에 들어 있어야만 한다는 사실을 받아들일 수가 없었다.

1. ⓐ 백혈병으로 인해 무서운 것이므로 수동의 뜻을 나타내는 과거분사가 와야 한다.
　ⓑ word를 수식하는 형용사 역할을 하므로 현재분사가 와야 한다.
2. 앞 문장 only two out of one hundred adult cancer victims suffered from leukemia를 가리킨다.

〈구문해설〉
• When Sam was found to have **leukemia, a blood cancer**, …: a blood cancer는 삽입구로서 leukemia와 동격이다. '혈액암인 백혈병'
• <u>two things</u> about his sickness <u>made</u> <u>him</u> <u>really</u> <u>angry</u>.: 5형식 문형으로 목적격
　　　주어　　　　　　　　　　　동사　목적어　부사　목·보
보어 angry는 목적어의 상태를 나타낸다.
• doctors didn't know **what caused it** …: what caused it은 타동사 know의 목적어 역할을 하는 명사절이다.

E
1. '책을 읽고 있는 것' 은 진행의 의미이므로 목적격 보어로 현재분사가 와야 한다.
2. '부서진 창문' 은 누군가에 의해 창문이 부서진 것이므로 수동 의미의 과거분사를 쓴다.
3. 'Jim과 이야기를 나누고 있는 그 소녀' 에서 수식어구가 있으므로 girl 다음에 수식어구가 와야 한다.
4. 우리(we)가 TV를 보고 있는 것(watching TV)이므로 watching TV는 주격 보어로서 2형식 문형이 되어야 한다.
5. 목적어와 목적격 보어는 능동 관계이므로 「have + 목적어(사람) + 동사원형」 형태를 취한다.
6. 목적어와 목적격 보어는 수동 관계이므로 「have + 목적어(사물) + 과거분사」 형태를 취한다.
7. 잠을 자러 간 것보다 숙제를 끝낸 것이 먼저이므로 완료 분사구문 「Having + 과거분사」로 나타내야 한다.

12 관계사

45 관계대명사의 종류와 용법

A 관계대명사의 역할

ⓐ I know *the boy* **and he** speaks English well. (the boy = he)

ⓑ → I know *the boy* **who** speaks English well.
　　주어　타동사　선행사　　관·대　　　형용사절

B 관계대명사의 종류

선행사 \ 격	주격	소유격	목적격
사람	who	whose	who(m)
동물·사물	which	whose(of which)	which
사람·동물·사물	that	–	that
사물(선행사 포함)	what	–	what

C 관계대명사 who의 용법

1. ⓐ Do you know **the girl**? **She** is reading a book.
   ⓑ → Do you know *the girl* **who** is reading a book?　〈주격〉
   　　　　　　　선행사　　　형용사절

2. ⓐ We know **the girl**. **Her** brother lives in France.
   ⓑ → We know *the girl* **whose** brother lives in France.　〈소유격〉
   　　　　　　선행사　　　　형용사절

3. ⓐ **A child** is called an orphan. **His** parents are dead.
   ⓑ → *A child* **whose** parents are dead is called an orphan.　〈소유격〉
   　　　선행사　　　　형용사절

4. ⓐ **He** was a famous poet. We met **him** in the park.
   ⓑ → *He* **who(m)** we met in the park was a famous poet.　〈목적격〉
   　　선행사　　　형용사절　　　　　　　　동사　　보어

관계사

관계사에는 접속사와 대명사의 역할을 동시에 하는 관계대명사(who, which, that 등)와 접속사와 부사의 역할을 하는 관계부사(when, where, why 등)가 있다. 관계사가 이끄는 절은 형용사절이 되어 명사(선행사)를 꾸며주는 수식어구가 된다.

관계대명사의 종류와 용법

A **관계대명사의 역할** — 관계대명사는 앞에 나오는 명사나 대명사를 대신해 주는 대명사의 역할을 하는 동시에 뒤에 나오는 절을 그 명사나 대명사에 결합시켜 주는 접속사의 역할을 한다. 이때 관계대명사가 이끄는 절의 수식을 받는 명사·대명사를 선행사(先行詞)라고 한다.
ⓐ 나는 그 소년을 알고 있다. 그리고 그는 영어를 잘 한다.
ⓑ 나는 영어를 잘 하는 그 소년을 알고 있다.
　(ⓑ에서 관계대명사가 이끄는 who ~는 선행사 the boy를 수식하는 형용사절이 된다.)

B **관계대명사의 종류** — 관계대명사에는 **who, whose, whom, which, that, what** 등이 있다. 이들 관계대명사는 선행사(사람 또는 사물)에 따라 구별해서 사용하며, 관계대명사가 이끄는 절에서의 역할에 따라 관계대명사의 격이 달라진다. 즉, 관계대명사는 주어가 되거나, 소유를 나타내거나, 목적어 역할을 함에 따라 주격, 소유격, 목적격으로 격변화를 한다.

참고　관계대명사에 -ever를 붙인 형태의 복합 관계대명사(whoever, whichever, whatever 등)와 원래 접속사인 and, but, than이 관계대명사처럼 쓰이는 유사 관계대명사가 있다.

C **관계대명사 who의 용법** — 선행사가 사람인 경우, 관계대명사가 이끄는 형용사절에서 관계대명사가 주어 역할을 하면 **who**, 소유격 역할을 하면 **whose**, 목적어 역할을 하면 **who(m)**이 사용된다.
1. ⓐ 그 소녀를 알고 있니? 그녀는 책을 읽고 있다.
　ⓑ 책을 읽고 있는 그 소녀를 알고 있니?

주의　주격 관계대명사 뒤에 오는 동사는 선행사의 인칭과 수에 일치되어야 한다. 만일 ⓑ에서 선행사 the girl이 복수형 the girls가 되면 동사는 are가 되어야 한다.

2. ⓐ 우리는 그 소녀를 알고 있다. 그녀의 남동생은 프랑스에 살고 있다.
　ⓑ 우리는 남동생이 프랑스에 살고 있는 그 소녀를 알고 있다.
3. ⓐ 어떤 아이는 고아라고 불린다. 그의 부모님은 돌아가셨다.
　ⓑ 부모님이 돌아가신 아이는 고아라고 불린다.
4. ⓐ 그는 유명한 시인이었다. 우리는 공원에서 그를 만났다.
　ⓑ 우리가 공원에서 만난 그는 유명한 시인이었다.

5. ⓐ **The girl** was very kind. I spoke to **her**.
   ⓑ → *The girl* **who(m)** I spoke to was very kind. 〈목적격〉
   ⓒ → *The girl* to **whom** I spoke was very kind.

D 관계대명사 which의 용법

1. ⓐ This is **the watch. It** was made in Korea.
   ⓑ → This is *the watch* **which** was made in Korea. 〈주격〉
2. ⓐ **The fish** is still alive. I caught **it** yesterday.
   ⓑ → *The fish* **which** I caught yesterday is still alive. 〈목적격〉
3. ⓐ This is **the house**. Mary lives in **it**.
   ⓑ → This is *the house* **which** Mary lives in. 〈목적격〉
   ⓒ → This is *the house* in **which** Mary lives.
4. ⓐ Look at **the mountain**. The top of **it** is covered with snow.
   ⓑ → Look at *the mountain* the top **of which** is covered with snow.
   ⓒ → Look at *the mountain* **of which** the top is covered with snow.
   ⓓ → Look at *the mountain* **whose** top is covered with snow. 〈소유격〉

 다음 두 문장을 관계대명사를 사용하여 한 문장으로 만드시오.

1. The girl is my sister. She is singing over there.
2. The man has gone to the police. His car was stolen.
3. The lady is my aunt. You met her at the airport.
4. Do you know the woman? My brother is going to marry her.
5. This is the camera. My father is proud of it.
6. I met an old man. His hair was snow-white.
7. I employed a man. I thought him to be honest.
8. The house is mine. The roof of it is blue.

5. ⓐ 그 소녀는 매우 친절했다. 나는 그녀에게 말을 걸었다.
   ⓑ, ⓒ 내가 말을 건넨 그 소녀는 매우 친절했다. (whom은 to의 목적어)

주의
- 목적격 관계대명사가 이끄는 형용사절에서는 반드시 타동사(4 ⓑ met)의 목적어(him)나 전치사(5 ⓑ to)의 목적어(her)가 없어야 한다.
- 관계사절에서의 전치사는 5ⓑ의 to처럼 관계대명사가 이끄는 절의 끝에 두거나 5ⓒ처럼 관계대명사 앞에 둔다.
- 목적격 관계대명사 whom은 격식을 차린 표현으로 구어에서는 who를 쓰거나 생략한다. 그러나 바로 앞에 전치사가 온 경우에 whom은 그대로 쓴다.

D. **관계대명사 which의 용법** — 선행사가 동물이나 사물인 경우에 쓰인다. 주격·목적격은 **which**이고, 소유격은 **of which**〔whose〕이며, 주격·목적격의 **which**는 that으로 바꾸어 쓸 수 있다.

1. 이것은 한국에서 만들어진 시계이다.   2. 내가 어제 잡은 물고기는 아직도 살아 있다.
3. 이것이 Mary가 살고 있는 집이다.   4. 정상이 눈으로 덮여 있는 저 산을 보아라.

주의 4ⓑ에서 the top of which는 of which the top(4ⓒ)으로 바꾸어 표현할 수 있고, of which the top을 whose top(4ⓓ)으로 바꾸어 표현할 수 있다.

1. The girl who is singing over there is my sister.
   '저기에서 노래하고 있는 소녀는 내 여동생이다.'
2. The man whose car was stolen has gone to the police.
   '차를 도둑맞은 그 사람은 경찰서로 갔다.'
3. The lady who(m) you met at the airport is my aunt.
   '네가 공항에서 만난 여자분은 나의 숙모이다.'
4. Do you know the woman who(m) my brother is going to marry?
   '내 형이 결혼하려고 하는 여인을 알고 있느냐?'
5. This is the camera which my father is proud of.
   '이것이 아버지께서 자랑으로 여기는 카메라이다.'
6. I met an old man whose hair was snow-white.
   '나는 머리가 새하얀 노인을 만났다.'
7. I employed a man who(m) I thought to be honest.
   '나는 정직하다고 생각되는 남자를 고용했다.'
8. The house whose roof is blue is mine. / The house of which the roof is blue is mine. / The house the roof of which is blue is mine.
   '지붕이 파란 그 집은 나의 집이다.'

어휘

still [stil] 〘부〙 아직, 여전히
alive [əláiv] 〘형〙 살아 있는
catch [kætʃ] – caught [kɔːt] – caught 〘동〙 잡다
cover [kʌ́vər] 〘동〙 덮다, 씌우다
be proud of ~을 자랑으로 여기다
snow-white 새하얀, 눈처럼 흰
employ [implɔ́i] 〘동〙 (사람을) 고용하다
roof [ruː(ː)f] 〘명〙 지붕

E 관계대명사 that의 용법

1. **that의 일반 용법**

   ① I know **the girl**. **She** is playing the piano.
   → I know *the girl* **that** (who) is playing the piano. 〈주격〉

   ② I like **the dog**. Tom gave **it** to me.
   → I like *the dog* **that** (which) Tom gave to me. 〈목적격〉

   ③ ⓐ This is **the house**. He was born in **it**.
   ⓑ → This is *the house* **that** (which) he was born **in**. (○)
   ⓒ → This is *the house* **in which** he was born. (○)
   ⓓ → This is *the house* **in that** he was born. (×)

2. **that의 특별 용법**

   ① *The man and the dog* **that** were crossing the street were run over by the truck. 〈주격〉

   ② Do you know *the man and his car* **that** I am looking for? 〈목적격〉

   ③ This is **the biggest** *dog* **that** I have ever seen. 〈목적격〉

   ④ *All* **that** glitters is not gold. 〈주격〉

   ⑤ *Everybody* **that** goes to church looks happy. 〈주격〉

   ⑥ This is **the same** *watch* **that** I lost. 〈목적격〉

   ⑦ This is **the very** *book* **that** I have wanted to read. 〈목적격〉

   ⑧ Man is **the only** *animal* **that** can speak. 〈주격〉

   ⑨ *Who* **that** has common sense can believe it? 〈주격〉

E **관계대명사 that의 용법**

1. **that의 일반 용법** — 소유격을 제외하고, who나 which를 대신해서 쓰인다.

   - 선행사가 사람·동물·사물의 모든 경우에 사용할 수 있다.
   - 주격과 목적격의 형태(that)가 같으며, 소유격은 없다.
   - 제한적 용법에만 쓰이고, 계속적 용법에는 쓰이지 않는다.
   - 전치사의 목적격으로 쓰인 that 앞에는 전치사가 올 수 없다.

   ① 나는 피아노를 치고 있는 그 소녀를 알고 있다.
   ② 나는 Tom이 나에게 준 그 개를 좋아한다.
   ③ 이것이 그가 태어난 집이다.

   주의 전치사의 목적격으로 쓰인 관계대명사 that 앞에는 전치사를 둘 수 없으므로 ③ⓑ와 같이 전치사를 관계사가 이끄는 절의 끝에 둔다.

2. **that의 특별 용법** — 다음의 경우에는 주로 that이 쓰인다.

   - 선행사가 「사람 + 동물」, 「사람 + 사물」인 경우
   - 선행사가 형용사의 최상급이나 서수사로 수식되는 경우
   - 선행사에 all, every, any, no 등이 오는 경우
   - 선행사에 the same, the only, the very 등이 붙는 경우
   - 의문대명사 who, which, what이 선행사인 경우

   ① 그 거리를 건너고 있던 남자와 개가 트럭에 치였다.
   ② 내가 찾고 있는 남자와 그의 차를 알고 있느냐?
   ③ 이것이 내가 지금까지 본 중에서 가장 큰 개이다.
   ④ 반짝이는 것이 모두 금은 아니다. (All ~ not = 부분 부정)
   ⑤ 교회에 가는 사람들 모두가 행복하게 보인다.
   ⑥ 이것은 내가 잃어버린 바로 그 시계이다. (같은 물건)
   ⑦ 이것이 내가 읽고 싶었던 바로 그 책이다.
   ⑧ 인간은 말을 할 수 있는 유일한 동물이다.
   ⑨ 상식이 있는 사람이라면 누가 그것을 믿을 수 있겠는가?

어휘

be born[bɔːrn] 태어나다
run over (차가 사람을) 치다
look for ~을 찾다
glitter[glítər] ⑧ 반짝이다
common[kámən] ⑩ 일반적인
sense[sens] ⑱ 분별력

F 관계대명사 what의 용법

1. ⓐ We must do **the thing**. **It** is right.
   ⓑ → We must do **the thing** **which** is right.
   　　　　　　　　선행사　　　　형용사절
   ⓒ → We must do **what** is right. 〈주격〉
   　　주어 조동사 본동사　목적어(명사절)

2. **What** he said is true. 〈목적격〉
   주어(명사절)　동사　보어

3. This is **what** he said. 〈목적격〉
   주어　동사　보어(명사절)

4. There is some truth in **what** he said. 〈목적격〉
   유도부사　동사　주어　전치사의 목적어(명사절)

5. Show me **what** you have in your pocket. 〈목적격〉
   수여동사 간·목　직접목적어(명사절)

6. ⓐ He gave me **what** I wanted.
   ⓑ Nancy asked me **what** I wanted.
   ⓒ Tom knew **what** I wanted.

확인테스트

○ 다음 빈칸에 알맞은 관계대명사를 쓰시오.

1. The car and the driver _____ fell into the river has not been found.
2. Who _____ knows him will believe it?
3. _____ this country needs is great leaders.
4. This is _____ he wrote in his room.

○ 밑줄 친 that의 쓰임이 나머지 넷과 다른 것을 고르시오.

5. ① I'll tell them that the victory is ours.
   ② He thought that he had to study.
   ③ She said that they were pop singers.
   ④ Do you have the CD that I gave you?
   ⑤ It was in the classroom that I met him.

○ 다음에서 밑줄 친 단어가 의문사인지 관계사인지 구별하시오.

6. Tell me which is the shortest way to the park.
7. Do you know whose bicycle she borrowed yesterday?
8. Do you know the boy whose father is a doctor?
9. The man whom you saw yesterday is a famous musician.

관계대명사 what의 용법 — what은 그 자체에 선행사를 포함하고 있는 관계대명사로서 주어·보어·목적어 역할을 한다. 명사절을 이끌며, that과 같이 소유격은 없다.

> what ┌ ① the thing(s) which ~ : ~하는 것(들)
>   │ ② all that ~ : ~하는 것은 모두
>   └ ③ anything that ~ : ~하는 것은 무엇이나

1. 우리는 옳은 일을 해야 한다.
2. 그가 말한 것은 사실이다.
3. 이것이 그가 말한 것이다.
4. 그가 말한 것에는 약간의 진리가 있다.
5. 네가 호주머니에 가지고 있는 것을 내게 보여 줘라.
6. ⓐ 그는 내게 내가 원하는 것을 주었다. 〈관계대명사〉
   ⓑ Nancy는 내가 무엇을 원하는지 내게 물었다. 〈의문대명사〉
   ⓒ ┌ Tom은 내가 원하는 것을 알고 있었다. 〈관계대명사〉
      └ Tom은 내가 무엇을 원하는지 알고 있었다. 〈의문대명사〉

주의 관계대명사 what과 의문대명사 what은 문맥에 따라 판단해야 한다. '~하는 것'으로 해석되면 관계대명사, '무엇'으로 해석되면 의문대명사로 보는 것이 일반적이지만 6ⓒ와 같이 구별이 명확하지 않은 것도 있다.

확인테스트

1. that (선행사가 the car(사물)와 the driver(사람)이므로 that을 쓴다.)
   '강에 빠진 자동차와 운전사는 발견되지 않았다.'
2. that (선행사가 의문대명사인 경우 that을 쓴다.) '그를 아는 누가 그것을 믿겠는가?'
3. What (선행사가 없으므로 선행사를 포함한 관계대명사 what을 쓴다.)
   '이 나라가 필요로 하는 것은 위대한 지도자이다.'
4. what (This is the thing. + He wrote it in his room.)
   '이것이 그가 그의 방에서 쓴 것이다.'
5. ④ (①, ②, ③, ⑤는 접속사(명사절)이고, ④는 관계대명사(형용사절)이다.)
6. 의문대명사 '어느 것이 공원으로 가는 지름길인가를 내게 가르쳐주세요.'
7. 의문형용사 '그녀가 어제 누구의 자전거를 빌렸는지 알고 있습니까?'
8. 소유격 관계대명사 '아버지가 의사인 그 소년을 알고 있습니까?'
9. 목적격 관계대명사 '어제 네가 본 그 남자는 유명한 음악인이다.'

어휘

true[tru:] 형 정말의
truth[tru:θ] 명 진실
fall into ~에 빠지다
find-found-found 동 발견하다
believe[bilí:v] 동 믿다
need[ni:d] 동 (~을) 필요로 하다
leader[lí:dər] 명 지도자, 선도자
borrow[bárou] 동 빌리다, 차용하다
musician[mju(:)zíʃən] 명 음악가

46 한정적 용법과 계속적 용법

A ▪ 한정적 용법과 계속적 용법

1. ⓐ He had *two sons* **who** became doctors. 〈한정적 용법〉
   ⓑ He had *two sons*, **who** (=and they) became doctors. 〈계속적 용법〉
2. ⓐ I have *a watch* **which** keeps good time. 〈한정적 용법〉
   ⓑ I bought *a watch*, **which** (=and it) keeps good time. 〈계속적 용법〉
3. ⓐ He said nothing **which** made me angry. 〈한정적 용법〉
   ⓑ He said nothing, **which** (=and it) made me angry. 〈계속적 용법〉

B ▪ 계속적 용법

1. He often gave Mary *advice*, **which** she neglected.
   = He often gave Mary advice, **but** she neglected **it**.
2. We admired *Tom*, **who** had never broken his promise.
   = We admired Tom, **for he** had never broken his promise.
3. The *student*, **who** was idle, passed the examination.
   = The student, **though he** was idle, passed the examination.

47 관계대명사의 생략

A ▪ 목적격 관계대명사의 생략

1. 타동사의 목적어가 되는 경우
   ① He is the man (**whom**) I would like to meet.
   ② This is the novel (**which**) I want to read.
   ③ This is the watch (**that**) I lost on the street yesterday.
2. 전치사의 목적어가 되는 경우
   ① ⓐ This is the house *in* **which** she lives. 〈생략 불가〉
      ⓑ This is the house (**which**) she lives *in*. 〈생략 가능〉
   ② ⓐ The girl *to* **whom** I spoke was Mary. 〈생략 불가〉
      ⓑ The girl (**whom**) I spoke *to* was Mary. 〈생략 가능〉

한정적 용법과 계속적 용법

관계대명사에는 관계대명사가 이끄는 형용사절이 선행사를 수식, 한정하는 한정적 용법과 선행사를 보충, 설명하는 계속적 용법이 있다. 한정적 용법에서는 선행사와 관계대명사 사이에 쉼표(,)를 두지 않지만, 계속적 용법에서는 쉼표를 두며「접속사+대명사」로 바꾸어 쓸 수 있다. 관계대명사 that, what 에는 계속적 용법이 없다.

1. ⓐ 그에게는 의사가 된 두 아들이 있었다. (아들은 둘 이상)
   ⓑ 그에게는 아들이 둘 있었는데, 그들은 의사가 되었다. (아들이 둘 뿐)
2. ⓐ 나는 시간이 잘 맞는 시계 하나를 가지고 있다.
   ⓑ 나는 시계를 하나 샀는데, 그것은 시간이 잘 맞는다.
3. ⓐ 그는 나를 화나게 하는 아무 말도 하지 않았다.
   ⓑ 그가 아무 말도 하지 않았고, 그 사실이 나를 화나게 했다. (which의 선행사는 앞 문장 전체)

계속적 용법의 관계대명사는 문맥에 따라「접속사 + 대명사」로 바꾸어 쓸 수 있다. 접속사는 **and**, **but**, **for**〔**because**〕, **though** 등으로 나타낸다.
1. 그는 종종 Mary에게 충고를 했지만, 그녀는 그 충고를 무시했다.
2. 우리는 Tom을 존경했는데, 왜냐하면 그는 약속을 어긴 적이 결코 없었기 때문이었다.
3. 그 학생은 비록 게을렀지만, 그 시험에 합격했다.

관계대명사의 생략

목적격 관계대명사의 생략 — 목적격 관계대명사 whom, which, that은 생략할 수 있다. 그러나「전치사 + 목적격 관계대명사(whom, which)」형태로 쓰인 관계대명사는 생략할 수 없다.
1. ① 그는 내가 만나고 싶어하는 사람이다.　　② 이것이 내가 읽고 싶은 소설이다.
   ③ 이것이 내가 어제 길에서 잃어버린 시계이다.
2. ① 이곳이 그녀가 살고 있는 집이다.
   ② 내가 말을 건넨 그 소녀는 Mary였다.

주의) 계속적 용법에서는 목적격 관계대명사일지라도 생략할 수 없다.
ex. She loved her son, **whom** she could not meet. 〈생략 불가〉

어휘

keep good time (시간이) 잘 맞다　　**admire**[ədmáiər] 동 칭찬하다　　**idle**[áidl] 형 태만한
advice[ədváis] 명 충고　　**break one's promise** 약속을 어기다　　**lose**[lu:z] 동 잃어버리다
neglect[niglékt] 동 무시하다　　**promise**[prάmis] 명 약속

B 주격 관계대명사의 생략

1. 관계대명사가 be동사의 보어가 되는 경우
   ① He is not the man (**that**) he *was* ten years ago.　〈was의 보어〉
   ② She is not the popular singer (**that**) she used to *be*.　〈be의 보어〉
2. 형용사(구)·현재분사·과거분사 앞의 「주격 관계대명사 + be동사」
   ① The books (**which are**) *on the desk* are Mary's.　〈형용사구 앞〉
   ② The man (**who is**) *standing* by the door is my father.　〈현재분사 앞〉
   ③ I received a letter (**which was**) *written* in English.　〈과거분사 앞〉
3. There is ~로 시작되는 구문
   ① *There is* a girl at the entrance (**who**) wants to see you.
   ② *There was* nobody (**who**) could do that.

48 유사 관계대명사 as / but / than

A as의 용법

1. He lent me **such** books **as** were interesting.　〈such A as B〉
2. ⓐ It is **the same** story **as** I heard before.　〈the same ~ as〉
   ⓑ It is **the same** story **that** I heard before.　〈the same ~ that〉
3. He is **as** wise a man **as** ever lived.　〈as A as B〉
4. She is very careful, **as** her work shows.　〈앞 문장 전체〉

B but의 용법

1. There is **nobody** **but** has his faults.
2. There is **no** rule **but** has some exceptions.

C than의 용법

1. Students should not have **more** money **than** is needed.　〈주격〉
2. He has **more** money **than** I have.　〈목적격〉

B 주격 관계대명사의 생략

주격 관계대명사의 생략 — 주격 관계대명사는 보통 생략하지 않지만, be동사의 보어로 쓰인 주격 관계대명사와 「주격 관계대명사 + be동사」 다음에 형용사(구), 현재분사, 과거분사 등이 오는 경우에 「주격 관계대명사 + be동사」는 생략할 수 있다. (중요)

1. ① 그는 10년 전의 그가 아니다.　　② 그녀는 예전의 인기 가수가 아니다.
2. ① 책상 위에 있는 그 책들은 Mary의 것이다.　② 문 옆에 서 있는 그 남자는 내 아버지이다.
　③ 나는 영어로 쓰인 편지를 받았다.
3. ① 현관에 널 만나고자 하는 소녀가 있다.　② 그것을 할 수 있는 사람은 아무도 없었다.

유사 관계대명사 as / but / than

원래 접속사로 쓰이는 as, but, than이 관계대명사와 같은 역할을 하는 경우가 있는데, 이를 유사(의사) 관계대명사라고 한다.

A as의 용법

as의 용법 — 선행사 앞에 such, the same, as 등의 어구가 오거나, 앞 문장 전체를 선행사로 받는다.

1. 그는 흥미있는 그러한 책들을 내게 빌려주었다. (B하는 A)
2. ⓐ 그것은 내가 전에 들은 것과 비슷한 이야기이다.
　ⓑ 그것은 내가 전에 들은 바로 그 이야기이다.

주의 2ⓐ의 「the same A as B」는 'B와 같은 종류의 A'이며, ⓑ의 「the same A that B」는 'B한 바로 그 A'를 뜻하지만, 현대 영어에서는 종종 구별하지 않고 사용한다.

3. 그는 고금을 통해 보기 드문 현인이다. (B와 같은 A)
4. 그녀는 매우 주의 깊은데, 그녀의 일이 그 사실을 보여준다.
　(as는 타동사 show의 목적어 구실을 하며, 선행사는 앞 문장 전체이다.)

B but의 용법

but의 용법 — 선행사 앞에 부정어(no, scarcely, few)나 의문사(who)가 있는 경우에 주로 쓰이며, that ~ not의 의미를 나타낸다. 주절이 There is〔was〕로 시작하는 경우가 많다.

1. 결점을 가지지 않은 사람은 아무도 없다.　　2. 예외를 가지지 않은〔예외 없는〕 규칙은 없다.

C than의 용법

than의 용법 — 선행사에 비교급이 포함되어 있는 경우에 많이 쓰이는데, 비교구문은 종속절의 주어가 빠져 있는 형태로 쓰일 때가 많다.

1. 학생들은 필요 이상의 돈을 가지고 있어서는 안 된다.
2. 그는 내가 가지고 있는 것보다 더 많은 돈을 가지고 있다.

어휘

popular [pápjələr] 형 대중적인
stand by 옆에 서 있다
entrance [éntrəns] 명 현관, 출입구
lend-lent-lent 동 빌리다
fault [fɔːlt] 명 결점
exception [iksépʃən] 명 예외

다음 빈칸에 알맞은 말을 쓰시오.

1. Bring me the book _____ I told you to buy.
2. I'm not the fool _____ you think me to be.
3. The man _____ I spoke to was very fat.
4. Don't meet such a friend _____ will betray you.
5. There are few _____ love their country.
6. I cannot hear _____ you say.

49 관계부사

A 관계부사의 역할

1. ⓐ This is **the city**. I grew up **there**.
   ⓑ → This is *the city* **where** I grew up.
   　　　　　선행사　관·부　　형용사절

2. ⓐ I'll never forget **the day**. I met you **then** (=on that day).
   ⓑ → I'll never forget *the day* **when** I met you.
   　　　　　　　　선행사　관·부　형용사절

B 관계부사의 종류와 선행사

1. where
   ① ⓐ This is **the place**. He was born **in it**. (it=the place)
   　ⓑ =This is *the place* **which** he was born **in**. 〈관계대명사〉
   　　 주어 동사　선행사　　　　　　　형용사절
   　ⓒ =This is *the place* **in which** he was born. 〈관계대명사〉
   　ⓓ =This is *the place* **where** he was born. 〈관계부사〉
   　　 주어 동사　선행사　　　　　형용사절
   　ⓔ =This is **where** he was born. (선행사 the place를 생략) 〈관계부사〉
   　　 주어 동사　주격 보어(명사절)

   ② **The bank** is very modern. Bill is working **there**.
   　=*The bank* **where** Bill is working is very modern.
   　　 선행사　　　　　형용사절　　　　　동사　부사　보어

1. which(that) (동사 buy의 목적어) '내가 너에게 사오라고 말한 책을 내게 가져다 다오.'
2. that (be동사의 보어) '나는 네가 생각하는 그런 바보가 아니다.'
3. who(m) (전치사 to의 목적어) '내가 말을 건 남자는 매우 뚱뚱했다.'
4. as (such A as B) '너를 배신할 그런 친구는 만나지 마라.'
5. but (There is(are)) '자기 나라를 사랑하지 않는 사람은 거의 없다.'
6. what (the thing which) '나는 네가 말하는 것을 들을 수가 없다.'

관계부사

관계부사의 역할 — 관계부사는 관계대명사와 마찬가지로 절을 이끌어 선행사에 연결시키는 **접속사**의 역할과 선행사를 대신하는 부사의 역할을 하며, 「전치사 + 관계대명사」로 바꾸어 쓸 수 있다.
1. ⓑ 이곳이 내가 자란 도시이다.   2. ⓑ 나는 너를 만났던 그 날을 결코 잊지 않을 것이다.

관계부사의 종류와 선행사 — 관계부사에는 **where, when, why, how**의 4종류가 있는데, 각기 장소, 때, 이유, 방법을 나타내는 선행사를 취한다. 그러나, how의 경우에는 선행사 the way를 함께 쓰지 않는다. 또한 이 4종류의 관계부사 대신에 **that**이 쓰이기도 한다.

용법	선행사	관계부사	전치사 + 관계대명사
장소	the place, city, house …	where	at, on, in + which
때	the time, day, year …	when	at, on, in + which
이유	the reason	why	for which
방법	(the way)	how	in which

1. **where**는 선행사가 the place, the city, the house, the country 등 장소를 나타내는 말인 경우에 쓰인다. ①ⓓ에서 where 다음에 전치사 in이 없는 것에 유의해야 하며, ⓔ에서는 선행사가 생략되어 where ~는 주격 보어로서 명사절이 된다.
① 여기가 그가 태어난 곳이다.
② Bill이 근무하고 있는 은행은 매우 현대적이다.

fat[fæt] 형 살찐, 뚱뚱한
betray[bitréi] 동 배반하다
few[fju:] 형 거의 없는
grow[grou] up 성인이 되다
be born[bɔːrn] 태어나다
modern[mádərn] 형 현대식의, 최신의

2. when

① ⓐ I remember **the time**. We visited the museum **at the time**.
   ⓑ =I remember *the time* **at which** we visited the museum.
   　 주어　타동사　　선행사↑　　　　　　형용사절
   ⓒ =I remember (*the time*) **when** we visited the museum.
   　 주어　타동사　　선행사↑　　　　　　　형용사절

② *The day* will come **when** (=on which) you will see her again.
   　선행사↑　　　　　　　　　　　형용사절

③ Tell me *the time* **when** (=at which) he will be back.
   　　　　선행사↑　　　　　　　형용사절

3. why

① ⓐ I don't know **the reason**. He was late **for the reason**.
   ⓑ =I don't know *the reason* **for which** he was late.
   　 주어　동사　　선행사↑　　　　　　　형용사절
   ⓒ =I don't know (*the reason*) **why** he was late.
   　 주어　동사　　선행사↑　　　　　　　형용사절

② There is no *reason* **why** (=for which) you should go there.

③ That is *the reason* **why** he was arrested.

4. how

① ⓐ Please tell me **the way**. You learned English **in the way**.
   ⓑ =Please tell me *the way* **in which** you learned English.
   ⓒ =Please tell me *the way* **how** you learned English.　(×)
   ⓓ =Please tell me *the way* you learned English.
   ⓔ =Please tell me **how** you learned English.
   　　　수여동사 간·목　　　명사절(직접목적어)

② Nobody knows *the way* she solved the problem.

③ This is **how** (=the way in which) he made it.

5. 관계부사 대용어 that

① Tell me *the time* **that** (=when) it happened.

② This is *the way* **that** (=how) he works.

③ Do you remember *the reason* **that** (=why) she did so?

어휘

arrest [ərést] 동 체포(구속)하다　　**jewelry** [dʒúːəlri] 명 보석류　　**surely** [ʃúərli] 부 확실히, 반드시
drawer [drɔːr] 명 서랍　　　　　　**obvious** [ábviəs] 형 명백한　　　**come true** 실현되다

2. **when**은 선행사가 때를 나타내는 the day, the time, the year, the month, the morning, the night 등이 오는 경우에 쓰인다. ①ⓒ에서 선행사 the time이 생략되면 when ~는 목적어로서 명사절이 된다.
① 나는 우리가 그 박물관을 방문한 때를 기억하고 있다.
② 네가 그녀를 다시 만날 날이 올 것이다.
③ 그가 돌아올 시간을 내게 말해 주시오.

주의) 선행사가 주어일 때는 ②와 같이 when ~를 문장 끝으로 보내 주어 부분을 간단히 표현하는 것이 좋다.

3. **why**는 선행사가 이유를 나타내는 the reason인 경우에 쓰인다. ①ⓒ에서 선행사 the reason이 생략되면 why ~는 목적어로서 명사절이 된다.
① 나는 그가 지각한 이유를 모른다.   ② 네가 거기에 가야 할 이유가 없다.
③ 그것이 그가 체포된 이유이다.

4. **how**의 선행사는 원래 the way였으나 현대 영어에서는 ①ⓑ에서처럼 관계부사가 생략되어 the way만 쓰는 것이 일반적이다. the way 대신 how(ⓒ)를 쓰기도 하지만 the way how(ⓒ)와 같은 표현은 현대 영어에서 쓰이지 않는다.
① 당신이 영어를 공부한 방법을 제게 말씀해 주십시오.
② 아무도 그녀가 그 문제를 푼 방법을 모른다.   ③ 이것이 그가 그것을 만든 방법이다.

5. 관계부사 when, where, how, why 대신 **that**을 쓸 수 있다.
① 그것이 발생했던 시간을 내게 말해 주시오.   ② 이것이 그가 일하는 방식이다.
③ 너는 그녀가 그렇게 한 이유를 기억하니?

◎ 다음 빈칸에 알맞은 말을 쓰시오.
1. July is the month _____ the weather is usually the hottest.
2. That is the drawer _____ I keep my jewelry.
3. Will you show me _____ this machine works?
4. The reason _____ he went there is obvious.
5. The day will surely come _____ your dream will come true.

1. when '7월은 일반적으로 날씨가 가장 무더운 달이다.'
2. where '저것이 내가 보석을 보관하는 서랍이다.'
3. how '저에게 이 기계가 어떻게 작동하는지 보여 주시겠습니까?'
4. why '그가 그곳에 간 이유는 명백하다.'
5. when '너의 꿈이 실현될 날이 반드시 올 것이다.'

50 관계부사의 용법과 생략

A ■ 관계부사의 용법

1. ⓐ He went to England in 1914 **when** the war broke out. 〈한정적〉
   ⓑ He went to England in 1914, **when** (= and then) the war broke out. 〈계속적〉
2. Please come at six, **when** I will be free.
   = Please come at six, **for** I will be free **then**.
3. He went to Seoul, **where** (= and there) he met an accident.

B ■ 관계부사 및 선행사의 생략

1. ① The library is (*the place*) **where** I spend most of time. 〈선행사 생략〉
   ② This is *the park* (**where**) I met her yesterday. 〈관계부사 생략〉
2. ① Autumn is (*the time*) **when** people have big appetites. 〈선행사 생략〉
   ② Two thousand one is *the year* (**when**) we enter the twenty-first century. 〈관계부사 생략〉
3. ① This is (*the reason*) **why** I did such a thing. 〈선행사 생략〉
   ② There is no *reason* (**why**) you should complain. 〈관계부사 생략〉

◯ 다음 두 문장의 뜻이 같도록 빈칸에 알맞은 말을 쓰시오.

1. I was about to leave the room, and then he came in.
   = I was about to leave the room, _____ he came in.
2. Father took us to the zoo, and there we had great fun.
   = Father took us to the zoo, _____ we had great fun.
3. This is the town where he lives.
   = This is the town _____ _____ he lives.
4. I don't know the reason why he resigned.
   = I don't know the reason _____ _____ he resigned.

◯ 다음 두 문장을 관계부사를 이용하여 하나의 문장으로 고치시오.

5. ⓐ This is the spot. ⓑ The accident happened here.
6. ⓐ Do you remember the time? ⓑ The missile was launched at that time.
7. ⓐ I went to the place. ⓑ I couldn't find him there.

관계부사의 용법과 생략

 관계부사의 용법 — 관계대명사와 마찬가지로 관계부사 **when, where**에도 한정적 용법과 계속적 용법이 있다. 그러나 관계부사 **how, why**에는 계속적 용법이 없다. 한정적 용법의 관계부사는 「전치사＋관계대명사」의 역할을 하며, 보통 뒤에서부터 앞으로 관계사절을 먼저 해석한다. **계속적 용법의 when과 where는 「접속사＋부사」의 역할을 하며, 보통 관계부사 앞에 쉼표(,)가 있고, 앞에서부터 차례로 해석한다.**

1. ⓐ 그는 전쟁이 발발한 1914년에 영국에 갔다.
   ⓑ 그는 1914년에 영국에 갔다. 그런데 그때 전쟁이 발발했다.
2. 6시에 와 주십시오. 왜냐하면 그때 제가 한가할 테니까요.
3. 그는 서울에 갔는데 거기서 사고를 당했다.

관계부사 및 선행사의 생략 — 선행사가 the place, the time, the reason 등인 경우에 이들 선행사는 일반적으로 생략된다. 선행사가 생략되면 관계부사는 명사절을 이끌게 된다. 또한 그 뜻을 짐작할 수 있는 범위 안에서 **관계부사 자체가 생략**되기도 한다.

1. ① 도서관은 내가 대부분의 시간을 보내는 곳이다.   ② 이곳이 내가 어제 그녀를 만난 공원이다.
2. ① 가을은 사람들이 왕성한 식욕을 가지는 때이다.   ② 2001년은 21세기가 시작되는 해이다.
3. ① 이것이 내가 그와 같은 일을 한 이유이다.   ② 네가 불평할 이유는 아무것도 없다.

1. when '내가 막 방을 떠나려 하는데, 그때 그가 들어왔다.'
2. where '아버지는 우리를 동물원으로 데리고 가셨는데, 그곳에서 우리는 굉장히 재미있게 놀았다.'
3. in, which '이곳이 그가 살고 있는 마을이다.'
4. for, which '나는 그가 사임한 이유를 모른다.'
5. This is the spot where the accident happened. (the spot과 here가 공통이므로 where를 사용) '여기가 그 사고가 일어난 장소이다.'
6. Do you remember the time when the missile was launched? (the time과 at that time이 공통이므로 when을 사용) '미사일이 발사된 시각을 기억하고 있니?'
7. I went to the place, where I couldn't find him. (the place와 there가 공통이므로 where를 사용) '나는 그 장소에 갔지만, 그를 찾을 수 없었다.'

어휘

break[breik] out (전쟁 따위가) 일어나다
be free 한가하다
appetite[ǽpətàit] 명 식욕
complain[kəmplein] 동 불평하다
be about to 막 ~하려 하다
have fun 재미있게 놀다
resign[rizáin] 동 사임하다
spot[spɑt] 명 장소, 현장
launch[lɔːntʃ] 동 발사하다

5 복합 관계사

A 복합 관계대명사

1. 명사절을 이끄는 경우
   ① **Anyone** gets the best seat. **He** comes first.
   = **Anyone who** comes first gets the best seat.
     (선행사) (형용사절) (타동사) (목적어)
   = **Whoever** comes first gets the best seat.
     (명사절(주어)) (타동사) (목적어)
   ② Give the book to **anyone**. **He** wants it.
   = Give the book to **anyone who** wants it.
     (타동사) (목적어) (선행사) (형용사절)
   = Give the book to **whoever** wants it.
     (명사절(전치사 to의 목적어))
   ③ I told the story to **anyone**. I met **him**.
   = I told the story to **anyone who(m)** I met.
     (주어)(타동사)(목적어)   (형용사절)
   = I told the story to **who(m)ever** I met.
     (명사절(전치사 to의 목적어))
   ④ You may take **whichever** (=any thing that) you like.
     (주어)(조동사)(타동사)   (명사절(목적어))
   ⑤ You must obey **whatever** (=anything that) I tell you.
     (주어)(조동사)(타동사)   (명사절(목적어))

   [참고] ⓐ I believed **what** he said. ⎫ 비교
         ⓑ I believed **whatever** he said. ⎭

2. 양보 부사절을 이끄는 경우
   ① **Whoever** may say so, I can't believe it.
   = **No matter who** may say so, I can't believe it.
   ② **Who(m)ever** you may love, you must marry him.
   = **No matter who(m)** you may love, you must marry him.
   ③ **Whichever** you may choose, you will be pleased.
   = **No matter which** you may choose, you will be pleased.
   ④ **Whatever** you may say, I will not change my opinion.
   = **No matter what** you may say, I will not change my opinion.

복합 관계사

관계사에 -ever가 붙은 것을 복합 관계사라고 하며, 복합 관계대명사와 복합 관계부사, 복합 관계형용사가 있다. 복합 관계사는 그 자체에 선행사를 포함하고 있으며, 명사절 또는 부사절을 이끈다.

복합 관계대명사	명사적 용법(명사절)	부사적 용법(양보 부사절)
whoever	anyone who ~ (~하는 사람은 누구나)	no matter who ~ (누가 ~할지라도)
whomever	anyone whom ~ (~하는 사람은 누구에게나)	no matter whom ~ (누구를 ~할지라도)
whichever	any thing that ~ (~하는 것은 어느 것(쪽)이든)	no matter which ~ (어느 것을(이) ~할지라도)
whatever	anything that ~ (~하는 것은 무엇이든)	no matter what ~ (무엇을(이) ~할지라도)

1. 복합 관계대명사가 이끄는 절이 주어 또는 목적어 역할을 하는 경우에 명사절을 이끌며, **any**의 의미를 가진다.
   ① 제일 먼저 오는 사람은 누구나 가장 좋은 자리를 얻는다.
   ② 그것을 원하는 사람은 누구에게나 그 책을 주어라. (whoever는 wants의 주어)
   ③ 나는 내가 만난 누구에게나 그 이야기를 했다. (who(m)ever는 met의 목적어)
   ④ 너는 네가 좋아하는 것은 어느 것이든 가져가도 좋다.
   ⑤ 내가 네게 말하는 것은 무엇이든 따라야 한다.

참고 ⓐ 나는 그가 하는 말을 믿었다. (what = the thing that)
　　　ⓑ 나는 그가 하는 말은 무엇이든 믿었다. (whatever = anything that)

2. 복합 관계대명사는 양보 부사절을 이끄는 경우에 「no matter + 의문사」의 뜻을 나타낸다.
   ① 누가 그렇게 말할지라도, 나는 그것을 믿을 수 없다.
   ② 네가 누구를 사랑할지라도, 너는 그와 결혼해야 한다.
   ③ 네가 어느 것을 선택하더라도, 너는 만족할 것이다.
   ④ 네가 무슨 말을 할지라도, 나는 내 의견을 바꾸지 않겠다.

참고 어떤 구(절)를 생략해도 나머지 문장이 완전하면, 생략된 구(절)는 일반적으로 부사구(절)의 역할을 한다. ①~④는 밑줄 친 부분을 생략해도 문장이 완전하므로 Whoever ~, Whomever ~, Whichever ~, Whatever ~ 는 양보 부사절이다.

어휘

seat [siːt] 몡 자리
obey [oubéi] 동 복종하다
choose [tʃuːz] –chose [tʃouz] – chosen [tʃóuzən] 동 선택하다
be pleased [pliːzd] 만족하다
opinion [əpínjən] 몡 의견

B 복합 관계부사

1. 시간·장소 부사절을 이끄는 경우
① **Whenever** (=At any time when) I visited him, he was not at home.
② You may sit **wherever** (=at any place where) you like.

2. 양보 부사절을 이끄는 경우
① **Whenever** (=No matter when) you (may) come, you'll be welcomed.
② **Wherever** (=No matter where) you (may) go, I'll follow you.
③ **However** (=No matter how) hard you (may) try, you can't finish it in a day.

C 복합 관계형용사

1. whatever + 명사
① **Whatever** *excuses* he makes will not be believed.
　　　　　　　　　〈=any ~ that: …하는 ~은 무엇이든〉
② You have to go on, **whatever** *difficulties* come up.
　　　　　　　　　〈=no matter what ~: 어떤 …이〔을〕 ~할지라도〉

2. whichever + 명사
① You may use **whichever** *dictionary* you like.
　　　　　　　　　〈=any ~ that: …하는 ~은 어느 것이든〉
② The game will be very exciting, **whichever** *side* wins.
　　　　　　　　　〈=no matter which ~: 어느 ~이〔을〕 …할지라도〉

◎ 다음 밑줄 친 부분을 다른 말로 바꾸시오.

1. I'll give you <u>any book that</u> you choose.
2. <u>Any orders that</u> he gives are obeyed.
3. The roof of my house leaks <u>at any time when</u> it rains.
4. You will see this product advertised <u>no matter where</u> you go.

◎ 다음 문장을 밑줄 친 부분에 유의하여 우리말로 옮기시오.

5. <u>Whichever</u> you select, I'm not concerned with it.
6. I'd rather have a room of my own, <u>however</u> small, than share a room.
7. I'll find him, <u>wherever</u> he has gone.

B **복합 관계부사** — 관계부사 **where**, **when**, **how**에 **-ever**가 붙은 것으로 선행사를 그 자체에 포함하고 있으며, 시간·장소·양보 부사절을 이끈다.

복합 관계부사	시간·장소 부사절	양보 부사절
whenever	at any time when ~ (~할 때는 언제나)	no matter when ~ (언제 ~할지라도)
wherever	at any place where ~ (~하는 곳은 어디에나)	no matter where ~ (어디에서 ~할지라도)
however	–	no matter how ~ (아무리 ~할지라도)

1. ① 내가 그를 방문할 때는 언제나, 그는 집에 없었다.
   ② 네가 원하는 곳은 어디에나 앉아도 좋다.
2. ① 네가 언제 올지라도, 너는 환영받을 것이다.
   ② 네가 어디를 갈지라도, 나는 너를 따라가겠다.
   ③ 아무리 열심히 할지라도, 너는 그것을 하루만에 마칠 수는 없다.

C **복합 관계형용사** — 복합 관계대명사가 그 뒤에 명사를 수반하여 **형용사** 역할을 하는 것으로 **whatever**와 **whichever**가 있다. 복합 관계형용사 그 자체는 형용사 역할을 하지만, **명사절과 양보 부사절을 이끈다.**

1. ① 그가 하는 변명은 무엇이든 믿어 주지 않을 것이다. 〈주어인 명사절〉
   ② 어떤 어려움이 닥칠지라도 당신은 나아가야 한다. 〈양보 부사절〉
2. ① 너는 네 마음에 드는 어떤 사전이든 사용해도 좋다. 〈use의 목적어인 명사절〉
   ② 어느 쪽이 이기더라도 그 경기는 매우 재미있을 것이다. 〈양보 부사절〉

1. whichever book '나는 네가 선택하는 책은 어느 것이든 주겠다.'
2. Whatever orders '그가 내리는 명령은 무엇이든 잘 지켜진다.'
3. whenever '나의 집의 지붕은 비가 올 때면 언제나 샌다.'
4. wherever '어디에 가든지 너는 이 제품이 광고되는 것을 보게 될 것이다.'
5. 당신이 어느 편을 선택할지라도, 그것은 내가 알 바가 아니다. 〈복합 관계대명사〉
6. 방을 같이 쓰는 것보다는, 아무리 작아도 내 자신의 방을 가지겠다. 〈복합 관계부사〉
7. 그가 어디로 갔든지, 나는 그를 찾아낼 것이다. 〈복합 관계부사〉

어 휘

follow[fálou] 통 따라가다	come up 다가오다	~과 관계가 있다
excuse[ikskjúːs] 명 변명	leak[liːk] 통 새다	rather ~ than… …보다는 차라리 ~ 하겠다
go on 계속하다	be concerned with	

생활 영어 — 전화하기

● ○ ○ 전화하기

— 전화걸기

1. Is Tom there? / May I speak to Tom?
2. Will you take a message? / Can(May) I leave a message?
3. I'll call him again.

— 전화받기

4. Speaking. / This is he. / This is Tom speaking.
5. Sorry, he is out. / He is not in now.
6. Who's calling, please?
7. Hold on, please. / If the line is busy, please try later.
8. May I take your message?
9. I'm sorry you have (got) the wrong number.

1. A: Hello?
   B: **May I speak to Tom**, please?
   A: **Who's calling, please**?
   B: Oh, I am sorry. **This is Minho**.
   A: Sorry, he is not home.
   B: **Can I leave a message**?
   A: Sure.

2. A: Hello?
   B: Hi, Jane. This is Minho.
   A: Hi, Minho. What's up?
   B: **Is Tom there**?
   A: Yes. **Hold on, please**.

3. A: Is this 533-0236?
   B: No. **You have (got) the wrong number**.
   A: Oh, I'm sorry.
   B: That's all right.

> 왼쪽에 있는 영문을 큰 소리로 여러 번 읽고 뜻을 파악한 다음, 우리말을 참고하기 바랍니다.
> 왼쪽에 있는 영문을 암기한 다음, 오른쪽의 우리말을 보고 영어로 써 보는 것이 좋습니다.

● ○ ○ 전화하기

— 전화걸기
1. Tom 있나요? / Tom 좀 바꾸어 주세요.   2. 말씀 좀 전해주시겠습니까?
3. 그에게 다시 전화하겠습니다.

— 전화받기
4. 접니다. / 제가 Tom입니다.   5. (지금) 외출중입니다.
6. 누구시죠?   7. 끊지 말고 기다리세요. / 통화중이면, 나중에 다시 하세요.
8. 전할 말씀 있으세요?   9. 전화를 잘못 거셨습니다.

> 1. 「May〔Can〕I speak to + 사람 이름?」(~를 바꾸어 주세요.) 대신에 가까운 사이에서는 「Is + 사람 이름 + there?」를 사용하기도 한다.
> 4. 전화대화에서 자신을 밝힐 때에 This is she〔he〕. / Speaking.이라고 한다. I'm Minho.와 같은 표현은 하지 않는다.
> 6. 전화를 건 상대방이 누구인지 물어볼 때 사용하는 표현으로 Who is this, please? 라고도 한다. Who are you?와 같이 말하지 않는다.

Mini Dialogue

1. A: 여보세요?   B: Tom 좀 바꾸어 주세요.
   A: 누구지?   B: 아, 죄송합니다. 전 민호예요.
   A: 안됐지만, Tom은 집에 없어.   B: 메시지 좀 남길 수 있을까요?
   A: 그러렴.

2. A: 여보세요?   B: 안녕, Jane. 나 민호야.
   A: 안녕, 민호. 무슨 일이니?   B: Tom 있니?
   A: 그래. 끊지 말고 기다려.

3. A: 533-0236이지요?
   B: 아닌데요. 전화를 잘못 거셨습니다.
   A: 어머, 죄송합니다.
   B: 괜찮습니다.

실전 응용 문제

A 다음 중 빈칸에 들어갈 말로 가장 알맞은 것을 고르시오.

1. He was one of those _____ reached the land.
   ① who   ② whose   ③ whom
   ④ what   ⑤ which

2. He taught me _____ he knew about America.
   ① which   ② that   ③ of which
   ④ what   ⑤ who

3. Do you know the boy _____ Mary invited to the party?
   ① why   ② whose   ③ whom
   ④ what   ⑤ which

4. Have you ever lived in the country _____ English is spoken?
   ① where   ② when   ③ wherever
   ④ which   ⑤ whichever

reach 통 도착하다
land 명 나라, 육지; 땅 (=country)
teach – taught – taught 통 가르치다

B 다음에서 틀린 곳을 찾아 바르게 고치시오.

1. This is the book which I want to read it.
2. This is the house in that she lives.
3. Tom is the boy whom I want to play.
4. Where is the tree whose the top was broken by the storm?

storm 명 폭풍(우)

C 다음 밑줄 친 관계대명사 중 생략할 수 있는 것을 고르시오.

① This is the village in <u>which</u> he was born.
② This is the watch <u>that</u> I lost on the street yesterday.
③ He was the first man <u>that</u> reached the North Pole.
④ He had two sons, <u>who</u> became doctors.
⑤ The man with <u>whom</u> I was talking was Mr. Brown.

village 명 마을
lose – lost – lost 통 잃어버리다
North Pole 북극
talk with ~와 이야기하다

D 다음 대화의 빈칸에 알맞은 말을 쓰시오.

A: Can I speak to John, please?
B: 1. _____ is he. 2. _____ _____, _____?
A: It's me, Jane.

E 다음 글을 읽고, 물음에 답하시오.

Global air pollution is the most serious concern of various environmental agreements. The main cause of global air pollution is the *carbon dioxide **that** we release into the air. Because of too much carbon dioxide in the air, climate change happens so fast that ecosystems are unable to adapt. If we want to avoid dangerous climate changes, we should allow industries to burn less than a quarter of the oil, coal, and gas **that** they burn now. If we continue burning fossil fuels at present levels, we will have major global disasters in just 40 years. <u>That</u> is **why** we have to start reducing carbon dioxide emissions immediately.

*carbon dioxide 이산화탄소

concern 명 관심사
environmental 형 환경의
agreement 명 조약
release 동 방출하다
ecosystem 명 생태계
adapt 동 순응하다
avoid 동 피하다
fossil fuel 화석 연료
reduce 동 줄이다
emission 명 방출

1. 위 글의 밑줄 친 <u>That</u>이 뜻하는 것으로 알맞은 것을 고르시오.
   ① the oil, coal, and gas
   ② dangerous climate changes
   ③ the carbon dioxide in the air
   ④ fossil fuels and carbon dioxide
   ⑤ various environmental agreements

2. 위 글의 요지로 가장 알맞은 것을 고르시오.
   ① 이산화탄소로 인해 대기오염이 일어난다.
   ② 석유, 석탄, 가스를 대신할 연료를 개발해야 한다.
   ③ 환경조약에 대기오염에 관한 규제 항목을 넣어야 한다.
   ④ 대기 중의 과다한 이산화탄소는 기후 변화의 원인이다.
   ⑤ 대재앙을 피하기 위해 이산화탄소의 방출을 줄여야 한다.

F 다음 우리말을 영어로 옮기시오.

1. 그에게는 중국어를 할 수 있는 아들이 둘 있었다.
2. 네가 가진 것은 무엇이나 내 것이다.
3. 이것이 내가 어제 쓴 편지다.
4. 너는 그가 런던으로 출발한 날을 알고 있느냐?

Answer & Explanation

ANSWER

A 1. ① 2. ④ 3. ③ 4. ①

B
1. it을 삭제
2. in that → in을 문장의 끝에 두거나 in which로 고친다.
3. whom → with whom 또는 play → play with
4. whose the top → whose top / of which the top / the top of which

C ②

D 1. This 2. Who's calling(this), please?

E 1. ② 2. ⑤

F
1. He had two sons who could speak Chinese.
2. Whatever you have is mine.
3. This is the letter (which) I wrote yesterday.
4. Do you know the day when he left for London?

EXPLANATION

A
1. reached의 주어 역할을 하는 주격 관계대명사가 와야 한다.
  '그는 그 나라에 갔던 사람들 중의 한 사람이었다.'
2. 선행사가 없으므로 선행사를 포함하고 있는 관계대명사가 와야 한다.
  '그는 미국에 관하여 알고 있는 것을 내게 가르쳐 주었다.'
3. 선행사(the boy)가 사람이고 타동사 invited의 목적어 역할을 해야 하므로 관계대명사 whom이 와야 한다. '너는 Mary가 파티에 초대한 그 소년을 아느냐?'
4. the country가 선행사이므로 장소를 나타내는 관계부사가 와야 한다.
  '영어가 통용되는 나라에서 살아본 적이 있느냐?'

B
1. 목적격 관계대명사 which가 it을 대체한 것이므로 it이 올 수 없다.
  '이것은 내가 읽고 싶은 책이다.'
2. 관계대명사 that 앞에는 전치사가 올 수 없다. '이곳이 그녀가 사는 집이다.'
3. Tom is the boy. + I want to play with him. 'Tom은 내가 같이 놀고 싶은 소년이다.'

4. Where is the tree? + The top of the tree was broken by the storm.
  → Where is the tree whose top was broken by the storm?
  → Where is the tree of which the top was broken by the storm?
  → Where is the tree the top of which was broken by the storm?
  '폭풍우에 꼭대기가 부러져 나간 나무는 어디 있느냐?'

C
① 앞에 전치사가 있는 목적격 관계대명사는 생략할 수 없다. '이곳은 그가 태어난 마을이다.'
② 타동사 lost의 목적어이므로 생략이 가능하다. '이것은 내가 어제 길에서 잃어버린 그 시계다.'
③ 주격 관계대명사는 보통 생략할 수 없다. '그는 북극에 도달한 첫 번째 사람이었다.'
④ 계속적 용법의 관계대명사는 생략할 수 없다. '그에게 아들이 둘 있었는데, 그들은 의사가 되었다.'
⑤ 「전치사+관계대명사」이므로 관계대명사를 생략할 수 없다. '내가 이야기를 나누던 그 사람은 Brown 씨였다.'

E
> 전세계적 대기오염은 여러 환경조약의 가장 중대한 관심사이다. 전세계 대기오염의 주원인은 우리가 공기 중에 배출하는 이산화탄소이다. 대기에 너무 많은 이산화탄소가 있기 때문에, 기후변화가 아주 빠르게 일어나서 생태계가 적응할 수가 없다. 만일 우리가 위험한 기후 변화를 피하려고 한다면, 우리는 공장들이 현재 태우고 있는 기름, 석탄, 가스를 1/4 이하로 태우도록 해야 한다. 만일 우리가 화석 연료를 현재의 수준으로 계속해서 태운다면, 단 40년 안에 전세계적 대재앙이 일어날 것이다. <u>그것</u>이 이산화탄소의 배출을 즉시 줄이기 시작해야 하는 이유이다.

1. That은 40년 안에 일어날 전세계적 대재앙, 즉 위험한 기후 변화를 뜻한다.
2. 위 글은 미괄식 문장으로, 이산화탄소의 배출을 줄여야 하는 이유에 대해 언급하고 있다.

〈구문해설〉
- The main cause of global air pollution is *the carbon dioxide* that
  주어 — 동사 — 선행사 — 관계대명사
  we release into the air.
  형용사절
- climate change happens **so** fast **that** ecosystems are unable to adapt.:
  「so+형용사+that+주어+동사」(너무 ~해서 …하다) 구문이다.
- That is **why** we have to **start** *reducing* ... : 관계부사 why가 이유를 나타내고 있다.
  start는 동명사와 to부정사 둘 다 목적어로 취할 수 있다.

13 접속사

52 접속사의 종류

A 접속사의 종류

1. 등위 접속사
   ① *The boy* **and** *the girl* are good friends. 〈단어와 단어〉
   ② Let's talk *in the room* **or** *in the garden*. 〈구와 구〉
   ③ *She is very kind,* **and** *I like her very much.* 〈절과 절〉

2. 종속 접속사
   ① I believe **that** he studied hard. 〈절과 절〉
   　　주절　　　　종속절
   ② He remained poor, **while** his brother became very rich. 〈절과 절〉
   　　　주절　　　　　　　　종속절

53 등위 접속사

A 등위 접속사

1. **and**: ~와, 그리고(그래서)
   ① She is *pretty* **and** *diligent*. 〈단어와 단어〉
   ② *Curry* **and** *rice* is my favorite food. 〈단어와 단어〉
   ③ He worked *by day* **and** *by night*. 〈구와 구〉
   ④ *He happened to see her* **and** *(he) came to love her*. 〈절과 절〉
   ⑤ *The actor entered,* **and** *the girls stood up*. 〈절과 절〉
   ⑥ Push the button, **and** the door will open.
   　= **If** you push the button, the door will open.

2. **but**: ~지만, 그러나
   ① He is *very small* **but** *very brave*. 〈단어와 단어〉
   ② *I used to play the violin,* **but** *I have given it up*. 〈절과 절〉

3. **or**: 또는, 그렇지 않으면
   ① Which would you like, *tea* **or** *coffee*? 〈단어와 단어〉
   ② Do you go to school *by bus* **or** *on foot*? 〈구와 구〉

접속사의 종류

단어와 단어, 구와 구, 절과 절을 연결해 주는 말을 접속사라고 한다. 접속사는 용법에 따라서 문법상 대등한 관계를 이어주는 등위 접속사(and, but, or, for 등)와 종속절을 이끌어 주절에 연결시켜 주는 종속 접속사(that, when, if, whether 등)로 나눌 수 있다.

1. ① 그 소년과 소녀는 좋은 친구이다.
   ② 방이나 뜰에서 이야기합시다.
   ③ 그녀는 매우 친절해서 나는 그녀를 매우 좋아한다.
2. ① 나는 그가 열심히 공부했으리라고 믿는다.
   ② 그는 여전히 가난했지만, 그의 형은 매우 부자가 되었다.

등위 접속사

문법적 기능이 같은 단어와 단어, 구와 구, 절과 절을 연결하는 접속사로서 and, but, or, so, for 등이 있다.

1. ① 그녀는 예쁘고 부지런하다.
   ② 카레라이스는 내가 가장 좋아하는 음식이다. 〈단일 개념〉
   ③ 그는 주야로(낮에도 그리고 밤에도) 일했다.
   ④ 그는 그녀를 우연히 만나서 그녀를 사랑하게 되었다. 〈인과 관계〉
   ⑤ 그 배우가 등장하고 소녀들이 일어섰다. 〈시간적인 순서〉
   ⑥ 그 단추를 눌러라, 그러면 그 문이 열릴 것이다. 〈명령문+and〉

참고) 명령문, and … = If ~ = ~해라, 그러면 …할 것이다

2. ① 그는 아주 작지만 매우 용감하다.
   ② 나는 예전에 바이올린을 켰지만, (지금은) 그만두었다.
3. ① 홍차나 커피 중 어느 것을 드시겠습니까? 〈선택〉
   ② 학교에 버스로 가니 아니면 걸어서 가니?

어휘

remain[riméin] 동 여전히 ~이다
favorite[féivərit] 형 (가장) 좋아하는
happen[hǽpən] to 우연히 ~하다
push[puʃ] 동 누르다, 밀다
brave[breiv] 형 용감한
give up 그만두다

③ Work hard, **or** you'll fail.
  = **If** you do **not** work hard, you'll fail.
  = **Unless** you work hard, you'll fail.

4. for: 왜냐하면 ~이[하]니까
  ① I couldn't go there, **for** it was raining hard.
  ② It must be very cold outside, **for** the lake is frozen over.

5. so: 그래서, 그러므로
  ① I was very hungry, **so** I ate dinner early.
  ② I was tired from the work, **so** I sat down to take a rest.

B 등위 상관접속사

1. ① This book is **both** interesting **and** instructive.
   ② **Both** garlic **and** onion *have* a strong smell.
2. ① She is **not only** kind **but (also)** honest.
     = She is honest **as well as** kind.
   ② **Not only** my brother **but (also)** *I am* to go abroad in June.
     = *I* **as well as** my brother *am* to go abroad in June.
3. ① He is now **either** in London **or** in Paris.
   ② **Either** you **or** *he has* to go there.
4. He can speak **neither** English **nor** French.
   = He can**not** speak **either** English **or** French.

54 종속 접속사

A 명사절을 이끄는 종속 접속사

1. that
   ① **That** he said so is true. → *It* is true **that** he said so.   〈주어〉
      주어(명사절)   동사   보어   가주어   진주어(명사절)
   ② My hope is **that** you will recover soon. (My hope = that ~) 〈보어〉
   ③ I know **that** he is very busy.   〈타동사의 목적어〉
   ④ I thought *it* natural **that** he should get angry.   〈타동사의 목적어〉
   ⑤ I heard *the news* **that** he was dead. (the news = that ~)〈동격 명사절〉

|참고| ③ 열심히 일해라, 그렇지 않으면 실패할 것이다. 〈명령문+or〉
명령문, or … = If not ~ = Unless ~ = ~해라, 그렇지 않으면 …할 것이다

4. ① 나는 거기에 갈 수 없었다. 왜냐하면 비가 몹시 내리고 있었기 때문이다.
② 밖은 몹시 추운 것이 틀림없다. 왜냐하면 호수가 온통 얼어붙었기 때문이다.
5. ① 나는 배가 너무 고파서 저녁을 일찍 먹었다.
② 나는 그 일로 지쳤다. 그래서 휴식을 취하기 위해 앉았다.

|주의|
• 등위 접속사 for는 추가적인 설명이나 판단의 근거를 나타내며, for가 이끄는 절은 반드시 문장의 뒤에 놓인다.
• for와 so는 절과 절을 연결하는 데만 쓰인다.

B

- **both** A **and** B = A와 B 둘 다, ~하기도 하고 …하기도 하다(양자 긍정 — 복수 취급)
- { **not only** A **but (also)** B / B **as well as** A } A뿐만 아니라 B도 또한(B에 동사를 일치)
- **either** A **or** B = A나 B 중 어느 하나가(양자 택일 — B에 동사를 일치)
- { **neither** A **nor** B / **not** ~ **either** A **or** B } A도 B도 아니다(양자 부정 — B에 동사를 일치)

1. ① 이 책은 재미도 있고 교훈적이기도 하다. ② 마늘과 양파는 둘 다 냄새가 강하다.
2. ① 그녀는 친절할 뿐만 아니라 정직하기도 하다.
② 나의 형뿐만 아니라 나 또한 6월에 외국에 갈 예정이다. (동사 am에 주의)
3. ① 그는 지금 런던 아니면 파리에 있다.   ② 너 아니면 그 중 어느 한 명이 거기에 가야 한다.
4. 그는 영어도 프랑스어도 말할 줄 모른다.

종속 접속사

종속절을 주절에 이어주는 역할을 하는 접속사로서 because, that, if, when, as soon as 등이 있다. 종속 접속사가 이끄는 절은 명사절 또는 부사절이 된다.

1. 접속사 **that**은 '~라는 것'의 뜻으로서 주어·보어·목적어·동격 명사절을 이끈다.
① 그가 그렇게 말했다는 것은 사실이다.   ② 내 희망은 당신이 곧 회복되는 것이다.
③ 나는 그가 매우 바쁘다는 것을 알고 있다. ④ 나는 그가 화를 내는 것을 당연하다고 생각했다.
⑤ 나는 그가 죽었다는 소식을 들었다.

|참고|
• that이 이끄는 절이 주어가 되는 경우에 가주어 it을 내세우고, that절은 문장 끝에 둔다.
• that절이 동사 say, believe, think, know 등의 목적어일 때에는 접속사 that을 생략할 수 있다.
• 5형식 문형에서 that절이 목적어인 경우에 가목적어 it을 쓰고, that절은 문장 끝에 둔다.

어휘

freeze[friːz] –froze[frouz] – frozen[fróuzən] 동 얼다
take a rest 휴식을 취하다
garlic[gáːrlik] 명 마늘
instructive[instrʌ́ktiv] 형 교훈적인
recover[rikʌ́vər] 동 회복하다

2. **whether / if** : ~인지 어떤지
   ① **Whether** he will succeed is doubtful.　　　　　　　　　〈주어〉
      → *It* is doubtful **whether** he will succeed (*or not*).
   ② I don't know { **if** it will rain tomorrow.　　　　　　　　〈목적어〉
                   whether it will rain tomorrow or not.

B 부사절을 이끄는 종속 접속사

1. 때
   ① **When** my father died, I was fifteen years old.
   ② He went out **as** I entered the room.
   ③ **While** there is life, there is hope.
   ④ I must go home **before** it gets dark.
   ⑤ I went to bed **after** I finished my homework.
   ⑥ I'll wait here **till** (until) he comes.
   ⑦ **As soon as** he saw me, he ran away.
   ⑧ I will never forget you **as long as** I live.
   ⑨ He has been interested in flowers **since** he was a little boy.
   ⑩ **Whenever** it rains heavily here, there is a flood.

2. 원인·이유
   ① Why were you sleeping? — **because** I was tired.　　〈for는 불가〉
   ② He was absent **because** he was sick.　　　　　　　〈~해서〉
   ③ **Since** I feel sick, I can't attend the meeting.　　　〈~때문에〉
   ④ **As** it was very late, I turned back.　　　　　　　　〈~때문에〉

3. 조건·양보
   ① **If** you are quiet, I will tell you the secret.
   ② **If** you do **not** get up early, you will miss the train.
      = **Unless** you get up early, you will miss the train.
   ③ **Though** (Although) she is young, she is wise.
   ④ **Even if** (Even though) you don't like it, you must finish it.
   ⑤ I will employ him, **whether** he is handsome **or not**.

어휘
doubtful [dáutfəl] 형 의심스러운　　flood [flʌd] 명 홍수　　turn back 되돌아오다
heavily [hévəli] 부 몹시, 다량으로　　attend [əténd] 동 (~에) 출석하다　　employ [implɔ́i] 동 고용하다

2. ① 그가 성공할지 어떨지 의심스럽다.
   ② 내일 비가 올지 안 올지를 나는 모른다.

참고
- 명사절을 이끄는 whether가 주어나 보어로 쓰인 경우에는 if로 바꾸어 쓸 수 없다.
- if가 이끄는 명사절은 일반적으로 타동사의 목적어로 쓰이며 전치사의 목적어로는 쓰이지 않는다.
- if 다음에는 or not이 올 수 없는 것이 원칙이지만, 미국 구어에서는 혼용되고 있다.

B

1. 〈때를 나타내는 접속사〉
   - when : ~할 때에, ~때에
   - as : ~할 때에, ~하면서, ~하자마자
   - while : ~하는 동안에
   - before : ~하기 전에
   - after : ~한 후에
   - till, until : ~할 때까지
   - as soon as : ~하자마자
   - as long as : ~하는 한
   - since : ~이래로
   - whenever : ~할 때마다

   ① 아버지가 돌아가셨을 때, 나는 열 다섯 살이었다.
   ② 내가 그 방에 들어가자, 그는 나갔다.   ③ 생명이 있는 동안, 희망이 있다.
   ④ 어두워지기 전에, 나는 집에 가야 한다.   ⑤ 숙제를 끝마친 후에, 나는 잠자리에 들었다.
   ⑥ 나는 그가 올 때까지 여기서 기다리겠다.   ⑦ 그는 나를 보자마자 달아났다.
   ⑧ 내가 살아 있는 한 결코 너를 잊지 않을 것이다.
   ⑨ 그는 어릴 때부터 지금까지 꽃에 관심을 가지고 있다. (현재완료 계속)
   ⑩ 이곳은 비가 억수같이 올 때마다 홍수가 난다.

2. ① 너는 왜 자고 있었느냐? — 피곤했기 때문이야.
   ② 그는 아파서 결석했다.
   ③ 속이 좋지 않아서, 나는 그 회의에 참석할 수 없다.
   ④ 매우 늦었기 때문에, 나는 되돌아갔다.

주의 종속 접속사 because는 why에 대한 대답으로서 일 자체의 직접적인 원인이나 이유를 나타내며, because가 이끄는 절은 문장의 앞, 뒤 어느 쪽에도 올 수 있다.

3. 〈조건을 나타내는 접속사〉
   - if : 만일 ~라면
   - unless : 만일 ~하지 않는다면

   〈양보를 나타내는 접속사〉
   - though, although : ~이지만
   - even if(though) : 비록 ~일지라도
   - whether ~ or : ~이든지 …이든지간에
   - whether ~ or not : ~이든지 아니든지

   ① 만일 조용히 한다면, 나는 너에게 그 비밀을 말하겠다.
   ② 만일 일찍 일어나지 않는다면, 너는 기차를 놓칠 것이다.
   ③ 그녀는 어리지만, 현명하다.
   ④ 비록 네가 그것을 좋아하지 않을지라도, 너는 그것을 마쳐야 한다.
   ⑤ 그가 잘 생기든 잘 생기지 않든간에, 나는 그를 고용하겠다.

4. 목적 · 결과

① Children go to school **(so) that** they **may** learn things. 〈목적〉
② He worked hard **in order that** he **might** pass the exam. 〈목적〉
③ I worked hard **lest** I **should** fail. 〈목적〉
④ He is **so** honest **that** we trust him. 〈결과〉
   = He is **such** an honest man **that** we trust him.
   = He is **so** honest a man **that** we trust him.
⑤ He worked **so** hard **that** he **was able to** pass the exam. 〈결과〉
⑥ He was **such** a strict teacher **that** we were afraid of him. 〈결과〉
⑦ His father died suddenly, **so that** he had to leave school. 〈결과〉

5. 비례 · 양태

① **As** he grew older, he became wiser. 〈~함에 따라〉
② Do in Rome **as** the Romans do. 〈~처럼〉
③ He looks **as if** he is getting better. 〈~처럼〉
④ He talks **as if** he knew everything. 〈as if+가정법 과거〉
   = In fact, he doesn't know everything.

◉ 다음 두 문장의 의미가 같도록 빈칸에 알맞은 말을 쓰시오.

1. Tell him the truth, or you will be scolded.
   = _____ you tell him the truth, you will be scolded.
2. Start at once, _____ you will be in time.
   = _____ you start at once, you will be in time.
3. Not only you _____ _____ Tom likes baseball.
   = _____ as well as _____ likes baseball.
4. She cannot speak either English _____ French.
   = She can speak _____ English _____ French.
5. He was too old to run fast.
   = He was so old _____ he _____ run fast.
6. It was such a good novel that I read it twice.
   = It was _____ _____ _____ _____ that I read it twice.

4. 〈목적을 나타내는 접속사〉
- (so) that … may(can) ~ = in order that … may(can) ~ : ~하기 위하여
- lest … should ~ = for fear (that) ~ : ~하지 않도록

〈결과를 나타내는 접속사〉
- so + 형용사 또는 부사 + that … = such (+부정관사) + 형용사 + 명사 + that …
  = so + 형용사 (+부정관사) + 명사 + that … : 매우 ~해서 …하다
- …, so that ~ : …해서 ~하다

① 아이들은 여러 가지 것들을 배우기 위해 학교에 간다.
② 그는 시험에 합격하기 위해 열심히 공부했다.
③ 나는 실패하지 않도록 열심히 일했다.
④ 그는 매우 정직해서 우리는 그를 신뢰한다.
⑤ 그는 매우 열심히 공부해서 시험에 합격할 수 있었다.
⑥ 그는 매우 엄격한 선생님이어서 우리는 그를 무서워했다.
⑦ 그의 아버지가 갑자기 돌아가셔서 그는 학교를 그만두어야만 했다.

5. ① 그는 나이가 들어감에 따라 더 현명해졌다.
② 로마에 있을 때는 로마인들이 하는 것처럼 해라.
③ 그는 몸이 좋아지고 있는 것처럼 보인다.
④ 그는 모든 것을 다 아는 것처럼 말한다. = 사실, 그는 모든 것을 다 알지는 못한다.

1. Unless (명령문, or ~) '그에게 진실을 말해라, 그렇지 않으면 너는 꾸중들을 것이다.'
2. and, If (명령문, and ~) '즉시 떠나라, 그러면 제시간에 도착할 것이다.'
3. but, also, Tom, you (not only A but also B) '너뿐만 아니라 Tom도 야구를 좋아한다.'
4. or, neither, nor (not ~ either A or B = neither A nor B) '그녀는 영어와 프랑스어 둘 다 말하지 못한다.'
5. that, couldn't (too ~ to … = so ~ that + 주어 + can't …) '그는 너무 늙어서 빨리 달릴 수 없었다.'
6. so, good, a, novel (such (+부정관사) + 형용사 + 명사 = so + 형용사 (+부정관사) + 명사) '그것은 아주 좋은 소설이어서 나는 그것을 두 번 읽었다.'

어휘

trust [trʌst] 동 신뢰하다
strict [strikt] 형 엄격한
be afraid of ~을 두려워하다

suddenly [sʌ́dnli] 부 갑자기
scold [skould] 동 꾸짖다
at once 즉시

be in time 시간에 맞추다
novel [návəl] 명 소설
twice [twais] 부 두 번

생활 영어

물건사기

● ○ ○ 물건사기

1. May I help you? / What can I do for you?
2. I'm just looking around.
3. I'm looking for a hat. / I want a hat. / Do you carry a hat?
4. Do you have any others? / Please, show me another (one).
5. What size(color) do you want?
6. May(Can) I try this on? / Show me a cheaper one.
7. I'm afraid it's too expensive for me. / Can I have it wrapped? / I'll take it.

Mini Dialogue

1. A: **May I help you**?
   B: Yes. **I'm looking for** a jacket.
   A: How do you like this one?
   B: It's not satisfactory. **Please, show me another**.
   A: What about this?
   B: Well, all right. I'll take a look at it.

2. A: **Do you carry** sweaters?
   B: Yes, we do. **What size do you want**?
   A: I want a size 100.
   B: They are over here.

3. A: How much is this digital camera?
   B: As it is marked, sir.
   A: What about this?
   B: Well, it costs lower. It's $499.
   A: **I'll take it. Can I have it wrapped**?
   B: Sure, sir.

4. A: **May I try this on**?
   B: Of course. Please, try it on.
   A: Well, **it's too big for me**. Do you have a smaller size?
   B: Yes, we do.

● ○ ○ 물건사기

1. 무엇을 찾으세요?
2. 구경이나 하려고요.
3. 모자를 찾는데요. / 모자를 사려고요. / 모자가 있습니까?
4. 다른 물건이 있나요? / 다른 것 좀 보여주세요.
5. 어떤 사이즈[색]를 찾으세요?
6. 입어 봐도 될까요? / 좀 더 싼 것 좀 보여주세요.
7. 너무 비싼데요. / 포장해 줄 수 있나요? / 그것으로 하겠습니다.

3. 「I'm looking for + 물건 이름」은 '~을 찾고 있습니다'의 뜻으로 물건을 사고자 할 때 쓰는 표현이다.

* 물건을 살 때 자주 쓰는 표현들
- Try this on.은 점원이 손님에게 쓰는 표현으로 '이걸 입어[써] 보세요.'의 뜻이다.
- How much is it? / How much does it cost?는 '얼마예요?'라는 뜻으로 물건의 가격을 물을 때에 사용하는 표현이다.
- Is there any other size? / Do you have any other size?는 '다른 치수는 없습니까?'라는 뜻으로 쓰는 표현이다.

1. A: 무얼 찾으세요?   B: 옷옷을 찾는데요.
   A: 이거 어때요?
   B: 마음에 들지 않는데요. 다른 것을 좀 보여주세요.
   A: 이것은요?   B: 글쎄요, 좋네요. 그것을 좀 보겠어요.

2. A: 스웨터 있습니까?   B: 네, 있습니다. 사이즈가 어떻게 되죠?
   A: 100 사이즈요.   B: 그것들은 여기에 있습니다.

3. A: 이 디지털 카메라 얼마죠?   B: 거기 써 있는 대로입니다.
   A: 이것은 얼마예요?
   B: 저, 그건 더 쌉니다. 499달러거든요.
   A: 그것으로 하겠어요. 포장 좀 해주시겠어요?
   B: 물론이지요.

4. A: 이거 입어 봐도 될까요?   B: 물론이에요. 입어 보세요.
   A: 내겐 너무 큰데요. 더 작은 것 있나요?   B: 예, 있습니다.

실전 응용 문제

A 주어진 문장의 밑줄 친 부분과 같은 용법으로 쓰인 것을 고르시오.

1. The truth is <u>that</u> I have never seen you before.
   ① The news <u>that</u> he died is not true.
   ② It was John <u>that</u> we met yesterday.
   ③ I will do anything <u>that</u> you ask me to do.
   ④ This is the first time <u>that</u> I have seen a lark.
   ⑤ The trouble is <u>that</u> we don't have enough time.

○ ask + 목적어 + to ~
…에게 ~하기를 청하다
lark 몡 종달새

2. <u>As</u> it rained heavily, I stayed at home.
   ① She sang <u>as</u> she worked.
   ② This is the same camera <u>as</u> I lost yesterday.
   ③ <u>As</u> it was getting dark, we stopped working.
   ④ He was treated <u>as</u> a friend, not as a stranger.
   ⑤ <u>As</u> she grew older, she became more beautiful.

○ heavily 튀 몹시, 심하게
sing-sang-sung
통 노래하다
treat 통 대우하다
stranger 명 낯선 사람
grow-grew-grown
통 자라다, 차차 ~이 되다

B 다음에서 틀린 곳을 고르시오.

1. Neither his parents nor he were at home then.
   　　　　　　　　　①　②　③　④　⑤

2. I was sick for I couldn't go there.
   　　　①②　③　　④　⑤

3. Either Tom or you has to attend at the meeting.
   　①　　②　③　④　⑤

○ attend at 참석하다
any longer 이 이상
accept 통 받아들이다, 수락하다
invitation 명 초대

4. He is such old that he can't work any longer.
   　　　①　　②　③　　④　⑤

5. He asked me that I would accept the invitation.
   　①　②　③　　④　　⑤

6. She came to my house during I was out.
   　　①　②　　　③　　④　⑤

7. You may stay here as soon as you keep quiet.
   　①　②　③　④　　⑤

242 ・ 제 13 장 접속사

C 글의 흐름으로 보아 어법상 어색한 문장을 고르시오.

① The new girl in school was from a different town. ② She ate alone during lunch because she didn't know anyone. ③ She missed her old friends and teachers. ④ She felt scared and lonely at the new school. ⑤ She will be happier unless she makes some friends.

miss 동 그리워하다
scared 형 겁먹은

D 다음 글을 읽고, 물음에 답하시오.

At sea level, the relative amount of oxygen in the air is about 21% and the *barometric pressure averages 760mmHg. **As** we go higher up, the relative amount of oxygen remains the same **but** the number of oxygen molecules per breath is reduced. At 3,658 meters, the barometric pressure is only 483mmHg, **so** there are roughly 40% fewer oxygen molecules per breath.

In order to keep the proper oxygen content of your body, your breathing rate has to increase. This extra breathing increases the oxygen content in the blood, but not quite enough. **Since** your body lacks the amount of oxygen required for activity, your body must adjust to having less oxygen. In addition, high altitude and lower air pressure causes fluid to leak from tiny blood vessels. This can cause fluid build-up in both the lungs and the brain. If you continue to climb higher and higher without proper adjustment to the altitude, you can lead yourself to possibly serious, even life-threatening illnesses.

*barometric pressure 기압

relative 형 상대적인
molecule 명 분자
roughly 부 대략
proper 형 적당한
content 명 함유량
rate 명 속도; 비율
extra 형 추가의, 여분의
lack 동 ~이 부족하다
adjust 동 순응하다
altitude 명 높이, 고도
fluid 명 액체
leak 동 새다
build-up
명 증대; 형성
adjustment 명 적응
life-threatening
형 생명을 위협하는

1. 위 글의 내용과 일치하는 것은?
   ① 건강한 사람은 고도에 적응할 필요가 없다.
   ② 고도와 관계없이 공기 중 산소량은 일정하다.
   ③ 고도에 적응하는 일은 산소량과 무관하다.
   ④ 고도에 따라서 공기 중 산소의 절대량은 다르다.
   ⑤ 높이 올라가면 힘이 들어서 숨을 가쁘게 쉰다.

Answer & Explanation

Answer

A 1. ⑤ 2. ③

B 1. ② 2. ① 3. ③ 4. ① 5. ④ 6. ③ 7. ⑤

C ⑤

D 1. ④

Explanation

A
1. 주어진 문장에서 that은 접속사로서 보어가 되는 명사절을 이끈다. '사실은 내가 당신을 전에 한 번도 본 적이 없다는 것이다.'
   ① that은 동격을 나타내는 접속사, '그가 죽었다는 소식은 사실이 아니다.'
   ② 「It ~ that」 강조구문, '우리가 어제 만난 사람은 바로 John이었다.'
   ③ 관계대명사로서 to do의 목적어, '나는 네가 나에게 해달라고 부탁하는 것은 무엇이든지 하겠다.'
   ④ 관계부사로서 when 대신 쓰인 것이다. '내가 종달새를 본 것은 이번이 처음이다.'
   ⑤ 접속사로서 보어가 되는 명사절을 이끈다. '난처한 것은 우리에게 시간이 충분하지 않다는 점이다.'

2. As는 이유 부사절을 이끄는 접속사(=Because)로 쓰였다. '비가 많이 왔기 때문에 나는 집에 있었다.'
   ① 시간 부사절을 이끄는 접속사(~하면서 = while), '그녀는 일하면서 노래를 불렀다.'
   ② 관계대명사 as, '이것은 내가 어제 잃어버린 것과 같은 종류의 카메라이다.'
   ③ 이유 부사절을 이끄는 접속사, '날이 어두워지고 있었기 때문에, 우리는 일을 중단했다.'
   ④ as는 '~로서'의 뜻으로 전치사로 쓰였다. '그는 낯선 사람이 아닌 친구로서 대접을 받았다.'
   ⑤ 비례 부사절을 이끄는 접속사로 '~함에 따라'의 뜻이다. '그녀는 나이가 들어감에 따라 더욱 아름다워졌다.'

B
1. were → was, 「neither A nor B」가 주어인 문장의 술어동사는 B에 수를 일치시킨다. '그의 부모도 그도 그때 집에 없었다.'
2. for → so, so는 결과를 나타내는 등위 접속사로 쓰인다. '나는 몸이 아파서 그곳에 갈 수 없었다.'
3. has → have, 「either A or B」가 주어인 문장의 술어동사는 B에 수를 일치시킨다. 'Tom이나 너, 둘 중 한 사람이 그 모임에 참석해야 한다.'
4. such → so, so ~ that+주어+can't … = 너무 ~해서 …할 수 없다 '그는 너무 늙어서 더 이상 일을 할 수 없다.'
5. that → if, '~인지 아닌지'의 뜻이 되어야 한다. '그는 내게 그 초대에 수락할 것인지의 여부를 물었다.'
6. during → while, during은 전치사이므로 그 다음에는 단어나 구가 오고, while은 접속사이므로 다음에는 절이 온다. '내가 없는 동안에 그녀가 우리 집에 찾아왔다.'
7. as soon as → as long as, '네가 계속 조용히 있는 한 여기에 머물러도 좋다.'

C 학교에 새로 온 그 소녀는 다른 도시에서 왔다. 그녀는 아무도 알지 못했기 때문에 점심 시간에 혼자서 먹었다. 그녀는 예전의 친구들과 선생님들이 그리웠다. 그녀는 새 학교에서 두려움과 외로움을 느꼈다. 그녀는 친구들을 몇 명 사귀면 보다 행복해질 것이다.

- 이 글은 새로 전학 온 한 소녀가 가까이 지내는 친구가 없어 외로움을 느끼자, 새로운 친구를 사귈 것을 권하는 내용이다. 그러므로 마지막 문장 She will be happier unless she makes some friends. (그녀가 친구들을 몇 명 사귀지 않으면 보다 행복해질 것이다.)가 글의 흐름과 맞지 않다. 따라서, unless를 if로 고쳐야 한다.

D 해수면에서는 공기 중에 있는 산소의 상대적 양은 약 21%이고, 기압은 평균 760mmHg이다. 더 높이 올라감에 따라, 산소의 상대적 양은 동일하지만 한 번 숨 쉴 때의 산소 분자의 수는 줄어든다. 3,658미터에서는 기압이 단지 483mmHg이다. 그러므로 한 번 쉬는 숨에는 산소 분자가 대략 40% 정도 적다.

몸속의 산소량을 적당하게 유지하기 위해서는, 숨 쉬는 속도가 증가해야 한다. 이 추가적인 호흡은 혈액 속의 산소량을 증가시키지만 충분하지는 않다. 몸이 활동하는 데 필요한 산소량이 부족하기 때문에, 몸은 적은 양의 산소에 적응해야 한다. 또한, 높은 고도와 낮은 기압은 모세 혈관으로부터 체액이 새게 만든다. 이것은 폐와 뇌에 액체가 쌓이는 원인이 된다. 만일 고도에 적절한 적응을 하지 않은 채 계속해서 점점 더 높이 올라간다면, 어쩌면 심각하고 심지어는 생명을 위협하는 병에 걸리게 할 수 있다.

〈구문해설〉

- **As** we go higher up, the relative amount of oxygen remains the same **but** the number of oxygen molecules per breath is reduced.: as는 '비례(~함에 따라서)'를 나타내는 종속 접속사이며, but은 '대조'의 뜻을 나타내는 등위 접속사이다.
- **so** there are roughly 40% fewer oxygen molecules per breath.: so는 '결과'를 나타내는 종속 접속사이다.
- **Since** your body lacks the amount of oxygen **required** for activity, ...: since는 '이유'를 나타내는 종속 접속사이다. required는 the amount of oxygen을 수식하는 수동 의미의 과거분사이다.
- In addition, <u>high altitude and lower air pressure</u> <u>causes</u> <u>fluid</u> <u>to leak from tiny blood vessels.</u>
  주어 / 동사 / 목적어 / 목적격 보어
- **If** you continue to climb higher and higher without proper adjustment to the altitude, ...: if는 '조건'을 나타내는 접속사이다.

14. 명사

55 명사의 종류

A 보통명사

1. My **uncle** is a **farmer**.
2. I have two **children** — a **boy** and a **girl**.
3. He worked for two **hours**.
4. I have an **apple**.

B 집합명사

1. ⓐ Tom's **family** *is* very large. 〈단수형 집합명사 : 단수형 동사〉
   ⓑ My **family** *get(s) up* early in the morning.
   　　　　　　　　　　　　　　　　〈단수형 집합명사 : 단·복수형 동사〉
   ⓒ Three **families** *live* in the house. 〈복수형 집합명사 : 복수형 동사〉
2. ⓐ The Koreans are *a* diligent **people**. 〈단수형 집합명사 : 단수 취급〉
   ⓑ There *are* many **people** in the park. 〈단수형 집합명사 : 복수형 동사〉
   ⓒ There *are* many **peoples** in Asia. 〈복수형 집합명사 : 복수형 동사〉
3. The **police** *are* looking for you. 〈단수형 집합명사 : 복수형 동사〉

C 추상명사

1. **Health** is better than **wealth**.
2. **Necessity** is the mother of **invention**.
3. Everybody loves **peace**.
4. **Success** depends upon our efforts.

어휘

the Koreans [kərí(:)ənz] 한국인들　　health [helθ] 명 건강　　invention [invénʃən] 명 발명
diligent [dílidʒənt] 형 근면한　　wealth [welθ] 명 재산, 부(富)　　effort [éfərt] 명 노력
people [píːpl] 명 국민, 민족; 사람들　　necessity [nəsésəti] 명 필요　　kindness [káindnis] 명 친절

명사(Noun)

명사(名詞)란 사람·동식물·사물의 이름을 나타내는 말로 셀 수 있는 명사(보통명사, 집합명사)와 셀 수 없는 명사(추상명사, 물질명사, 고유명사)로 나눌 수 있다.

명사의 종류

A 　**보통명사** — 일정한 형태가 있거나, 형태는 없지만 구분이 확실해서 셀 수 있는 명사이다.
1. 나의 아저씨는 농부이다.　　　2. 나에게는 두 아이 즉, 아들 하나, 딸 하나가 있다.
3. 그는 2시간 동안 일했다.　　　4. 나는 사과 한 개를 가지고 있다.

B 　**집합명사** — 같은 종류의 여러 개가 하나의 집합체를 이루는 명사로서 class(학급), family(가족), crowd(군중), people(국민)과 같이 단수형의 동일한 형태로 단수·복수로 모두 쓰이는 것과 police(경찰), cattle(소), clergy(목사)와 같이 단수형이지만 항상 복수로만 쓰이는 것이 있다.

단수·복수로 모두 쓰이는 집합명사	복수로만 쓰이는 집합명사
단수 형태로 단수·복수 양쪽으로 쓰인다. 복수형으로 쓰면 두 개 이상의 집합체를 나타낸다.	단수 형태로서 항상 복수 취급한다. 복수형으로 쓸 수 없다.

1. ⓐ Tom의 가족은 대가족이다.
 　ⓑ 나의 가족은 (모두) 아침에 일찍 일어난다. (가족 구성원 하나하나를 가리킴)
 　ⓒ 세 가구가 그 집에 산다.
2. ⓐ 한국인들은 부지런한 국민(민족)이다.　　ⓑ 공원에는 많은 사람들이 있다.
 　ⓒ 아시아에는 여러 민족들이 있다.
3. 경찰들이 너를 찾고 있다.

[주의] people의 두 가지 용법
① 단수형: a people(하나의 민족), people(사람들), many people(많은 사람들)
② 복수형: many peoples(많은 민족(국민)들)

C 　**추상명사** — 성질·상태·개념 등 구체적인 형태가 없이 추상적 의미를 나타내는 셀 수 없는 명사이다. love, peace, beauty, kindness, hope 등이 있다.
1. 건강이 재산보다 낫다.　　　　2. 필요는 발명의 어머니이다.
3. 모든 사람은 평화를 사랑한다.　4. 성공은 우리의 노력에 달려 있다.

[주의] 추상명사는 부정관사 a(an)을 취하지 않고, 항상 단수형으로 쓰는 것이 원칙이다.

D. 물질명사

1. Please give me *some* **water**.
2. I like **coffee** better than **tea**.
3. **Stone** is heavier than **wood**.
4. I have *some*(*much*) **money**.
5. Mother bought *three pounds of* **butter** and *two bottles of* **milk**.

E. 고유명사

1. **Tom** arrived in **Busan** three days ago.
2. We have **Korean**, **English**, science, and math on **Monday**.

주의 다음의 경우에는 「the + 고유명사」 형태로 쓴다.
① 강 · 바다 · 운하 · 항만
 • the Han River(한강) • the Pacific(태평양)
 • the Suez Canal(수에즈 운하) • the Gulf of Mexico(멕시코 만)
② 선박 · 열차
 • the Mayflower(메이플라워 호) • the Honam Line(호남선)
③ 반도 · 공공건물 · 관공서 · 신문 · 잡지
 • the Korean Peninsula(한반도) • the White House(백악관)
 • the British Museum(대영 박물관) • the Times(타임스)
④ 복수형 국가 · 군도 · 산맥 · 가족
 • the United States of America(미합중국) • the Philippines(필리핀 군도)
 • the Rockies(로키 산맥) • the Kims(김씨 가족, 김씨 부부)

주의 Mt. Everest(에베레스트 산), Jeju Island(제주도), Seoul Station(서울역) 등에는 the를 붙이지 않는다.

확인테스트 ○ 다음 문장의 괄호 안에서 알맞은 말을 고르시오.

1. This class (is, are) the largest in this school.
2. The English (is, are) a practical people.
3. Cattle (feed, feeds) on a grass.
4. Some people (is, are) eating their lunch.
5. My teacher gave me (many advice, much advice).
6. He had several (girl friend, girl friends).

D **물질명사** — 일정한 모양이나 한계가 없는 물질의 이름을 나타내는 셀 수 없는 명사이다. water, air, paper, bread, sugar, tea, coffee, wood, meat, stone 등이 있다.

1. 저에게 물을 좀 주십시오.
2. 나는 차보다 커피를 더 좋아한다.
3. 돌은 나무보다 무겁다.
4. 나는 약간의(많은) 돈을 가지고 있다.
5. 어머니는 버터 3파운드와 우유 두 병을 샀다.

주의
- 부정관사 a(an)을 붙일 수 없고, 복수형도 불가능하며, 단수형 동사로 받는다.
- much, little, some, any, a lot of 등을 써서 양을 나타낼 수 있다.

〈물질명사의 수량 표시〉
- a cup of tea — 차 한 잔
- a glass of water — 물 한 잔
- a sheet of paper — 종이 한 장
- a pound of sugar — 설탕 1파운드
- two cups of coffee — 커피 두 잔
- three glasses of milk — 우유 석 잔
- three pieces of chalk — 분필 세 개
- four bottles of ink — 잉크 네 병

주의 물질명사의 양을 나타낼 때는 양을 나타내는 단위명사를 써서 「a〔갯수〕+ 단위명사 + of + 물질명사」로 나타낸다. 복수형은 단위에만 표시하고, 물질명사는 단수 형태를 유지한다.

E **고유명사** — 사람 이름·나라 이름·지명·언어 등에 붙여진 고유의 이름을 나타내는 명사이다. 첫 글자는 반드시 대문자로 쓰며, 셀 수 없는 명사이므로 복수형이 없다. 관사는 원칙적으로 쓰지 않는다.

1. **Tom**은 3일 전에 부산에 도착했다.
2. 월요일에는 국어, 영어, 과학 그리고 수학 시간이 있다.

확인테스트

1. is (class가 집합명사로서 하나의 집합체를 나타내고 있으므로 단수 취급한다.)
   '이 학급은 이 학교에서 가장 크다.'
2. are (The English는 복수 취급하며, people은 '국민'을 뜻하는 집합명사이다.)
   '영국인들은 실리적인 국민이다.'
3. feed (cattle은 복수로만 쓰인다.) '소는 풀을 먹고 산다.'
4. are (people은 '사람들'의 뜻일 때는 항상 복수 취급한다.) '몇몇 사람들은 점심을 먹고 있다.'
5. much advice (추상명사) '나의 선생님은 내게 많은 충고를 해 주셨다.'
6. girl friends (보통명사) '그는 여자 친구가 몇 명 있었다.'

어휘

Pacific[pəsífik] 명 태평양
canal[kənǽl] 명 운하
gulf[gʌlf] 명 만
peninsula[pənínsələ] 명 반도
museum[mju(:)zí(:)əm] 명 박물관
practical[prǽktikəl] 형 실리적인
cattle[kǽtl] 명 소
feed[fi:d] 동 먹다
several[sévərəl] 형 몇몇의

56 명사의 기능 전환

A 물질명사 → 보통명사

1. ⓐ Do you like **wine**? 〈물질명사〉 ⓑ This is **a good wine**. 〈종류 : 보통명사〉
2. ⓐ The house is built of **stone**. 〈물질명사〉
   ⓑ Don't throw **a stone** at the dog. 〈개체 : 보통명사〉
3. **A glass** fell on the floor. 〈제품 : 보통명사〉

B 고유명사 → 보통명사

1. ⓐ **A Mr. Brown** has come to see you. 〈~라는 사람〉
   ⓑ There are **three Marys** in this class. 〈여러 사람〉
2. He will become **an Edison**. 〈~와 같은 사람〉
3. ⓐ His wife is **a Kennedy**. 〈~ 집안의 사람〉
   ⓑ **The Kennedys** love to give a party. 〈~ 가족·부부〉
4. I saw **two Rodins** in that museum. 〈~의 작품〉

C 추상명사 → 보통명사

1. He has done me **a kindness**(many kindnesses). 〈구체적 행위〉
2. She is **a beauty** in this town. 〈성질을 가진 사람〉
3. I now have **the happiness** of being with you.
   └─────────┘ 형용사구

D 보통명사 → 추상명사

1. **The pen** is mightier than **the sword**.
2. She felt **the mother** in herself at the sight.

E 추상명사의 관용적 용법

1. It was a tool **of use**(=useful) to those people.
2. You should handle the machine **with care**(=carefully).
3. Ann is **all eagerness**(=very eager) to go there.

확인테스트 ◎ 다음 문장에서 틀린 곳을 찾아 바르게 고치시오.

1. There are some butters in the can.
2. She was beauty in her youth.
3. He is success as a novelist.

명사의 기능 전환

A **물질명사 → 보통명사** — 물질명사에 **a〔an〕**을 붙이거나 복수형으로 쓰면 종류, 개체, 제품, 사건 등을 나타낸다.
1. ⓐ 너는 포도주를 좋아하느냐?   ⓑ 이것은 좋은 포도주다.
2. ⓐ 그 집은 돌로 지어졌다.   ⓑ 개에게 돌을 던지시 마시오.
3. 유리잔이 마루에 떨어졌다. (glass : 유리〈물질명사〉, glasses : 안경〈보통명사〉)

B **고유명사 → 보통명사** — 고유명사에 **a〔an〕**을 붙이거나 복수형으로 쓰면 '~와 같은 사람〔사물〕, ~라는 사람, ~ 집안 사람, ~의 작품·제품' 등의 의미를 나타낸다.
1. ⓐ **Brown** 씨라는 사람이 너를 만나러 왔다.   ⓑ 이 반에는 세 명의 **Mary**가 있다.
2. 그는 에디슨과 같은 발명가가 될 것이다. (an Edison = a great inventor like Edison)
3. ⓐ 그의 아내는 **Kennedy** 가문 사람이다.   ⓑ **Kennedy** 부부는 파티 여는 것을 좋아한다.
4. 나는 그 박물관에서 두 점의 로댕 작품을 보았다.

C **추상명사 → 보통명사** — 추상명사에 **a〔an〕**을 붙이거나 복수형으로 쓰면 구체적 행위나 추상명사의 성질을 가진 사람을 나타낸다.
1. 그는 나에게 친절한 행위 한 가지〔많은 친절한 행위〕를 했다.
2. 그녀는 이 마을에서 미인이다. (a beauty = a beautiful person)
3. 나는 지금 너와 함께 있는 행복을 누리고 있다.

〔주의〕 추상명사가 수식어구로 한정될 때는 「the+추상명사」로 나타낸다.

D **보통명사 → 추상명사** — 「**the**+단수 보통명사」는 추상적인 개념(성질·소질)을 나타낸다.
1. 문필의 힘은 무력보다 강하다.   2. 그녀는 그 광경을 보고 모성애를 느꼈다.

E **추상명사의 관용적 용법** — 「of+추상명사」는 형용사, 「with〔by, in〕+추상명사」는 부사, 「all+추상명사」와 「추상명사+itself」는 「very+형용사」의 의미를 나타낸다.
1. 그것은 그 사람들에게는 유용한 도구였다.   2. 너는 그 기계를 조심스럽게 다루어야 한다.
3. **Ann**은 몹시 거기에 가고 싶어한다.

〔참고〕
- of value = valuable (가치 있는)
- of wisdom = wise (현명한)
- with ease = easily (쉽게)
- in haste = hastily (급하게)

1. are→is, butters→butter '그 통에는 약간의 버터가 있다.'
2. beauty→a beauty '그녀는 젊었을 때 미인이었다.'
3. success→a success '그는 소설가로 성공한 사람이다.'

어휘

mighty [máiti] 〈형〉 강력한
sword [sɔːrd] 〈명〉 칼
sight [sait] 〈명〉 광경
handle [hǽndl] 〈동〉 다루다
eagerness [íːɡərnis] 〈형〉 열망, 갈망
in one's youth [juːθ] 젊었을 때

56. 명사의 기능 전환 **251**

57 명사의 수(數)

A 규칙 변화하는 복수명사

1. 대부분의 명사는 어미에 -s를 붙인다.

- flower(꽃) — flowers[fláuərz]
- house(집) — houses[hauziz]
- book(책) — books[buks]
- student(학생) — students[stjú:dənts]

2. 어미가 -s, -sh, -ch[tʃ], -x, -z이면 -es를 붙인다.

- bus(버스) — buses[bʌsiz]
- church(교회) — churches[tʃə́:rtʃiz]
- dish(접시) — dishes[díʃiz]
- box(상자) — boxes[báksiz]

예외 -ch가 [k]로 발음되면 -s만 붙인다.
- stomach(위) — stomachs[stʌ́məks]
- monarch(군주) — monarchs[mánərks]

3. 어미가 「자음+y」인 명사는 y를 i로 고친 다음 -es를 붙이고, 「모음+y」인 명사는 -s만 붙인다.

- story(이야기) — stories[stɔ́:riz]
- day(날) — days[deiz]
- lady(숙녀) — ladies[léidiz]
- chimney(굴뚝) — chimneys[tʃímniz]

4. 어미가 「자음+o」인 명사는 -es를 붙이고, 「모음+o」인 명사는 -s만 붙인다.

- hero(영웅) — heroes[hí(:)ərouz]
- radio(라디오) — radios[réidiòuz]
- potato(감자) — potatoes[pətéitouz]
- bamboo(대나무) — bamboos[bæmbú:z]

예외
- piano(피아노) — pianos[piǽnouz]
- photo(사진) — photos[fóutouz]

5. 어미가 -f, -fe인 명사는 f, fe를 v로 고친 다음 -es를 붙인다.

- knife(칼) — knives[naivz]
- handkerchief(손수건) — handkerchiefs 또는 handkerchieves[hǽŋkərtʃi(:)vz]
- leaf(잎) — leaves[li:vz]

예외
- roof(지붕) — roofs[ru(:)fs]
- chief(우두머리) — chiefs[tʃi:fs]
- safe(금고) — safes[seifs]
- cliff(절벽) — cliffs[klifs]

참고 명사의 복수형 어미 -s, -es의 발음
① 유성음([b], [d], [g], [l], [m], [n], [ð], 모음) 뒤에서 → [z]
② 무성음([p], [k], [t], [f], [θ]) 뒤에서 → [s]
③ [s], [z], [ʃ], [tʃ], [dʒ] 뒤에서 → [iz]

B 불규칙 변화하는 복수명사

1. 모음이 변하여 복수형이 되는 명사
   - man[mæn] (남자) — men[men]
   - tooth[tu:θ] (이) — teeth[ti:θ]
   - goose[gu:s] (거위) — geese[gi:s]
   - foot[fut] (발) — feet[fi:t]

2. 어미에 -en을 붙이는 명사
   - ox[ɑks] (소) — oxen[ɑ́ksən]
   - child[tʃaild] (어린이) — children[tʃíldrən]

3. 단수형과 복수형이 같은 명사
   - sheep[ʃi:p] (양) — sheep
   - deer[diər] (사슴) — deer
   - fish[fiʃ] (물고기) — fish
   - salmon[sǽmən] (연어) — salmon
   - Swiss[swis] (스위스인) — Swiss
   - Chinese[tʃàiní:z] (중국인) — Chinese

4. 라틴어와 그리스어에서 유래한 명사
   - datum[déitəm] (자료) — data[déitə]
   - bacterium[bæktí(:)əriəm] (박테리아) — bacteria[bæktí(:)əriə]
   - medium[mí:diəm] (중간, 매체) — media[mí:diə]
   - basis[béisis] (기초) — bases[béisi:z]
   - oasis[ouéisis] (오아시스) — oases[ouéisi:z]

참고
- 복합명사의 복수형은 주요 단어를 복수로 한다.
  looker-on[lùkərán] (구경꾼) — lookers-on[lùkərzán]
  passer-by[pǽsərbái] (통행인) — passers-by[pǽsərzbái]
  father-in-law[fá:ðərinlɔ̀:] (장인) — fathers-in-law[fá:ðərzinlɔ̀:]
- 성별을 나타내는 man, woman을 포함한 단어는 양쪽을 복수로 한다.
  manservant[mǽnsə̀:rvənt] (남자 하인) — menservants[ménsə̀:rvənts]

○ 다음 명사의 복수형을 쓰시오.

1. wolf   2. tomato   3. zoo   4. monkey
5. sheep   6. cave   7. curriculum 8. match
9. tooth   10. month   11. thief

1. wolves   2. tomatoes   3. zoos   4. monkeys
5. sheep   6. caves   7. curricula   8. matches
9. teeth   10. months   11. thieves

C. 주의해야 할 복수명사

1. 단수형과 복수형의 의미가 다른 명사
- air(공기) — **airs**(태도)
- arm(팔) — **arms**(무기)
- custom(습관) — **customs**(세관)
- good(선) — **goods**(상품)
- manner(태도) — **manners**(예절)
- advice(충고) — **advices**(통지)
- content(만족) — **contents**(내용)
- force(힘) — **forces**(군대)
- letter(편지) — **letters**(문학)
- pain(고통) — **pains**(수고)

2. 복수형이 2가지인 명사
- brother { **brothers**[brʌ́ðərz] (형제) / **brethren**[bréðrin] (동포) }
- cloth { **cloths**[klɔːθs] (옷감) / **clothes**[klouz] (의복) }
- penny { **pennies**[péniz] (1페니짜리 동전의 개수 — 3 pennies : 1페니 동전 3개) / **pence**[pens] (펜스: 금액 — 3 pence : 3펜스) }

3. 항상 복수형으로 쓰이는 명사
- scissors[sízərz] (가위)
- shoes[ʃuːz] (구두)
- glasses[glǽsiz] (안경)
- gloves[glʌvz] (장갑)
- trousers[tráuzərz] (바지)
- spectacles[spéktəklz] (안경)

4. 형태는 복수형이지만 단수 취급하는 명사
- economics[ìːkənámiks] (경제학)
- physics[fíziks] (물리학)
- news[njuːz] (뉴스)
- mathematics[mæθəmǽtiks] (수학)
- politics[pálitiks] (정치학)
- billiards[bíljərdz] (당구)

5. 상호 관계를 나타내는 복수명사
- change **buses**[**trains**] = 버스[기차]를 갈아타다
  We must **change buses** at Daejeon. 우리는 대전에서 버스를 갈아타야 한다.
- make **friends** with = ~와 친해지다
  They **made friends with** her. 그들은 그녀와 친해졌다.
- shake **hands** with = ~와 악수하다
  She **shook hands with** me. 그녀는 나와 악수를 나누었다.

참고 「수사 + 명사」가 형용사 역할을 하여 다른 명사를 수식하는 경우에 수사 다음의 명사는 단수형으로 쓴다.
ⓐ He is 16 years old. 그는 16살이다.
ⓑ He is a 16-**year**-old boy. 그는 16살 소년이다.

58 명사의 성(性)

명사에는 남성과 여성, 남녀 어느 쪽에도 사용되는 통성, 성의 구별이 없는 중성이 있다.

명사의 성
- 남성(男性): father, boy, brother, bull 등이며, he로 받는다.
- 여성(女性): mother, girl, cow, hen 등이며, she로 받는다.
- 통성(通性): parent, friend, child 등이며, 경우에 따라 he 또는 she로 받는다.
- 중성(中性): desk, tree, water, house 등이며, 대개 it으로 받는다.

A 남성명사와 여성명사

1. prince[prins] (왕자) / princess[prínsis] (공주)
2. hero[hí(:)ərou] (영웅) / heroine[hérouin] (여걸)
3. actor[æktər] (남자 배우) / actress[æktris] (여자 배우)
4. master[mæstər] (주인, 대가) / mistress[místris] (여주인)
5. nephew[néfju:] (남자 조카) / niece[ni:s] (여자 조카)
6. waiter[wéitər] (남종업원) / waitress[wéitris] (여종업원)

참고 대개 남성명사에 -ess를 붙여 여성명사를 만든다. 예외적으로 -ine를 붙여 여성명사를 만들기도 한다.

B 주의해야 할 명사의 성

1. 무생물에서 이미지가 강력하고, 위대하고, 용맹한 것은 남성 취급하여 he로 받는다.
   - sun(태양), war(전쟁), winter(겨울), mountain(산), death(죽음)

2. 무생물에서 이미지가 아름답고, 부드럽고, 평화로운 것은 여성 취급하여 she로 받는다.
   - moon(달), peace(평화), spring(봄), ship(선박)

3. baby, child의 경우, 성별이 분명치 않거나 중요하지 않을 때는 it으로 받지만, 성별을 알고 있을 때는 he, she로 받는다.
   The *baby* has a doll in **its**(**his**, **her**) hand.
   그 아기는 손에 인형을 가지고 있다.

어휘

bull[bul] 몡 황소   cow[kau] 몡 암소   hen[hen] 몡 암탉

59 명사의 소유격(格)

A 명사의 소유격을 만드는 법

1. 대부분의 명사는 어미에 's(apostrophe s)를 붙인다.
   - **Tom's** table(Tom의 책상)
   - the **boy's** father(그 소년의 아버지)
   - the **dog's** tail(그 개의 꼬리)
   - the **cat's** ear(그 고양이의 귀)

2. -s로 끝나는 복수명사는 어미에 apostrophe(')만 붙이고, -s로 끝나지 않는 복수명사는 어미에 's를 붙인다.
   - a **girls'** high school(여자 고등학교)
   - **birds'** song(새들의 노래)
   - a **children's** hospital(소아과 병원)
   - **men's** wear(신사복)

3. 무생물의 소유격은 「of + 명사」로 나타낸다.
   - the legs **of the table**(그 식탁의 다리들)
   - the leaves **of the tree**(그 나무의 잎들)

4. 무생물이라도 시간·거리·가격·무게를 나타내는 명사와 의인화된 명사는 's를 붙인다.
   - five **days'** journey(5일간의 여행)
   - three **miles'** distance(3마일의 거리)
   - a **dollar's** worth(1달러어치)
   - ten **pounds'** weight(10파운드의 무게)
   - the **earth's** surface(지구 표면)
   - **today's** newspaper(오늘 신문)
   - **Nature's** law(자연 법칙)
   - **Korea's** victory(한국의 승리)

5. 복합명사 및 연결된 어군(語群)의 소유격은 마지막 단어에 's를 붙인다.
   - my **father-in-law's** house(나의 장인의 집)
   - **somebody else's** hat(누군가 다른 사람의 모자)

B 주의해야 할 소유격 용법

1. 공동 소유와 개별 소유
   ① This is **Tom and Bill's** car.   〈공동 소유 = **A and B's**〉
   이것은 Tom과 Bill이 공동으로 쓰는 차다.
   ② These are **Tom's and Bill's** cars.   〈각자 소유 = **A's and B's**〉
   이것들은 Tom의 차와 Bill의 차다.

어휘

tail[teil] 명 꼬리
wear[wɛər] 명 옷, 의류
journey[dʒə́ːrni] 명 여행
distance[dístəns] 명 거리
worth[wəːrθ] 명 ~어치
weight[weit] 명 무게
surface[sə́ːrfis] 명 표면
father-in-law[fáːðərinlɔ̀ː] 명 장인, 시아버지
else[els] 형 그 밖의, 다른

2. **독립소유격** — 소유격 뒤에 명사가 생략되어 소유격이 단독으로 쓰이는 경우를 말한다.
   ① 앞에 나온 명사의 반복을 피하기 위한 생략
      This car is my **father's** (car). 이 차는 나의 아버지의 것이다.
   ② house, shop, store, hospital 등 장소·건물 등을 나타내는 명사의 생략
      ⓐ I am staying at my **uncle's** (house). 나는 삼촌 댁에 묵고 있다.
      ⓑ I met him at the **barber's** (shop). 나는 이발소에서 그를 만났다.

3. **이중소유격** — of를 사용한 소유격과 's를 사용한 소유격이 이중으로 함께 사용된 소유격이다. 명사 앞에 관사(a, an), 지시형용사(this, that 등), 부정형용사(some, any, every, no 등), 의문형용사(whose, what, which 등) 등이 올 때에「a(this, some, whose 등)＋명사＋**of**＋소유대명사(독립소유격)」의 형태로 나타낸다.
   ① **a** friend **of** mine — 나의 한 친구(a my friend는 틀림)
   ② **a** friend **of my brother's** — 내 동생의 한 친구
   ③ **this** book **of hers** — 그녀의 이 책(her this book은 틀림)
   ④ **some** books **of his brother's** — 그의 남동생의 몇 권의 책들

> 주의
> • mine, yours, his, hers, theirs, ours 등은 소유대명사이다.
> • 이중소유격은 주격 관계·소유·소속 등을 나타내지만, 목적격 관계는 나타내지 않는다.
>   ⓐ a painting of my brother's — 동생이 그린 그림 또는 동생이 가지고 있는 그림
>   ⓑ a painting of my brother — 동생을 그린 그림

○ 다음 문장에서 <u>틀린</u> 곳을 찾아 바르게 고치시오.
1. The couple had three son-in-laws.
2. This is a girl's high school.
3. A my friend taught that to me.
4. I met her at my aunt.
5. Any friend of Jane is welcome.
6. Her some friends will help you do the work.

1. son-in-laws → sons-in-law '그 부부에게는 사위가 셋 있었다.'
2. girl's → girls' '여기는 여자 고등학교다.'
3. A my friend → A friend of mine '내 친구 하나가 그것을 내게 가르쳐 주었다.'
4. at my aunt → at my aunt's '나는 그녀를 숙모댁에서 만났다.'
5. Any friend of Jane → Any friend of Jane's
   'Jane의 친구라면 누구나 환영한다.'
6. Her some friends → Some friends of hers
   '그녀의 친구들 몇 명이 당신이 그 일을 하는 것을 거들 것이다.'

생활 영어

제안하기 / 제안에 답하기

● ○ ○ 제안하기

— 제안하기
1. Let's go swimming.
2. How(What) about going to the park?
3. Why don't you see a doctor?
4. Shall we spend the weekend in Seoul?
5. What do you say to going to the concert?

● ● ○ 제안에 답하기

— 승낙하기
1. (That) Sounds good. / Sure.
2. That's a good idea(plan).
3. That's fine with me.

— 거절하기
4. (I'm) Sorry, (but) I can't.
5. I'm sorry, but I have other plans. / Sorry, I've got an appointment.
6. No, I'm afraid I can't.

Mini Dialogue

1. A: **Let's go swimming** tomorrow.
   B: **That sounds great**.
   A: What time shall we make it?
   B: **How about** eleven o'clock in the morning?
   A: **That's fine with me**.
   B: See you tomorrow, then.

2. A: I have a bad headache.
   B: **Why don't you see a doctor**?
   A: Can you come with me?
   B: **I'm afraid I can't. I've got an appointment**.

 왼쪽에 있는 영문을 큰 소리로 여러 번 읽고 뜻을 파악한 다음, 우리말을 참고하기 바랍니다.
왼쪽에 있는 영문을 암기한 다음, 오른쪽의 우리말을 보고 영어로 써 보는 것이 좋습니다.

● ○ ○ 제안하기

— 제안하기
1. 수영하러 가자.
2. 공원에 가는 게 어때?
3. 의사한테 진찰받는 게 어떻겠니?
4. 주말을 서울에서 보낼까요?
5. 콘서트에 가는 것이 어때?

> 1. **Let's ~**는 '(우리) ~하자'의 뜻으로 이 제안에 동의할 때는 **Yes, let's.**, 거절할 때는 **No, let's not.** 또는 **(I'm) Sorry, (but) I can't.**로 답한다.
> 2. **How[What] about ~?**은 '~은 어때?, ~은 어떻습니까?'의 뜻으로 **about** 다음에는 명사나 동명사가 와야 한다.
> 5. **What do you say to ~?**는 '~하는 것이 어떨까요?'의 뜻으로 **to** 다음에는 명사나 동명사가 와야 한다.

● ● ○ 제안에 답하기

— 승낙하기
1. 좋아. / 물론이지.
2. 멋진 생각[계획]이다.
3. 동의해.

— 거절하기
4. 미안하지만, 안 되겠어.
5. 미안하지만, 다른 계획이 있어. / 미안하지만, 약속이 있어.
6. 아니, 유감스럽지만 안 되겠어.

Mini Dialogue

1. *A:* 내일 수영하러 가자. *B:* 그거 좋지.
   A: 몇 시에 만날까? *B:* 오전 11시가 어때?
   A: 좋아. *B:* 그럼 내일 보자.

2. *A:* 나 머리가 많이 아파. *B:* 의사에게 진찰받는 게 어떻겠니?
   A: 같이 갈 수 있어? *B:* 유감스럽게도 함께 갈 수 없어. 약속이 있어.

실전 응용 문제

A 다음에서 틀린 곳을 고르시오.

1. This class are made up of boys only.
   ①   ②   ③   ④   ⑤

2. He ordered two glasses of milks.
      ①   ②   ③   ④   ⑤

3. This your garden is very beautiful.
   ①   ②   ③   ④   ⑤

4. I have two loaf of bread for breakfast.
            ① ②   ③   ④   ⑤

5. In English class we had a short ten-minutes quiz.
                    ① ②   ③   ④   ⑤

> be made up of
> ~으로 구성되다
> loaf 명 덩어리

B 글의 흐름으로 보아 어색한 문장을 고르시오.

①The fish swam upstream to lay its eggs. ②They probably swam with all their might. ③Afterwards, they let the river carry them back downstream. ④Having used up all their energy, they soon die. ⑤They have sacrificed their lives for the next generation.

> upstream 부 상류로
> might 명 힘
> afterwards 부 뒤에
> use up 다 쓰다
> sacrifice 동 희생하다
> generation 명 세대

C 다음 대화의 빈칸에 알맞은 말을 쓰시오.

A: 1. _____ _____ we go to the movies this Saturday?
B: That sounds great.
A: What time shall we 2. _____ it?
B: How about five o'clock?
A: That's fine 3. _____ me.
B: See you then.

D 다음 글을 읽고, 물음에 답하시오.

　Mr. Marsh was a Senator in the government. One day he was driving to a town to make an important speech when he stopped at a small restaurant to have some coffee. When he saw that the restaurant had some nice fresh rolls, he asked the waitress for one, and she brought it. Then he asked for some butter and jam, and she brought **a very small serving of butter** and **a very small jar of jam.**
　"I'd like some more jam, please." Mr. Marsh said.
　"I'm sorry," she answered, "but we only give one serving of butter and one jar of jam with each roll."
　Mr. Marsh began to be annoyed. "Do you know who I am, young lady?" he said. "I'm the state Senator."
　"And do you know who I am?" the waitress asked.
　Mr. Marsh was surprised and said, "No."
　"Well," she answered, "I'm the person who gives out the jars of jam."

- Senator 명 상원의원
- government 명 국가, 정부
- make a speech 연설하다
- important 형 중요한
- fresh 형 갓 만들어진
- waitress 명 여종업원
- jar 명 병, 단지
- be annoyed 화가 나다
- state 명 국가, 주

1. 위 글에서 얻을 수 있는 교훈을 고르시오.
　① 너무 빨리 운전하지 마라.　② 권력을 남용하지 마라.
　③ 주변 사람을 많이 사귀어라.　④ 음식은 조금씩 먹어야 한다.
　⑤ 상대방을 화나게 하지 마라.

2. Why didn't the waitress bring the man some more jam?
　① Because he was a Senator.
　② Because she didn't like jam.
　③ Because it was a rule to her.
　④ Because she didn't have more jam.
　⑤ Because he ate too much jam already.

E 다음 우리말을 영어로 옮기시오.

1. 나는 지난 일요일에 삼촌 댁을 방문했다.
2. 나는 동물원에서 양 세 마리를 보았다.
3. 이것은 **Nancy**와 **Mary**가 함께 쓰는 방이다.
4. 네 여동생의 저 앨범을 나에게 보여 주렴.

Answer & Explanation

ANSWER

A 1. ② 2. ⑤ 3. ② 4. ① 5. ⑤

B ①

C 1. Why, don't   2. make   3. with

D 1. ② 2. ③

E
1. I visited my uncle's last Sunday.
2. I saw three sheep at the zoo.
3. This is Nancy and Mary's room.
4. Show me that album of your sister's.

EXPLANATION

A
1. class는 단수형 집합명사로서 하나의 집합체를 나타내고 있으므로 are를 is로 고친다. '이 학급은 남학생들로만 구성되어 있다.'
2. 물질명사의 복수형은 단위명사에만 복수를 나타내므로 milks를 milk로 고친다. '그는 우유 두 잔을 주문했다.'
3. 지시형용사 this와 소유격 your는 나란히 쓸 수 없으므로 이중소유격으로 나타낸다. 따라서 your garden을 garden of yours로 고친다. '너의 이 정원은 매우 아름답다.'
4. 단위명사 loaf는 셀 수 있는 명사이므로 복수형으로 나타낼 수 있다. 따라서 loaf를 loaves로 고친다. '나는 아침 식사로 빵 두 개를 먹는다.'
5. 하이픈(-)으로 연결된 '기수-명사'가 다른 명사를 수식할 때는 숫자 다음의 명사는 단수형으로 쓴다. 따라서 ten-minutes를 ten-minute로 고친다. '영어 시간에 우리는 간단한 10분 테스트 시간을 가졌다.'

B
> 그 물고기들은 그들의 알을 낳기 위해 물살을 거슬러 헤엄쳐 갔다. 그들은 아마 그들의 온 힘을 다해 헤엄쳤을 것이다. 알을 낳고 나서, 그들은 강물이 자신들을 다시 하류로 운반하도록 했다. 모든 기운을 다 써버렸기 때문에, 그들은 곧 죽는다. 그들은 다음 세대를 위해 자신들의 생명을 희생한 것이다.

- The fish는 단수와 복수, 모두 받을 수 있지만, 이 글 전체적으로 복수로 받고 있다. 따라서 글의 흐름으로 보아 단수 its로 받고 있는 ①은 틀린 문장이다. its를 their로 고친다.
- Having used up ... = Because they have used up ...

C
A: 이번 토요일에 영화 보러 가지 않을래?   B: 좋아.
A: 몇 시에 만날까?   B: 5시는 어때?
A: 좋아.   B: 그때 보자.

D

> Marsh 씨는 국가의 상원의원이었다. 어느 날 그는 중요한 연설을 하기 위해 한 마을로 운전해 가던 중 커피를 마시기 위해 한 작은 식당에 멈추었다. 그 식당에 맛있고 갓 구운 롤케익이 있는 것을 보자 그는 여종업원을 불러 하나를 주문했고, 그녀는 그것을 가져왔다. 그러고 나서 그는 버터와 잼을 부탁했고, 그녀는 아주 작은 버터와 아주 작은 잼 단지를 가져왔다.
> "잼을 더 먹고 싶은데요."라고 Marsh 씨가 말했다.
> "미안합니다."라고 그녀는 말했다. "하지만 롤케익 하나에 버터 하나와 잼 하나만 드립니다."
> Marsh 씨는 화가 나기 시작했다. "아가씨, 내가 누군지 아시오?" 그가 말했다. "나는 국가의 상원의원이오."
> "그러면 당신은 내가 누군지 아세요?" 여종업원이 물었다.
> Marsh 씨는 놀라서 말했다. "모르오."
> "흠." 그녀가 대답했다. "나는 잼을 가져다 주는 사람이에요."

1. Marsh 씨는 자신의 신분을 이용해 여종업원에게 압력을 가했지만 소용이 없었다.
2. 여종업원은 왜 그 남자에게 잼을 더 갖다 주지 않았는가?
   ① 그가 상원의원이어서
   ② 그녀가 잼을 싫어해서
   ③ 그것이 그녀에게 규칙이었으므로
   ④ 그녀가 더 이상 잼을 가지고 있지 않아서
   ⑤ 그가 이미 잼을 너무 많이 먹어서

〈구문해설〉
- she brought **a very small serving of butter** and **a very small jar of jam**.: butter와 jam은 물질명사이므로 serving과 jar를 써서 수량을 표시했다.
- I'm the person **who** gives out ...: who ~는 선행사 the person을 수식하는 형용사절로 who는 주격 관계대명사이다.

E

1. 명사의 소유격 다음에 오는 house, shop, office 등은 흔히 생략된다.
2. sheep은 단수형과 복수형이 같다.
3. 공동소유격, Nancy와 Mary의 방 = Nancy and Mary's room
4. 이중소유격, 네 여동생의 저 앨범 = that album of your sister's

15 관사

60 관사의 용법

A 부정관사의 용법

1. There is **a** book on the table. 〈막연한 하나〉
2. Rome was not built in **a** day. 〈하나(one)〉
3. They are of **an** age. 〈같은(the same)〉
4. Take this medicine three times **a** day. 〈~마다(per)〉
5. **A** Mr. Smith came to see you. 〈어떤〉
6. **A horse** is more useful than **a cat**. 〈~라는 것은〉

B 정관사의 용법

1. 앞에 나온 명사를 다시 말하는 경우
   He has *a ladder*. He is going up **the ladder**.

2. 명사가 수식어구의 꾸밈을 받아 분명해진 경우
   ① ⓐ He is **the principal** of our school. 〈특정한 한 사람〉
      ⓑ He is **a teacher** of our school. 〈막연한 한 사람〉
   ② ⓐ **Water** is changed into steam by heat. 〈물질명사〉
      ⓑ **The water** of this well is good to drink. 〈물질명사의 한정〉

3. 서로 알고 있는 명사를 가리키는 경우
   ① Would you please open **the window**?
   ② Will you pass me **the salt**, please?

4. 형용사의 최상급과 서수 앞
   ① He is **the fastest** runner in the world.
   ② The music room is on **the third** floor.

5. 세상에서 유일무이한 명사 앞
   ① **the sun** — 태양   ② **the earth** — 지구   ③ **the east** — 동쪽

관사(Article)

관사는 명사 앞에 위치하여 명사를 한정하는 일종의 형용사이다. 관사에는 불특정한 것을 가리키는 부정관사 a/an과 지정된 것을 가리키는 정관사 the가 있다.

관사의 용법

A

〈부정관사 a/an이 나타내는 의미〉
① 막연한 하나(보통 해석 안 함) ② 분명한 하나(one)
③ 같은(the same) ④ ~마다, 매 ~(per)
⑤ 어떤(a certain) ⑥ ~은 어느 것이나(any) – 대표단수(종족 전체)

1. 탁자 위에 책이 (하나) 있다.
2. 로마는 하루(하루 아침)에 이루어지지 않았다.
3. 그들은 같은 나이다.
4. 이 약을 하루에(날마다) 세 번 먹어라.
5. Smith 씨라는 분이 너를 만나러 왔었다.
6. 말은 고양이보다 더 유용하다.

참고
- 부정관사 a가 쓰이는 경우
  ① 자음자로 시작되는 단수명사 앞: a dog, a friend, a house, a pen
  ② 모음자로 시작되지만 발음이 [j], [w]인 단수명사 앞: a university[jùːnəvə́ːrsəti], a waiter[wéitər]
- 부정관사 an이 쓰이는 경우
  ① 모음자(a, e, i, o, u)로 시작되는 단수명사 앞: an egg, an apple, an orange, an umbrella
  ② 자음자로 시작되지만 발음이 모음인 단수명사 앞: an hour[áuər], an honest[ánist] man
- 부정관사 a/an은 셀 수 있는 단수명사 앞과 형용사가 단수명사를 수식하는 경우에는 형용사 앞에 온다.
  ex. a dog, a pilot, a cute dog

B

1. 그는 사다리를 가지고 있다. 그는 그 사다리를 오르고 있다.
2. ① ⓐ 그는 우리 학교의 교장 선생님이다.   ⓑ 그는 우리 학교의 선생님 중 한 분이다.
   ② ⓐ 물은 열에 의해서 증기로 바뀐다.   ⓑ 이 우물의 물은 마시기에 적합하다.

주의 명사가 형용사구(절)의 꾸밈을 받아 특정한 것을 가리키면 정관사 the를 사용하지만, ①ⓑ와 같이 꾸밈을 받아도 많은 것 중에서 막연한 어느 하나를 가리킬 때는 부정관사 a/an을 쓴다.

3. ① 창문을 좀 열어 주시겠어요?   ② 소금을 좀 건네주시겠습니까?
4. ① 그는 세계에서 가장 빠른 주자이다.   ② 음악실은 3층에 있다.

어휘

medicine[médisin] 명 약 principal[prínsəpəl] 명 교장 well[wel] 명 우물
useful[júːsfəl] 형 유용한 steam[stiːm] 명 증기 floor[flɔːr] 명 층
ladder[lǽdər] 명 사다리 heat[hiːt] 명 열 east[iːst] 명 동쪽

6. 종족 전체를 대표하는 경우

   The dog is a useful animal. = **Dogs** are useful animals.

7. 동작의 대상이 되는 신체 부분 앞

   He *caught* me *by* **the hand**. = He caught my hand.

8. 「by the + 단위명사」의 단위명사 앞

   ① Sugar is sold **by the pound**.
   ② We rented a car **by the hour**.

◉ (A)의 밑줄 친 관사와 용법이 같은 것을 (B)에서 고르시오. (2개 이상도 가능)

(A)
1. An elephant has a long trunk.
2. A Mr. Kim was looking for you.
3. I will stay here a day or two.
4. The shoes are all of a size.
5. They are two dollars a dozen.

(B)
ⓐ It runs sixty miles an hour.
ⓑ He is in a sense a victim.
ⓒ We are of a mind.
ⓓ A fox is a cunning animal.
ⓔ There are seven days in a week.

◉ 다음에서 틀린 곳을 찾아 바르게 고치시오.

6. Water in this bottle is not good to drink.
7. In America laborers are paid by week.
8. We visited a National Museum of Korea yesterday.

61 관사의 위치·생략·반복

A ▪ 관사의 위치

1. so, as, too, how + 형용사 + a / an + 명사

   ① ⓐ He is **an** honest man.
      ⓑ I have never seen **so** *honest* **a** *man* as he.

6. 개는 유용한 동물이다. 7. 그는 내 손을 잡았다.
8. ① 설탕은 파운드 단위로 팔린다. ② 우리는 차를 시간 단위로 빌렸다.

참고 관용적으로 쓰이는 정관사 **the**
- She can play **the** piano. 그녀는 피아노를 칠 수 있다. 〈악기 이름 앞〉
- Why don't we go to **the** movies? 영화 보러 가는 게 어때? 〈movie, theater, radio, Internet 앞〉
  cf. television 앞에는 the를 쓰지 않는다.
- in **the** morning(afternoon / evening) 아침에 / 오후에 / 저녁에
- **the** sea, **the** sky, **the** ground, **the** city, **the** country 〈자연환경 앞〉

(A)	(B)
1. 코끼리는 긴 코를 가지고 있다. (대표단수)	ⓓ 여우는 교활한 동물이다.
2. 김씨라는 분이 너를 찾고 있었다. (a certain)	ⓑ 그는 어떤 의미에서는 피해자다.
3. 나는 여기에 하루 또는 이틀 정도 묵겠다. (one)	ⓔ 일주일은 7일이다.
4. 그 신발들은 모두 같은 크기다. (the same)	ⓒ 우리는 한마음이다.
5. 그것들은 12개에 2달러다. (per)	ⓐ 그것은 시속 60마일로 달린다.

6. Water → The water (물질명사이지만, 수식어구의 꾸밈을 받으므로 the를 붙인다.) '이 병 속의 물은 마시기에 적합하지 않다.'
7. by week → by the week (「by + the + 단위명사」) '미국에서 근로자들은 주급으로 받는다.'
8. a → the (공공건물 앞에는 the를 쓴다.) '우리는 어제 국립 중앙박물관을 방문했다.'

관사의 위치·생략·반복

〈관사의 일반적인 위치〉
- 관사 + 명사 → a boy, the girl
- 관사 + 형용사 + 명사 → a new house, the diligent boy
- 관사 + 부사 + 형용사 + 명사 → a really surprising rumor

1. 명사를 수식하는 형용사에 so, as, too, how 등이 오면, **a/an**은 형용사 뒤에 온다.
   ① ⓐ 그는 정직한 사람이다 ⓑ 나는 그처럼 그렇게 정직한 사람을 본 적이 없다.

어휘

rent[rent] 동 빌리다
trunk[trʌŋk] 명 (코끼리의) 코
dozen[dʌ́zən] 명 12개

in a sense 어떤 의미에서
victim[víktim] 명 피해자, 희생자
cunning[kʌ́niŋ] 형 교활한

laborer[léibərər] 명 노동자
national[nǽʃənəl] 형 국립의
honest[ánist] 형 정직한

② Tom is **as** *tall* **a** *man* as his brother.
③ He is **too** *honest* **a** *boy* to do such a thing.
④ ⓐ This is **a** *very difficult problem.* 〈평서문〉
　ⓑ **How** *difficult* **a** *problem* this is! 〈감탄문〉

2. such, half, many, what + a / an + 형용사 + 명사

① I have had { **a** *very good time.* / **so** *good* **a** *time.* / **such** **a** *good time.* }

② I waited for him **half** *an hour.*
　= I waited for him **a** **half** hour. (미국 영어)
③ Many students were present at the meeting.
　= **Many** *a student* was present at the meeting.
④ **What** **a** *lovely baby* she is! 〈감탄문〉

3. all, both, double, half + the + 명사
① **All** **the** *students* of this college are fond of sports.
② **Both** (**the**) *eggs* are bad.

○ 다음 문장의 괄호 안에 있는 낱말을 어법에 맞게 배열하시오.

1. We had (big, a, very, storm) three weeks ago.
2. It was (really, morning, cold, a).
3. Joseph had drawn Peter's milk wagon (time, long, a, such).
4. This is (difficult, a, too, question) for me to solve.
5. (what, wonderful, experience, a) it is to play in the Olympics!
6. (the, all, students) like holiday.
7. I paid (the, price, double) for it.
8. Where did you buy (a, pretty, such, doll)?

○ 다음에서 틀린 곳을 찾아 바르게 고치시오.

9. Mary is as a pretty girl as her elder sister.
10. The both brothers are good players of tennis.
11. A many student likes music.

② Tom은 그의 형만큼 키가 큰 사람이다.
③ 그는 매우 정직한 소년이어서 그런 일은 하지 않는다.
④ ⓐ 이것은 매우 어려운 문제다.
　ⓑ 이것은 얼마나 어려운 문제인가!

2. **a/an**이 such, half, many, what 등과 함께 쓰이면, 이들 다음에 온다.
① 나는 매우 즐거운 시간을 보냈다.
② 나는 그를 반 시간(30분) 동안 기다렸다.
③ 많은 학생들이 그 모임에 참석해 있었다.
④ 얼마나 사랑스러운 아기인가!

참고 현대 영어에서는 「so+형용사+a/an+명사」 형태의 표현은 거의 쓰이지 않고, such를 이용한 표현이 많이 쓰인다.

주의 { many + 복수명사 → 복수형 동사 / many a + 단수명사 → 단수형 동사 }

3. **the**가 all, both, double, half 등과 함께 쓰이면, 이들 다음에 온다.
① 이 대학의 모든 학생들은 운동을 좋아한다.
② 달걀 두 개가 다 상했다.

확인테스트

1. a very big storm '3주 전에 엄청난 폭풍우가 있었다.'
2. a really cold morning '정말 추운 아침이었다.'
3. such a long time 'Joseph은 그렇게 오랫동안 Peter의 우유마차를 끌었었다.'
4. too difficult a question '이것은 너무 어려운 문제여서 내가 풀 수 없다.'
5. What a wonderful experience '올림픽에서 경기하는 것은 얼마나 멋진 경험인가!'
6. All the students '모든 학생들이 휴일을 좋아한다.'
7. double the price '나는 그것을 위해 두 배의 가격을 지불했다.'
8. such a pretty doll '너는 그렇게 예쁜 인형을 어디에서 샀니?'
9. a pretty → pretty a (「as+형용사+a/an+명사」) 'Mary는 자신의 언니만큼 예쁜 소녀다.'
10. The both → Both the (「both the+명사」) '두 형제가 모두 훌륭한 테니스 선수다.'
11. A many → Many a (「many a+단수명사」) '많은 학생들이 음악을 좋아한다.'

어휘

present[prézənt] 형 참석한
college[kάlidʒ] 명 단과 대학
bad[bæd] 형 (음식이) 상한
draw[drɔː] –**drew**[druː] –
drawn[drɔːn] 동 끌다
experience[ikspí(ː)əriəns] 명 경험

B 관사의 생략

1. 부름말로 쓰이는 명사나 가족 관계를 나타내는 명사 앞
   ① **Waiter**, bring me a cup of coffee, please.
   ② **Boys**, be ambitious.
   ③ **Father** is out, but **Mother** is in.

2. 관직·신분·칭호 등을 나타내는 명사 앞
   ① We elected him **mayor** of our city. 〈관직 : 목적격 보어〉
   ② He was elected **principal** of our school. 〈신분 : 주격 보어〉
   ③ *Tom*, **captain** of our team, played well. 〈칭호 : 동격〉

3. 식사 이름·질병 이름·스포츠 이름 앞
   ① ⓐ We sat down on the grass for **lunch**.
      ⓑ I had a *heavy* **breakfast**.
   ② He is suffering from **fever**〔**cancer**〕.
   ③ They are playing **tennis**〔**football, baseball**〕.

4. by와 함께 교통·통신 수단을 나타내는 명사 앞
   ① He returned home from New York **by air**〔**sea, land**〕.
   ② I informed her of it **by letter**〔**telephone**〕.

5. 장소·건물이 본래의 목적으로 사용되는 경우
   ⓐ I am going to **the school** to see him. 〈학교 건물〉
   ⓑ **School** begins at 9 o'clock. 〈수업〉

6. 두 개의 명사가 대구를 이루는 경우
   ① He gave **body and soul** to the work. 〈명사 + and + 명사〉
   ② Hygiene and health go **hand in hand**. 〈명사 + 전치사 + 명사〉

7. a kind of, a sort of, a type of 다음에 오는 명사 앞
   ① This is *a* new *type of* **dictionary**.
   ② I don't like *this kind of* **car**.

C 관사의 반복

1. ⓐ **A poet and doctor** *is* dead. 〈한 사람〉
   ⓑ **A poet and a doctor** *are* dead. 〈두 사람〉
2. ⓐ **A black and white dog** *is* sleeping. 〈한 마리〉
   ⓑ **A black and a white dog** *are* sleeping. 〈두 마리〉

B

1. ① 웨이터, 커피 한 잔 주세요.
   ② 소년들아, 야망을 품어라.
   ③ 아버지는 외출 중이지만, 어머니는 집에 계신다.
2. ① 우리는 그를 우리 시의 시장으로 선출했다.
   ② 그는 우리 학교의 교장 선생님으로 선출되었다.
   ③ 우리 팀의 주장인 Tom은 경기를 잘했다.
3. ① ⓐ 우리는 점심을 먹기 위해 잔디에 앉았다.   ⓑ 나는 아침을 많이 먹었다.
   ② 그는 열병(암)으로 고통받고 있다.   ③ 그들은 테니스(축구, 야구)를 하고 있다.

주의 ①ⓑ와 같이 식사 이름 앞에 수식어가 오는 경우에는 관사가 붙는다.

4. ① 그는 뉴욕에서 비행기(배, 육로)로 귀국했다.
   ② 나는 그녀에게 그것을 편지(전화)로 알렸다.

참고 by 대신에 in을 쓰면 부정관사 a/an을 붙인다. ex. by taxi=in a taxi=택시로, by train=in a train=기차로

5. ⓐ 나는 그를 만나러 학교에 가는 중이다.   ⓑ 수업은 9시에 시작한다.

참고
- { go to the hospital — (다른 목적으로) 병원에 가다
    be in hospital — 입원해 있다(미국 영어에서는 the를 사용하기도 함)
- { go to the bed — 침대로 가다   { go to the sea — 바닷가로 가다
    go to bed — 잠자리에 들다   go to sea — 선원이 되다

6. ① 그는 그 일에 몸과 마음을 다 바쳤다.   ② 청결과 건강은 서로 함께 다닌다.

참고
- day and night — 밤낮으로   • husband and wife — 부부
- arm in arm — 팔짱을 끼고   • step by step — 한 걸음씩

7. ① 이것은 새로운 종류의 사전이다.
   ② 나는 이런 종류의 자동차를 좋아하지 않는다.

C

관사의 반복 —「관사 + 명사 + and + 명사」는 동일한 사람·사물을 나타내지만, 「관사 + 명사 + and + 관사 + 명사」는 두 사람·두 개의 사물을 나타낸다.

1. ⓐ 시인이자 의사인 사람이 죽었다.
   ⓑ 시인 한 사람과 의사 한 사람이 죽었다.
2. ⓐ 바둑이(흑백 얼룩의 개) 한 마리가 자고 있다.
   ⓑ 검정 개 한 마리와 흰 개 한 마리가 자고 있다.

어휘

ambitious[æmbíʃəs] 형 대망을 품은   suffer[sʌ́fər] from ~을 앓다   A에게 B를 알리다
mayor[méiər] 명 시장   inform[infɔ́ːrm] A of B   hygiene[háidʒi(ː)n] 명 위생 상태

◉ 빈칸에 알맞은 관사를 쓰거나 관사가 필요 없는 경우에는 ×표를 하시오.

1. I used to play _____ violin.
2. I wanted to play _____ baseball.
3. At _____ night, _____ moon was very bright.
4. After _____ lunch, he would lie on the sand.
5. _____ sound of waves always puts us to sleep.
6. On _____ first try, his toes were hurt by cold.
7. You should be kind to _____ old.
8. It is a branch of _____ National Museum.
9. Elizabeth Ⅱ, _____ Queen of England will visit America next year.
10. Tom came to the meeting by _____ car.

◉ 다음에서 틀린 곳을 찾아 바르게 고치시오.

11. A black and white dog were running after the cat.
12. The Kims went on picnic yesterday.
13. We chose George the chairman of the club.
14. The father, let's go to the park.
15. I went to Seoul by the plane yesterday.
16. He is a poet and a scholar.
17. She goes to the bed at ten o'clock every night.
18. He went down to sea and sat there for an hour.
19. I have been to hospital to see him.
20. The firemen rushed to school to put out the fire.
21. She is lying in bed reading a book.
22. I usually have a supper at seven in the evening.

어휘

lie[lai] 동 눕다
put ~ to sleep ~을 재우다
toe[tou] 명 발가락; 발끝
be hurt[həːrt] 다치다
the old(= old people) 노인들
branch[bræntʃ] 명 지점
scholar[skάlər] 명 학자
rush[rʌʃ] 동 돌진하다
put out (불을) 끄다

 **확인테스트**

1. the (악기 이름 앞에는 정관사 the를 쓴다.) '나는 바이올린을 연주하곤 했다.'
2. × (스포츠 이름 앞에는 관사를 쓰지 않는다.) '나는 야구를 하고 싶어했다.'
3. ×, the (night 앞에는 관사를 쓰지 않으며, moon은 유일한 것이므로 정관사 the를 쓴다.) '밤에 달이 매우 밝았다.'
4. × (식사 이름 앞에는 관사를 쓰지 않는다.) '점심을 먹은 후에 그는 모래 위에 누워 있곤 했다.'
5. The (수식어구의 꾸밈을 받는 명사 앞에는 the를 쓴다.) '우리는 항상 파도 소리를 들으며 잠들었다.'
6. the (서수 앞에는 the를 쓴다.) '첫 번째 시도에서 그의 발가락은 동상에 걸렸다.'
7. the (「the+형용사」는 복수 보통명사를 나타낸다.) '노인들에게 친절해야 한다.'
8. the (공공건물 앞에는 the를 쓴다. 참조! 248쪽) '그것은 국립박물관의 한 지부다.'
9. × (관직·신분을 나타내는 말이 동격으로 쓰일 때는 관사를 생략한다.) '영국 여왕 엘리자베스 2세는 내년에 미국을 방문할 것이다.'
10. × (「by+교통수단」은 관사를 생략한다.) 'Tom은 승용차로 그 모임에 왔다.'

11. were → was (a black and white dog는 '흑백 얼룩의 개〔바둑이〕'를 나타내므로 단수 취급한다.) '바둑이 한 마리가 고양이를 쫓고 있었다.'
12. picnic → a picnic (picnic은 추상명사이지만, go on a picnic은 관용적으로 부정관사 a를 붙인다.) '김 씨 가족은 어제 소풍을 갔다.'
13. the chairman → chairman (관직을 나타내는 chairman이 보어로 쓰였으므로 관사를 생략한다.) '우리는 George를 클럽 회장으로 선출했다.'
14. The father → Father (부름말 앞에서는 관사를 생략한다.) '아버지, 공원에 가요.'
15. by the plane → by plane (「by+교통수단」은 관사를 생략한다.) '나는 어제 비행기로 서울에 갔다.'
16. a scholar → scholar (주어가 단수이므로 a poet and scholar가 되어야 한다.) '그는 시인 겸 학자이다.'
17. the bed → bed ('잠자리에 들다'는 go to bed이다.) '그녀는 매일 밤 10시에 잠자리에 든다.'
18. sea → the sea (sea가 바닷가를 나타내므로 the가 쓰여야 한다.) '그는 바닷가로 가서 한 시간 동안 거기에 앉아 있었다.'
19. hospital → the hospital (hospital이 건물을 나타내므로 the가 쓰여야 한다.) '나는 그를 문병하러 병원에 다녀왔다.'
20. school → the school (school이 '수업'의 의미가 아니라 '학교'의 의미가 되어야 하므로 the가 쓰여야 한다.) '소방관들은 불을 끄기 위해서 학교로 급히 갔다.'
21. bed → the bed (침대에 누워 있는 것이므로 정관사 the가 쓰여야 한다.) '그녀는 책을 읽으면서 침대에 누워 있다.'
22. a supper → supper (식사 이름 앞에는 관사를 생략한다.) '나는 보통 저녁 7시에 저녁을 먹는다.'

생활 영어

초대하기 / 충고하기

● ○ ○ 초대하기

― 초대하기
1. Can you join us?
2. Will you come to my piano concert?
3. Would you like to come to my house this weekend?

― 승낙 · 거절하기
4. Yes, I'd love to.
5. Thank you so much for inviting me.
6. Maybe next time, thanks.
7. I'd love to, but I've got another plan.

Mini Dialogue
A: **Would you like to come to my party**?
B: **Yes, I'd love to come, but** I've got an appointment.
A: I am sorry. That's too bad.
B: **Maybe next time**.

● ● ○ 충고하기

― 충고 요구하기
1. Do you think I should buy it?
2. What would you advise me to do?
3. What would you do if you were in my shoes?

― 충고하기
4. I think you should see the(a) dentist. / You'd better see the dentist.
5. If I were you, I'd walk.
6. I suggest you go and see a doctor.

Mini Dialogue
A: What's wrong with you?
B: I have a sharp pain in my tooth.
A: That's too bad. Did you see the dentist?
B: No, I took some aspirin pills, instead.
A: I think that won't help.
B: **Do you think I should see the dentist**?
A: Of course, you should.
B: All right. I will go to see the dentist right away.

 왼쪽에 있는 영문을 큰 소리로 여러 번 읽고 뜻을 파악한 다음, 우리말을 참고하기 바랍니다.
왼쪽에 있는 영문을 암기한 다음, 오른쪽의 우리말을 보고 영어로 써 보는 것이 좋습니다.

● ○ ○ 초대하기

— 초대하기
1. 우리와 함께 가지 않을래?
2. 제 피아노 콘서트에 오시지 않겠습니까?
3. 이번 주말에 저희 집에 오시겠습니까?

— 승낙 · 거절하기
4. 네, 그렇게 하지요.
5. 초대해 줘서 정말 고마워.
6. 다음에 갈게, 고마워.
7. 가고 싶지만, 다른 일이 있습니다.

> 3. Would you like to come to ~?는 I'd like you to come to ~ / I'd like to invite you to ~와 같은 뜻이며, would like to는 '~하고 싶다'는 뜻이다.

Mini Dialogue
A: 제 파티에 와 주시겠어요?
B: 정말 가고 싶습니다만, 약속이 있어요.
A: 그거 유감이군요.
B: 다음 번에는 갈 수 있을 거예요.

● ● ○ 충고하기

— 충고 요구하기
1. 내가 그것을 사야 한다고 생각합니까?
2. 내게 무엇을 하라고 충고하실 겁니까?
3. 당신이 저라면 어떻게 하겠습니까?

— 충고하기
4. 치과에 가서 진찰을 받아보는 게 좋겠다.
5. 내가 너라면, 걸어가겠다.
6. 진찰을 받아보라고 권하겠다.

> 4. 상대방에게 충고를 하거나 구체적인 지시를 할 때는 주어가 생략된 명령문을 많이 사용하지만, 부드럽게 충고할 때는 I think you should ~.를 사용한다.
> '~하는 게(않는 게) 좋겠다'라고 강한 권고 및 훈계를 할 때는 흔히 「had better (not) + 동사원형」의 구문을 써서 표현한다.
> • 상대방에게 '~해야 한다'라는 뜻으로 충고나 지시를 할 때는 have to의 표현을 쓴다.

Mini Dialogue
A: 무슨 일이니?
B: 이가 심하게 아파.
A: 안됐구나. 의사한테 진찰받았니?
B: 아니, 대신 아스피린을 몇 알 먹었어.
A: 그것은 별로 도움이 안 될 것 같은데.
B: 내가 의사한테 가 봐야 한다고 생각하니?
A: 물론, 그래야지.
B: 알았어. 당장 치과에 가서 진찰받을게.

실전 응용 문제

A 다음 중 빈칸에 가장 알맞은 것을 고르시오.

1. I've never seen _____ a good man.
   ① so   ② such   ③ quite   ④ very   ⑤ much
2. This is _____ very dictionary that I wanted.
   ① by   ② the   ③ as   ④ a   ⑤ so
3. He goes to baseball practice twice _____ week.
   ① by   ② the   ③ as   ④ a   ⑤ times
4. A poet and a musician _____ present at the meeting.
   ① by   ② is   ③ has been   ④ was   ⑤ were

dictionary 명 사전
practice 명 연습
be present at
~에 참석하다

B 다음에서 틀린 곳을 고르시오.

1. She wants to become Edison.
   ① ② ③ ④ ⑤
2. Many a girl are fond of shopping.
   ① ② ③ ④
3. I know who first climbed the Mt. Everest.
   ① ② ③ ④ ⑤
4. It was just a kind of an experiment.
   ① ② ③ ④ ⑤
5. The waiter, bring me a cup of coffee, please.
   ① ② ③ ④ ⑤
6. Mr. Brown, the principal of our school, was near us.
   ① ② ③ ④ ⑤

be fond of
~을 좋아하다
climb 동 오르다
experiment 명 실험
principal 명 교장

C 다음 문장을 밑줄 친 부분에 유의하여 우리말로 옮기시오.

1. Look at yourself in a glass.
2. Various things are made of glass.
3. Many students in my class wear glasses.

glass 명 유리(컵), 거울
(pl.) 안경
various 형 여러 가지의;
다양한

D 다음 글을 읽고, 물음에 답하시오.

A nightingale is **a** small bird that sings beautifully. When a woman sings beautifully, we say that _____.

There was once a King of China who lived near a forest. One night, he was sitting by a window. He was reading a book. He heard a nightingale singing in **the** forest. It sang for half **an** hour. "What kind of bird is that?" he said. "I must have it."

He ordered his servants to bring him **the** bird. They went into the forest and looked for it. At last they found ⓐ<u>it</u>. It was in a tree, near **a** stream. They asked ⓑ<u>it</u> to go with them.

The nightingale did not want to go with them. It liked to live in the forest. But it wanted to make **the** King happy. It went with them and sang for the King.

forest 몡 숲
half an hour 30분
order 통 명령하다
servant 몡 하인
look for ~을 찾다
stream 몡 시내, 개울

1. 위 글의 빈칸에 들어갈 말로 가장 알맞은 것을 고르시오.
   ① she is a good musician
   ② she likes a nightingale
   ③ she sings like a nightingale
   ④ she is a singing nightingale
   ⑤ she is very beautiful like a nightingale

2. 위 글의 밑줄 친 ⓐ와 ⓑ의 <u>it</u>이 공통으로 가리키는 것을 영어로 쓰시오.

E 다음 우리말을 영어로 옮기시오.

1. 그는 내 머리를 쳤다.
2. 하늘에는 구름 한 점 없다.
3. 설탕은 파운드 단위로 팔린다.
4. 나는 그렇게 정직한 사람을 본 적이 없다.
5. 그 결과를 이메일로 알려 주시오.

Answer & Explanation

Answer

A 1. ② 2. ② 3. ④ 4. ⑤

B 1. ⑤ 2. ③ 3. ⑤ 4. ⑤ 5. ① 6. ①

C
1. 거울 속의 너를 들여다보아라.
2. 여러 가지 물건들이 <u>유리</u>로 만들어진다.
3. 우리 반의 많은 학생들이 <u>안경</u>을 쓴다.

D 1. ③ 2. the nightingale

E
1. He struck me on the head.
2. There is not a cloud in the sky.
3. Sugar is sold by the pound.
4. I have never seen such an honest man.
5. Let me know the result by e-mail.

Explanation

A
1. 「such + a(an) + 형용사 + 명사」, '나는 그렇게 착한 남자를 본 적이 없다.'
2. the very = 바로 그, '이것이 내가 원한 바로 그 사전이다.'
3. a = per, '그는 일주일에 두 번 야구 연습을 하러 간다.'
4. and로 연결된 두 개의 명사에 각각 관사가 있으므로 두 사람을 뜻한다.
   '시인 한 사람과 음악가 한 사람이 그 모임에 참석했다.'

B
1. Edison → an Edison, '그녀는 에디슨과 같은 과학자가 되기를 원한다.'
2. many a는 단수 취급을 하므로 are를 is로 고친다. '많은 소녀들은 쇼핑하는 것을 좋아한다.'
3. 산 이름 앞에는 관사를 생략한다. '나는 누가 에베레스트 산을 처음 등정했는지 안다.'
4. a kind of 다음에 오는 명사 앞에는 관사를 생략한다.
   '그것은 단지 일종의 실험에 불과했다.'
5. 상대방을 부르는 명사 앞에는 관사를 생략한다. '웨이터, 커피 한 잔 부탁해요.'
6. 관직, 신분을 나타내는 말이 동격으로 쓰일 때는 관사를 생략한다. '우리 학교 교장 선생님이신 Brown 씨가 우리들 가까이 계셨다.'

15 관사

D

> 나이팅게일은 아름답게 노래하는 조그만 새이다. 여인이 노래를 아름답게 부를 때 우리는 그녀가 마치 나이팅게일처럼 노래한다고 말한다.
>
> 옛날에 숲 근처에서 사는 중국의 왕이 있었다. 어느 날 밤, 그는 창가에 앉아 책을 읽고 있었다. 그는 나이팅게일이 숲 속에서 노래 부르는 소리를 들었다. 나이팅게일은 30분 동안 노래를 했다. "저게 무슨 새일까?" 그가 말했다. "난 갖고야 말겠어."
>
> 왕은 신하들을 시켜서 그 새를 잡아 오게 했다. 그들은 숲 속으로 들어가 그것을 찾아 돌아다녔다. 마침내 그들은 <u>그것</u>을 발견했다. 그것은 냇가의 어떤 나무 위에 있었다. 그들은 <u>그것</u>에게 함께 갈 것을 요청하였다.
>
> 나이팅게일은 그들과 함께 가고 싶지 않았다. 나이팅게일은 숲 속에서 살고 싶었다. 하지만 왕을 즐겁게 해 주고도 싶었다. 그것은 그들과 함께 가서 왕을 위해 노래를 했다.

1. 나이팅게일처럼 노래를 잘 부른다는 뜻이 되어야 한다.
2. it은 앞에서 언급되고 있는 nightingale을 가리킨다.

〈구문해설〉

- **A nightingale is a small bird that sings beautifully.**: A nightingale은 「a + 보통명사」의 형태로 종족 전체를 나타내는 대표 단수이며, a small bird의 a는 하나를 뜻하는 one의 의미이다. that은 주격 관계대명사이다.
- **a King of China who lived near a forest.**: forest가 처음 언급되어서 부정관사 a가 쓰인 것이며, who는 주격 관계대명사로서 선행사 a King of China를 수식한다.
- **He heard a nightingale singing in the forest.**: forest가 앞에서 언급되었으므로 정관사 the가 쓰인 것이다.
- **It sang for half an hour.**: 부정관사 an이 '하나의'라는 의미의 one 대신 쓰인 것이다.
- **He ordered his servants to bring him the bird.**: 숲에서 노래하고 있는 새를 가리키므로 정관사 the를 쓴 것이다. 이 문장은 ordered가 동사, his servants가 목적어, to bring ~가 목적격 보어인 5형식 문형이다.

E

1. 신체의 부분을 나타내는 경우에는 the를 붙인다.
2. 자연계의 유일물에는 the를 붙인다.
3. 단위는 「by the + 단위명사」로 나타낸다.
4. such가 a(an)과 함께 쓰이면 「such + a(an) + 형용사 + 명사」의 어순이 된다.
5. 통신 수단을 나타낼 때에는 「by + 통신 수단」으로 관사가 생략된다.

16 대명사

62 인칭대명사

A 인칭대명사의 격변화

1. **She** picked up a yellow dress. 〈주격 : 주어〉
2. It was **he** who came. 〈주격 : 주격 보어〉
3. I like **him** very much. 〈목적격 : 타동사의 목적어〉
4. This book is too difficult for **me**. 〈목적격 : 전치사 for의 목적어〉
5. That is **my** cap. 〈소유격 : 명사 수식〉

B 총인칭대명사

1. **We** had much snow last year.
2. **You** should obey your parents.
3. **They** raise a lot of sheep in Australia.

C 소유대명사

1. This book is **mine**. 〈mine = my book〉
2. My hat is red, **yours** is white, **his** is gray. 〈yours(his) = your(his) hat〉
3. It is **ours**. These are **ours**. 〈소유대명사의 단·복수가 같은 형태〉
4. My house is larger than **hers**. 〈hers = her house〉
5. **It's** a dog. **Its** tail is long. 〈It's = It is : Its = It의 소유격〉

D 이중소유격

1. I met *a* friend **of mine**(yours, his, hers, Tom's, my brother's).
2. *This* book **of mine** is interesting.
3. You may invite *any* friend **of yours**.
4. *That* umbrella **of her brother's** is new.
5. Give me *another* book **of your father's**.

어휘

pick[pik] 통 고르다
obey[oubéi] 통 ~에 복종하다
raise[reiz] 통 기르다
sheep[ʃi:p] 명 양
gray[grei] 형 회색의
tail[teil] 명 꼬리
invite[inváit] 통 초대하다
any[éni] 형 어떤 ~라도
another[ənʌ́ðər] 형 다른 하나의

대명사(Pronoun)

사람이나 사물의 이름인 명사의 반복을 피하기 위해 대신 쓰는 말을 **대명사**(代名詞)라고 한다. 대명사에는 인칭대명사, 지시대명사, 의문대명사, 부정대명사, 관계대명사가 있다.

A

인칭	주격 (~은, ~이, ~가)		소유격 (~의)		목적격 (~을, ~에게)		소유대명사 (~의 것)		재귀대명사 (~ 자신)	
	단수	복수	단수	복수	단수	복수	단수	복수	단수	복수
1	I	we	my	our	me	us	mine	ours	myself	ourselves
2	you	you	your	your	you	you	yours	yours	yourself	yourselves
3	he	they	his	their	him	them	his	theirs	himself	themselves
	she		her		her		hers		herself	
	it		its		it		–		itself	

1. 그녀는 노란 드레스를 골랐다.
2. 온 사람은 바로 그였다.
3. 나는 그를 매우 좋아한다.
4. 이 책은 내게 너무 어렵다.
5. 저것은 나의 모자다.

B

총인칭대명사 — we, you, they가 특정한 사람이 아니라 일반 사람을 가리키는 경우를 총인칭이라고 하며, 우리말로 옮기지 않는 것이 자연스럽다.

1. 작년에는 눈이 많이 왔다. 〈We를 포함한 일반 사람〉
2. 사람은 부모에게 순종해야 한다. 〈말을 듣는 상대방을 포함한 일반 사람〉
3. 호주에서는 많은 양을 기른다. 〈말하는 이와 상대방을 포함하지 않는 일반 사람〉

C

소유대명사 — 「소유격 + 명사」를 명사의 반복을 피하기 위하여 하나의 대명사로 쓴 것을 소유대명사라고 하며, '~의 것' 이라는 뜻을 가진다. 단, it은 소유대명사가 없으므로 주의한다.

1. 이 책은 나의 것이다.
2. 내 모자는 빨갛고, 네 것은 희고, 그의 것은 회색이다.
3. 그것은 우리의 것이다. 이것들은 우리의 것들이다.
4. 나의 집은 그녀의 것보다 더 크다.
5. 그것은 개이다. 그 개의 꼬리는 길다.

D

이중소유격 — a(an), this, that, some, any, another 등은 소유격과 함께 쓰여 명사를 수식할 수 없으므로 「a(this 등) + 명사 + of + 소유대명사(독립소유격)」의 이중소유격 형태로 나타낸다. 참조| 257쪽

1. 나는 나의(너의, 그의, 그녀의, Tom의, 내 동생의) 친구 한 명을 만났다.
2. 나의 이 책은 재미있다.
3. 너의 어떤 친구를 초대해도 좋다.
4. 그녀 동생의 저 우산은 새 것이다.
5. 당신 아버지의 다른 책을 내게 주시오.

E. 재귀대명사의 용법

1. **재귀적 용법**
   ① ⓐ He killed **himself**.   〈He = himself〉
      ⓑ He killed **him**.   〈He ≠ him〉
   ② She hid **herself** behind the tree.   〈She = herself〉
   ③ Please take good care *of* **yourself**.   〈전치사의 목적어〉

2. **강조적 용법**
   ① I **mysélf** wrote the book. = I wrote the book **mysélf**.   〈주어 강조〉
   ② I have seen Mr. Smith **himsélf**.   〈목적어 강조〉
   ③ The dirty beggar was the king **himsélf**. 〈보어 강조〉

3. **관용적 용법(전치사 + 재귀대명사)**
   ① I must solve the problem **for myself**.   〈= without other's help〉
   ② He sat under the tree **by himself**.   〈= alone〉
   ③ The candle went out **of itself**.
   ④ Sugar is sweet **in itself**.   〈= by nature〉
   ⑤ She was **beside herself** at the news.   〈= mad〉

 ○ 다음 문장에서 틀린 곳을 찾아 바르게 고치시오.

1. He invited both of us, my sister and I.
2. There is a tall chimney on it's roof.
3. He showed me his brother's some books.
4. I will go there instead of she.

 it의 특별 용법

A. 비인칭주어 it

1. **It** is very *cold* at the North Pole.   〈날 씨〉
2. What *time* is **it** now? — **It** is nine-thirty.   〈시 간〉
3. **It** was quite *dark* in the room.   〈명 암〉
4. How far is **it** from here to the station? — **It** is six miles. 〈거 리〉

1. 재귀적 용법은 재귀대명사가 타동사 또는 전치사의 목적어로 쓰여서 주어가 행한 동작이 주어 자신에게로 돌아오는 경우를 말한다. 이때의 재귀대명사는 생략할 수 없다.
   ① ⓐ 그는 자살했다. (killed의 목적어)   ⓑ 그는 그를 죽였다. (He와 him은 다른 사람)
   ② 그녀는 나무 뒤로 자신을 숨겼다.   ③ 부디, 몸 조심하세요.

 인칭대명사의 소유격이나 목적격 뒤에 -self(-selves)가 붙어 '~ 자신'이라는 의미가 되는 대명사를 재귀대명사라고 한다.

2. 강조적 용법은 재귀대명사가 주어·목적어·보어인 명사·대명사와 동격으로 쓰여 그것을 강조하는 용법으로, 강조하는 말 바로 뒤나 문장의 끝에 둔다. 이때의 재귀대명사는 '자신이, 몸소'의 뜻으로 생략 가능하며, 재귀대명사에 강세가 온다.
   ① 내가 직접 그 책을 썼다.   ② 나는 바로 그 Smith 씨를 만났다.
   ③ 그 불결한 거지가 바로 왕 자신이었다.

3. ① 나는 그 문제를 혼자 힘으로 풀어야 한다.   ② 그는 혼자서[홀로] 나무 아래 앉아 있었다.
   ③ 그 양초가 저절로 꺼졌다.   ④ 설탕은 본래[본질적으로] 달다.
   ⑤ 그녀는 그 소식을 듣고 제정신이 아니었다.

1. I → me (my sister and me는 타동사 invited의 목적어인 both of us와 동격) '그는 우리 두 사람, 나의 언니와 나를 초대했다.'
2. it's → its (it's는 it is(has)의 줄임말, its는 소유격) '지붕 위에 커다란 굴뚝이 있다.'
3. his brother's some books → some books of his brother's (이중소유격, 「some+명사+of+소유대명사」) '그는 형의 책 중 몇 권을 내게 보여주었다.'
4. she → her (「instead of+목적격」=~대신에) '그녀 대신에 내가 거기에 가겠다.'

it의 특별 용법

it은 앞에서 언급한 명사의 반복을 피하기 위해 '그것'의 의미로 쓰이는 것 이외에 비인칭주어, 가주어·가목적어, 「It is ~ that」 강조구문 등으로 쓰인다. 이때 it은 '그것'이라는 뜻이 없어진다.

비인칭주어 it — 날씨·시간·거리·명암 등을 나타내는 it을 비인칭주어라고 하는데, 우리말로 '그것'이라고 옮기지 않는다.
1. 북극은 매우 춥다.   2. 지금 몇 시입니까? — 9시 30분입니다.
3. 그 방은 꽤 어두웠다.   4. 여기서 정거장까지는 얼마나 멉니까? — 6마일입니다.

어 휘

hide[haid]-hid[hid]-hidden [hídən] 통 숨기다	dirty[də́ːrti] 형 더러운	beside oneself 제정신이 아닌
behind[biháind] 전 ~의 뒤에	candle[kǽndl] 명 양초	chimney[tʃímni] 명 굴뚝
	go out (불 따위가) 꺼지다	the North[nɔːrθ] Pole 북극

B 가주어 · 가목적어

1. *To learn English* is fun. → **It** is fun *to learn English*.
   　주어(부정사구)　　　동사 보어　가주어　　　　진주어
2. *That Tom is diligent* is true. → **It** is true *that Tom is diligent*.
   　주어(명사절)　　　　　동사 보어　가주어　　　　진주어
3. He makes **it** a rule *to go fishing every Sunday*.
   주어　불·타 가목적어 목·보　　진목적어(부정사구)
4. I thought **it** strange *that he had failed in the exam*.
   주어　불·타 가목적어 목·보　　진목적어(명사절)

C 「It is ~ that」 강조구문

1. Tom saw a lion in the zoo yesterday.　　　　　　　　　　〈보통문〉
2. **It** was **Tom** **that**(who) saw a lion in the zoo yesterday.　〈주어 강조〉
3. **It** was **a lion** **that**(which) Tom saw in the zoo yesterday.　〈목적어 강조〉
4. **It** was **in the zoo** **that**(where) Tom saw a lion yesterday.　〈부사구 강조〉
5. **It** was **yesterday** **that**(when) Tom saw a lion in the zoo.　〈부사 강조〉

D 상황의 it

1. **It**'s my turn.　　　　　　　　　　　　　　　　　〈주　어〉
2. How's **it** going with your family?　　　　　　　〈주　어〉
3. How do you like **it** here?　　　　　　　　　　　〈목적어〉
4. We had a hard time of **it**.　　　　　　　　　　　〈목적어〉

○ 밑줄 친 it의 용법으로 알맞은 것을 다음 〈보기〉에서 고르시오.

　보 기
지시대명사, 시간, 거리, 날씨, 명암, 가주어, 가목적어, 강조구문

1. <u>It</u> is getting dark. Let's go home.
2. We think <u>it</u> wrong to cheat in the exam.
3. How far is <u>it</u> from here to the City Hall?
4. <u>It</u> is raining, and my sister is staying at home now.
5. <u>It</u> is wrong to tell a lie.
6. <u>It</u> was once the capital of the Shilla Dynasty.
7. <u>It</u> was Mary that I saw at the station yesterday.
8. <u>It</u> is a quarter to ten.

B **가주어 · 가목적어** — 부정사구, 동명사구, 명사절 등의 긴 어구가 주어나 목적어로 쓰이면 이들 대신 **it**을 쓰고 긴 어구를 문장 끝으로 보내는데, 이때의 **it**을 가주어 · 가목적어라고 한다.

1. 영어를 배우는 것은 재미있다. 〈It = to 이하〉
2. Tom이 부지런하다는 것은 사실이다. 〈It = that 이하〉
3. 그는 일요일마다 낚시하러 가는 것을 규칙으로 삼고 있다. 〈it = to 이하〉
4. 나는 그가 시험에 떨어졌다는 것을 이상하게 생각했다. 〈it = that 이하〉

C 「It is ~ that」 **강조구문** — 주어 · 목적어 · 부사어구를 강조하고자 할 때, 「It is + 강조 부분 + that …」과 같이 나타내며, '…은 바로 ~이다'로 해석한다.

1. Tom은 어제 동물원에서 사자를 보았다.
2. 어제 동물원에서 사자를 본 사람은 바로 Tom이었다.
3. Tom이 어제 동물원에서 본 것은 바로 사자였다.
4. Tom이 어제 사자를 본 곳은 바로 동물원이었다.
5. Tom이 동물원에서 사자를 본 때는 바로 어제였다.

 「It is ~ that」 강조구문에서 that은 관계대명사 역할을 하므로 강조되는 부분이 사람이면 who, 사물이면 which, 장소 부사(구)이면 where, 시간 부사(구)이면 when을 대신 사용할 수 있다. 또한 강조구문의 It is와 that을 생략해도 문장이 완전히 성립해야 한다는 점을 유의해야 한다.

D **상황의 it** — it이 특정한 것을 나타내는 것이 아니라, 막연한 상황이나 사정을 나타내는 것이다.

1. 이번에는 내 차례다.
2. 가족들은 어떻게 지냅니까?
3. 여기가 마음에 듭니까?
4. 우리는 어려운 고비를 넘겼다.

1. 명암 '날이 어두워지고 있다. 집으로 가자.'
2. 가목적어 '우리는 시험에서 부정행위를 하는 것을 나쁘다고 생각한다.'
3. 거리 '여기에서 시청까지는 얼마나 멉니까?'
4. 날씨 '비가 오고 있어서, 누나는 지금 집에 있다.'
5. 가주어 '거짓말하는 것은 나쁘다.'
6. 지시대명사 '그곳은 한때 신라 왕조의 수도였다.'
7. 강조구문 '내가 어제 역에서 본 사람은 바로 Mary였다.'
8. 시간 '10시 15분 전이다.'

어휘

diligent [dílidʒənt] 형 근면한
rule [ruːl] 명 규칙
turn [təːrn] 명 차례, 순번

cheat [tʃiːt] 동 부정(不正)한 짓을 하다
the City Hall 시청
lie [lai] 명 거짓말

capital [kǽpitəl] 명 수도
dynasty [dáinəsti] 명 왕조
quarter [kwɔ́ːrtər] 명 15분

64 지시대명사

A ▪ this(these) / that(those)

1. **This** is my room and **that** is my brother's. 〈this는 가까운 것, that은 먼 것〉
2. *Health* is above *wealth*; **this** cannot give so much happiness as **that**.
〈this는 후자, that은 전자〉
3. *She said nothing*, and **this** made me very angry. 〈this = 앞 문장〉
4. *Let's go to the park.* — Oh, **that** is nice. 〈that = 앞 문장〉
5. His *dress* is not **that** of a gentleman. 〈that = the dress〉
6. *The ears* of a rabbit are longer than **those** of a fox. 〈those = the ears〉
7. **Those who** are rich are not always happy. 〈~인 사람들〉
8. He makes mistakes, **and that** very often. 〈더구나, 게다가〉

B ▪ such

1. He was *a student* and was treated **as such**. 〈such(대명사) = a student〉
2. She is not *happy*, only she seems **such**. 〈such(형용사) = happy〉
3. She had **such** a fright **that** she fainted. 〈형용사〉
4. I've never before watched **such** an interesting film **as** this. 〈형용사〉
    = I've never before watched an interesting film **such as** this.

C ▪ so

1. *It's going to rain.* — Yes, I think **so**. 〈so(대명사) = It's going to rain.〉
2. He is *a bachelor* and will remain **so**. 〈so(대명사) = a bachelor〉
3. It'll only cost one dollar **or so**. 〈대명사〉
4. She likes fruits like apples, peaches, grapes, **and so on**. 〈부사〉
5. He can speak English, and **so** can I. 〈부사〉

D ▪ same

1. I said it was a nice day and she said *the* **same**. 〈대명사〉
2. He has *the* **same** computer *as* I (have). 〈형용사〉
3. He has made *the* **same** mistakes (*that*) he made last time. 〈형용사〉

어휘

above[əbʌ́v] 전 ~보다 뛰어나   **treat**[triːt] 동 대우하다   **faint**[feint] 동 까무러치다
make a mistake 실수하다   **fright**[frait] 명 공포, 경악   **bachelor**[bǽtʃələr] 명 미혼 남자

지시대명사

사람·사물을 가리키거나 앞뒤에 오는 문장이나 어구를 가리키는 것으로 this(복수 these), that(복수 those)을 비롯해 such, so, same 등이 있다.

A
1. 이것은 내 방이고, 저것은 내 동생 방이다.
2. 건강은 부보다 중요하다. 후자(wealth)는 전자(health)만큼 많은 행복을 줄 수 없기 때문이다.
3. 그녀는 아무 말도 하지 않았다. 그리고 이 사실이 나를 매우 화나게 했다.
4. 공원에 가자. — 오, 그것 좋은데.
5. 그의 옷차림은 신사의 옷차림이 아니다. 〈명사의 반복을 피하기 위한 that〉
6. 토끼의 귀는 여우의 귀보다 더 길다. 〈명사의 반복을 피하기 위한 those〉
7. 부유한 사람들이 항상 행복한 것은 아니다.
8. 그는 실수를 한다. 게다가 매우 자주 한다. 〈관용적 표현〉

B
such — '그러한 것(사람)'의 뜻으로서 대명사와 형용사로 쓰이며, 단수·복수 어느 쪽으로도 쓰인다.
1. 그는 학생이었으며, 학생으로서 대접받았다. 〈as such = 그런 것으로서, 그런 자격으로〉
2. 그녀는 행복하지 않은데, 단지 그렇게 보일 뿐이다.
3. 그녀는 놀라서 기절했다. 〈such ~ that … = 매우 ~해서 …하다〉
4. 나는 전에 이처럼 재미있는 영화는 본 적이 없다.
   〈such A as B = A such as B = A like B = B와 같은 A〉

C
so — 본래 '그렇게'의 뜻의 부사이지만, 다른 어구를 대신하는 동사의 목적어, 보어 역할을 하는 대명사로도 쓰인다.
1. 비가 올 것 같아요. — 네, 그럴 것 같군요. 〈think의 목적어〉
2. 그는 총각이며, 그렇게 남을 것이다. 〈보어〉
3. 그것은 1달러 정도밖에 안 할 것이다. 〈or so = ~내외, ~정도〉
4. 그녀는 사과, 복숭아, 포도 등과 같은 과일을 좋아한다. 〈and so on = ~등등〉
5. 그는 영어로 말할 수 있고, 나도 말할 수 있다. 〈so+동사+주어〉

D
same — '같은 사람·물건'의 뜻으로 항상 the를 붙여 쓰며, 형용사로도 쓰인다.
1. 나는 날씨가 좋다고 했고, 그녀도 같은 말을 했다.
2. 그는 나와 똑같은 컴퓨터를 가지고 있다. 〈the same ~ as … = …과 같은 ~〉
3. 그는 지난번과 똑같은 잘못을 저질렀다.

〈참고〉 「the same ~ as …」는 같은 종류를, 「the same ~ that …」은 같은 것을 뜻한다. 그러나 현대 영어에서는 구별없이 쓰이며, 「the same ~ as …」의 as 뒤에서는 동사를 생략할 수 있다.

확인테스트 ◎ 다음 빈칸에 알맞은 말을 〈보기〉에서 골라 써 넣으시오.

> **보기**
> this, that, such, so, same, those

1. His speech and behavior are _____ of a clown.
2. The climate of Busan is milder than _____ of Seoul.
3. He is a foreigner and is treated as _____.
4. He reads the _____ book as I.
5. "Will he succeed?" — "I hope _____."

65 의문대명사

A ▪ who / whose / whom

1. **Who** is he? — He is Mr. Brown. 〈주격〉
2. **Whose** room is this? — It is mine. 〈소유격〉
3. **Whose** is this umbrella? — It is Mike's. 〈소유대명사〉
4. **Whom**(**Who**) did you meet yesterday? 〈타동사의 목적격〉
5. ⓐ **Whom**(**Who**) are you waiting *for*? 〈전치사의 목적격〉
   ⓑ *For* **whom** are you waiting? 〈For who는 불가〉

B ▪ what / which

1. **What** happened next? 〈주격〉
2. **What** does your father do for a living? — He is a doctor. 〈목적격〉
3. **Which** of these students can speak English best? 〈주격 : 사람〉
4. **Which** do you like better, spring or autumn? 〈목적격 : 사물〉
   — I like spring better.

확인테스트 ◎ 다음 문장의 괄호 안에서 알맞은 말을 고르시오.

1. (Who, Whom) takes care of your youngest brother?
2. (Who, Whose, Whom) is this bag?
3. (What, Which) do you call this flower?
4. (Who, Which, What) of you broke the window?

1. **those** (speech and behavior를 받아야 하므로 복수명사가 와야 한다.)
   '그의 말과 행동은 광대의 그것(들)과 같다.'
2. **that** (단수명사 The climate를 대신해야 한다.)
   '부산의 기후는 서울의 기후보다 더 온화하다.'
3. **such** (명사 a foreigner를 대신한다.) '그는 외국인이며, 외국인으로서 대접받는다.'
4. **same** (the same ~ as …) '그는 내가 읽는 것과 같은 책을 읽는다.'
5. **so** (앞 문장 전체를 대신한다.) "그가 성공할까요?"—"그러기를 바랍니다."

의문대명사

who / whose / whom — 이름, 혈연·관계 등을 물어볼 때에 쓴다. whose가 「whose + 명사」로 쓰이면 소유격으로 '누구의 ~'의 뜻이고, 단독으로 쓰이면 소유대명사로 '누구의 것'의 뜻이다.

1. 그는 누구니? — 그는 Brown 씨이다.   2. 이것은 누구의 방이냐? — 그것은 내 방이다.
3. 이 우산은 누구의 것이니? — 그것은 Mike의 것이다.
4. 너는 어제 누구를 만났니?   5. 너는 누구를 기다리고 있니?

주의) 구어에서는 4, 5ⓐ와 같이 타동사나 전치사의 목적격으로 whom 대신에 who를 쓰는 경향이 있다. 그러나 5ⓑ와 같이 전치사 다음에는 반드시 whom을 써야 한다.

what / which — 사람 또는 사물에 쓰이며, 주격·목적격이 같다. what이 사람 앞에 쓰이면 직업·신분을 묻는 표현이 된다.

1. 다음에 무엇이 일어났니?
2. 너의 아버지는 생계를 위해 무엇을 하시니(직업이 무엇이니)? — 그는 의사이시다.
3. 이 학생들 중에서 어느 사람이 영어를 가장 잘 말할 수 있니?
4. 봄과 가을 중에서 어느 것을 더 좋아하니? — 봄을 더 좋아해.

참고) 「what + 명사」와 「which + 명사」에서 what과 which는 의문형용사이다.
ex. **What** sports do you like best? 너는 무슨 운동을 가장 좋아하니?
    Which season do you like best? 어느 계절을 가장 좋아하니?

1. **Who** (주격) '너의 막내 동생을 누가 돌보니?'
2. **Whose** (소유대명사) '이 가방은 누구의 것입니까?'
3. **What** (목적격) '이 꽃을 무엇이라고 부릅니까?'
4. **Which** (주격) '너희 중 누가 창문을 깨뜨렸니?'

어 휘

behavior[bihéivjər] 뗑 행동
clown[klaun] 뗑 광대
mild[maild] 톙 온화한, 온순한
happen[hǽpən] 동 일어나다
living[líviŋ] 뗑 생활, 생존
autumn[ɔ́ːtəm] 뗑 가을

 부정대명사

A ▪ one

1. 일반인(총인칭)은 one으로 쓴다.
   ① **One** should keep **one's**[**his**] word.
   ② **One** must not neglect **one's**[**his**] duty.
2. 「a + 단수 보통명사」는 one으로, 「the[this, that] + 단수 보통명사」는 it으로 받는다.
   ① Do you have *a comb*? — Yes, I have **one**.　　〈one = a comb〉
   ② Do you have *the comb*? — No, I have lost **it**.　〈it = the comb〉
   ③ I needed *a comb* so I asked to borrow **one**.　　〈one = a comb〉
   ④ I needed *his comb* so I asked to borrow **it**.　　〈it = his comb〉
3. 셀 수 있는 단수명사는 one으로, 복수명사는 ones로 받는다.
   ① My computer is old. I have to buy a new **one**.　〈one = computer〉
   ② Small bananas are often better than big **ones**.　〈ones = bananas〉

B ▪ other / another

1. I have two dogs; **one** is white and **the other** (is) black.
2. Tom loves Mary; **the one** often visits **the other**.
3. I have five roses. **One** is red and **the others** (are) white.
4. There are several flowers. **One** is red, **another** (is) white, and **the others** (are) yellow.
5. Here are seven books; **some** are mine, **the others** (are) hers.
6. **Some** boys went on foot; and **others** (went) by bus.
7. I don't like this. Show me **another** (= a different one).
8. Will you have **another** (= one more) cup of coffee?

 one, others와 같이 정관사 the가 붙지 않으면 한정되지 않은 것을 가리키고, the one, the other, the others와 같이 정관사 the가 붙으면 한정된 것을 가리킨다.

 ◎ 다음 문장에서 틀린 곳을 찾아 바르게 고치시오.

1. He has three rooms: one large one and two small one.
2. Some people like fishing; the others do not.
3. This TV is too expensive. Show me others.

부정대명사

확실하게 정해지지 않은 사람이나 사물 또는 일정하지 않은 수량을 나타낼 때에 쓰이는 대명사를 부정대명사라고 한다. one, other, another, some, any, both, every, all, each, either, neither 등이 있다.

1. 주어가 one인 경우에 뒤에 오는 소유격, 재귀대명사는 one's, oneself로 쓰는 것이 원칙이지만, 현대 영어에서는 his, her, himself, herself로 받기도 한다.
   ① 사람은 약속을 지켜야 한다.　　　　　② 사람은 자기 의무를 소홀히 해서는 안 된다.
2. **one**은 같은 종류의 다른 물건을, **it**은 동일한 바로 그 물건을 나타낸다.
   ① 빗 하나 가지고 있니? — 응, 하나 가지고 있어. (one = 같은 종류의 빗)
   ② 너는 그 빗을 가지고 있니? — 아니, 그것을 잃어버렸어. (it = 동일물)
   ③ 나는 빗이 하나 필요해서, 하나를 빌려 달라고 부탁했다.
   ④ 나는 그의 빗이 필요해서, 그것을 빌려 달라고 부탁했다.
3. ① 내 컴퓨터는 낡았다. 나는 새 것을 하나 사야 한다.
   ② 작은 바나나가 큰 것들보다 더 나을 때가 종종 있다.

둘 중에서 순서가 없을 때	**one**(하나), **the other**(나머지 하나)
둘 중에서 순서가 있을 때	**the one**(전자), **the other**(후자)
셋 이상에서 순서가 없을 때	**one**(하나), **the others**(나머지 전부) **one**(하나), **another**(또 하나), **the others**(나머지 전부) ※ 셋일 때 **one**(하나), **another**(또 하나), **the other**(나머지 하나)
한정된 다수에서	**some**(일부), **the others**(나머지 전부)
막연한 다수에서	**some**(일부), **others**(다른 일부)

1. 내게는 개 두 마리가 있는데, 한 마리는 흰색이고, 나머지 한 마리는 검정색이다.
2. **Tom**은 **Mary**를 사랑한다. 전자(**Tom**)는 종종 후자(**Mary**)를 방문한다.
3. 내게는 장미 다섯 송이가 있다. 한 송이는 빨갛고, 나머지들은 하얗다.
4. 몇 송이의 꽃이 있다. 한 송이는 빨갛고, 또 한 송이는 하얗고, 그리고 나머지들은 노랗다.
5. 일곱 권의 책이 있다. 몇 권은 내 것이고, 나머지는 그녀의 것이다.
6. **몇몇** 소년들은 걸어갔고, 또 **몇몇** 소년들은 버스를 타고 갔다.
7. 나는 이것이 마음에 들지 않습니다. 다른 것을 보여 주세요.
8. 커피 한 잔 더 드시겠습니까?

어 휘

keep one's word 약속을 지키다　　**duty**[djúːti] 명 의무, 책임　　**several**[sévərəl] 형 몇몇의
neglect[niglékt] 통 게을리하다　　**comb**[koum] 명 빗　　**on foot**[fut] 걸어서

◎ 다음 빈칸에 알맞은 말을 차례대로 써 넣으시오.

4. I had two oranges. I gave _____ to Betty and _____ to Alice.
5. Do you have the MP3 player I gave you? — Yes, I have _____.
6. Here are three flowers. _____ is a lily, _____ is a rose and _____ is tulip.

C some / any

1. **Some** of *the novels* **are** interesting.　　　　〈가산명사 : 복수형 동사〉
2. **Some** of *the money* **was** spent on books.　　〈불가산명사 : 단수형 동사〉
3. There are **some** cars in the street.　　　　　　〈긍정문 : 형용사〉
4. Are there **any** cars in the street?　　　　　　〈의문문 : 형용사〉
5. There aren't **any** boys in the room.　　　　　〈부정문 : 형용사〉
6. If **any** of you knows it, please let me know.　　〈조건문 : 대명사〉
7. He went to **some** *place* in France.　　　　　〈some + 단수 보통명사〉
8. Will you have **some** tea? = Please have **some** tea.　〈권유〉
9. Do you have **some** sisters? — Yes, I have **some**.　〈긍정 대답을 예상〉
10. **Any** child can do such a thing.　　　　　　〈강조〉

D all / both

1. **All** of the students *have* gone home.　　　〈대명사 : 복수 취급〉
2. **All** (= Everything) *is* silent.　　　　　　　〈대명사 : 단수 취급〉
3. **All** the boys *have* their own computers.　　〈형용사 : 복수 취급〉
4. **All** his money *was* gone.　　　　　　　　〈형용사 : 단수 취급〉
5. It is **all** (= completely) covered with dust.　　〈부사 : 완전히, 온통〉
6. **Both** of these books *are* expensive.　　　　〈대명사 : 복수 취급〉
7. **Both** his parents *are* living here.　　　　　〈형용사 : 복수 취급〉
8. He is **both** blind **and** deaf.　　　　　　　〈부사 : both A and B〉

◎ 다음 문장의 괄호 안에서 알맞은 말을 고르시오.

1. There isn't (some, any) water in the bottle.
2. (All, Both) of the two brothers (go, goes) to bed early.
3. Not all food (is, are) good to eat.
4. I haven't met (either, any) of the three girls before.

1. small one → small ones (복수명사는 ones로 받는다.) '그에게는 방이 세 개 있는데, 큰 방 하나와 작은 방 둘이다.'
2. the others → others '몇몇 사람들은 낚시를 좋아하고, 몇몇 사람들은 그렇지 않다.'
3. others → another (다른 것) '이 TV는 너무 비쌉니다. 다른 것을 보여 주세요.'
4. one, the other '나에게 오렌지 두 개가 있었다. 하나는 Betty에게 줬고, 나머지 하나는 Alice에게 줬다.'
5. it (「the+명사」→ it) '내가 너에게 준 그 MP3 플레이어가 있니? — 응, 그것 있어.'
6. one, another, the other '여기에 세 송이의 꽃이 있다. 하나는 백합이고, 또 하나는 장미이고 나머지 하나는 튤립이다.'

some — 수량(數量)을 나타내고, '얼마(의), 몇 개(의), 어떤'의 뜻이며, 원칙적으로 **긍정문**에 쓰인다.
any — 의문문·조건문에서 '무언가(의), 얼마(의), 누군가'의 뜻으로, 부정문에서 '어느 것도, 조금도, 아무도'의 뜻으로 쓰인다.

1. 그 소설들 중의 몇 권은 재미있다.
2. 그 돈의 얼마는 책값에 쓰였다.
3. 거리에는 몇 대의 차가 있다.
4. 거리에 차가 좀 있니?
5. 그 방에는 소년이 아무도 없다.
6. 너희들 중 누군가가 그것을 알고 있으면, 나에게 알려 줘.
7. 그는 프랑스의 어떤 곳으로 갔다.
8. 차를 좀 드시겠습니까?
9. 누이동생이 있지요? — 예, 있습니다.
10. 어떤 아이라도 그런 일을 할 수 있다.

• 권유·부탁(8), 긍정의 답을 기대(9)하는 의문문에서는 some을 사용한다.
• any가 10과 같이 긍정문에서 쓰이면 '어떤 ~라도'의 의미로 강조의 뜻을 표현한다.

all — 대명사 all은 '(셋 이상의) 모든 것, 모든 사람'을 뜻하며, 사람을 나타내면 복수 취급, 사물을 나타내면 단수 취급한다. 형용사, 부사로도 쓰인다.
both — '둘 다(의)'의 뜻으로서 복수 취급하며, 형용사, 부사로도 쓰인다.

1. 학생들 모두가 집으로 갔다.
2. 만물(모든 사물)이 고요하다.
3. 모든 소년들은 자신들의 컴퓨터를 갖고 있다.
4. 그의 돈 전부가 떨어졌다.
5. 그것은 온통 먼지로 덮여 있다.
6. 이 책들은 둘 다 비싸다.
7. 그의 부모 두 분 다 여기에 살고 계시다.
8. 그는 눈도 멀고 귀도 먹었다.

1. any (부정문) '병에 물이 없다.'
2. Both, go (both는 '둘'을 나타낸다.) '그 두 형제 다 일찍 잠자리에 든다.'
3. is (food는 셀 수 없는 명사이다.) '모든 음식이 먹기에 적합한 것은 아니다.'
4. any (either는 '둘'을 나타낸다.) '나는 그 세 소녀 중 누구도 전에 만난 적이 없다.'

어휘

silent[sáilənt] 혱 고요한, 침묵하는
dust[dʌst] 몡 먼지
expensive[ikspénsiv] 혱 값비싼
both A and B A도 B도 둘 다
blind[blaind] 혱 눈 먼
deaf[def] 혱 귀먹은

E every / each

1. **Every** teacher in our school *is* kind to us. 〈단수 취급〉
2. He wrote to me **every** o*ther day* (**every** *two days*).
3. He comes here **every** *three days* (**every** *third day*).
4. **Each of** the boys *has* his own room. 〈대명사 : 단수 취급〉
5. **Each** country *has* its own customs. 〈형용사 : 단수 취급〉
6. Bill and Tom looked at **each other**. 〈둘이 서로〉
7. All the girls looked at **one another**. 〈셋 이상 서로〉

F either / neither

1. **Either** of you *has* to go there. 〈대명사 : 단수 취급〉
2. **Either** method *is* satisfactory. 〈형용사 : 단수 취급〉
3. I *can* go there, **too**. 〈긍정문〉
4. He is not tall, and she *isn't*, **either**. 〈부정문〉
5. **Either** you *or he has* to go. 〈he에 동사를 일치〉
6. He is **either** busy **or** sick.
7. **Neither** of them *was* aware of the fact. 〈대명사 : 단수 취급〉
8. **Neither** sentence *is* correct. 〈형용사 : 단수 취급〉
9. I can't speak Chinese, and he can**not**, **either**. 〈not + either = neither〉
   = I can't speak Chinese, and **neither** can he. 〈neither + 동사 + 주어〉
10. **Neither** you **nor** *he is* in the wrong. 〈he에 동사를 일치〉
11. He is **neither** a scholar **nor** an artist.

○ 다음 문장의 괄호 안에서 알맞은 말을 고르시오.

1. You may choose (any, either) of the two.
2. If you don't go there, I will not go there, (too, either).
3. Everyone (have, has) a hobby.
4. (Each, Every) of the members must do his duty.

어휘

own [oun] 혱 자기 자신의
custom [kʌ́stəm] 명 관습, 풍습
method [méθəd] 명 방법
satisfactory [sæ̀tisfǽktəri] 혱 훌륭한, 만족할 만한
be aware [əwέər] **of** ~을 알고 있다
correct [kərékt] 혱 옳은
be in the wrong 잘못되어 있다
member [mémbər] 명 회원, 일원

every — 형용사로서 '모두의, 모든 ~'의 의미(각각의 것 전부의 의미 = each and all)를 나타내며, 「every + 단수명사」의 형태로 쓰여 단수 취급된다.

each — 대명사·형용사로 쓰이며, '각각의, 개개의'의 의미(전체와 관계없는 개별적인 의미)를 나타낸다. 「each of + 복수명사」와 「each + 단수명사」의 형태로 쓰여 단수 취급된다.

1. 우리 학교의 모든 선생님은 우리에게 친절하다.
2. 그는 나에게 하루 걸러 편지를 썼다.
3. 그는 3일에 한 번씩 여기에 온다.
4. 그 소년들 각자는 자기 방이 있다.
5. 각각의 나라는 고유의 관습을 가지고 있다.
6. Bill과 Tom은 서로 쳐다보았다.
7. 모든 소녀들이 서로 쳐다보았다.

참고
- 「each of + 복수명사」는 복수 취급을 하기도 한다. ex. Each of the boys have their own rooms.
- each other와 one another는 구별 없이 쓰이기도 한다.

either — 대명사·형용사로서 '둘 중에서 어느 하나'의 의미를 나타내며, 단수 취급된다. 부사로는 '역시, 또한'의 의미를 나타내며, 부정문에서 쓴다.

neither — 대명사·형용사·부사로 쓰이며, '둘 다 ~이 아니다(양자 부정)'의 의미를 나타내며, 단수 취급된다.

1. 너희 둘 중에서 한 사람은 거기에 가야 한다.
2. (둘 중에서) 어느 방법이라도 좋다.
3. 나 역시 거기에 갈 수 있다.
4. 그는 키가 크지 않고, 그녀 역시 키가 크지 않다.
5. 너나 그 둘 중 어느 한 사람이 가야 한다.
6. 그는 바쁘거나 아프거나 둘 중의 하나이다.
 (either A or B = A든지 B든지 어느 하나(양자 택일이며 B에 동사를 일치)
7. 그들 둘 다 그 사실을 알지 못했다.
8. 둘 중 어느 문장도 옳지 않다.
9. 나는 중국어를 말할 수 없고, 그도 역시 말할 수 없다.
10. 너와 그 둘 다 잘못이 없다.
11. 그는 학자도 예술가도 아니다.
 (neither A nor B = A도 B도 ~이 아니다(양자 부정이며 B에 동사를 일치)

1. **either** (둘 중에서의 선택) '너는 그 둘 중 어느 것을 선택해도 좋다.'
2. **either** (부정문에서의 '~도 또한'의 의미) '네가 거기에 가지 않는다면, 나도 역시 거기에 가지 않겠다.'
3. **has** (every는 단수 취급) '모든 사람은 취미가 있다.'
4. **Each** ('각자'의 의미) '회원들 각자는 자신의 임무를 다해야 한다.'

G 전체 부정과 부분 부정

1. ① I like **both** of them. 〈전체 긍정〉
   ② I do **not** like **both** of them. = I like **one** of them. 〈부분 부정〉
   ③ I do **not** like **either** of them. = I like **neither** of them. 〈전체 부정〉

2. ① I know **all** of them. 〈전체 긍정〉
   ② I do **not** know **all** of them. = I know **some** of them. 〈부분 부정〉
   ③ I do **not** know **any** of them. = I know **none** of them. 〈전체 부정〉

3. ① **Both** of his parents are **not** alive. 〈부분 부정〉
   ② **Neither** of his parents is alive. 〈전체 부정〉

4. **All** that glitters is **not** gold. 〈부분 부정〉

5. ① I know **everything** about it. 〈전체 긍정〉
   ② I do **not** know **everything** about it. 〈부분 부정〉
   ③ I do **not** know **anything** about it. 〈전체 부정〉
      = I know **nothing** about it.

6. The rich are **not always** happy. 〈부분 부정〉

H 부정을 나타내는 관용 표현

1. Your answer is **anything but** perfect. 〈결코 ~이 아닌〉
2. The show was **far from being** a success. 〈전혀 ~않다〉
3. He is **the last** person who we would want **to** come. 〈가장 ~할 것 같지 않은〉
4. This district **is free from** air pollution. 〈~이 없다〉

○ 다음 문장의 괄호 안에서 알맞은 말을 고르시오.

1. All knowledge is (not, no) useful.
2. (None, One) of them live near here.
3. (Both, Either) of the two is wrong.

어휘

glitter[glítər] 통 반짝이다
gold[gould] 명 금
perfect[pə́ːrfikt] 형 완벽한
district[dístrikt] 명 지역, 지구
pollution[pəljúːʃən] 명 오염
knowledge[nálidʒ] 명 지식

전체 부정과 부분 부정 — '(전혀) ~이 아니다, 둘 다 ~이 아니다' 처럼 전체를 부정하는 것을 **전체 부정**이라고 하고, '모두 다[둘 다, 언제나] ~인 것은 아니다' 처럼 일부분을 부정하는 것을 **부분 부정**이라고 한다.

	전체 긍정	both (둘 다 ~이다)
둘 중에서	부분 부정	not + both (둘 다 ~한 것은 아니다)
	전체 부정	not + either = neither (둘 다 ~이 아니다)
	전체 긍정	all (모두 다 ~이다)
셋 이상에서	부분 부정	not + all (모두 다 ~한 것은 아니다)
	전체 부정	not + any = none (어느 것도 ~이 아니다)
부분 부정		not + everybody (everything) (모두 다 ~한 것은 아니다)
		not + always (항상 ~한 것은 아니다)
전체 부정		not + anybody (anything) = nobody (nothing) (모두 다 ~이 아니다)

1. ① 나는 그들 둘 다 좋아한다. ② 나는 그들 둘 다를 좋아하는 것은 아니다.
   ③ 나는 그들 둘 중 어느 누구도 좋아하지 않는다.
2. ① 나는 그들 모두를 안다. ② 나는 그들 모두를 아는 것은 아니다(약간은 안다).
   ③ 나는 그들 중 어느 누구도 알지 못한다.
3. ① 그의 부모 두 분 다 살아계시는 건 아니다.
   ② 그의 부모 두 분 다 살아계시지 않다.
4. 반짝이는 것 모두가 금은 아니다.
5. ① 나는 그것에 관해 모든 것을 알고 있다.
   ② 나는 그것에 관해 모든 것을 아는 것은 아니다(약간은 안다).
   ③ 나는 그것에 관해 아무것도 알지 못한다.
6. 부자라고 해서 항상 행복한 건 아니다. ⟨The rich = Rich people⟩

1. 너의 대답은 결코 완벽하지 못하다. ⟨= not ~ at all⟩
2. 그 쇼는 전혀 성공하지 못했다.
3. 그는 우리가 가장 오기를 바라지 않을 사람이다. ⟨the last + 명사 + to부정사⟩
4. 이 지역에는 대기오염이 없다.

1. **not** (all, both, every, always 등은 not, never와 결합하여 부분 부정의 뜻을 나타낸다.) '모든 지식이 다 유익한 것은 아니다.'
2. **None** (복수형 동사 live가 쓰였으므로 복수명사가 와야 한다. 「none of + 복수명사」 뒤에는 단수·복수형 동사가 모두 올 수 있다.) '그들 중 아무도 이 근처에 살지 않는다.'
3. **Either** (단수형 동사 is가 쓰였으므로 단수명사가 와야 한다.) '둘 중 하나가 잘못이다.'

생활 영어

의견 묻기 및 말하기

● ○ ○ **의견 묻기 및 말하기**

— 의견 묻기
1. What do you want (to do)?
2. What do you think of the game?
3. Did you find the book interesting?

— 의견 말하기
4. I think it's a very nice bike.
5. To me, it's the best in the world.
6. I have no idea.
7. I really don't know what to say.
8. I have nothing to say right now.

1. A: **What do you think of** the English language school?
   B: They say it's very good.
   A: Do they have native-speaking English teachers?
   B: **I have no idea.**

2. A: What are you doing?
   B: I'm reading a novel by Hemingway.
   A: **Do you find the book interesting**?
   B: **I have nothing to say for now.**
   A: Why?
   B: I haven't finished reading yet.

3. A: My father is going to retire this fall.
   B: **What does he want to do**?
   A: **I really don't know.**
   B: He can travel around the world.
   A: I hope so.

 왼쪽에 있는 영문을 큰 소리로 여러 번 읽고 뜻을 파악한 다음, 우리말을 참고하기 바랍니다.
왼쪽에 있는 영문을 암기한 다음, 오른쪽의 우리말을 보고 영어로 써 보는 것이 좋습니다.

● ○ ○ 의견 묻기 및 말하기

— 의견 묻기
1. 무엇을 하고 싶니?
2. 그 게임을 어떻게 생각하니?
3. 그 책 재미있었니?

— 의견 말하기
4. 나는 그것이 아주 멋진 자전거라고 생각해.
5. 나에게는, 그것이 세상에서 최고야.
6. 잘 모르겠어.
7. 뭐라고 해야 할지 정말 모르겠어.
8. 지금 당장은 할 말이 없어.

1. 일반적인 의견은 **What do you want (to do)?**로 묻고, 이에 대한 응답은 **I want ~**로 한다.
2. **What do you think of ~?**와 비슷한 표현으로는 **How do you like ~?** / **How do you feel about ~?** 등이 있다.
4. 자신의 의견을 말할 때는 **I think (that) ~** (~라고 생각한다) / **As for me ~** (나로서는) / **In my opinion ~** (내 의견은 ~) 등으로 시작할 수 있다.

Mini Dialogue

1. A: 영어 학교에 대해서 어떻게 생각하니?
   B: 사람들이 그러는데 무척 좋대.
   A: 그 학교에 원어민 영어 선생님이 있을까?
   A: 잘 모르겠어.

2. A: 뭐하고 있니?   B: 헤밍웨이 소설을 읽고 있는 중이야.
   A: 그 책 재미있니?   B: 지금으로서는 뭐라고 말 못하겠어.
   A: 왜?   B: 아직 다 읽지 못했거든.

3. A: 우리 아버지께서는 이번 가을에 퇴직하실 거야.
   B: 무엇을 하고 싶어하시니?
   A: 모르겠어.
   B: 그분께서는 세계 일주 여행을 하실 수 있지.
   A: 나도 그러기를 바래.

실전 응용 문제

A 다음에서 <u>틀린</u> 곳을 고르시오.

1. If you <u>have</u> some money, <u>lend</u> me some.
   ① ② ③ ④ ⑤
2. <u>Every</u> of my friends <u>has</u> <u>his</u> <u>own</u> computer.
   ① ② ③ ④ ⑤
3. <u>Some</u> of the roses <u>in</u> the vase <u>are</u> white and <u>others</u> <u>are</u> red.
   ① ② ③ ④ ⑤
4. <u>His</u> behavior <u>was</u> <u>those</u> <u>of</u> a gentleman.
   ① ② ③ ④ ⑤
5. <u>Do</u> you <u>have</u> a bicycle? — Yes, I <u>have</u> <u>it</u>.
   ① ② ③ ④ ⑤
6. If you don't go there, <u>I'll</u> <u>not</u> <u>go</u> <u>there</u>, <u>too</u>.
   ① ② ③ ④ ⑤
7. <u>Every</u> <u>girls</u> <u>wishes</u> <u>to</u> <u>be</u> beautiful.
   ① ② ③ ④ ⑤

○ lend 동 빌려 주다
behavior 명 행동

B 다음 중 빈칸에 가장 알맞은 것을 고르시오.

1. The noises sounded like _____ of animals.
   ① it　　② this　　③ that　　④ these　　⑤ those
2. This pen is not good. Show me _____.
   ① some　　② others　　③ another
   ④ anothers　　⑤ the others
3. She keeps three cats; one is black, and _____ are white.
   ① some　　② others　　③ another
   ④ anothers　　⑤ the others

○ noise 명 소리, 소음
sound 동 ~하게 들리다

C 다음 빈칸에 알맞은 전치사를 쓰시오.

1. The door opened _____ itself.
2. He was _____ himself with joy.
3. Competition _____ itself is not bad.
4. You must do your homework _____ yourself.

○ with joy 기쁘게
competition 명 경쟁

D 다음 글을 읽고, 물음에 답하시오.

A teacher was asking a student a lot of questions, but the student couldn't answer **any** of them. The teacher then decided to ask him some very easy questions so that he could get a few rights.

"What was Bunker Hill?" she said.

The student thought for **some** time and then answered, "An airport?"

"No, it was a battle," the teacher said. She was getting a little angry now, but she was trying not to show <u>it</u>. Then she asked, "Who was the first President of the United States?"

The student thought for a long time, but didn't say anything. Then the teacher got very angry and shouted, "George Washington!" The student got up and began to walk towards his seat.

"Come back!" the teacher said. "I didn't tell you to go."

"Oh, I'm sorry," the student said. "I thought you called the next student."

a lot of 많은
question 명 질문
decide 동 결심하다
right 명 정확
airport 명 공항
battle 명 전투
get angry 화가 나다
a little 조금
president 명 대통령
shout 동 소리지르다

1. 위 글의 밑줄 친 <u>it</u>이 뜻하는 것으로 가장 알맞은 것을 고르시오.
   ① She was angry.
   ② It was a very easy question.
   ③ She asked a student questions.
   ④ The student gave her a right answer.
   ⑤ The student didn't answer the question.

2. 위 글의 분위기를 가장 잘 나타낸 것을 고르시오.
   ① warm   ② peaceful   ③ horrible
   ④ humorous   ⑤ instructive

E 다음 우리말을 영어로 옮기시오.

1. 올림픽 경기는 4년마다 열린다.
2. 그들 두 사람 중 한 사람이 여기에 있어야 한다.
3. 누구나 다 이것을 할 수 있는 것은 아니다.
4. 그들이 전부 출석한 것은 아니었다.

Answer & Explanation

ANSWER

A 1. ② 2. ① 3. ④ 4. ③ 5. ⑤ 6. ⑤ 7. ②

B 1. ⑤ 2. ③ 3. ⑤

C 1. of 2. beside 3. in 4. for

D 1. ① 2. ④

E
1. The Olympic games are held every four years(= every fourth year).
2. Either of them must stay here.
3. Not everybody can do this.
4. All of them were not present.

EXPLANATION

A
1. 조건문에서는 any가 쓰인다. '돈이 있으면, 나에게 조금 빌려 주시오.'
2. '개개인'을 뜻하는 경우는 each를 쓴다. '내 친구 각자는 자신의 컴퓨터를 가지고 있다.'
3. '꽃병'이라는 한정된 범위이므로 「some ~, the others …」를 쓴다. '꽃병 안의 몇몇 장미는 희고, 나머지는 붉다.'
4. behavior는 불가산명사로서 단수 취급하므로 those가 아닌 that이 와야 한다. '그의 행동은 신사의 행동이었다.'
5. 「a+명사」는 one으로 나타낸다. '자전거를 가지고 있니? — 그래, 한 대 가지고 있어.'
6. '~도 역시'의 뜻은 부정문에서 either로 표현한다. '네가 거기에 가지 않는다면, 나도 거기에 가지 않겠다.'
7. every 다음에는 단수명사가 온다. '모든 소녀가 아름다워지기를 원한다.'

B
1. 「the+복수명사」는 those로 받는다. '그 소리들은 동물들의 소리처럼 들린다.'
2. '다른 것'은 another(=a different one)로 나타낸다. '이 펜은 좋지 않은 것 같아요. 다른 것을 보여 주세요.'
3. '세 마리의 고양이'라는 한정된 범위이므로 「one ~, the others …」로 나타낸다. '그녀는 고양이 3마리를 기른다. 한 마리는 검정색이고, 나머지는 하얀색이다.'

C
1. 저절로 = of oneself, '문이 저절로 열렸다.'
2. 제정신이 아닌 = beside oneself, '그는 미칠듯이 기뻐했다.'
3. 그 자체로 = in itself, '경쟁 그 자체는 나쁜 것이 아니다.'
4. 혼자 힘으로 = for oneself, '너는 네 힘으로 숙제를 해야 한다.'

16 대명사

D 어떤 선생님이 한 학생에게 많은 질문을 하고 있었는데, 그 학생은 그 질문에 하나도 대답하지 못했다. 그래서 선생님은 그 학생이 몇 문제나마 맞출 수 있도록 아주 쉬운 질문을 몇 개 하기로 했다.
"Bunker Hill이 뭐였지?" 선생님이 물었다.
학생은 잠시 생각한 다음 대답했다. "공항인가요?"
"아니야, 전투였어." 선생님이 말했다. 선생님은 이제 약간 화가 나기 시작했지만, 그것을 내보이지 않으려고 애쓰고 있었다. 다음에 선생님이 물었다. "미국의 초대 대통령은 누구였지?"
학생은 오랫동안 생각했으나 아무 말도 하지 않았다. 이번에는 선생님이 매우 화가 나서 소리 질렀다. "George Washington!" 학생은 일어서서 자신의 자리를 향해 걸어가기 시작했다.
"돌아와!"하고 선생님이 말했다. "너에게 가라고 하지 않았어."
"아, 죄송합니다." 하고 학생이 말했다. "저는 선생님이 다음 학생을 부르시는 줄 알았어요."

1. ① 선생님은 화가 났다.　② 그것은 아주 쉬운 질문이었다.
   ③ 선생님이 한 학생에게 질문을 했다.　④ 그 학생은 선생님에게 정답을 말했다.
   ⑤ 그 학생은 질문에 답하지 못했다.
2. ① 따뜻하다　② 평화롭다　③ 무섭다
   ④ 유머러스하다　⑤ 교훈적이다

〈구문해설〉
- **but the student couldn't answer any of them.**: any는 부정대명사로서 부정문에 쓰여 '아무것도'의 뜻을 나타내며, them은 인칭대명사로서 a lot of questions를 가리킨다.
- **so that** he could get a few rights.: so that은 목적을 나타내는 접속사로서 '~하도록, ~하기 위하여'의 뜻을 나타낸다.
- The student thought for **some** time …: some은 부정형용사로서 '얼마의, 약간의' 뜻으로 쓰였다.
- I thought ∧ you called the next student.: thought 다음에 접속사 that이 생략되었다.

E
1. '~마다'는 every를 써서 나타낸다.
2. '그들 두 사람 중 한 사람'은 either of them으로 표현한다.
3. '누구나 다 ~인 것은 아니다'는 부분 부정으로 not everybody로 표현한다.
4. '모두가 ~인 것은 아니다'는 부분 부정으로 「all ~ not」 또는 「not ~ all」로 표현한다.

17 형용사·비교

67 형용사의 용법·어순

A 한정용법

1. This is a **beautiful** *flower*.
2. Please give me *something* **cold** to drink.
3. He has a lot of *books*, **ancient** and **modern**.
4. I found *a wallet* **full of money** on the floor. 형용사구

B 서술용법

1. The situation seems **hopeless**.　　　　　　〈주격 보어〉
2. I fell **asleep** while listening to the music.　　〈주격 보어〉
3. He thought the lecture **boring**.　　　　　　〈목적격 보어〉

C the + 형용사

1. the + 형용사 = 복수 보통명사 → ~한 사람들(복수 취급)
   The young(=Young people) should be kind to **the old**(=old people).
2. the + 형용사 = 추상명사(단수 취급)
   The beautiful(=Beauty) is not always good.

D 형용사의 어순

1. **All these five nice** *boxes* are mine.
2. **Both the large new** *watches* will keep good time.
3. This is **the best** *way* **imaginable**.

○ 괄호 안의 말을 올바른 어순으로 배열하시오.

1. There are (big, white, three) caps.
2. (pretty, young, his, both) daughters are actresses.
3. The (two, first, days) of the week you should come at 7.

형용사의 용법

형용사(Adjective)는 사람이나 동물, 사물의 성질이나 상태를 나타내는 말로서 보어로 쓰이거나 명사·대명사를 수식하는 역할을 한다.
- 한정용법 — 형용사가 명사·대명사의 앞 또는 뒤에서 직접 그 명사·대명사를 수식한다.
- 서술용법 — 형용사가 주격 보어·목적격 보어로서 주어나 목적어의 동작이나 상태를 설명해 준다.

A
1. 이것은 아름다운 꽃이다.
2. 무언가 찬 마실 것을 좀 주십시오.
3. 그는 고대 서적과 현대 서적을 많이 가지고 있다.
4. 마루에서 돈이 가득 든 지갑을 주웠다.

주의 형용사가 명사 -thing, -body, -one 형태의 대명사를 수식할 때(2), 형용사가 두 개 이상 나열될 때(3), 형용사가 다른 수식어구를 수반하여 길어질 때(4)에 형용사는 명사 뒤에 놓인다.

B
1. 사태가 절망적으로 보인다.
2. 나는 음악을 듣다가 잠이 들었다.
3. 그는 그 강의가 지루하다고 생각했다.

참고
- 한정용법으로만 쓰이는 형용사: main(주요한), mere(단지 ~에 지나지 않는), only(유일한), drunken(취한), elder(손위의), very(바로 ~의)
- 서술용법으로만 쓰이는 형용사: afraid(두려운), alike(같은), asleep(잠든), alive(살아 있는), alone(혼자인), unable(~할 수 없는), well(건강한), worth(~의 가치가 있는)

C
1. 젊은이들은 노인들에게 친절해야 한다.
2. 아름다움이 항상 좋은 것만은 아니다.

D

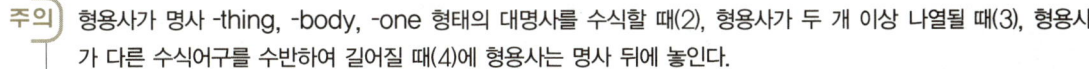

{all / both / such} + {관사 / 지시형용사(this) / 소유격(my, his)} + 수량형용사(서수+기수) + 성질형용사(크기+성질·상태+신구+재료) + 명사

1. 이 5개의 멋진 상자들은 모두 내 것이다.
2. 그 커다란 두 개의 새 시계는 시간이 잘 맞는다.
3. 이것이 생각할 수 있는 최고의 방법이다.

참고 -able, -ible로 끝나는 형용사는 최상급 또는 all·any·every 등의 수식을 받는 명사 뒤에 온다.

확인테스트
1. three big white (수량+크기+성질) '큰 하얀 모자가 3개 있다.'
2. Both his pretty young (both+소유격+성질+신구) '그의 귀여운 어린 두 딸은 배우이다.'
3. first two days (서수+기수) '일주일의 처음 이틀은 7시에 와야 한다.'

어휘

ancient [éinʃənt] 형 고대의
fall asleep [əslíːp] 잠들다
lecture [léktʃər] 명 강의
boring [bɔ́ːriŋ] 형 지루한
imaginable [imǽdʒənəbl] 형 생각할 수 있는

68 수량 형용사

A 부정 수량 형용사

1. many와 much
   ① Does Jack have **many** *friends* in this town?
   ② **Many** *people* die of cancer.
   ③ Do you have **much** *rain* in July?
   ④ Don't eat too **much** *meat*.

2. many와 much 대신 쓰이는 표현
   ① Jack has **a lot of**(=many) *friends* in this town. 〈수〉
   ② We had **a lot of**(=much) *rain* last year. 〈양〉
   ③ **Lots of**(=Many) *foreigners* visit Korea every year. 〈수〉
   ④ There is **plenty of**(=much) *money* in her purse. 〈양〉
   ⑤ There are **a great number of**(=many) *parks* in London. 〈수〉
   ⑥ We need **a good〔great〕deal of**(=much) *sugar*. 〈양〉

3. many와 much가 포함된 관용 표현
   ① ⓐ **Many boys** *were* surprised at the sudden noise.
      ⓑ **Many a boy** *was* surprised at the sudden noise.
   ② ⓐ He made *three* mistakes in **as many** lines. 〈같은 수의 ~〉
      ⓑ I drank *two bottles of* beer and **as much** wine. 〈같은 양의 ~〉
   ③ ⓐ She bought **so many** apples. 〈몇몇의〉
      ⓑ They are engaged at **so much** a week. 〈얼마의〉
   ④ ⓐ I would buy **as many** books as I like. 〈~만큼의 수〉
      ⓑ I haven't got **as much** money as you. 〈~만큼의 양〉
   ⑤ ⓐ They worked **like so many** ants. 〈같은 수의 ~처럼, 마치 ~처럼〉
      ⓑ He regards it **as so much** labor lost. 〈같은 양의 ~처럼, 마치 ~처럼〉

어휘

die of ~으로 죽다 | plenty [plénti] 몡 많음, 가득 | engage [ingéidʒ] 통 고용하다
cancer [kǽnsər] 몡 암 | deal [di:l] 몡 분량, 다량 | regard A as B A를 B라고 생각하다
meat [mi:t] 몡 고기 | sudden [sʌ́dn] 혱 갑작스러운 | labor [léibər] 몡 노동, 수고

수량 형용사

수나 양을 나타내는 형용사를 수량 형용사라고 한다. 수량 형용사에는 일정하지 않은 수, 양 및 정도를 나타내는 부정 수량 형용사와 one, first 등과 같이 구체적으로 특정한 수를 나타내는 수사가 있다.

1. many와 much는 막연히 '많은'의 뜻을 나타내며, 주로 부정문과 의문문에 쓰인다.

   - many + 셀 수 있는 복수명사 → (수가) 많은, 다수의
   - much + 셀 수 없는 명사   → (양이) 많은, 다량의

   ① Jack은 이 마을에 친구가 많이 있니?   ② 많은 사람들이 암으로 죽는다.
   ③ 7월에는 비가 많이 오니?   ④ 고기를 너무 많이 먹지 마라.

2.
   - many와 much 둘 다 쓰이는 대용어 — a lot of, lots of, plenty of
   - many의 대용어 — a great(good) many, a great(good) number of, not(quite) a few
   - much의 대용어 — a great(good) deal of, not(quite) a little

   ① Jack은 이 마을에 많은 친구들이 있다.   ② 작년에는 많은 비가 왔다.
   ③ 많은 외국인들이 해마다 한국을 방문한다.   ④ 그녀의 지갑에는 많은 돈이 있다.
   ⑤ 런던에는 많은 공원이 있다.   ⑥ 우리는 많은 설탕이 필요하다.

3. ① ⓐ, ⓑ 많은 소년들이 갑작스런 소음에 깜짝 놀랐다.
   ② ⓐ 그는 3행에서 3개 틀렸다.   ⓑ 나는 맥주 2병과 포도주 2병을 마셨다.
   ③ ⓐ 그녀는 사과 몇 개를 샀다.   ⓑ 그들은 1주일에 얼마로 고용되어 있다.
   ④ ⓐ 나는 원하는 만큼의 책을 사고 싶은데. ⓑ 나는 당신만큼의 돈을 가지고 있지 않다.
   ⑤ ⓐ 그들은 마치 개미처럼 일했다.   ⓑ 그는 그것을 마치 헛수고처럼 여기고 있다.

참고
- 「many + 복수명사」는 복수 취급을 하고, 「many a(an) + 단수명사」는 단수 취급을 한다.
- 수량 형용사 — 수·양·정도를 나타내는 형용사
  ① 수사 ┌ 기수사(사물의 개수) — one, two, three, four, five 등
         │ 서수사(순서) — first, second, third, fourth, fifth 등
         └ 배수사(배수, 횟수) — once, twice, three times, double 등
  ② 부정 수량 형용사 — many, much, few, little, some, any 등

4. few와 a few
   ① There were **few** *passengers* in the bus. 〈부정적 의미〉
   ② There were **a few** *passengers* in the bus. 〈긍정적 의미〉
   ③ **Not a few**(=Many) *students* are learning English. 〈적지 않은〉
   ④ **Quite a few** *students* were absent from class today. 〈꽤 많은〉

5. little과 a little
   ① There is **little** *water* in the bottle. 〈부정적 의미〉
   ② There is **a little** *water* in the bottle. 〈긍정적 의미〉
   ③ He drinks **not a little**(=much) *wine* every day. 〈적지 않은〉
   ④ He has **quite a little** *money*. 〈꽤 많은〉

[비교] 부사 little과 a little
   ⓐ I believe him **little**. 나는 그를 거의 믿지 않는다.
   ⓑ She can swim **a little**. 그녀는 수영을 약간 할 줄 안다.

6. enough
   ① There are **enough** *chairs* for the people. 〈enough + 명사〉
     = There are *chairs* **enough** for the people. 〈명사 + enough〉
   ② There isn't **enough** *light* to take a photograph.
   ③ This knife is *sharp* **enough**. 〈부사〉
   ④ That's **enough**. 〈형용사〉

◎ 다음 문장의 괄호 안에서 알맞은 말을 고르시오.
1. We had (little, few, many) snow last winter.
2. She will do (many, much, a few) work in the house.
3. She has (many, much, little) pen-friends in America.
4. Many a student (has, have) failed in the examination.
5. There (were little, was few, were few) people in the store.
6. The stadium is crowded, and there are (many, few, a few) seats left.
7. He is a scholar and spends not (much, little, a little) money on books.

어휘

passenger[pǽsəndʒər] 명 승객
absent[ǽbsənt] 형 결석의, 부재의
take a photograph 사진 찍다
sharp[ʃɑːrp] 형 날카로운
pen-friend[pénfrènd] 명 펜팔
fail[feil] 동 낙제하다, 실패하다
stadium[stéidiəm] 명 (육상) 경기장
scholar[skɑ́lər] 명 학자
spend[spend] 동 (돈을) 쓰다

4. **few**와 **a few**는 수가 거의 없음과 적음을 나타내며, 셀 수 있는 명사의 복수형에 붙는다.

> • **few** + 셀 수 있는 복수명사   → (수가) 거의 없는(부정적 의미)
> • **a few** + 셀 수 있는 복수명사 → (수가) 약간 있는(긍정적 의미)

① 버스에는 승객이 거의 없었다.　　　　② 버스에는 승객이 약간 있었다.
③ 적지 않은〔많은〕 학생들이 영어를 배우고 있다.　④ 오늘은 꽤 많은 학생들이 결석했다.

5. **little**과 **a little**은 양 또는 정도가 거의 없음과 적음을 나타내며, 셀 수 없는 명사에 붙는다.

> • **little** + 셀 수 없는 명사   → (양 · 정도가) 거의 없는(부정적 의미)
> • **a little** + 셀 수 없는 명사 → (양 · 정도가) 조금 있는(긍정적 의미)

① 병에 물이 거의 없다.　　　　② 병에 물이 조금 있다.
③ 그는 매일 적지 않은〔많은〕 포도주를 마신다. ④ 그는 꽤 많은 돈을 가지고 있다.

6. **enough**는 '충분한'의 뜻으로 수·양·정도를 나타내며, 셀 수 있는 명사의 복수형, 셀 수 없는 명사의 앞 또는 뒤에 다 둘 수 있다.
① 사람들이 앉기에 **충분한** 의자가 있다.
② 사진을 찍기에 **충분한** 빛이 없다.
③ 이 칼은 **충분히** 날카롭다.
④ 그것은 **충분하다**.

참고 형용사 enough는 수식하는 명사 앞, 뒤 어디에나 올 수 있지만, ③과 같이 부사 enough는 수식하는 말 뒤에 온다.

1. **little** (snow는 셀 수 없는 명사이므로 little이 와야 한다.)
 '지난 겨울에는 눈이 거의 오지 않았다.'
2. **much** (work가 셀 수 없는 명사이므로 much가 와야 한다.)
 '그녀는 집에서 많은 일을 할 것이다.'
3. **many** (셀 수 있는 명사 pen-friends 앞에는 many가 와야 한다.)
 '그녀는 미국에 펜팔 친구가 많다.'
4. **has** (「many a + 단수명사」는 단수 취급한다.) '많은 학생이 그 시험에 낙방했다.'
5. **were few** (people은 '사람들'의 뜻으로 쓰이는 경우에 복수 취급한다.)
 '가게에는 사람들이 거의 없었다.'
6. **few** (seats는 셀 수 있는 명사이며, 문맥상 부정적 의미인 few가 와야 한다.)
 '경기장은 만원이어서, 남아 있는 좌석이 거의 없다.'
7. **a little** (money는 셀 수 없는 명사이다.) '그는 학자이며, 적지 않은 돈을 책에 쓴다.'

B 수사

1. 기수사와 서수사

수	기수사	서수사		수	기수사	서수사	
1	one	first	(1st)	14	fourteen	fourteenth	(14th)
2	two	second	(2nd)	15	fifteen	fifteenth	(15th)
3	three	third	(3rd)	16	sixteen	sixteenth	(16th)
4	four	fourth	(4th)	17	seventeen	seventeenth	(17th)
5	five	fifth*	(5th)	18	eighteen	eighteenth	(18th)
6	six	sixth	(6th)	19	nineteen	nineteenth	(19th)
7	seven	seventh	(7th)	20	twenty	twentieth*	(20th)
8	eight	eighth*	(8th)	21	twenty-one	twenty-first	(21st)
9	nine	ninth*	(9th)	30	thirty	thirtieth*	(30th)
10	ten	tenth	(10th)	40	forty	fortieth*	(40th)
11	eleven	eleventh	(11th)	50	fifty	fiftieth*	(50th)
12	twelve	twelfth*	(12th)	100	hundred	hundredth	(100th)
13	thirteen	thirteenth	(13th)	1000	thousand	thousandth	(1000th)

주의
- 기수사는 개수를, 서수사는 순서를 나타낸다. *표가 있는 서수사는 철자에 유의할 것.
- 서수사는 1~3을 제외하고는 「기수사 + -th」로 나타내며, 일반적으로 서수 앞에는 the를 붙인다.

① **five hundred (thousand)** people — 5백(천) 명의 사람들
② **Hundreds of** people attended the meeting.
   수백 명의 사람들이 그 회의에 참석했다.
③ **Thousands of** students marched along the street.
   수천 명의 학생들이 그 거리를 행진했다.
④ **Millions of** Americans watched the game on TV.
   수백만 명의 미국인들이 그 경기를 TV로 시청했다.
⑤ **The first** word begins with an F. 첫 번째 단어는 F로 시작한다.

주의 수백, 수천 등과 같이 막연히 다수를 나타내는 경우에는 hundreds of ~, thousands of ~처럼 hundred, thousand에 -s를 붙인다.

⑥ She is now **in her twenties**. 그 여자는 이제 20대이다.
⑦ She was born in **the nineteen-eighties**. 그녀는 1980년대에 태어났다.

참고 세대와 연대는 복수형으로 나타낸다.

2. 배수사 — '~배'를 나타내며, 3배 이상부터는 「기수사+times」의 형태로 나타낸다.

① His house is **half** a mile from here. 그의 집은 여기서 반 마일 거리에 있다.
② ⓐ Your room is **twice** as large as mine. 네 방은 내 방의 2배만큼 크다.
   ⓑ Your room is **three times** as large as mine. 네 방은 내 방의 3배만큼 크다.

C. 숫자 읽는 법

1. 정수
① 125 = one(a) hundred (and) twenty-five
② 3,636 = three thousand, six hundred (and) thirty-six
③ 50,000 = fifty thousand
④ 100,000 = one hundred thousand
⑤ 4,598,576 = four million, five hundred (and) ninety-eight thousand, five hundred (and) seventy-six

주의) 100자리와 10자리 사이에 있는 and는 미국 영어에서는 보통 생략한다.

2. 분수·소수
① $\frac{1}{2}$ = a half / one half ② $\frac{1}{3}$ = a third / one third
③ $\frac{2}{3}$ = two thirds ④ $\frac{3}{4}$ = three fourths / three quarters
⑤ $3\frac{3}{5}$ = three and three fifths ⑥ 5.37 = five **point** three seven

주의)
• 분수는 먼저 분자를 기수로 읽고 다음에 분모를 서수로 읽는다. 분자가 2 이상인 경우에는 분모를 복수형으로 읽는다.
• 소수는 소수점을 point로 읽으며, 소수점 이하는 하나씩 기수로 읽는다.

3. 연도·월일·시각
① 1989년 = nineteen eighty-nine ② 1800년 = eighteen hundred
③ 2000년 = two thousand ④ 2006년 = two thousand (and) six
⑤ 2001년 3월 21일 (March 21st, 2001 / 21st March, 2001)
  = March (the) twenty-first, two thousand one (미국식)
  = The twenty-first of March, two thousand one (영국식)
⑥ 7 : 30 a.m. = seven thirty a.m.[éiém] / half **past** seven a.m.
⑦ 8 : 55 p.m. = eight fifty-five p.m.[píːém] / five **to** nine p.m.

주의) 연도는 일반적으로 두 자리씩 끊어 읽고, '~분 전'으로 시각을 나타낼 때는 to를 쓴다.

4. 전화번호·금액·기타
① 533 - 0236 = five three three(또는 double three), o[ou] two three six
② $6.50 = six dollars (and) fifty cents
③ No. 7 = Number seven ④ p. 24 = page twenty-four
⑤ World War II = World War Two / the Second World War
⑥ Napoleon III = Napoleon the Third

참고) ②의 경우, 일상회화에서는 six, fifty처럼 간단히 줄여 말한다.

69 비교 변화

형용사와 부사가 성질·상태·수량 등의 정도를 나타내기 위해 어형 변화를 하는 것을 비교라고 한다. 비교에는 원급·비교급·최상급이 있다.

- 원급 ― 형용사, 부사의 원래의 형태이다.
- 비교급 ― 둘 중에서 한쪽이 다른 쪽보다 정도가 높거나 낮음을 나타내는 데 쓰이며, 원급에 -er를 붙이거나 원급 앞에 more를 쓴다.
- 최상급 ― 3개 이상 중에서 정도가 가장 높음을 나타내는 데 쓰이며, 원급에 -est를 붙이거나 원급 앞에 most를 쓴다.

A 규칙 변화

1. 원급에 -er, -est를 붙인다.
   - long[lɔ(:)ŋ] 긴 ― longer[lɔ(:)ŋgər] ― longest[lɔ(:)ŋgist]
   - young[jʌŋ] 젊은 ― younger[jʌ́ŋgər] ― youngest[jʌ́ŋgist]
   - clever[klévər] 영리한 ― cleverer[klévərər] ― cleverest[klévərist]

   주의 어미가 -e로 끝나는 단어는 -r, -st만 붙인다. ex. wise[waiz] ― wiser[waizər] ― wisest[waizist]

2. 어미가 「단모음 + 단자음」이면 마지막 자음자를 하나 더 쓰고 -er, -est를 붙인다.
   - hot[hat] 더운, 뜨거운 ― hotter[hátər] ― hottest[hátist]
   - thin[θin] 가는 ― thinner[θínər] ― thinnest[θínist]

3. 어미가 「자음자 + y」이면 y를 i로 고치고 -er, -est를 붙인다.
   - happy[hǽpi] 행복한 ― happier[hǽpiər] ― happiest[hǽpi:st]
   - early[ə́:rli] 일찍이 ― earlier[ə́:rliər] ― earliest[ə́:rli:st]

4. 어미가 -ful, -less, -ous, -ive, -ing인 2음절어와 3음절 이상의 단어는 원급 앞에 more, most를 붙인다.
   - useful[jú:sfəl] 유용한 ― **more** useful ― **most** useful
   - famous[féiməs] 유명한 ― **more** famous ― **most** famous
   - diligent[dílidʒənt] 근면한 ― **more** diligent ― **most** diligent

   참고 pleasant(즐거운), cruel(잔혹한), common(공통의, 보통의), often(자주), quiet(조용한), handsome(잘 생긴)과 같은 일부 형용사는 -er, -est 변화와 more -, most - 변화를 모두 취할 수 있다.

B 불규칙 변화

1. { good[gud] 좋은 / well[wel] 건강한 } ― better[bétər] ― best[best]

2. $\begin{cases} \text{many[méni] 많은 수의} \\ \text{much[mʌtʃ] 많은 양의} \end{cases}$ — more[mɔːr] — most[moust]

3. $\begin{cases} \text{bad[bæd] 나쁜} \\ \text{ill[il] 아픈} \end{cases}$ — worse[wəːrs] — worst[wəːrst]

4. old[ould] $\begin{cases} \text{늙은, 낡은} \\ \text{손위의} \end{cases}$ — older[óuldər] — oldest[óuldist] 가장 늙은
   — elder[éldər] — eldest[éldist] 제일 손위의

5. late[leit] $\begin{cases} \text{(시간이) 늦은} \\ \text{(순서가) 늦은} \end{cases}$ — later[léitər] — latest[léitist] 최근의
   — latter[lǽtər] — last[læst] 마지막의, 지난

6. little[lítl] 적은 — less[les] — least[liːst]

 ○ 다음 문장의 괄호 안에서 알맞은 말을 고르시오.

1. We arrived (latter, later) than usual.
2. The (later, latter) part of the story is more exciting.
3. Nancy likes the (last, latest) fashion.
4. The sun sets (later, latter, slower) in summer than in winter.
5. Tom is (older, elder) than my older brother.

1. later '우리는 평소보다 늦게 도착했다.'
2. latter '그 이야기의 후반부는 더 흥미진진하다.'
3. latest 'Nancy는 최신 유행을 좋아한다.'
4. later '여름에 태양은 겨울보다 더 늦게 진다.'
5. older 'Tom은 나의 형보다 나이가 더 많다.'

70 원급 비교

A 동등 비교: as + 원급 + as …(…만큼 ~한)

1. My brother is **as** *tall* **as** Tom (is).   내 동생은 Tom만큼 키가 크다.
   → My brother is **not as**〔**so**〕 *tall* **as** Tom.   내 동생은 Tom만큼 키가 크지 않다.
2. He is **as** *intelligent* **as** Mike.   그는 Mike만큼 영리하다.
   → He is **not as**〔**so**〕 *intelligent* **as** Mike.   그는 Mike만큼 영리하지 않다.
3. Mary is **as** *beautiful* **as** Jane.   Mary는 Jane만큼 아름답다.
   → Mary is **not as**〔**so**〕 *beautiful* **as** Jane.   Mary는 Jane만큼 아름답지 않다.

- 동등 비교의 부정은 「not as〔so〕+원급+as …」이며, '…만큼 ~하지 않은'의 뜻을 나타낸다.
- 1에서와 같이 뒤의 as 다음의 동사가 앞 부분을 되풀이할 때는 생략할 수 있다.

B 배수사 + as + 원급 + as … : …의 몇 배 ~한

1. The work took **twice** as *long* as I had expected.
2. The U.S. is about **forty-two times** as *big* as Korea in area.

C 원급을 사용한 주요 표현

1. as + 원급 + as one can = as + 원급 + as possible (가능한 한 ~하게)
   ① You'd better consult a doctor **as** *soon* **as you can** (**as** *soon* **as possible**).
   ② I tried to run **as** *fast* **as possible** (**as** *fast* **as I could**).
2. not so much A as B = rather B than A (A라기보다는 B)
   He is **not so much** a singer **as** a comedian.
   = He is **rather** a comedian **than** a singer.

○ 다음 우리말을 원급 비교 표현을 사용하여 영어로 옮기시오.
1. 인간은 신만큼 힘세지 않다.
2. 우리 마을은 시골처럼 조용하다.
3. 이 탑은 저 빌딩의 3배의 높이이다.
4. 이것은 높이가 저것의 2배이다.
5. 될 수 있는 한 일찍 돌아오너라.
6. 그는 화가라기보다는 디자이너이다.

71 비교급 비교

A 우등 비교 : 비교급 + than ~

1. ⓐ *Tom* is **stronger than** *Mike*. 〈우등 비교〉
   ⓑ = *Mike* is **not as** (**so**) *strong* **as** *Tom*.
   ⓒ = *Mike* is **less** *strong* **than** *Tom*. 〈열등 비교〉
2. This picture is **more** *beautiful* **than** that.
3. I like summer **better than** winter.
4. ⓐ She is **taller than** *I* (am). ⓑ She is **taller than** *me*.

B
1. 그 일은 내가 예상한 시간의 2배 오래 걸렸다.
2. 미국의 면적은 한국의 약 42배 크다.

C
1. ① 너는 가능한 한 빨리 의사에게 진찰을 받아보는 게 좋겠다.
   ② 나는 가능한 한 빨리 뛰려고 노력했다.
2. 그는 가수라기보다는 코미디언이다.

1. Man is not so(as) powerful as God.
2. Our town is as quiet as the country.
3. This tower is three times as tall as that building.
4. This is twice as high as that.
5. Come back as early as possible. / Come back as early as you can.
6. He is not so much a painter as a designer.

비교급 비교

비교급을 사용하여 둘 중에서 어느 한쪽이 '더(덜) ~하다'의 의미를 나타내는 표현이다.

A **우등 비교** — 「비교급 + than ~」은 '~보다 더 …한'의 뜻으로서 둘을 비교하여 한쪽이 다른 쪽보다 정도가 우세하다는 것을 나타낸다.

1. ⓐ Tom은 Mike보다 힘이 더 세다.
   ⓑ Mike는 Tom만큼 힘이 세지 않다.
   ⓒ Mike는 Tom보다 힘이 덜 세다.

참고 열등 비교「less + 원급 + than ~」은 '~보다 …하지 못하다'의 뜻으로, 동등 비교의 부정「not as(so) + 원급 + as ~」로 나타낼 수 있다.

2. 이 그림은 저것보다 더 아름답다.
3. 나는 겨울보다 여름을 더 좋아한다.
4. ⓐ, ⓑ 그녀는 나보다 키가 더 크다.

참고 than 다음에는 원칙적으로 대명사의 주격을 쓰지만, 구어에서는 목적격을 주로 쓴다.

expect[ikspékt] 동 기대하다　　**possible**[pásəbl] 형 가능한　　**rather**[rǽðər] 부 오히려
area[ɛ́əriə] 명 면적　　**consult**[kənsʌ́lt] 동 (~의) 진찰을 받다　　**tower**[táuər] 명 탑

B ■ Which … 비교급, A or B? : A와 B 중 어느 쪽이 더 …하느냐?

1. **Which** do you like **better**, the mountain or the sea?
2. **Which** would you like **better**, coffee or green tea?
3. **Which**(who) is **younger**, Bill or John?

C ■ 비교급의 강조

1. Iron is **much** *more useful* than gold.
2. Women drive (by) **far** *more carefully* than men.
3. He was **even** *more surprised* to hear the news.
4. This camera is **still** *better* than that one.

D ■ 비교급의 관용 표현

1. grow(get, become) + 비교급 and 비교급 : 점점 더 ~하게 되다, 더욱더 ~해지다
   ① It is *getting* **warmer and warmer** day by day.
   ② She *became* **more and more beautiful**.
2. the + 비교급 …, the + 비교급 ~ : …하면 할수록 더욱더 ~하다
   ① **The higher** we climb, **the colder** it becomes.
      = **As** we climb higher, it becomes colder.
   ② **The older** he grew, **the wiser** he became.
3. not ~ any longer(more) = no longer(more) : 더 이상 ~이 아니다
   ① You are **not** a child **any longer**. = You are **no longer** a child.
   ② I can**not** eat **any more**. = I can eat **no more**.

확인테스트 ○ 다음 우리말을 비교급 비교 표현을 사용하여 영어로 옮기시오.

1. 개는 고양이보다 더 영리하다.
2. 이 카메라는 저 카메라보다 더 작다.
3. 이 시계는 저 시계보다 비싸지 않다.
4. 그 일은 예상보다 훨씬 어려웠다.
5. 나는 그를 알게 될수록 그를 더 신뢰한다.
6. 세계는 점점 좁아지고 있다.
7. 달을 여행하는 것이 이제는 더 이상 꿈이 아니다.

B
1. 산과 바다 중에서 어느 쪽을 더 좋아하니?
2. 커피와 녹차 중에서 어느 것을 더 드시겠습니까?
3. Bill과 John 중에서 누가 더 어리니?

C
비교급의 강조 — 비교급 앞에 much, even, still, a lot, far, by far 등을 써서 비교급을 강조할 수 있다. '훨씬 더 ~한, 한층 더 ~한'의 뜻을 나타낸다.
1. 철은 금보다 훨씬 더 유용하다.
2. 여성은 남성보다 훨씬 더 주의 깊게 운전한다.
3. 그는 그 소식을 듣고 한층 더 놀랐다.
4. 이 카메라가 저것보다 훨씬 더 좋다.

D
1. ① 날이 하루하루 따뜻해지고 있다.
   ② 그녀는 점점 더 예뻐졌다.
2. ① 우리가 더 높이 올라가면 갈수록, 더욱더 추워진다.
   = 우리가 더 높이 올라감에 따라, 더욱더 추워진다.
   ② 나이가 들면 들수록, 그는 점점 더 현명해졌다.
3. ① 너는 더 이상 어린애가 아니다.
   ② 나는 더 이상 먹을 수가 없다.

1. Dogs are cleverer than cats.
2. This camera is smaller than that one.
3. This watch is less expensive than that one.
4. The job was much more difficult than I had expected.
5. The more I get to know him, the more I trust him
6. The world is getting smaller and smaller.
7. It is not a dream any longer to travel the moon.
   It is no longer a dream to travel the moon.

어휘

iron [áiərn] 명 철　　　carefully [kɛ́ərfəli] 부 주의 깊게　　　wise [waiz] 형 현명한
useful [júːsfəl] 형 유용한　　day by day 매일　　　expensive [ikspénsiv] 형 비싼

72 최상급 비교

A ■ 최상급 + of(in) ~: ~ 중에서 가장 …한

1. Lions are **the strongest of** *all the animals*.
2. New York is **one of the largest** *cities* in the world.
3. ⓐ This lake is **the deepest** in Korea.
   ⓑ This lake is **deepest** at this point.

B ■ 원급, 비교급을 사용한 최상급 표현

1. ⓐ **No** (other) girl in the class is **as(so)** *tall* as Ann. 〈원급〉
   ⓑ = **No** (other) girl in the class is *taller* **than** Ann. 〈비교급〉
   ⓒ = Ann is *taller* **than any other** girl in the class. 〈비교급〉
   ⓓ = Ann is **the** *tallest* girl in the class. 〈최상급〉
2. ⓐ **Nothing** is **as(so)** *precious* **as** health. 〈원급〉
   ⓑ = **Nothing** is **more** *precious* **than** health. 〈비교급〉
   ⓒ = Health is **more** *precious* **than anything else**. 〈비교급〉
   ⓓ = Health is **more** *precious* **than any other thing**. 〈비교급〉
   ⓔ = Health is **the most** *precious* **thing of all**. 〈최상급〉

C ■ 최상급을 사용한 주요 표현

1. make the most(best) of ~: ~을 최대한으로 이용하다
   ① I hope you'll **make the most of** your abilities.
   ② She **made the best of** her small income.
2. ① I can give you only 50 dollars **at most**. 〈많아야, 기껏해야〉
   ② The train accident killed **at least** 300 people. 〈적어도, 최소한〉

확인테스트 ◎ 다음 두 문장의 뜻이 같도록 빈칸에 알맞은 말을 쓰시오.

1. I like soccer best of all sports.
   = I like soccer _____ than any _____ sport.
2. Seoul is the largest city in Korea.
   = No city in Korea is _____ _____ _____ Seoul.
3. Nothing is more important than time.
   = Time is more important than _____ _____ _____.
   = Time is _____ _____ _____ thing of all.

최상급 비교

최상급을 사용하여 셋 이상의 사람·사물 중에서 어느 하나가 '가장 ~하다'의 의미를 나타내는 표현이다. 대개 형용사의 최상급 앞에는 the를 붙인다.

최상급 + of [in] ~ — **of**(~ 중에서) 다음에는 비교의 대상이 되는 같은 종류의 명사·대명사의 복수형이 오고, **in**(~에서) 다음에는 범위·장소를 나타내는 단수명사가 온다.

1. 사자는 모든 동물 중에서 가장 강하다.   2. 뉴욕은 세계에서 가장 큰 도시 중의 하나이다.
3. ⓐ 이 호수는 한국에서 가장 깊다. (한국의 다른 호수와의 비교)
   ⓑ 이 호수는 이 지점이 가장 깊다. (This lake의 다른 지점과의 비교)

참고
- 「one of + 최상급 + 복수명사」는 '가장 ~한 것들 중의 하나'의 뜻을 나타낸다.
- 최상급 앞에 the를 쓰지 않는 경우
  ① 최상급이 소유격과 함께 쓰이는 경우: He is my best friend.
  ② 부사의 최상급인 경우(미국에서는 the를 쓰기도 함): I like roses best of all flowers.
  ③ 동일 인물(사물)의 성질·상태를 비교하는 경우

- Nothing (No + 명사) + as (so) + 원급 + as A = 어떤 것(사람)도 A만큼 ~하지 않다
- Nothing (No + 명사) + 비교급 + than A = 어떤 것(사람)도 A보다 ~하지 않다
- 비교급 + than anything else (any other + 단수명사) = 다른 어떤 것(사람)보다 더 ~하다
- 비교급 + than all the other + 복수명사 = 다른 모든 …보다 더 ~하다

1. ⓐ 그 반의 어떤 소녀도 Ann만큼 크지 않다.   ⓑ 그 반의 어떤 소녀도 Ann보다 크지 않다.
   ⓒ Ann은 그 반의 다른 어떤 소녀보다 더 크다.   ⓓ Ann은 그 반에서 가장 큰 소녀이다.
2. ⓐ 건강만큼 귀중한 것은 없다.   ⓑ 건강보다 더 귀중한 것은 없다.
   ⓒ, ⓓ 건강은 다른 어떤 것보다 더 귀중하다.   ⓔ 건강은 모든 것 중에서 가장 귀중한 것이다.

1. ① 여러분의 능력을 최대한 활용해 주기 바랍니다.   ② 그녀는 적은 수입을 최대한 활용했다.
2. ① 나는 너에게 기껏해야 50달러를 줄 수 있다.   ② 그 열차 사고로 적어도 300명이 죽었다.

1. **better, other** '나는 모든 운동 중에서 축구를 가장 좋아한다. = 나는 축구를 어떤 다른 운동보다도 더 좋아한다.'
2. **as, large, as** '서울은 한국에서 가장 큰 도시다. = 한국의 어떤 도시도 서울만큼 크지 않다.'
3. **any, other, thing / the, most, important** '어떤 것도 시간보다 더 중요하지 않다. = 시간은 다른 어떤 것보다도 더 중요하다. = 시간은 모든 것 중에서 가장 중요하다.'

ability [əbíləti] 명 능력   **income** [ínkʌm] 명 수입   **accident** [ǽksidənt] 명 사고, 재난

생활 영어

확신 여부 묻기 및 답하기

●○○ 확신 여부 묻기 및 답하기

— 확신 여부 묻기

1. Are you sure?
2. Are you positive?
3. Are you sure about that?
4. Really?

— 확신·불확신 말하기

5. I'm sure(confident) that we will win.
6. Yes, really!
7. Absolutely positive(certain).
8. I have no doubt.
9. I'm not really sure.
10. I can't say for certain.
11. I doubt if it is true.
12. Well, I don't think it's possible.

Mini Dialogue

1. A: Min-ho is going to Japan next week.
   B: **Are you sure**?
   A: **Absolutely positive**.
   B: How long will he stay there?
   A: **I can't say for certain**.

2. A: Everybody loves *Harry Potter* series.
   B: Without any exception?
   A: Without any exception!
   B: **Are you sure about that**?
   A: **I'm 100% sure**.

3. A: My sister is afraid of the dark.
   B: Do you know the reason?
   A: I have no idea.
   B: Does she have a bad memory of the dark?
   A: **I can't tell for sure**.
   B: Why don't you take her to the doctor?
   A: I don't think it will help.

 왼쪽에 있는 영문을 큰 소리로 여러 번 읽고 뜻을 파악한 다음, 우리말을 참고하기 바랍니다.
왼쪽에 있는 영문을 암기한 다음, 오른쪽의 우리말을 보고 영어로 써 보는 것이 좋습니다.

●○○ 확신 여부 묻기 및 말하기

― 확신 여부 묻기

1. 확실하니?
2. 확실합니까?
3. 그것에 대해 확신합니까?
4. 정말입니까?

― 확신·불확신 말하기

5. 우리가 이길 것이라고 확신해.
6. 그럼요, 정말이지요!
7. 절대적으로 확신합니다.
8. 난 추호의 의심도 없어요.
9. 난 확신할 수는 없어요.
10. 난 확실히 말할 수 없어요.
11. 그것이 사실인지 아닌지 의심스러워.
12. 글쎄, 가능할 것 같지 않은데.

5. 어떤 사실에 대한 자신의 확신을 나타낼 때 I'm sure that ~ / I believe ~ / Absolutely positive. / It's certain that ~ 등으로 말할 수 있다.

Mini Dialogue

1. A: 민호는 다음 주에 일본에 갈 거야. B: 확실하니?
   A: 절대적으로 확실해. B: 그는 거기서 얼마나 머물까?
   A: 확실히는 말할 수 없어.

2. A: 모든 사람들이 해리 포터 시리즈를 좋아해요.
   B: 예외는 없나요?
   A: 절대 예외는 없어요!
   B: 그것에 대해 확신합니까?
   A: 100% 확신해요.

3. A: 내 여동생은 어둠을 무서워해요.
   B: 그 이유를 아세요?
   A: 모르겠어요.
   B: 동생이 어둠에 대해서 나쁜 기억을 가지고 있나요?
   A: 확실히는 모르겠어요.
   B: 그녀를 의사에게 데려가 진찰받게 하는 것이 어때요?
   A: 그게 도움이 될 거라고 생각하지 않아요.

실전 응용 문제

A 다음에서 틀린 곳을 고르시오.

1. Who is taller, of the three boys?
   ① ②   ③   ④ ⑤

2. He is five years elder than Tom.
   ① ②   ③   ④   ⑤

3. Your advice was as helpful so my father's.
   ①   ②   ③   ④   ⑤

4. Seoul is one of the largest city in the world.
   ①   ② ③   ④   ⑤

5. Which is more popular among you, music and science?
   ①   ②   ③   ④   ⑤

advice 명 충고, 조언
helpful 형 도움이 되는
popular 형 인기있는

B 다음에서 틀린 곳을 찾아 바르게 고치시오.

1. You had better go to the dentist as soon as you could.
2. Learning becomes more difficult and more difficult as we get older.
3. *The Old Man and the Sea* is Hemingway's the greatest novel.

C 글의 흐름으로 보아 어법상 어색한 문장을 고르시오.

① The Pacific Ocean is twice as deep as the Atlantic Ocean. ② It is also more than twice as large. ③ These factors help explain why the Pacific has large waves. ④ This is why I like the Pacific better. ⑤ It is more dramatic than the Atlantic.

Pacific Ocean 태평양
Atlantic Ocean 대서양
factor 명 요소

D 다음 중 의도하는 바가 나머지 넷과 다른 것을 고르시오.

① Positive.
② Absolutely.
③ I'm 100% sure.
④ I have no doubt.
⑤ Same here.

E 다음 글을 읽고, 물음에 답하시오.

Jimmy Brown plays basketball for the Tigers. He is the captain of the team. Some of the boys are **taller than** Jimmy, but he is the most valuable player. He is the quickest and he scores the most points. All the boys like Jimmy; he is the most popular player on the team. He is also the most competitive; _____ⓐ_____.

Right now, the Tigers are practicing for today's big game. They need a lot of practice. They have won only two games this year, and they have lost nine. However, last year the Tigers were **even worse** than this year. They didn't win any games. They were _____ⓑ_____ team in the league. In a few minutes, the Tigers will play with the Wildcats. The Wildcats are bigger and stronger than the Tigers. And they have a better coach. They will probably win the game.

- basketball 명 농구
- captain 명 주장
- valuable 형 가치있는
- score 동 득점하다
- competitive 형 경쟁적인
- practice 동 연습하다 명 연습
- league 명 리그
- probably 부 아마도

1. 위 글의 빈칸 ⓐ에 들어갈 말로 알맞은 것을 고르시오.
   ① he is very tall
   ② he hates to lose
   ③ he is the captain
   ④ he runs very fast
   ⑤ he likes basketball

2. 위 글의 빈칸 ⓑ에 들어갈 말로 알맞은 것을 고르시오.
   ① a good ② better ③ the best
   ④ worse ⑤ the worst

3. 위 글의 내용과 일치하지 <u>않는</u> 것을 고르시오.
   ① Jimmy는 Tigers 팀 소속이다. ② Jimmy는 팀의 주장이다.
   ③ Jimmy는 팀에서 키가 가장 크다. ④ Jimmy는 팀에서 인기가 있다.
   ⑤ Jimmy의 팀은 실력이 매우 떨어진다.

F 다음 우리말을 영어로 옮기시오.

1. Tom은 너만큼 키가 크다.
2. Mike는 Jack만큼 빨리 달릴 수 없다.
3. Tom은 나만큼 힘이 세지 않다.
4. 가능한 한 일찍 아침을 먹읍시다.
5. 중국은 한국보다 훨씬 더 크다.
6. 내 시계는 네 것보다 더 좋다.
7. 날씨가 점점 더 추워지고 있다.
8. 개는 고양이보다 더 유용하다.
9. 그녀는 가족 중에서 가장 빨리 일어난다.

Answer & Explanation

Answer

A 1. ③ 2. ③ 3. ⑤ 4. ⑤ 5. ⑤

B 1. could → can   2. more difficult and more difficult → more and more difficult   3. the를 삭제

C ③   **D** ⑤

E 1. ② 2. ⑤ 3. ③

F 1. Tom is as tall as you.   2. Mike can't run as(so) fast as Jack.   3. Tom is not as(so) strong as I am.   4. Let's eat(have) breakfast as early as we can (=as early as possible).   5. China is much larger than Korea.   6. My watch is better than yours.   7. It is getting colder and colder.   8. Dogs are more useful than cats. / A dog is more useful than a cat. / The dog is more useful than the cat.   9. She gets up (the) earliest in her family.

Explanation

A
1. taller → the tallest, 셋 이상의 비교는 최상급을 쓴다. '세 소년들 중 누가 가장 크지?'
2. elder → older, elder는 형제간의 손위의 의미로 쓰인다. '그는 Tom보다 5살 더 많다.'
3. so → as, as + 형용사 + as ~ = ~만큼 …한
   '네 충고는 나의 아버지가 해주신 것만큼 도움이 되었다.'
4. city → cities, one of the + 최상급 + 복수명사 = 가장 ~한 중의 하나
   '서울은 세계에서 가장 큰 도시들 중의 하나이다.'
5. and → or, Which ~ 비교급, A or B?
   '음악과 과학 중 어떤 것이 너희들 사이에 더 인기가 있지?'

B
1. had better는 과거시제를 나타내는 것이 아니라 '~하는 것이 좋다'의 뜻의 조동사이므로 could를 can으로 고쳐 시제를 일치시킨다. '너는 가능한 한 빨리 치과에 가는 것이 좋겠다.'
2. 「become + 비교급 and 비교급」(점점 더 ~하게 되다) 구문인데, more를 쓰는 비교급은 「become + more and more + 형용사」로 나타내므로 more difficult and more difficult를 more and more difficult로 고친다. '나이가 들어감에 따라 배우는 것은 점점 더 어려워진다.'
3. 최상급이 소유격과 함께 쓰일 때는 the를 탈락시킨다. '노인과 바다는 헤밍웨이 최고의 소설이다.'

17 형용사 · 비교

C
> 태평양은 대서양보다 두 배 정도 깊다. 또한 두 배 이상 크다. 이런 요소들이 왜 태평양이 더 큰 파도를 가지고 있는지 설명하는 것을 도와준다. 이것이 내가 태평양을 더 좋아하는 이유이다. 태평양은 대서양보다 더 극적이다.

- 태평양과 대서양을 비교하는 글이다. 깊이와 크기로 인해 태평양이 대서양보다 더 큰 파도를 가지고 있으므로 글의 흐름상 large를 비교급 larger로 바꿔야 한다.

〈구문해설〉
- It is also more than **twice as** large (**as** the Atlantic Ocean).: 「배수사 + as + 원급 + as」(~보다 몇 배 …한)를 통해서 태평양과 대서양의 크기를 비교하고 있다.

D ①~④는 확신의 표현이고, ⑤는 '나도 마찬가지야.'의 뜻으로 동의를 나타낼 때 쓰는 표현이다.

E
> Jimmy Brown은 Tigers 팀에서 농구를 한다. 그는 팀의 주장이다. 어떤 소년들은 Jimmy보다 키가 크지만, 그가 가장 뛰어난 선수이다. 그는 가장 빠르며 가장 많은 득점을 한다. 모든 소년들이 Jimmy를 좋아한다. 그래서 그는 팀에서 가장 인기가 있다. 그는 또한 가장 경쟁심이 강하다. 그래서 <u>그는 지기 싫어한다.</u>
> 바로 지금 Tigers 팀은 오늘 치를 큰 경기를 위해 연습하고 있다. 그들은 많은 연습이 필요하다. 그들은 올해 겨우 두 경기를 이겼으며, 아홉 경기를 졌다. 하지만 Tigers 팀은 작년에 올해보다 훨씬 못했었다. 그들은 한 경기도 이기지 못했던 것이다. 그들은 리그에서 <u>가장 형편없는</u> 팀이었다. 몇 분 후에, Tigers 팀은 Wildcats 팀과 경기를 하게 된다. Wildcats 팀은 Tigers 팀보다 더 크고 강하다. 그리고 그들은 더 훌륭한 코치도 있다. 아마도 그들이 경기를 이길 것이다.

1. ① 그는 매우 키가 크다　　　③ 그는 주장이다
   ④ 그는 매우 빨리 달린다　　⑤ 그는 농구를 좋아한다
2. ① 훌륭한　② 더 훌륭한　③ 가장 훌륭한　④ 더 형편없는
3. Some of the boys are taller than Jimmy, …를 통해 Jimmy보다 더 큰 소년들이 있음을 알 수 있다.

〈구문해설〉
- the Tigers were **even worse** …: even은 비교급 worse를 강조하며 '훨씬'의 의미이다.

18 부사

73 부사의 종류와 형태

A 단순부사의 종류

1. It is Friday **today**. 〈시간〉
2. Is he still **there**? 〈장소〉
3. She **often** writes to me. 〈빈도〉
4. I know that well **enough**. 〈정도〉
5. He treated me **well**(**badly**). 〈양태〉
6. I think, **therefore** I am. 〈결과〉

B 부사의 형태

1. 형용사 + ly : slow – slow**ly**　rapid – rapid**ly**　careful – careful**ly**
2. -y + ly → ily : easy – eas**ily**　heavy – heav**ily**　happy – happ**ily**
3. -le(ue) + ly → ly : noble – nob**ly**　true – tru**ly**　possible – possib**ly**

   주의) whole[houl] – wholly[hóu/li] ⓑ 전적으로, 완전히

4. -ll + ly → lly : full – fu**lly**　dull – du**lly**

C 형용사와 형태가 같은 부사

1. ⓐ He is an **early** riser. 〈형용사〉　ⓑ He gets up **early**. 〈부사〉
2. ⓐ I was **late** for school. 〈형용사〉　ⓑ I got up **late** this morning. 〈부사〉
3. ⓐ It is a **hard** work. 〈형용사〉　ⓑ He works **hard**. 〈부사〉
4. ⓐ He has lived here for a **long** time. 〈형용사〉
   ⓑ He has **long** lived here. 〈부사〉
5. ⓐ All my family are **well**. 〈형용사〉
   ⓑ He speaks English **well**. 〈부사〉
   ⓒ The water of this **well** is not good to drink. 〈명사〉
6. ⓐ He has **enough** money for the trip. 〈형용사〉
   ⓑ He is old **enough** to know it. 〈부사〉
   ⓒ We have **enough** to give you all. 〈명사〉

부사의 종류와 형태

부사는 동사·형용사·다른 부사·문장 전체 등을 수식하며, 역할에 따라 다음과 같이 나눌 수 있다.
- 단순부사 — '때, 빈도, 장소' 등을 나타내며, 보통 부사라고 일컫는다. now, often, very 등
- 의문부사 — 의문의 뜻을 나타낸다. when, where, how, why 등
- 관계부사 — 「접속사 + 부사」의 역할을 한다. when, where, how, why 등 참조 | 216쪽

1. 오늘은 금요일이다.
2. 그는 아직도 거기에 있니?
3. 그녀는 **종종** 나에게 편지를 쓴다.
4. 나는 그것을 **충분히** 잘 안다.
5. 그는 나를 잘(나쁘게) 대우했다.
6. 나는 생각한다. 그러므로 나는 존재한다.

참고
- 시간 부사: now, already, today, ago, before, after
- 장소 부사: here, there, far, below, in, out
- 횟수·빈도 부사: once, twice, often, always, again, seldom
- 정도 부사: very, much, little, enough
- 방법·양태 부사: well, fast, slowly, quickly, gladly, badly
- 긍정·부정 부사: yes, no, not, never, certainly, surely
- 원인·결과·이유 부사: therefore, so, thus

• early [ə́ːrli] {형 이른 / 부 일찍}	• late [leit] {형 늦은 / 부 늦게}	• hard [hɑːrd] {형 어려운 / 부 열심히}
• long [lɔ(ː)ŋ] {형 긴 / 부 오래}	• well [wel] {형 건강한 / 부 잘}	• enough [inʌ́f] {형 충분한 / 부 충분히}

1. ⓐ 그는 **일찍** 일어나는 사람이다. ⓑ 그는 **일찍** 일어난다.
2. ⓐ 나는 학교에 늦었다. ⓑ 나는 오늘 아침에 늦게 일어났다.
3. ⓐ 그것은 어려운 일이다. ⓑ 그는 **열심히** 일한다.
4. ⓐ 그는 **오랜** 시간 여기에서 살아왔다. ⓑ 그는 여기에서 오래 살아왔다.
5. ⓐ 우리 식구 모두는 건강하다. ⓑ 그는 영어를 잘 한다.
   ⓒ 이 우물의 물은 마시기에 적합하지 않다.
6. ⓐ 그는 여행하기에 **충분한** 돈을 가지고 있다. ⓑ 그는 그것을 알 만큼 **충분히** 나이가 들었다.
   ⓒ 우리는 여러분 모두에게 줄 **충분한** 양을 가지고 있습니다.

어휘

treat [triːt] 동 대우하다
therefore [ðɛ́ərfɔ̀ːr] 부 그러므로
rapidly [rǽpidli] 부 빠르게
noble [nóubl] 형 고상한
possibly [pásəbli] 부 어쩌면
well [wel] 명 우물
seldom [séldəm] 부 좀처럼 ~않는
certainly [sə́ːrtənli] 부 확실히
surely [ʃúərli] 부 확실히

D ■ 형용사와 형태가 같은 부사와 그것에 -ly가 붙은 부사

1. ⓐ He came home **late**.
   ⓑ Have you seen Tom **lately**?
2. ⓐ The ground was frozen **hard**.
   ⓑ I can **hardly** understand him.
3. ⓐ He held up his hands **high**.
   ⓑ He was **highly** praised by his teacher.
4. ⓐ Come **near** and watch.
   ⓑ He was **nearly** drowned.
5. ⓐ They buy cheap and sell **dear**.
   ⓑ I **dearly** hope you will succeed.

○ 다음 문장의 괄호 안에서 알맞은 말을 고르시오.

1. He worked (hard, hardly) from morning till night.
2. Have you ever called on him (late, lately)?
3. What time is it now? — It's (near, nearly) seven o'clock.
4. She is (high, highly) respected by her students.
5. The bus arrived five minutes (late, lately).

74 부사의 역할

A ■ 부사의 역할

1. The calm water *reflected* the moon **beautifully**.   〈동사 수식〉
2. She is **very** *beautiful*.   〈형용사 수식〉
3. He speaks French **very** *fluently*.   〈다른 부사 수식〉
4. He arrived **exactly** *at nine o'clock*.   〈부사구 수식〉
5. I didn't go there **only** *because I was sleepy*.   〈부사절 수식〉
6. **Even** *a child* can do it.   〈명사 수식〉
7. **Even** *he* was worn out with the task.   〈대명사 수식〉
8. **Luckily** *no one was hurt*.   〈문장 전체 수식〉

형용사와 형태가 같은 부사 중에는 어미 **-ly**가 붙어 또 다른 부사를 만드는 것이 있다. 이런 형태의 부사 중에는 그 의미가 형용사에서 그대로 온 것도 있지만, 의미가 완전히 달라지는 것도 많으므로 혼동하지 않도록 주의해야 한다.

- { late — 형 늦은 부 늦게
  lately — 부 최근에 }
- { high — 형 높은 부 높게, 높이
  highly — 부 매우, 상당히 }
- { hard — 형 어려운, 딱딱한 부 열심히
  hardly — 부 거의 ~않다 }
- { near — 형 가까운 부 가까이
  nearly — 부 거의(almost) }

1. ⓐ 그는 늦게 집에 왔다. ⓑ 최근에 Tom을 만난 적이 있느냐?
2. ⓐ 땅이 꽁꽁 얼어 있었다. ⓑ 나는 그를 거의 이해할 수 없다.
3. ⓐ 그는 손을 높이 들었다. ⓑ 그는 자기 선생님에게 매우 칭찬을 받았다.
4. ⓐ 가까이 와서 보아라. ⓑ 그는 거의 익사할 뻔했다.
5. ⓐ 그들은 싸게 사서 비싸게 판다. ⓑ 네가 성공하기를 진심으로 빈다.

참고 형용사와 형태가 같은 부사에 -ly를 붙이면 추상적 의미를 띤 부사가 되는 경우가 많다.

{ near — 가까이(거리)
nearly — 거의(정도) }   { dear — 비싸게
dearly — 매우 }   { most — 가장
mostly — 주로 }

1. hard ('열심히'의 뜻일 때는 hard를 쓴다.) '그는 아침부터 밤까지 열심히 일했다.'
2. lately ('최근에'는 lately를 쓴다.) '너는 최근에 그를 방문한 적이 있니?'
3. nearly (추상적 의미는 nearly를 쓴다.) '지금 몇 시니? — 거의 7시가 다 되었어.'
4. highly (추상적 의미는 highly를 쓴다.) '그녀는 학생들에게 매우 존경을 받는다.'
5. late ('늦게'는 late를 쓴다.) '버스는 5분 늦게 도착했다.'

부사의 역할

부사는 일반적으로 동사·형용사·다른 부사를 수식하지만, 그 외에 명사·대명사·문장 전체를 수식하기도 한다.

1. 고요한 물에 달이 아름답게 비쳤다. 2. 그녀는 매우 아름답다.
3. 그는 프랑스어를 매우 유창하게 한다. 4. 그는 정각 9시에 도착했다.
5. 나는 다만 졸려서 거기에 가지 않았다. 6. 어린애조차도 그것을 할 수 있다.
7. 그 사람조차도 그 일로 지쳐 있었다. 8. 다행히 아무도 다치지 않았다.

어휘

freeze[fri:z] –froze[frouz] – frozen[fróuzən] 동 얼다
hold[hould] up 올리다
praise[preiz] 동 칭찬하다
be drowned[draund] 익사하다
reflect[riflékt] 동 반사하다
fluently[flú(:)əntli] 부 유창하게
task[tæsk] 명 일
wear[wɛər] 동 지치다

75 부사의 위치와 어순

A ■ 부사의 위치

1. What are you doing **there**? 〈장소부사 : 문장 끝〉
2. He seems to know it **well**. 〈양태부사 : 문장 끝〉
3. I came here **yesterday**. 〈시간부사 : 문장 끝〉
4. She *lived* **quietly** and *died* **happily**. 〈양태부사 : 자동사 다음〉
5. He wrote his *address* **carefully**. 〈양태부사 : 목적어 다음〉
6. ⓐ He **always**(usually, often, sometimes) *comes* late. 〈빈도부사 : 일반동사 앞〉
   ⓑ I *can* **hardly** understand him. 〈빈도부사 : 조동사 다음〉
   ⓒ He *is* **often**(always, seldom, never) late. 〈빈도부사 : be동사 다음〉
7. Our summer vacation is **almost** *over*. 〈부사 수식 : 부사 앞〉
8. You are **quite** *in the wrong*. 〈부사구 수식 : 부사구 앞〉
9. ⓐ **Happily** he did not die. 〈문장 전체 수식 : 문장 첫머리〉
   ⓑ He *did not die* **happily**. 〈동사 수식 : 동사 뒤〉
10. *I* **really** *don't want to see her*. 〈문장 전체 수식 : 문장 중간〉
11. I arrived **home safely yesterday**. 〈장소 + 방법 + 시간〉
12. I was born **at 3 p.m. on the 15th of April, (in) 1977**. 〈짧은 시간 + 긴 시간〉
13. **1695-20 Seocho-dong, Seocho-gu, Seoul, Korea** 〈좁은 장소 + 넓은 장소〉

B ■ 하나의 동사구를 이루는 「타동사 + 부사」

1. { **Put on** your hat. (○)
     Put your hat **on**. (○) }
2. { **Put on** it. (×)
     Put it **on**. (○) }
3. Why don't you **take off** your hat (= **take** your hat **off**)?
4. ⓐ **Look at** the picture.   ⓑ **Look at** it.   ⓒ **Look** it **at**. (×)

 ○ 괄호 안의 단어가 들어갈 위치로 가장 알맞은 곳을 고르시오.

1. ① The ② dog ③ barks ④ at ⑤ strangers. (always)
2. ① I ② can ③ believe ④ the ⑤ rumor. (hardly)
3. He ① is ② at ③ home ④ on ⑤ Sundays. (seldom)

어휘

address[ədrés] 명 주소　　**in the wrong** 잘못인, 나쁜　　**bark**[bɑːrk] 동 짖다
quite[kwait] 부 완전히　　**safely**[séifli] 부 무사히　　**rumor**[rúːmər] 명 소문

부사의 위치

문장에서 부사의 위치는 비교적 자유로워서 그 역할이나 의미 또는 문장 전체의 리듬에 따라 그 위치가 달라지지만, 원칙적으로 부사가 수식하는 말 가까이에 둔다.

> - 장소·양태·시간 부사 — 대개 문장 끝에 온다.
> - 빈도·부정 부사 — 일반동사 앞 / 조동사와 본동사 사이 / be동사 다음에 온다.
> - 형용사·부사·구·절 등을 수식하는 부사 — 일반적으로 수식하는 말 앞에 온다.
> - 문장 전체를 수식하는 부사 — 보통 문장 첫머리에 오지만, 문장의 중간이나 끝에 올 수도 있다.
> - 두 개 이상의 부사(구) — 「장소 + 방법(양태) + 시간 부사」 / 「작은 단위 + 큰 단위 부사」

1. 거기에서 무엇을 하고 있니?
2. 그는 그것을 잘 알고 있는 것 같다.
3. 나는 어제 여기에 왔다.
4. 그녀는 조용히 살다가 행복하게 죽었다.
5. 그는 자기의 주소를 조심스럽게 썼다.
6. ⓐ 그는 항상[보통, 종종, 때로는] 늦게 온다. ⓑ 나는 그를 거의 이해할 수 없다.
   ⓒ 그는 가끔 늦는다[항상 늦는다, 거의 늦지 않는다, 결코 늦지 않는다].
7. 우리의 여름 방학이 거의 끝났다.
8. 네가 전적으로 잘못이다.
9. ⓐ 다행히도 그는 죽지 않았다. ⓑ 그는 행복하게 죽지 않았다.
10. 나는 진정 그녀를 만나고 싶지 않다.
11. 나는 어제 무사히 집에 도착했다.
12. 나는 1977년 4월 15일 오후 3시에 태어났다.
13. 대한민국 서울시 서초구 서초동 1695-20번지

하나의 동사구를 이루는 「타동사+부사」

up, down, on, off, in, out, away 등의 부사와 동사가 결합한 「타동사+부사」 형태의 동사구는 목적어에 따라 어순이 달라진다. 부사에 강세가 있으며, put ón(옷을 입다), take óff(옷을 벗다), turn ón(틀어서 켜다), turn óff(틀어서 끄다), give úp(포기하다), pick úp(줍다, 태워주다) 등이 있다.

- 목적어가 명사 { 동사 + 부사 + 목적어(○) / 동사 + 목적어 + 부사(○) }
- 목적어가 대명사 { 동사 + 부사 + 목적어(×) / 동사 + 목적어 + 부사(○) }

1. 네 모자를 써라.
2. 그것을 입어라.
3. 모자를 벗는 게 어때?
4. ⓐ 그 그림을 보아라. ⓑ 그것을 보아라.

참고 4와 같은 「동사 + 전치사」는 항상 「동사 + 전치사 + 목적어」의 형태를 쓴다. 동사에 강세가 있고, lísten to(듣다), lóok at(보다), thínk of(생각하다), lóok for(찾다), speák to(말을 걸다), laúgh at(비웃다) 등이 있다.

1. ③ (빈도부사는 일반동사 앞에 온다.) '그 개는 항상 낯선 사람을 보고 짖는다.'
2. ③ (빈도부사는 조동사와 일반동사 사이에 온다.) '나는 그 소문을 거의 믿을 수 없다.'
3. ② (빈도부사는 be동사 다음에 온다.) '그는 일요일에 집에 있는 경우가 드물다.'

76 주요 부사의 용법

A already / yet / still

1. ⓐ I have **already** finished the work.
   ⓑ Have you read this book **already**? 〈놀람, 뜻밖의 일〉
2. ⓐ He has not arrived **yet**.
   ⓑ Has school begun **yet**? 〈놀람의 뜻이 없는 단순한 질문〉
3. Is he **still** in bed? — Yes, he is **still** in bed.

B ago / before

1. He died ten years **ago**.
2. I have seen this picture **before**.
3. I went to London two years **ago**, but he had left there two years **before**.

C very / much

1. ⓐ We are **very** *proud* of him. 〈형용사의 원급〉
   ⓑ The train runs **very** *fast*. 〈부사의 원급〉
2. Science is **very** *interesting*. 〈현재분사형 형용사〉
3. Gold is **much** *heavier* than copper. 〈형용사의 비교급〉
4. He is **much** *respected* by the villagers. 〈과거분사〉
5. ⓐ Tom is the **very** *best* player in the team. 〈the very + 최상급〉
   ⓑ Tom is **much** *the best* player in the team. 〈much the + 최상급〉
6. We were **very** *tired* from a long walk. 〈형용사화된 과거분사〉
7. He was **very**(very much) *surprised* at her death. 〈형용사화된 과거분사〉

 ○ 다음 문장의 괄호 안에서 알맞은 말을 고르시오.

1. I had (yet, already) finished my breakfast when the telephone rang.
2. He came to Seoul ten years (ago, before).
3. You must work (very, much) more carefully.
4. We were (very, much) tired when we came home.
5. When I came, he had died two years (ago, before).

proud[praud] 혱 자랑스러운   **copper**[kápər] 몡 구리   **villager**[vílidʒər] 몡 마을 사람
science[sáiəns] 몡 과학   **respect**[rispékt] 동 존경하다   **satisfied**[sǽtisfàid] 혱 만족한

주요 부사의 용법

A

- **already** — 긍정문에서 '이미, 벌써'의 뜻이며, 의문문에서 놀람을 나타낸다.
- **yet** — 부정문에서 '아직', 의문문에서 '이미'의 뜻으로 쓰인다.
- **still** — 긍정문·부정문·의문문에서 '아직도[여전히] ~이다'의 뜻으로 쓰인다.

1. ⓐ 나는 그 일을 이미 끝마쳤다.   ⓑ 벌써 이 책을 다 읽었느냐? (놀랍구나)
2. ⓐ 그는 아직 도착하지 않았다.   ⓑ 수업이 이미 시작되었니?
3. 그는 아직도 자고 있니? — 예, 아직 자고 있습니다.

B

- **ago** — 현재를 기준으로 '지금부터 ~전에'의 뜻을 나타내며, 과거시제에 쓰인다.
- **before** — 막연히 '이전에'의 뜻을 나타내거나 과거 어느 때를 기준으로 '~전에'의 뜻으로, 과거·과거완료·현재완료에 쓰인다.

1. 그는 10년 전에 죽었다.   2. 나는 전에 이 그림을 본 적이 있다.
3. 나는 2년 전에 런던에 갔지만, 그는 그보다 앞서 2년 전에 거기를 떠났다.

C

- **very** — '대단히, 매우'의 의미로 형용사나 부사의 원급, 현재분사를 수식한다.
- **much** — '대단히, 훨씬'의 의미로 형용사나 부사의 비교급, 과거분사를 수식한다.

1. ⓐ 우리는 그를 대단히 자랑스럽게 여긴다.   ⓑ 그 기차는 매우 빨리 달린다.
2. 과학은 매우 재미있다.   3. 금은 구리보다 훨씬 더 무겁다.
4. 그는 마을 사람들에게서 매우 존경을 받는다.
5. ⓐ, ⓑ Tom은 그 팀에서 단연 가장 훌륭한 선수이다.
6. 우리는 오래 걸어서 매우 피곤했다.   7. 그는 그녀의 죽음에 매우 놀랐다.

주의 최상급과 tired, excited, pleased, satisfied, surprised 등과 같이 형용사화된 과거분사는 very와 much가 모두 수식할 수 있으나, very로 수식하는 경우가 많다. 또한 현대 영어에서는 형용사화된 과거분사뿐만 아니라 일반적인 과거분사까지 much보다 very로 수식하는 경향이 있다.

확인테스트

1. **already** '전화벨이 울렸을 때 나는 이미 아침 식사를 마쳤었다.'
2. **ago** '그는 (지금부터) 10년 전에 서울에 왔다.'
3. **much** (비교급은 much가 수식한다.) '너는 훨씬 더 주의를 기울여서 일해야 한다.'
4. **very** (tired, surprised, pleased 등은 완전히 형용사화된 과거분사이므로 very로 수식한다.) '집에 왔을 때에 우리는 무척 지쳐 있었다.'
5. **before** (before는 과거보다 이전의 일을 나타낸다.) '내가 왔을 때, 그는 (이미) 2년 전에 죽었었다.'

생활 영어

동의·반대 말하기 / 소망 말하기

● ○ ○ **동의·반대 말하기**

— 동의를 묻거나 말하기
1. Don't you agree?
2. Don't you think so?
3. Right? / Yeah? / OK?
4. Same, here.
5. That's a good idea(point).
6. That's what I was thinking.

— 반대하기
7. I don't think so.
8. I can't agree with you.
9. I'm afraid I can't accept that.

Mini Dialogue
A: I think Linda is the kindest in the class. **Don't you think so**?
B: **I'm afraid I can't accept that**.
A: You have Susan in mind. **Right**? B: You mean Susan Baker?
A: No, I mean Susan Jones. B: Yes, she is the kindest.

● ● ○ **소망 말하기**

1. I hope my dreams come true.
2. Let's hope for the best.
3. I'd love(like) to go out for a walk.
4. I'm dying for a cold drink.
5. I'm looking forward to hearing from you.
6. It'll be nice to swim in the sea.
7. I can't wait for this evening.
8. Everything will be fine.
9. It'll all turn out OK.

Mini Dialogue
A: **I want to** study at Harvard University.
B: **It'll be very nice to** study at Harvard.
A: It's very difficult to get into the university.
B: But you have been studying very hard.
A: I know, but **I hope my dreams come true**.
B: **Let's hope for the best**.

 왼쪽에 있는 영문을 큰 소리로 여러 번 읽고 뜻을 파악한 다음, 우리말을 참고하기 바랍니다.
왼쪽에 있는 영문을 암기한 다음, 오른쪽의 우리말을 보고 영어로 써 보는 것이 좋습니다.

● ○ ○ 동의 · 반대 말하기

— 동의를 묻거나 말하기
1. 그렇지 않아요?
2. 그렇게 생각하지 않아요?
3. 맞지요?
4. 같은 생각이에요.
5. 그거 좋은 생각[지적]이군요.
6. 그것이 바로 제가 생각하고 있던 것입니다.

— 반대하기
7. 난 그렇게 생각하지 않아요.
8. 난 당신에게 동의할 수 없어요.
9. 그것을 받아들일 수 없어서 유감이군요.

Mini Dialogue
A: Linda가 학급에서 제일 친절한 것 같아. 그렇게 생각하지 않니?
B: 유감스럽게도 그걸 받아들일 수 없어.
A: Susan을 생각하고 있지. 그렇지?   B: Susan Baker를 말하니?
A: 아니, Susan Jones 말하는 거야.   B: 맞아, 그녀가 제일 친절해.

● ● ○ 소망 말하기

1. 내 꿈이 실현되었으면 좋겠다.
2. 그렇게 되기를 바라자.
3. 산책하러 가고 싶어.
4. 찬 음료수가 정말 먹고 싶어.
5. 당신으로부터 소식을 듣기를 바랍니다.
6. 바다에서 수영하는 것은 멋질 거야.
7. 나는 오늘 저녁이 무척 기대돼. / 오늘 저녁이 빨리 왔으면 좋겠어.
8. 모든 것이 잘 될 거야.
9. 모든 것이 괜찮다고 밝혀질 거야.

1. I hope ~는 '~하고 싶다, ~하기를 바란다'라는 뜻으로 자신의 소망을 나타내는 표현이다. I want ~나 I would like ~도 같은 의도로 쓰인다.

Mini Dialogue
A: 나는 하버드 대학에서 공부하고 싶어.
B: 하버드에서 공부하는 것은 아주 멋질 거야.
A: 그 대학에 들어가기는 매우 어려워.
B: 그렇지만 대단히 열심히 공부해 왔잖아.
A: 그렇기는 하지만 내 꿈이 실현되었으면 좋겠어.
B: 그렇게 되기를 바라자.

실전 응용 문제

A 다음 밑줄 친 부분 중 **틀린** 곳을 고르시오.

1. He <u>worked</u> <u>hardly</u> <u>so as to</u> <u>achieve</u> <u>the goal</u>.
　　　①　　②　　③　　④　　⑤

2. I <u>said</u> <u>the</u> <u>same</u> <u>thing</u> <u>ago</u>.
　　①　②　③　　④　　⑤

3. Crocodiles <u>can</u> <u>go</u> <u>near</u> <u>a week</u> <u>without</u> food.
　　　　①　②　③　　④　　⑤

so as to ~ 하기 위해서
achieve 동 ~을 이루다
crocodile 명 악어
go without ~없이 지내다

B 다음에서 **틀린** 곳을 찾아 바르게 고치시오.

1. She has been never late for school.
2. He goes often to see the movies.
3. I got up enough early to catch the first train.
4. I picked up him at the station and drove him home.

often 부 때때로, 가끔
catch 동 (버스, 열차를) 잡아타다
pick up (사람을 도중에) 태우다

C 글의 흐름으로 보아 어법상 <u>어색한</u> 문장을 고르시오.

①A big man got up from his seat and ②left during the break. ③When he came back, in the dark, ④since the movie had yet started, ⑤he politely asked the man right next to his seat to tell him about the previous scenes.

break 명 잠깐의 휴식
politely 부 공손히
next to ~의 옆에
previous 형 이전의
scene 명 장면

D 다음 중 의도하는 바가 나머지 넷과 **다른** 것을 고르시오.

① Same here.
② That's a good idea.
③ That's a good point.
④ That's what I was thinking.
⑤ I'm afraid I can't accept that.

point 명 점, 지적
accept 동 수락하다

E 다음 글을 읽고, 물음에 답하시오.

　Millions of people enjoy skating. Some people like it so much and become so good at it and they take part in contests and shows. Most people skate just for fun. They also like exercise. _____ⓐ_____ These are ice-skating and roller-skating. Ice-skating is done outdoors on frozen ponds or indoors on ice made by machine. Roller-skating is done on sidewalks or on indoor floors of wood or concrete.
　People have been ice-skating for thousands of years. In lands covered with ice, they skated from place to place on small runners made of bone or wood. Later, people skated with sharp metal runners, or blades, fastened under their shoes. _____ⓑ_____, the blades and shoes were put together and became shoe skates. These are **still** widely used by people today.

take part in 참가하다
outdoors 〈부〉 야외에서
frozen 〈형〉 결빙한
indoors 〈부〉 실내에서
sidewalk 〈명〉 (포장한) 인도
runner 〈명〉 (스케이트의) 날
bone 〈명〉 뼈
metal 〈형〉 금속의
blade 〈명〉 (칼붙이의) 날
fasten 〈동〉 단단히 고정시키다
put together 합치다

1. 위 글의 빈칸 ⓐ에 들어갈 말로 가장 알맞은 것을 고르시오.
   ① Skating is not dangerous.
   ② Skating is not so difficult.
   ③ Many people like skating.
   ④ Skating is very interesting.
   ⑤ There are two kinds of skating.

2. 위 글의 빈칸 ⓑ에 들어갈 말로 가장 알맞은 것을 고르시오.
   ① And　　　　② Or　　　　③ Finally
   ④ Moreover　　⑤ However

3. 위 글의 성격으로 가장 알맞은 것을 고르시오.
   ① 추측　② 설명　③ 예시　④ 비유　⑤ 묘사

F 다음 우리말을 영어로 옮기시오.

1. 그는 조심스럽게 일을 했다.
2. 그는 어젯밤 콘서트에서 노래를 잘 불렀다.
3. 그녀는 운동을 하지 않지만, 여전히 건강하다.
4. 나는 몹시 화가 나서 거의 말을 할 수가 없었다.
5. 당신의 도움이 필요하면 전화하겠습니다.

Answer & Explanation

ANSWER

A 1. ② 2. ⑤ 3. ③

B 1. been never → never been 2. goes often → often goes
3. enough early → early enough 4. picked up him → picked him up

C ④   **D** ⑤   **E** 1. ⑤ 2. ③ 3. ②

F 1. He did his work carefully. 2. He sang well at the concert last night. 3. She doesn't exercise, but she is still healthy. 4. I was so angry that I could hardly speak. 5. I'll call you (up) if I need your help. / If I need your help, I'll call you (up).

EXPLANATION

A
1. hardly는 '거의 ~이 아니다' 라는 뜻이므로 '열심히' 라는 뜻의 **hard**로 고쳐야 한다.
   '그는 그 목적을 이루기 위하여 열심히 일했다.'
2. ago는 단독으로 쓰이지 않으므로 ago 앞에 시간을 나타내는 어구(**day, week, month, year** 등)를 두거나, ago를 before로 고쳐야 한다. '나는 전에 똑같이 얘기했다.'
3. near는 '가까이' 라는 뜻이므로 '거의' 라는 뜻의 **nearly**로 고쳐야 한다.
   '악어는 먹지 않고도 거의 일주일을 견딜 수 있다.'

B
1. 부정을 나타내는 부사 never는 조동사 다음에 온다. '그녀는 결코 학교에 늦은 적이 없다.'
2. 빈도부사는 일반동사 앞에 온다. '그는 가끔 영화 보러 간다.'
3. enough는 수식하는 형용사, 부사 뒤에 온다.
   '나는 첫 기차를 탈 수 있을 만큼 일찍 일어났다.'
4. 타동사구의 목적어가 대명사인 경우에 목적어는 부사 앞에 놓인다.
   '나는 그를 역에서 차에 태워 그의 집까지 데려다 주었다.'

C   덩치가 큰 한 남자가 휴식 시간에 자리에서 일어나서 나갔다. 어둠 속에서 그가 돌아왔을 때, 영화가 이미 시작되고 있었으므로, 그는 그의 바로 옆자리에 있는 남자에게 앞 장면을 이야기해 달라고 정중하게 요청했다.

• yet은 보통 부정문, 의문문에 쓰이지만 '아직(도)' 의 뜻으로 긍정문에서도 쓰일 수 있다. 하지만 긍정문에서 '이미' 의 뜻으로는 **already**를 쓴다.

18 부사

D ①, ②, ③, ④는 동의를 나타내는 표현이고, ⑤는 반대를 나타내는 표현이다.

E
> 수백만 명의 사람들이 스케이팅을 즐긴다. 어떤 사람들은 그것을 매우 좋아해서 잘 타게 되어 대회나 쇼에 참가하기도 한다. 대부분의 사람들은 단지 재미로 스케이트를 탄다. 그들은 또한 운동을 좋아한다.
> <u>스케이트에는 두 종류가 있다.</u> 이것들은 아이스 스케이팅과 롤러 스케이팅이다. 아이스 스케이팅은 언 연못 위의 실외나 기계로 만들어진 얼음 위의 실내에서 한다. 롤러 스케이팅은 포장한 인도에서, 그리고 나무 또는 콘크리트로 된 실내 마룻바닥에서 탄다.
> 사람들은 수천년 동안 아이스 스케이팅을 해 왔다. 얼음으로 덮인 나라에서 사람들은 뼈나 나무로 만든 작은 판 위에서 이곳저곳을 스케이트를 타고 다녔다. 후에, 사람들은 신발 밑에 날카로운 금속판이나 블레이드를 고정시키고 스케이트를 탔다. <u>마침내,</u> 블레이드와 신발이 함께 합쳐졌고, 그것이 신발 스케이트가 되었다. 이것들은 오늘날 아직도 사람들에게 널리 이용되고 있다.

1. 아이스 스케이팅과 롤러 스케이팅 2가지가 있다는 내용이므로 ⑤가 옳다.
   ① 스케이팅은 위험하지 않다.   ② 스케이팅은 그다지 어렵지 않다.
   ③ 많은 사람들이 스케이팅을 좋아한다.   ④ 스케이팅은 매우 재미있다.
2. ① 그리고   ② 혹은   ④ 더구나   ⑤ 그러나
3. 스케이트의 변천을 설명하고 있다.

〈구문해설〉
- **Millions of** people enjoy skating. / ... **thousands of** years.: millions of (수백만), thousands of (수천)는 막연히 다수를 나타낸다.
- indoors on ice **made** by machine.: made는 ice를 수식하는 과거분사이다. 이것을 관계대명사를 써서 나타내면 which is made가 되어 수동태가 된다.
- People **have been ice-skating** for thousands of years.: 수천 년 전부터 지금까지 행해지고 있으므로 현재완료 진행형이 쓰인 것이다.
- **fastened** under their shoes.: being이 생략된 수동 분사구문으로 동시 동작을 나타낸다.

실전 응용 문제 **339**

19 전치사

77 전치사의 쓰임

A 전치사의 역할

1. *The building* **on the hill** is our school. 〈The building을 수식 : 형용사구〉
2. This book is **of great use**(very useful). 〈주격 보어 : 형용사구〉
3. He *solved* the problem **with ease**(easily). 〈동사 수식 : 부사구〉
4. **To my surprise**, *the safe was empty*. 〈문장 전체 수식 : 부사구〉

B 전치사의 목적어

1. She is much afraid *of dogs*. 〈명사〉
2. He will come **instead of** *me*. 〈대명사 : 목적격〉
3. She is very fond **of** *playing* tennis. 〈동명사〉
4. I have no choice **but** *to go* there. (but = except) 〈부정사〉

C 전치사의 위치

1. *Who*(*Whom*) do you want to speak **to**? 〈to의 목적어 Who, Whom〉
2. This is the house *which* we live **in**. 〈in의 목적어 which〉
3. There was no *bench* **to sit on**. 〈on의 목적어 bench〉
4. *The doctor* was sent **for** (by us). 〈for의 목적어 The doctor〉
   ⇄ We **sent for** *the doctor*. 〈send for = 타동사구〉

D 전치사와 부사·접속사의 관계

1. ⓐ We live **in** Seoul. 〈전치사〉
   ⓑ Come **in**, please. 〈부사〉
2. ⓐ He was named **after** his uncle. 〈전치사〉
   ⓑ I arrived **after** he left. 〈접속사〉
3. ⓐ Let's wait here **until**(till) two o'clock. 〈전치사〉
   ⓑ Let's wait here **until**(till) he comes. 〈접속사〉

전치사

전치사(前置詞)는 명사 · 대명사 등의 앞에 놓인다고 해서 붙여진 이름으로 하나의 단어로 된 전치사 외에 2개 이상의 단어가 전치사 역할을 하여 때 · 장소 · 방향 등을 나타낸다.

A 전치사의 역할
전치사는 앞의 낱말과 뒤의 낱말을 연결하며, 「전치사 + 명사(상당어구) · 대명사」의 형태로 **형용사구 또는 부사구**를 만든다.

1. 언덕 위에 있는 그 건물이 우리 학교다.
2. 이 책은 매우 유용하다.
3. 그는 그 문제를 쉽게 풀었다.
4. 놀랍게도, 그 금고는 비어 있었다.

B 전치사의 목적어
전치사 바로 다음에 오는 낱말(구)을 전치사의 목적어라고 하는데, 보통 **명사 · 대명사(반드시 목적격) · 동명사 · 명사구(절)** 등이 전치사의 목적어로 쓰인다.

1. 그녀는 개를 매우 무서워한다.
2. 그가 나 대신 올 것이다.
3. 그녀는 테니스 치는 것을 매우 좋아한다.
4. 나는 거기에 갈 수밖에 없다.

주의 전치사의 목적어로는 대부분 동명사가 오지만, but(~을 제외하고), except(~을 제외하고), **be about to ~**(막 ~하려고 하다) 등과 같은 전치사의 목적어로는 부정사가 온다.

C 전치사의 위치
전치사는 그 목적어 바로 앞에 놓이는 것이 원칙이지만, 다음과 같은 경우에는 전치사와 목적어가 분리되어 전치사가 목적어보다 뒤에 놓인다.

1. 너는 누구에게 이야기를 하고 싶으냐? 〈의문사가 전치사의 목적어인 경우〉
2. 이것이 우리가 사는 집이다. 〈관계대명사가 전치사의 목적어인 경우〉
3. 앉을 긴 의자가 없었다. 〈「to 부정사 + 전치사」가 앞의 명사를 수식하는 경우〉
4. 우리는 의사를 부르러 보냈다. 〈타동사구가 수동태가 된 경우〉

D 전치사와 부사 · 접속사의 관계
「전치사 + 목적어」에서 목적어가 생략되면 전치사는 부사가 되며, **after, before, since, until** 등은 바로 다음에 명사(구)가 오면 전치사이고, 절이 오면 접속사이다.

1. ⓐ 우리는 서울에서 산다. ⓑ 안으로 들어오세요.
2. ⓐ 그는 삼촌의 이름을 따서 이름이 지어졌다. ⓑ 나는 그가 떠난 후에 도착했다.
3. ⓐ 2시까지 여기에서 기다리자. ⓑ 그가 올 때까지 여기에서 기다리자.

어휘
useful [júːsfəl] 〖형〗 유용한
to one's surprise 놀랍게도
safe [seif] 〖명〗 금고

be afraid of ~을 두려워하다
instead of ~ 대신에
have no choice but to do ~할 수밖에 없다

speak to ~와 이야기를 하다
send for ~을 부르러 보내다

78 때를 나타내는 전치사

A at / in / on

1. School begins **at** nine o'clock **in** winter.
2. He was born **on** the 10th of June, 1992.
3. We started **at** six o'clock **on** Monday.
4. We're giving him a party **on** his birthday.

B till, by / since, from

1. You must stay(wait) here **till** five.
2. I will be back **by** five.
3. I have lived in Seoul **since** my birth.
4. I have known him **from** a child.

C in, within / after, before

1. He will be back **in** a few days.
2. He will be back **within** a few days.
3. He left **after** a few hours.
4. I'll come back **before** two o'clock(dark).

D for / during / through

1. I stayed there **for** three hours(five days, a month).
2. He was killed **during** the war(vacation).
3. I learned English **during** those three years when I stayed in New York.
4. I stayed at my uncle's **through** the summer vacation.

어휘

give a party 파티를 열다   a few 조금 있는, 조금의   come back 돌아오다
stay[stei] 동 머무르다   leave[liːv] –left[left] –left 동 떠나다   vacation[veikéiʃən] 명 휴일, 방학

A

- **at** — 새벽·정오·밤 등 구체적 시각·시점
- **in** — 오전·오후·월·계절·연도·세기 등 하루의 일부분이나 비교적 긴 시간
- **on** — 특정한 날·요일·특정한 날의 아침·오후 등

1. 겨울철에는 수업이 9시에 시작된다.
2. 그는 1992년 6월 10일에 태어났다.
3. 우리는 월요일 6시에 출발했다.
4. 우리는 그의 생일에 파티를 열어줄 것이다.

참고
- **at** nine-forty(9시 40분에) **at** noon(정오에) **at** night(밤에)
- **in** the morning(아침에) **in** May(5월에) **in** summer(여름에) **in** 2000(2000년에)
- **on** Christmas Eve(크리스마스 전야에) **on** Sunday(일요일에) **on** Monday night(월요일 밤에)
- all, every, last, next, this, that 등이 시간 앞에 쓰이면 대부분 전치사 at, in, on을 쓰지 않는다.
  ex. See you next week. (O)   See you in next week. (×)

B

- **till(until)** — ~까지(동작이 계속되는 기한, stay, wait 등과 쓰임)
- **by** — ~까지는(동작이 완료되는 기한, go, come, return, reach, finish 등과 쓰임)
- **since** — ~이래(이후로 죽, 상태·동작의 계속, 보통 완료시제와 함께 쓰임)
- **from** — ~부터(때, 순서 따위의 기점, 끝나는 시점은 to 또는 till이 쓰임)

1. 너는 5시까지 여기에서 머물러야[기다려야] 한다.
2. 나는 5시까지는 돌아오겠다.
3. 나는 태어난 이래 줄곧 서울에서 살고 있다.
4. 나는 그를 어릴 때부터 알고 있다.

C

- **in**   — ~ 후에, ~지나서(시간의 경과, 소요 시간, 보통 미래시제와 함께 쓰임)
- **within** — ~ 이내에(일정한 기간 내에)
- **after** — ~ 후에(시간의 경과, 동작의 완료를 기준, 보통 과거시제와 함께 쓰임)
- **before** — ~ 전에

1. 그는 며칠 지나서 돌아올 것이다.
2. 그는 며칠 이내에 돌아올 것이다.
3. 그는 몇 시간 뒤에 떠났다.
4. 2시[어두워지기] 전에 돌아오겠다.

D

- **for**   — ~ 동안에(기간의 길이를 나타내어 「수사 + 명사」 형태로 쓰임)
- **during** — ~ 동안에(일반적으로 특정한 기간을 나타내어 「the + 명사」의 형태로 쓰임)
- **through** — ~ 동안 줄곧, 내내(어느 기간의 처음부터 끝까지, 계속의 뜻이 강함)

1. 나는 거기에 세 시간[5일, 한 달] 동안 머물렀다.
2. 그는 전쟁[방학] 중에 죽었다.
3. 나는 뉴욕에 머물던 그 3년 동안 영어를 배웠다.
4. 나는 여름 방학 내내 삼촌 댁에서 머물렀다.

79 장소·방향을 나타내는 전치사

A ■ at, in, on

1. She teaches math **at** a middle school **in** Seoul.
2. He arrived **in** London(**at** the hotel).
3. The players are practicing **on** the field.

B ■ above, below / on / over, under

1. The sun rose **above** the horizon.
2. We saw the whole city **below** our eyes.
3. There is a fly **on** the desk(wall, ceiling).
4. An airplane is flying **over** our head.
5. Don't stand **under** a tree when it thunders.

C ■ up, down / in / into, out of

1. They ran **up**(**down**) the mountain.　2. He is **in** the room.
3. They jumped **into** the pond.　4. He ran **out of** the room.

D ■ to, for, toward

1. She has gone **to** Busan.　2. I went **to** school.
3. He left Seoul **for** Busan.　4. He ran **toward** the school.

E ■ near, by, beside, next to

1. There is a park **near** the school.
2. There is a pine tree **by** the well.
3. He sat **beside** her.
4. I stood right **next to** her.

어휘

practice [præktis] 동 연습하다　　ceiling [síːliŋ] 명 천장　　pond [pɑnd] 명 연못
field [fiːld] 명 경기장　　stand [stænd] 동 서 있다　　pine [pain] tree 소나무
horizon [həráizən] 명 수평선　　thunder [θʌ́ndər] 동 천둥치다　　well [wel] 명 우물, 샘

A

- **at** — 장소의 한 지점, 비교적 좁은 장소에 쓰인다.
- **in** — 건물 및 공간 안, 비교적 넓은 장소에 쓰인다.
- **on** — 특정 장소의 면을 나타내는 경우에 쓰인다.

1. 그녀는 서울에 있는 한 중학교에서 수학을 가르친다.
2. 그는 런던에〔호텔에〕도착했다.
3. 선수들이 경기장에서 연습을 하고 있다.

참고 학교, 대학, 감옥 등이 건물 본래의 목적으로 쓰이면 the를 쓰지 않고 in만 쓰지만, 병원, 은행, 공원 등은 in 다음에 the를 쓴다. ex. in school(재학중) in prison(수감중) in the bank(은행에서) in the park(공원에서)

B

- **above** — (막연하게) 위쪽에
- **below** — (막연하게) 아래쪽에
- **on** — ~ 위에(방향에 관계없이 표면에 접촉해 있는 상태)
- **over** — (바로) 위에
- **under** — (바로) 아래에

1. 해가 수평선 위에 떠올랐다.
2. 우리는 눈 아래로 전 시가지를 내려다보았다.
3. 책상〔벽, 천장〕위에 파리가 한 마리 있다.
4. 비행기가 머리 위에 날고 있다.
5. 천둥이 칠 때는 나무 밑에 서 있지 마라.

C

- **up** — 위로(운동 방향)
- **down** — 아래로(운동 방향)
- **in** — ~ 안에(정지 상태)
- **into** — ~ 안으로(밖에서 안으로)
- **out of** — ~ 밖으로(안에서 밖으로)

1. 그들은 산 위로〔아래로〕뛰어갔다.
2. 그는 방에 있다.
3. 그들은 연못 속으로 뛰어들었다.
4. 그는 방에서 뛰어나갔다.

D

- **to** — (도착점) ~에, ~으로
- **for** — (목적지) ~을 향해서
- **toward(s)** — (막연한 방향) ~쪽으로

1. 그녀는 부산으로 가버렸다.
2. 나는 학교에 갔다.
3. 그는 부산을 향해 서울을 떠났다.
4. 그는 학교 쪽으로 뛰었다. (학교에 도착했는지에 대한 여부는 모름)

E

- **near** — ~ 가까이
- **by** — ~의 옆에(near보다 더 접근)
- **beside** — ~의 곁〔옆〕에, ~와 나란히
- **next to** — ~와 나란히, ~에 이어

1. 학교 근처에 공원이 있다.
2. 우물 옆에 소나무가 한 그루 있다.
3. 그는 그녀 옆에 앉았다.
4. 나는 그녀 옆에 서 있었다.

F along, across, through

1. We walked **along** the street.
2. Take care when you go **across** the street.
3. The Han River runs **through** Seoul.

G before, in front of / behind

1. Who is sitting **before** him?
2. The bus stop is **in front of** our school.
3. The house stands **behind** the church.

H round, around, about

1. He traveled **round** (**around**) the country.
2. They sat **around** the fire.
3. Helen put her arms **about** her husband.

I between, among

1. My house is **between** the park **and** the station.
2. He is popular **among** the teenagers.

확인테스트

○ 다음 문장의 괄호 안에서 알맞은 말을 고르시오.

1. My mother will be back (at, in, for, till) fifteen minutes.
2. I'll finish the work (by, till) tomorrow.
3. You may stay here (by, till) tomorrow.
4. The sun gives us light (during, for) the day.
5. We have lived here (during, for) 10 years.
6. We have a lot of fruit (on, in) autumn.
7. Please, hang these pictures (on, under) the wall.
8. Mt. Everest is 8,848 meters (above, over) the sea level.
9. Some books fell (into, to) the ground from the shelf.
10. Can you see (across, through) this hole?
11. The sun was hidden (among, behind) the clouds.

어휘

a lot of 많은　　　　sea level 해수면　　　　hole [houl] 명 구멍
autumn [ɔ́ːtəm] 명 가을　　shelf [ʃelf] 명 선반　　hide-hid-hidden 동 숨기다

F
- along — ~을 따라서(기다란 것과 같은 방향의 위치 및 운동)
- across — ~을 가로질러, ~의 저쪽에(정지 · 운동에 모두 쓰임)
- through — ~을 지나서, ~을 관통하여(한쪽에서 다른 쪽으로 빠져 나감)

1. 우리는 그 길을 따라서 걸었다.　　2. 길을 가로질러 갈 때는 조심해라.
3. 한강은 서울을 관통해서 흐른다.

G
- before — (장소) ~의 앞에, ~ 면전에　　• in front of — (구체적인 장소) ~ 앞에
- behind — (장소) ~의 뒤에(서), 저쪽에

1. 그의 앞에 누가 앉아 있느냐?　　2. 그 버스 정류장은 우리 학교 앞에 있다.
3. 그 집은 교회 뒤에 있다.

H
- round — ~의 주위를 돌아서(운동), ~ 주위에(위치)
- around — ~의 주위에, ~의 둘레에(막연한 부근)
- about — ~ 주위에, ~의 여기저기에(한정된 부근)

1. 그는 전국을 여행했다.　　2. 그들은 불 주변에 앉았다.
3. Helen은 두 팔을 벌려 그녀의 남편을 안았다.

참고) round와 around는 거의 구별 없이 쓰인다.

I
- between — (주로 두 사람 · 물건 · 장소) ~의 사이에
- among — (주로 셋 이상) ~의 사이에, ~ 중에서

1. 내 집은 공원과 정거장 사이에 있다.　　2. 그는 십대들 사이에서 인기가 많다.

확인테스트

1. in (미래의 때를 나타낸다.) '나의 어머니는 15분 안에 돌아오실 것이다.'
2. by ('완료되는 기한'을 뜻한다.) '나는 내일까지 그 일을 끝내겠다.'
3. till ('계속되는 기한'을 뜻한다.) '내일까지 여기에 머물러도 좋다.'
4. during ('특정 기간'을 나타낸다.) '태양은 낮 동안에 빛을 제공한다.'
5. for ('계속적인 기간'을 나타낸다.) '우리는 이곳에서 10년 동안 살고 있다.'
6. in (계절을 나타낼 때 쓰인다.) '가을에는 과일이 풍성하다.'
7. on (벽에 '붙여서'의 의미를 나타낸다.) '이 그림들을 벽에 거십시오.'
8. above (수면에서 떨어진 위) '에베레스트 산은 해발 8,848미터이다.'
9. to (방향, 도달의 전치사) '몇 권의 책이 선반에서 바닥으로 떨어졌다.'
10. through (~을 꿰뚫고) '이 구멍을 통해 (저쪽을) 볼 수 있니?'
11. behind (~의 뒤에) '해가 구름 뒤에 가려졌다.'

80 기타 중요 전치사

A from, of, at, with, due to – 원인 · 이유

1. ⓐ He died **from** overwork.　ⓑ He died **of** cancer.
2. I was surprised **at** the news.
3. She is shaking **with** fear.
4. The game was canceled **due to** bad weather.

B with, by – 수단 · 방법

1. Don't cut your bread **with** a knife.
2. ⓐ He was killed **by** the enemy.
　ⓑ Do you go to school **by** bus?

C of, from – 재료 · 출처

1. This table is made **of** wood.
2. Cheese is made **from** milk.

D about, on – 관련 · 관계

1. Do you know **about** the accident?
2. I have many books **on** computers.

확인테스트

○ 다음 빈칸에 알맞은 전치사를 쓰시오.

1. A bottle is made _____ glass.
2. The building is built _____ stone.
3. He is getting weaker _____ old age.
4. This is a book _____ the Middle East.
5. They were talking _____ the accident.
6. Many natives die every year _____ snake bites.
7. The child was saved _____ a fireman _____ a rope.

어휘

- overwork [òuvərwə́ːrk] 명 과로
- cancer [kǽnsər] 명 암
- shake [ʃeik] 동 떨다
- fear [fiər] 명 두려움
- cancel [kǽnsəl] 동 취소하다
- enemy [énəmi] 명 적
- the Middle East 중동
- native [néitiv] 명 원주민
- bite [bait] 명 묾

A

- **from** — ~ 때문에, ~으로(주로 외적인 원인)
- **of** — ~ 때문에, ~으로(주로 내적인 원인)
- **at** — ~에 접하여, ~을 보고[듣고](감정의 원인)
- **with** — ~인 까닭에, ~의 탓으로(관용적 표현)
- **due to** — ~ 때문에, ~로 인하여

1. ⓐ 그는 과로로 죽었다. ⓑ 그는 암으로 사망했다.
2. 나는 그 소식을 듣고 놀랐다. 3. 그녀는 두려움으로 떨고 있다.
4. 경기는 악천후로 인하여 취소되었다.

주의 die from은 상처, 부주의, 과로 등이 원인이 되는 경우에 쓰이며, die of는 질병, 굶주림, 노쇠 등 내적인 요인이 원인이 되는 경우에 쓰이지만, 일반적으로 from 대신 of가 쓰인다.

B

- **with** — ~을 사용하여, ~으로(도구 · 수단)
- **by** — ~에 의하여, ~으로(수단 · 방법 · 매개)

1. 빵을 칼로 자르지 마라.
2. ⓐ 그는 적에 의해 살해되었다. ⓑ 너는 학교에 버스로 가니?

C

- **of** — ~으로 만들어지다(모양의 변화)
- **from** — ~으로 만들어지다(성질의 변화)

1. 이 탁자는 나무로 만들어진 것이다. 2. 치즈는 우유로 만들어진다.

D

- **about** — ~에 대하여(일반적인 내용, 자세한 사정)
- **on** — ~에 관해서(전문적인 것)

1. 그 사고에 대해 알고 있니? 2. 나는 컴퓨터 관련 서적을 많이 가지고 있다.

1. **of** (모양의 변화) '병은 유리로 만들어진다.'
2. **of** (모양의 변화) '그 빌딩은 돌로 지어진 것이다.'
3. **of** (이유, 내적인 요인) '그는 노령으로 점점 무력해지고 있다.'
4. **on** (관련, 전문적 내용) '이것은 중동 문제에 관한 책이다.'
5. **about** (관련, 일반적 내용) '그들은 그 사건에 대해 이야기하고 있었다.'
6. **from** (이유, 외적인 원인) '많은 원주민들이 해마다 뱀에 물려 죽는다.'
7. **by, with** (행위자, 도구) '그 아이는 소방관에 의해 밧줄로 구조되었다.'

생활 영어

요청하기 / 놀람 표현하기

● ○ ○ 요청하기

— 요청하기
1. Can(May) I ask you a favor? / Can I ask a favor of you?
2. Would you mind if I open the window?
3. Could you give me a hand?
4. Could(Would) you do me a favor?

— 요청에 답하기
5. Sure, I can.   6. Go ahead.   7. Certainly. / Of course. / OK. / Fine.
8. I'm sorry but I can't. / I'd like(love) to, but I can't.

Mini Dialogue
A: **Could you do me a favor**?
B: **Of course**.
A: Please open the window.
B: **Certainly**!

● ● ○ 놀람 표현하기

1. What a surprise!   2. It's surprising.
3. I just can't believe this. 4. Are you serious?
5. That's incredible!   6. No! I don't believe it!
7. You're kidding!   8. You must be joking!
9. Good heavens!   10. Fantastic!

Mini Dialogue
A: Remember the Bakers? They became a millionaire overnight.
B: **You must be kidding**!
A: No, I'm not. They inherited a fortune from their uncle.
B: **Are you serious**?
A: I'm absolutely sure.
B: **That's incredible**!

 왼쪽에 있는 영문을 큰 소리로 여러 번 읽고 뜻을 파악한 다음, 우리말을 참고하기 바랍니다.
왼쪽에 있는 영문을 암기한 다음, 오른쪽의 우리말을 보고 영어로 써 보는 것이 좋습니다.

●○○ 요청하기

— 요청하기
1. 부탁 하나 드려도 될까요?
2. 창문을 열어도 되겠습니까?
3. 좀 도와주시겠어요?
4. 부탁 하나 들어주시겠어요?

— 요청에 답하기
5. 물론, 그러지요.
6. 그러세요.
7. 물론입니다. / 좋아요.
8. 미안하지만, 안 되겠습니다. / 그렇게 해드리고 싶지만, 안 되겠습니다.

* 상대방에게 요청할 때는 Can(Will) you ~ (, please)? 또는 「Please + 명령문」을 사용한다. 보다 공손하게 요청하기 위해서는 could, would를 사용한다.

Mini Dialogue
A: 부탁 하나 해도 될까요?
B: 물론이에요.
A: 창문 좀 열어주세요.
B: 그러지요.

●●○ 놀람 표현하기

1. 놀랍구나!
2. 놀라운데.
3. 정말 믿을 수 없어.
4. 진심이니?
5. 믿어지지가 않아(엄청나구나)!
6. 아니야! 믿을 수 없어!
7. 농담이지?
8. 설마 농담이겠지!
9. 세상에!
10. 굉장해(환상적이야)!

Mini Dialogue
A: Baker 가족을 기억하니? 그들이 하룻밤 사이에 백만장자가 됐어.
B: 설마 농담이겠지!
A: 농담이 아니야. 그들은 그들의 삼촌에게서 재산을 물려받았어.
B: 정말이니?
A: 정말 확신해.
B: 믿어지지가 않아!

실전 응용 문제

A 다음 중 빈칸에 가장 알맞은 것을 고르시오.

1. The hotel which we stayed _____ was very old.
   ① of   ② on   ③ at   ④ for   ⑤ from
2. So far man has walked _____ the deepest jungles.
   ① to   ② on   ③ along   ④ across   ⑤ through
3. He took me _____ sightseeing around the city.
   ① as   ② by   ③ to   ④ in   ⑤ for
4. There is a bridge _____ the river.
   ① on   ② up   ③ in   ④ over   ⑤ above

> stay at ~에 묵다
> so far 지금까지는
> jungle 명 밀림(지대)
> sightseeing 명 관광

B 다음에서 틀린 곳을 고르시오.

1. You must wash your hands before eat.
   ①   ②   ③   ④   ⑤
2. I have eaten nothing from yesterday.
   ①   ②   ③   ④   ⑤
3. I have been watching him for the night.
   ①   ②   ③   ④   ⑤
4. He stayed there by the end of the month.
   ①   ②   ③   ④   ⑤
5. Then another man came along and jumped on the car.
        ①   ②   ③   ④   ⑤

C 다음 빈칸에 알맞은 말을 쓰시오.

1. Nylon is made _____ air, coal and water.
2. We started _____ six o'clock _____ Monday.
3. When I arrived, he had been waiting _____ 3 hours.

> coal 명 석탄

D 다음 대화의 빈칸에 알맞은 말을 쓰시오.

A: It's too cold. 1. _____ _____ _____ closing the window?
B: Certainly 2. _____.
A: Could you give me some water?
B: Of 3. _____.

E 다음 글을 읽고, 물음에 답하시오.

At first, people used their legs to tell how far away something was. **From** one place **to** another was so many steps, or paces.

Sometimes, they wanted to measure something very short. Then they used the width of their thumb. A thumb was about one inch.

For something a little longer, they used the width of their hands. Each hand was about four inches. Hands were used to tell how tall horses were.

Sometimes, the thing was longer than a hand but shorter than a pace. Then people used a foot. It came to be twelve inches.

Another measure was the yard. Stretch out your arm. **From** your nose **to** the end of your thumb is about one yard. It is about three feet long.

step 몡 걸음 (= pace)
measure 동 측정하다
  몡 도량 단위
width 몡 폭, 너비
thumb 몡 엄지손가락
stretch 동 뻗치다, 펴다

1. 위 글의 내용과 일치하는 것을 고르시오.
   ① A thumb was a foot long.
   ② A foot was longer than a hand.
   ③ A hand was about three thumbs wide.
   ④ The little finger was used in measuring.
   ⑤ A thumb was used to measure very long things.

2. What was(were) used to tell the height of horses?

height 몡 높이

3. 위 글에 나오는 단위 중 가장 긴 것을 고르시오.
   ① inch   ② thumb   ③ foot
   ④ yard   ⑤ hand

F 다음 우리말을 영어로 옮기시오.

1. 그는 수업시간 중에 잠들어 있었다.
2. 그는 9시까지 계속해서 음악을 들었다.
3. 벽에는 그림 하나가 있다.
4. 교회는 은행과 우체국 사이에 있다.

listen to
~에 귀를 기울이다

Answer & Explanation

ANSWER

A 1. ③ 2. ⑤ 3. ⑤ 4. ④   **B** 1. ⑤ 2. ④ 3. ④ 4. ③ 5. ⑤

C 1. from 2. at, on 3. for   **D** 1. Would, you, mind 2. not 3. course

E 1. ② 2. hand(s) 3. ④

F
1. He was asleep during the lesson.
2. He kept listening to music till nine o'clock.
3. There is a picture on the wall.
4. The church stands between the bank and the post office.

EXPLANATION

A
1. at의 목적어는 관계대명사 which이다. '우리가 묵었던 호텔은 매우 오래되었다.'
2. through는 '~을 관통하여, ~ 속을 지나서'의 뜻을 나타낸다. '지금까지 인간은 아주 깊은 밀림들을 걸어서 통과했다.'
3. 행위의 목적은 for로 나타낸다. '그는 관광을 시켜 주기 위해 나를 도시 여기저기로 데리고 다녔다.'
4. over는 '(떨어져서) ~위에'의 뜻을 나타낸다. '그 강 위로 다리 하나가 놓여 있다.'

B
1. 전치사 before의 목적어로는 동명사가 오므로 eat를 eating으로 고친다. '먹기 전에 손을 씻어야 한다.'
2. have eaten(현재완료)이 계속의 의미를 나타내므로 from을 since(~이래 지금까지)로 고친다. from에는 '지금까지'라는 의미가 없다. '나는 어제부터 (지금까지) 아무것도 먹지 않았다.'
3. 어느 기간의 처음부터 끝까지는 through를 쓴다. '나는 밤새도록 그를 감시해 왔다.'
4. 동작의 계속은 till을 쓴다. '그는 그 달 말까지 그곳에 머물렀다.'
5. 차에 뛰어드는 행위는 jump in이나 jump into를 쓴다. '그때 또 한 사람이 나타나더니 차 속으로 뛰어들었다.'

C
1. 재료(성질의 변화)를 나타낼 때에는 from을 쓴다. '나일론은 공기와 석탄과 물로 만들어진다.'
2. 특정한 시각은 at을 쓰고, 요일 앞에는 on을 쓴다. '우리는 월요일 6시에 출발했다.'
3. 「숫자+명사」형태의 기간은 for를 써서 나타낸다. '내가 도착했을 때, 그는 (이미) 세 시간 동안 기다리고 있었다.'

D A: 무척 추운데. 창문 좀 닫아 줄래?
　 B: 그래.
　 A: 물 좀 줄 수 있니?
　 B: 물론이지.

E 처음에, 사람들은 물건이 얼마나 멀리 떨어져 있는가를 말하기 위해 그들의 다리를 이용했다. 한 장소에서 다른 장소까지는 매우 여러 걸음(pace)이 되었다.
　 때때로 그들은 매우 짧은 것을 측정하기를 원했다. 그래서 그들은 엄지손가락(thumb)의 폭을 이용했다. 1 thumb은 약 1인치였다.
　 조금 더 긴 것에 대해서는 그들은 손(hand)의 폭을 사용했다. 각각의 hand는 약 4인치였다. hand는 말의 키를 말하기 위해 이용되었다.
　 때로는 물건이 1 hand보다는 길고 1 pace보다는 짧았다. 그러자 사람들은 발(foot)을 사용했다. 1 foot은 12인치가 되었다.
　 다른 측정 단위는 야드(yard)였다. 팔을 쭉 펴 보라. 코에서 엄지 손가락의 끝까지가 약 1 yard이다. 그것은 약 3 feet이다.

1. ① 1 thumb은 1 foot이었다.
   ② 1 foot은 1 hand보다 길었다.
   ③ 1 hand는 약 3 thumb이었다.
   ④ 새끼손가락이 측정에 사용되었다.
   ⑤ 엄지손가락은 매우 긴 물건을 측정하기 위해 사용되었다.
2. 말의 키를 말하기 위해 무엇이 사용되었는가?
3. ・1 thumb = 1 inch　　・1 hand = 4 inches　　・1 foot = 12 inches
   ・1 hand < 1 foot < 1 pace　　・1 yard = 3 feet

〈구문해설〉
・**At** first, people used their legs to tell **how far away something was**.:
　how 이하는 간접의문문으로 「의문사(how) + 부사(구) + 주어 + 동사」의 형식을 취하고 있다.
・**From** one place **to** another was so many steps, or paces.: 「from A to B」는 'A에서 B까지'의 뜻으로 장소를 나타내는 전치사구이다.
・A thumb was **about** one inch.: about은 '대략, 약'의 뜻으로 부사이다.
・**For** something a little longer, …: for는 관련(~에 대해서)을 나타내는 전치사이다.
・Sometimes, **the thing was** longer than a hand but shorter than a pace.:
　shorter 앞에는 the thing was가 생략되었다.

20 특수구문

81 강조

A do를 사용한 강조

1. He *knows* the secret. → He **does** *know* the secret.
2. Who *broke* the window? → Who **did** *break* the window?
3. Sit down. → **Do** *sit* down.

B 부정문 · 의문문의 강조

1. I do *not* know the fact **at all**.
2. I was *not* surprised **in the least**.
3. *Where* **on earth** did you find it?
4. *Who* **on earth** told you the rumor?
5. *What* **in the world** happened?
6. *How* **ever** did you escape?

C 기타 강조구문

1. **It was** *Mr. Wilson* **that**(who) spoke first. 〈It is ~ that 강조구문〉
2. He is **the very** *man* that I'm looking for. 〈명사 강조〉
3. It's **awfully** *hot* today. 〈형용사 강조〉
4. She worked **very** *hard*. 〈부사 강조〉
5. It is getting **darker and darker**. 〈반복에 의한 강조〉
6. *He* **himself** did the work. = *He* did the work **himself**. 〈재귀대명사에 의한 강조〉

확인테스트 ○ 다음 문장에서 강조되는 말을 찾아 쓰시오.

1. It was yesterday that he helped me.
2. I did buy the computer yesterday.
3. I met the very man that I had wanted to meet.
4. I'm terribly sorry I stepped on your toes.

어휘

secret[síːkrit] 명 비밀	look for ~을 찾다	toe[tou] 명 발가락
happen[hǽpən] 동 일어나다	awfully[ɔ́ːfəli] 부 몹시, 대단히	step on a person's toes 남의 발끝을 밟다
escape[iskéip] 동 달아나다	terribly[térəbli] 부 몹시, 무섭게	

특수구문

영어 문장의 기본적 구조에서 벗어난 문장의 형태를 특수구문이라고 한다. 특수구문은 문장이 도치되거나 문장의 일부가 생략되기도 하며, 문장 중간에 어구나 절이 삽입되기도 한다.

강조

문장에서 특정한 어구의 의미를 특히 강조하는 것을 강조라고 한다. 강조 어구를 사용하거나 어순을 도치시키는 방법 등이 있다.

A. do를 사용한 강조
조동사 do(does, did)를 본동사 바로 앞에 놓아 문장 내용이 사실임을 강조하거나 명령의 뜻을 강조한다. '정말로, 확실히, 제발' 등의 의미이며, 항상 **do**에 강세를 둔다.

1. 그는 그 비밀을 알고 있다. → 그는 정말로 그 비밀을 알고 있다.
2. 누가 그 창문을 깼니? → 누가 그 창문을 깼단 말이니?
3. 앉아라. → 제발 앉아라.

B. 부정문 · 의문문의 강조
not ~ at all, not ~ in the least 등의 형태로 부정 의미를 강조하며, '조금도 ~이 아니다'라고 해석한다. 의문사 바로 뒤에 **ever, on earth, in the world** 등을 덧붙여 의문문을 강조하며, '도대체'라고 해석한다.

1. 나는 그 사실을 전혀 모른다.   2. 나는 조금도 놀라지 않았다.
3. 도대체 어디에서 그것을 발견했니?   4. 도대체 누가 너에게 그 소문을 말했니?
5. 도대체 무슨 일이 일어난거니?   6. 너는 도대체 어떻게 달아났니?

C.
- **It is ~ that 강조구문** — It is + 강조 어구 + that ...
- **명사 강조** — the very + 명사 (바로 그 ~)
- **형용사 · 부사 강조** — very, awfully, terribly, highly, so + 형용사 · 부사
- **반복에 의한 강조** — 강조할 어구 반복 (get, grow, become + 비교급 and 비교급)
- **재귀대명사에 의한 강조** — 강조하려는 명사 · 대명사 바로 뒤나 문장 끝

1. 제일 먼저 입을 연 사람은 바로 Wilson 씨였다.   2. 그는 내가 찾고 있는 바로 그 사람이다.
3. 오늘은 몹시 덥다.   4. 그녀는 매우 열심히 일했다.
5. 점점 더 어두워지고 있다.   6. 그는 자신이 직접 그 일을 했다.

1. **yesterday** (It is ~ that 강조구문) '그가 나를 도와준 것은 바로 어제였다.'
2. **buy** (조동사 did로 동사 강조) '나는 어제 그 컴퓨터를 정말로 샀다.'
3. **man** (the very로 명사 강조) '내가 만나고 싶어했던 바로 그 사람을 만났다.'
4. **sorry** (terribly로 형용사 강조) '발을 밟아서 정말 죄송합니다.'

82 도치

A 강조하기 위한 도치

1. He has kept the promise for all his life.
   = **The promise** *he has kept* for all his life. 〈목적어의 도치〉
2. ① Her grief was great when she heard it.
   = **Great** *was her grief* when she heard it. 〈보어의 도치〉
   ② It has been two years since I saw her last.
   = **Two years** *it has been* since I saw her last. 〈보어의 도치〉
3. ① The man fell down. = **Down** *fell the man*. 〈부사의 도치〉
   ② He fell down. = **Down** *he fell*. 〈부사의 도치〉
4. I little dreamed that such a thing would happen.
   = **Little** *did I dream* that such a thing would happen. 〈부정어구의 도치〉

B 관습적인 도치

1. ① I am tired. — **So** *am I*. (= I'm tired, too.)
   ② We enjoyed the show. — **So** *did they*. (= They enjoyed the show, too.)
   ③ I don't like potatoes. — **Neither** *do I*. (= I don't like potatoes, either.)
2. If I had been there, I could have helped you.
   = *Had I been* there, I could have helped you. 〈조건절에서의 if 생략〉
3. **There** *is nothing new* under the sun. 〈There is + 주어 ~〉
4. **Here** *comes the bus*. 〈Here + 동사 + 주어〉

○ 다음 밑줄 친 부분이 문장 첫머리에 오는 도치 구문으로 바꾸시오.

1. I <u>never</u> thought he was in trouble.
2. I'm <u>not, either</u>.
3. I did <u>not</u> read <u>a book</u> during the vacation.

어휘

promise[prámis] 명 약속　　grief[gri:f] 명 슬픔　　under the sun 이 세상에
all one's life 평생　　such[sʌtʃ] 형 그러한　　in trouble 곤경에

도치

영어 문장은 보통 「주어+동사+목적어/보어」의 어순을 취하지만, 문법적인 이유로, 또는 어떤 어구를 강조하기 위해 그 어순이 바뀌는 경우가 있는데, 이를 도치라고 한다.

A 강조하기 위한 도치
— 어떤 어구를 강조하기 위해 강조하는 부분을 문장 첫머리에 놓으면, 그로 인해 주어와 동사가 도치되는 것을 말한다. 그러나, 주어가 대명사인 경우에는 「강조되는 부분+주어+(조동사)+동사」의 어순을 취한다.

1. 그는 그 약속을 일생 동안 지켜 왔다. 〈목적어 + 주어 + 동사〉
2. ① 그것을 들었을 때 그녀의 슬픔은 컸다. 〈보어 + 동사 + 주어(명사)〉
   ② 내가 그녀를 마지막으로 본 지 2년이 지났다. 〈보어 + 주어(대명사) + 동사〉
3. ① 그 남자는 넘어졌다. 〈부사 + 동사 + 주어(명사)〉
   ② 그는 넘어졌다. 〈부사 + 주어(대명사) + 동사〉
4. 그러한 일이 일어나리라고는 꿈에도 생각지 못했다.
   (**never, little** 등의 부정어를 문장 첫머리에 두면 「do〔does, did〕 + 주어 + 본동사」의 어순이 된다.)

B 관습적인 도치
— 의문문, 감탄문 등에서와 같이 문법상 일어나는 도치를 말한다. **So, Neither, Nor**로 시작하는 절에서의 도치, 「**There〔Here〕 is ~**」 구문, 조건절에서의 도치 등이 있다.

1. ① 나는 피곤하다. — 나도 그렇다. (나도 역시 피곤하다.)
   ② 우리는 그 쇼를 즐겼다. — 그들도 그랬다. (그들도 또한 그 쇼를 즐겼다.)
   ③ 나는 감자를 좋아하지 않는다. — 나도 역시 좋아하지 않는다. (나도 감자를 좋아하지 않는다.)
2. 내가 거기에 있었다면, 나는 너를 도와줄 수 있었을 텐데.
3. 해 아래〔이 세상에〕 새로운 것은 아무것도 없다.   4. 자, 버스가 온다.

 참고
- 「So〔Neither/Nor〕 + 동사 + 주어」는 '~도 또한 그렇다〔그렇지 않다〕'의 뜻으로 앞 문장의 내용의 반복을 피하기 위해 쓰는 표현이다.
- 가정법의 조건절에서 if를 생략하면 동사가 주어 앞으로 도치된다.
- 「There is ~」 구문에서 There는 주어가 아니지만 형식상 주어가 되어 도치가 일어난다.
- 관심을 끌기 위해서 here가 문장 첫머리에 오면 도치가 일어난다.

1. **Never did I think he was in trouble.** (부정어 + 조동사 + 주어 + 동사)
   '나는 그가 곤경에 처해 있으리라고는 결코 생각하지 못했다.'
2. **Nether am I. / Nor am I.** (Neither〔Nor〕 + 동사 + 주어)
   '나도 역시 그렇지 않아.'
3. **Not a book did I read during the vacation.** (조동사 + 주어 + 동사)
   '나는 방학 동안 단 한 권의 책도 읽지 않았다.'

83 생략

A 반복되는 어구의 생략

1. The sun **shines** in the daytime, **and** the moon (*shines*) at night.
2. **I went there** because I wanted **to** (*go there*). 〈대부정사〉
3. If you can't **finish the work**, Tom **should** (*finish the work*).
4. He **is** as **stupid as** she (*is stupid*).
5. She **likes you** better **than** I (*like you*).
6. **Is English easy for you?** — Certainly (*it is*) not (*easy for me*).

B 관용적인 생략

1. **When** (he was) asked his opinions, he remained silent.
2. **While** (he was) reading a book, he fell asleep.
3. **If** (it is) necessary, I will help you.
4. **Though** (he is) young, he is very wise.
5. (I wish) **Happy birthday to you!**
6. **No parking** (is allowed).
7. (This is) **Not for sale**.
8. (Be careful of the) **Wet paint!**
9. (This store is) **Closed today**.
10. (This is) **Out of order**.
11. (Keep your) **Hands off**.
12. (This is) **Under construction**.

○ 다음 빈칸에 생략된 말을 쓰시오.

1. He is taller than I _____ _____.
2. He was born in Seoul, and she _____ _____ in Busan.
3. Though _____ _____ tired, she went on with her homework.
4. He was impressed by the soldiers _____ _____ riding their horses.
5. You may come with us if you want to _____ _____ _____.

생략

문장의 전후 관계로 보아 없어도 의미를 파악할 수 있는 어구를 생략하는 것을 **생략**이라고 한다. 주로 구어체, 게시문, 광고문 등에서 많이 일어난다.

- **and, but**으로 이어지는 등위절에서 반복되는 주어 또는 동사의 생략
- **to** 부정사나 조동사 다음에서 반복되는 동사의 생략
- 동등 비교와 비교급 비교의 **as** 또는 **than** 다음에서 반복되는 어구 생략
- 질문에 대한 대답에서 반복되는 어구 생략

1. 태양은 낮에 빛나고, 달은 밤에 빛난다.
2. 나는 거기에 가고 싶어서 거기에 갔다.
3. 네가 만일 그 일을 끝마칠 수 없다면, Tom이 끝내야 한다.
4. 그는 그녀가 우둔한 만큼 우둔하다.
5. 그녀는 내가 좋아하는 것보다 더 너를 좋아한다.
6. 너에게는 영어가 쉽니? — 분명히 나에게는 쉽지 않다.

1. 그의 의견을 요청받자, 그는 잠자코 있었다.　　2. 그는 책을 읽다가 잠이 들었다.
3. 필요하다면, 너를 돕겠다.　　4. 비록 어리지만, 그는 매우 현명하다.

참고 때·조건·양보를 나타내는 부사절에서 「주어+be동사」는 생략될 수 있다. 또한 주어가 생략되어도 혼동의 여지가 없는 it is, they are 등도 생략될 수 있다.

5. 생일을 축하합니다!　　6. 주차 금지　　7. 비매품　　8. 칠 주의!
9. 금일 휴업　　10. 고장　　11. 손대지 마시오.　　12. 공사 중

1. **am tall** (비교급의 than 다음에서 반복되는 어구) '그는 나보다 더 키가 크다.'
2. **was born** (and로 이어지는 등위절에서 반복되는 어구) '그는 서울에서 태어났고, 그녀는 부산에서 태어났다.'
3. **she was** (양보를 나타내는 부사절에서의 「주어+be동사」) '비록 피곤했지만, 그녀는 숙제를 계속했다.'
4. **who were** (현재분사나 과거분사 앞의 「주격 관계대명사+be동사」) '그는 말을 타고 있는 그 군인들에게서 깊은 인상을 받았다.'
5. **come with us** (to부정사구 다음의 중복 어구) '원한다면 우리와 함께 가도 좋다.'

어휘

shine[ʃain] 통 빛나다
daytime[déitàim] 명 낮
stupid[stjú:pid] 형 어리석은
opinion[əpínjən] 명 의견
fall asleep[əslí:p] 잠들다
allow[əláu] 통 허락하다
construction[kənstrʌ́kʃən] 명 건설
be impressed by ~에 깊은 감명을 받다

생활 영어

가능·불가능 표현하기 / 화난 것 표현하기

● ○ ○ 가능·불가능 표현하기

— 가능성 묻기 및 표현하기

1. Can you swim?
2. Will you be able to go to the concert next Sunday?
3. Sure, I can.
4. I might be able to go with you.
5. It's highly(very) likely that he will succeed.
6. It's possible(probable) that he can swim across the Han River.

— 불가능 표현하기

7. Not a chance.
8. Sorry, I can't.
9. That's impossible.
10. I'm not sure if I can do that.

A: Minho said he was able to swim across the Han River.
B: **I'm not sure**.
A: He has been practicing all this summer.
B: But it is still doubtful that he'll succeed.
A: He's planning to cross Korea Strait next year.
B: **Not a chance**.

● ● ○ 화난 것 표현하기

1. I'm angry.
2. I'm very unhappy about this.
3. I'm very upset.
4. It really makes me mad.
5. I can't stand it any longer.
6. I'm very annoyed.
7. I really hate to hear the news.
8. Oh, no!
9. What an idiot!
10. Stop it! / Cut it off(out)!

A: He is a liar.　　B: Why do you say so?
A: He always tells lies about his good grades.
B: Are you sure?
A: You know? He was caught cheating in the last final exams.
B: **I really hate to hear that**.

 왼쪽에 있는 영문을 큰 소리로 여러 번 읽고 뜻을 파악한 다음, 우리말을 참고하기 바랍니다.
왼쪽에 있는 영문을 암기한 다음, 오른쪽의 우리말을 보고 영어로 써 보는 것이 좋습니다.

● ○ ○ 가능·불가능 표현하기

— 가능성 묻기 및 표현하기
1. 수영할 수 있니?
2. 다음 주 일요일에 콘서트에 갈 수 있겠니?
3. 물론, 할 수 있지.
4. 나는 너와 갈 수 있을 거야.
5. 그는 꼭 성공할 것 같아요.
6. 그가 한강을 헤엄쳐서 건너는 것은 가능한 일이다.

— 불가능 표현하기
7. 전혀 가망이 없습니다.
8. 미안하지만, 할 수 없습니다.
9. 불가능한 일이야.
10. 내가 그것을 할 수 있을지 의심스럽다.

> 1. 조동사 can이나 be able to ~를 사용하여 가능·불가능을 표현할 수 있다. 가능·능력을 나타내는 can의 과거형 could는 가정법에 쓰이는 could와 구분하기 위해 보통 be able to의 과거형인 was(were) able to를 사용한다.
> 7. chance가 가능성, 승산의 뜻으로 쓰인 것이다.

Mini Dialogue

A : 민호는 한강을 수영해서 횡단할 수 있다고 했어.
B : 그가 그것을 할 수 있을지 의심스러워.
A : 그는 이번 여름 내내 연습했는걸.
B : 그렇지만, 그가 성공할 것인지는 여전히 의심스러워.
A : 그는 내년에는 대한해협 횡단도 계획하고 있어.
B : 말도 안돼.

● ● ○ 화난 것 표현하기

1. 나 화났어.
2. 이것 때문에 기분이 매우 좋지 않아.
3. 나는 무척 화가 났다.
4. 그것은 정말로 나를 화나게 한다.
5. 나는 더 이상 참을 수가 없다.
6. 나는 매우 짜증이 난다.
7. 나는 그 소식을 듣게 되어 정말 싫다.
8. 오, 맙소사!
9. 저런 바보 같으니라고!
10. 그만둬!

Mini Dialogue

A: 그는 거짓말쟁이야.
B : 왜 그런 말을 하니?
A: 그는 항상 자기의 좋은 성적에 대해 거짓말을 해.
B : 확실해?
A: 너 아니? 그는 지난 학기말 고사에서 부정행위를 하다 적발됐어.
B: 그런 말을 듣게 되니 정말 싫다.

실전 응용 문제

A 다음 중 밑줄 친 부분을 생략할 수 없는 것은?

① She bowed slightly, but <u>she</u> did not speak.
② What beautiful flowers <u>they are</u>!
③ This is a dictionary <u>which</u> is useful for our studies.
④ When <u>I was</u> a boy, I had a great longing for the sea.
⑤ He takes a walk in the park, whenever <u>it is</u> possible.

○ bow 동 절을 하다
slightly 부 약간, 조금
longing 명 동경, 갈망

B 다음 글을 읽고, 물음에 답하시오.

　　The college had a very good football team, and its best player was a student who always had trouble in school. Then one year the dean of the college said that the player would have to leave because he had cheated on an exam. The football coach immediately went to the dean to try to persuade him. The dean showed him two answer papers. "This one is Susan's paper. She is the best student in the class," he said. "And this one is your football **player's**. They're exactly the same. **It was** just next to her **that** he sat in the class, and he copied from her."
　　"But maybe she copied from him," the coach said. "You can't prove it was the other way."
　　"Look at this," the dean said. "Susan didn't know the answer to this question, so she wrote, 'I don't know.' And your football player wrote, '나도 모름.'"

○ trouble 명 문제
dean 명 학장
cheat 동 (시험에서) 부정행위를 하다
immediately 부 즉시
persuade 동 설득하다
exactly 부 완전히
copy 동 베끼다
maybe 부 어쩌면, 아마
prove 동 증명하다

1. Why did the dean want the player to leave the college?
　① Because he had a fight.
　② Because he was too lazy.
　③ Because he had no school fee.
　④ Because he cheated on an exam.
　⑤ Because he didn't do his best in his game.

○ fee 명 수업료
do one's best 최선을 다하다

2. 위 글의 밑줄 친 우리말을 영어로 바르게 옮긴 것을 고르시오.
　① So am I.　　② So do I.　　③ Neither am I.
　④ Neither do I.　⑤ Neither don't I.

Answer & Explanation

ANSWER

A ③　　　　　　　**B** 1. ④　2. ④

EXPLANATION

A
① 등위절에서 반복되는 어구는 생략된다. '그녀는 가볍게 인사만 했을 뿐 말은 하지 않았다.'
② 감탄문에서 「주어 + be동사」는 자주 생략된다. '저것들은 얼마나 아름다운 꽃들인가!'
③ 주격 관계대명사는 생략할 수 없다. '이것은 우리가 공부하는 데 유용한 사전이다.'
④ when이 이끄는 부사절의 「주어 + be동사」는 자주 생략된다. 이때 주절과 종속절의 주어가 같고, 동사는 be동사이어야 한다. '내가 어렸을 때, 나는 바다를 굉장히 동경했다.'
⑤ 의미 파악이 가능한 어구는 생략할 수 있다. '그는 가능할 때면 언제나 공원을 산책한다.'

B
　그 대학교에 아주 훌륭한 미식 축구팀이 있었는데, 그 팀 최고의 선수는 학교에서 늘 문제를 일으키는 학생이었다. 그러다가 어느 해에 그 대학의 학장은 그 선수가 시험에서 부정행위를 했기 때문에 학교를 그만두어야 할 거라고 말했다. 미식 축구 코치는 학장을 설득하기 위해 즉시 학장에게로 갔다. 학장은 그에게 두 개의 답안지를 보여 주었다. "이것은 Susan의 답안지입니다. 그녀는 학급에서 제일 우수한 학생이지요."라고 그가 말했다. "그리고 이것은 당신의 미식 축구 선수의 것입니다. 이것들은 완전히 똑같습니다. 교실에서 그가 앉은 곳은 바로 그녀 옆 자리였고, 그가 그녀의 것을 베낀 거지요."
　"하지만 그녀가 그의 것을 베꼈을 수도 있지요."라고 코치가 말했다. "그 반대였다고 증명할 수 없잖아요."
　"이걸 보세요." 학장이 말했다. "Susan은 이 문제의 답을 몰랐습니다. 그래서 그녀는 '모름.'이라고 썼지요. 그리고 당신의 축구 선수는 '나도 모름.'이라고 썼습니다."

1. 학장은 왜 그 선수가 학교를 그만두기를 원했는가?
　① 그가 싸움을 했기 때문이다.　　② 그가 너무 게을렀기 때문이다.
　③ 그가 수업료가 없었기 때문이다.　④ 그가 부정행위를 했기 때문이다.
　⑤ 그가 경기에서 최선을 다하지 않았기 때문이다.
2. 부정문인 앞 문장에 대한 동의의 표현은 「Neither + 동사 + 주어」로 한다.

〈구문해설〉
・And this one is your football **player's**.: player's 다음에 **paper**가 생략되어 있다.
・**It was** just next to her **that** he sat in the class …: just next to her를 강조하는 「It ~ that …」 강조구문이다.

국어의 로마자 표기법

제1장 표기 일람

제1항 모음은 다음과 같이 적는다.

1. 단모음

ㅏ	ㅓ	ㅗ	ㅜ	ㅡ	ㅣ	ㅐ	ㅔ	ㅚ	ㅟ
a	eo	o	u	eu	i	ae	e	oe	wi

2. 이중모음

ㅑ	ㅕ	ㅛ	ㅠ	ㅒ	ㅖ	ㅘ	ㅙ	ㅝ	ㅞ	ㅢ
ya	yeo	yo	yu	yae	ye	wa	wae	wo	we	ui

붙임 1 'ㅢ'는 'ㅣ'로 소리 나더라도 ui로 적는다.   **보기** 광희문 Gwanghuimun
붙임 2 장모음의 표기는 따로 하지 않는다.

제2항 자음은 다음과 같이 적는다.

1. 파열음   2. 파찰음   3. 마찰음   4. 비음   5. 유음

붙임 1 'ㄱ, ㄷ, ㅂ'은 모음 앞에서는 'g, d, b'로, 자음 앞이나 어말에서는 'k, t, p'로 적는다. ([ ] 안의 발음에 따라 표기함.)
  보기 구미 Gumi, 영동 Yeongdong, 백암 Baegam, 옥천 Okcheon, 합덕 Hapdeok
     호법 Hobeop, 월곶[월곧] Wolgot, 벚꽃[벋꼳] beotkkot, 한밭[한받] Hanbat

붙임 2 'ㄹ'은 모음 앞에서는 'r'로, 자음 앞이나 어말에서는 'l'로 적는다. 단, 'ㄹㄹ'은 'll'로 적는다.
  보기 설악 Seorak, 임실 Imsil, 울릉 Ulleung, 대관령[대괄령] Daegwallyeong

제2장 표기상의 유의점

제1항 음운 변화가 일어날 때에는 변화의 결과에 따라 다음과 같이 적는다.

1. 자음 사이에서 동화 작용이 일어나는 경우
  보기 백마[뱅마] Baengma, 신문로[신문노] Sinmunno, 신라[실라] Silla
     종로[종노] Jongno, 왕십리[왕심리] Wangsimni
2. 'ㄴ, ㄹ'이 덧나는 경우
  보기 학여울[항녀울] Hangnyeoul, 알약[알략] allyak
3. 구개음화가 되는 경우
  보기 해돋이[해도지] haedoji, 같이[가치] gachi, 맞히다[마치다] machida
4. 'ㄱ, ㄷ, ㅂ, ㅈ'이 'ㅎ'과 합하여 거센소리로 소리 나는 경우
  보기 좋고[조코] joko, 놓다[노타] nota, 잡혀[자펴] japyeo, 낳지[나치] nachi
  다만, 체언에서 'ㄱ, ㄷ, ㅂ' 뒤에 'ㅎ'이 따를 때에는 'ㅎ'을 밝혀 적는다.
  보기 묵호 Mukho, 집현전 Jiphyeonjeon

붙임 ❶ 된소리되기는 표기에 반영하지 않는다.
  보기 압구정 Apgujeong, 팔당 Paldang, 샛별 Saetbyeol, 울산 Ulsan

제2항 발음상 혼동의 우려가 있을 때에는 음절 사이에 붙임표(-)를 쓸 수 있다.
  보기 중앙 Jung-ang, 반구대 Ban-gudae, 세운 Se-un, 해운대 Hae-undae

제3항 고유명사는 첫 글자를 대문자로 적는다.   **보기** 부산 Busan, 세종 Sejong

제4항 인명은 성과 이름의 순서로 띄어 쓴다. 이름은 붙여 쓰는 것을 원칙으로 하되 음절 사이에 붙임표(-)를 쓰는 것을 허용한다. (( )안의 표기를 허용함.)
  보기 민용하 Min Yongha(Min yong-ha), 송나리 Song Nari(Song Na-ri)
1. 이름에서 일어나는 음운 변화는 표기에 반영하지 않는다.
  보기 한복남 Han Boknam(Han bok-nam), 홍빛나 Hong Bitna(Hong Bit-na)
2. 성의 표기는 따로 정한다.

제5항 '도, 시, 군, 구, 읍, 면, 리, 동'의 행정 구역 단위와 '가'는 각각 'do, si, gun, gu, eup, myeon, ri, dong, ga'로 적고, 그 앞에는 붙임표(-)를 넣는다. 붙임표(-) 앞뒤에서 일어나는 음운 변화는 표기에 반영하지 않는다.
  보기 제주도 Jeju-do, 의정부시 Uijeongbu-si, 양주군 Yangju-gun, 도봉구 Dobong-gu
    봉천 1동 Bongcheon 1(il)-dong, 종로 2가 Jongno 2(i)-ga
붙임 ❶ '시, 군, 읍'의 행정 구역 단위는 생략할 수 있다.
  보기 청주시 Cheongju, 함평군 Hampyeong, 순창읍 Sunchang

제6항 자연 지물명, 문화재명, 인공 축조물명은 붙임표(-) 없이 붙여 쓴다.
  보기 속리산 Songnisan, 금강 Geumgang, 독도 Dokdo, 경복궁 Gyeongbokgung
    무량수전 Muryangsujeon, 남한산성 Namhansanseong, 불국사 Bulguksa
    독립문 Dongnimmun, 종묘 Jongmyo, 다보탑 Dabotap

제7항 인명, 회사명, 단체명 등은 그동안 써 온 표기를 쓸 수 있다.

제8항 학술 연구 논문 등 특수 분야에서 한글 복원을 전제로 표기할 경우에는 한글 표기를 대상으로 적는다. 이때 글자 대응은 제2장을 따르되 'ㄱ, ㄷ, ㅂ, ㄹ'은 'g, d, b, l'로만 적는다. 음가 없는 'ㅇ'은 붙임표(-)로 표시하되 어두에서는 생략하는 것을 원칙으로 한다. 기타 분절의 필요가 있을 때에도 붙임표(-)를 쓴다.
  보기 집 Jib, 짚 Jip, 밖 bakk, 값 gabs, 붓꽃 buskkoch, 먹는 Meogneun
    독립 doglib, 문리 munli, 좋다 johda, 가곡 gagog, 조랑말 jolanmal

영어 학습에 대한 완벽한 진단과 처방

대한민국 영어 교육의 역사

맨투맨 영어 교육의 교재와 함께 **영어 의료진의 학습 클리닉**을 경험하세요.

중1영어, 중2영어, 중3영어 | 클릭! Grammar (step 1, 2, 3) | 주니어 보이는 독해 (입문, 기본)
기초영어 | 기본영어 (Ⅰ, Ⅱ) | 종합영어 (Ⅰ, Ⅱ, Ⅲ)
G+외국어영역 (어법편, 어휘편) | 보이는 독해 (구문편, 유형편) | 맨투맨 영어 듣기 모의고사 35회

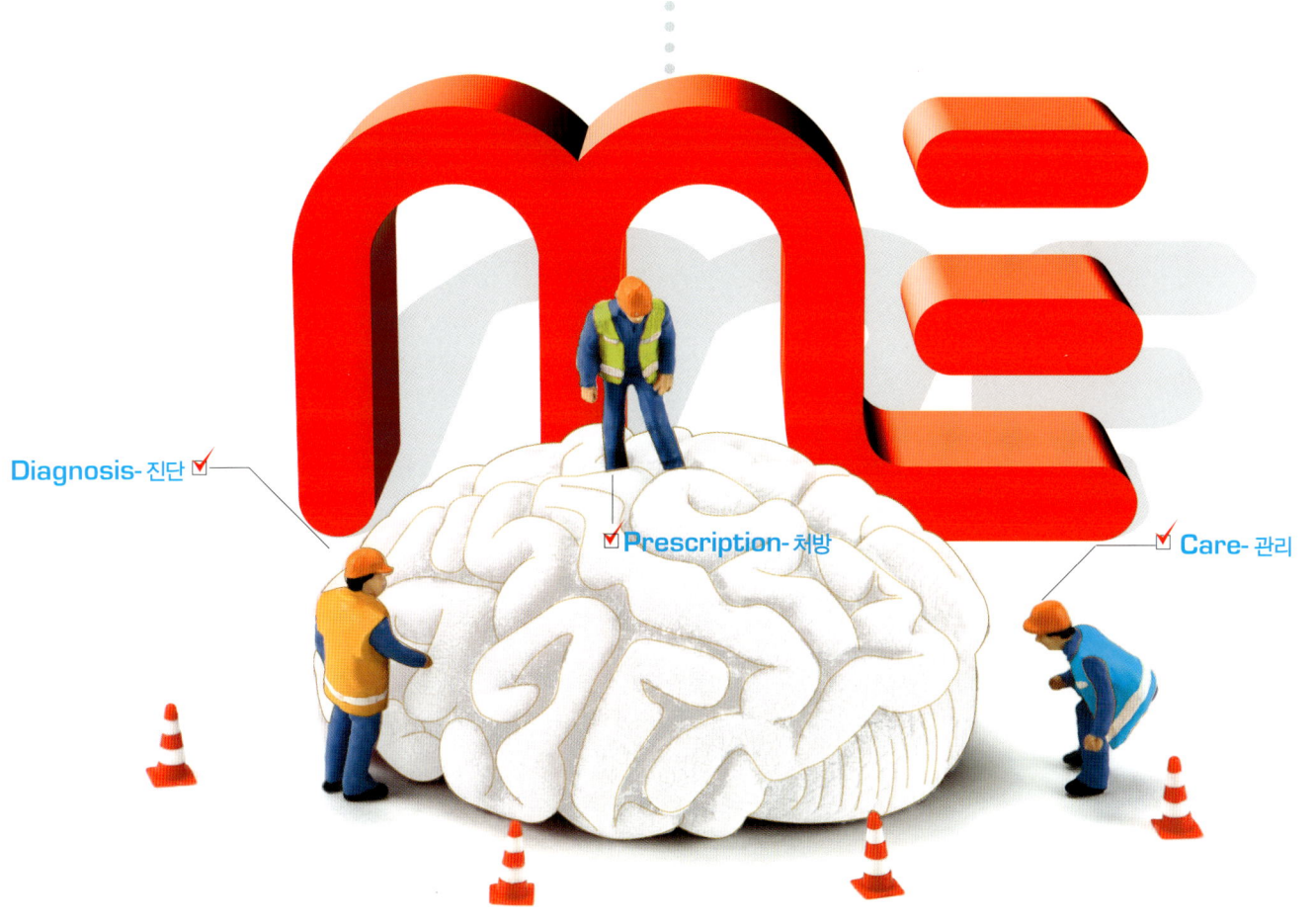

- **Diagnosis** - 진단
- **Prescription** - 처방
- **Care** - 관리

맨투맨 기초영어의 모든 문법과 예문을
통째로 외울 수 있는
닌텐도 DS 전용 게임

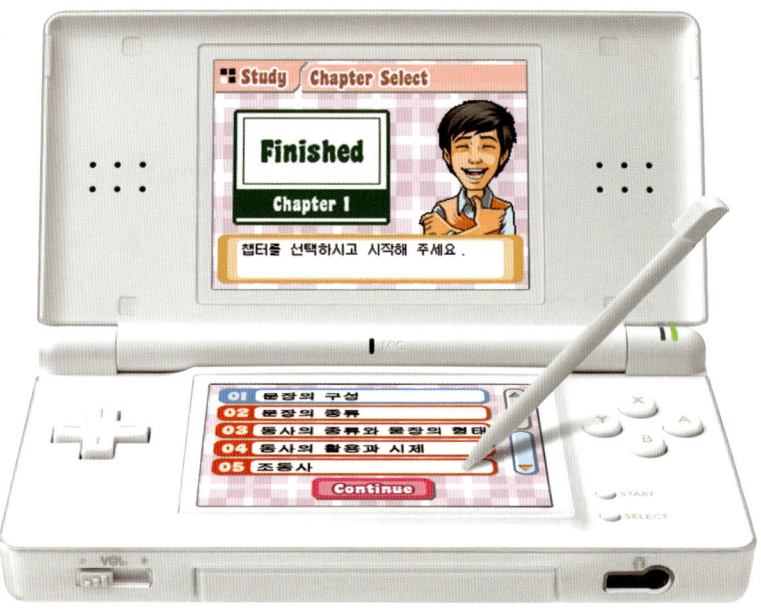

* 이 화면은 개발 중인 화면이므로, 변경될 가능성이 있습니다.

2009년 발매!

TOUCH MANTOMAN 기초영어

www.daewonstyle.com